Lilian Fried
Spiele und Übungen zur Lautbildung

Arbeitshilfe 8 · Theorie und Praxis der Schulpsychologie
Herausgegeben von Karlheinz Ingenkamp

Lilian Fried

# Spiele und Übungen zur Lautbildung

Ein Trainingsprogramm für Vorschulkinder

Beltz Verlag · Weinheim und Basel

Die Arbeitshilfe wurde im Zentrum für empirische pädagogische Forschung der Erziehungswissenschaftlichen Hochschule Rheinland-Pfalz, Abteilung Landau, entwickelt. Das Projekt wurde von der Stiftung Volkswagenwerk finanziell gefördert.

CIP-Titelaufnahme der Deutschen Bibliothek

**Fried, Lilian:**
Spiele und Übungen zur Lautbildung : e. Trainingsprogramm für Vorschulkinder / Lilian Fried. – 2. Aufl. – Weinheim ; Basel : Beltz, 1988
(Theorie und Praxis der Schulpsychologie ; Arbeitshilfe 8) (Beltz-Praxis)
ISBN 3-407-62043-8
NE: 1. GT

Lektorat: Peter E. Kalb



2. Auflage 1988


Gesamtherstellung: Druckhaus Beltz, 6944 Hemsbach über Weinheim
Seriengestaltung des Umschlags: G. Stiller, Taunusstein
Printed in Germany

ISBN 3 407 62043 8

# Inhaltsverzeichnis

**A. Einführung** . . . . . . . . . . 9

0. Einleitung . . . . . . . . . . 11

1. Sprache beim Vorschulkind . . . . . . . . . . 11

1.1 Bedeutung der Vorschulzeit . . . . . . . . . . 11
1.2 Sprachstörung beim Vorschulkind . . . . . . . . . . 12
1.3 Vorschule und Schule . . . . . . . . . . 12
1.4 Kompensatorische Vorschulerziehung . . . . . . . . . . 13
1.5 Diagnose von Vorschulkindern . . . . . . . . . . 14

2. Sprachförderung . . . . . . . . . . 15

2.1 Grundlagen der Sprachförderung . . . . . . . . . . 15
2.2 Trainingsmaßnahmen bei Dialektsprechern . . . . . . . . . . 15

3. Lautbildungsförderung . . . . . . . . . . 16

3.1 Spiele und Übungen zum Lautbildungstraining . . . . . . . . . . 16
3.2 Aufbau des Programms . . . . . . . . . . 17
3.3 Durchführung des Programms . . . . . . . . . . 20

4. Literatur . . . . . . . . . . 24

5. Quellen . . . . . . . . . . 25

**B. Übungsteil** . . . . . . . . . . 27

I. Training der Lautbildungsorgane . . . . . . . . . . 27

II. Übungen zu den Lauten der Lautgruppe 1 . . . . . . . . . . 35

1. Übungen zum Laut a . . . . . . . . . . 37
2. Übungen zum Laut e . . . . . . . . . . 43
3. Übungen zum Laut i . . . . . . . . . . 47

4. Übungen zum Laut o . . . . . . . . . . . . . . . . . . . . . . 52
5. Übungen zum Laut u . . . . . . . . . . . . . . . . . . . . . . 57
6. Übungen zum Laut ei . . . . . . . . . . . . . . . . . . . . . . 62
7. Übungen zum Laut au . . . . . . . . . . . . . . . . . . . . . . 67
8. Übungen zum Laut eu . . . . . . . . . . . . . . . . . . . . . . 72
9. Übungen zum Laut ä . . . . . . . . . . . . . . . . . . . . . . 77
10. Übungen zum Laut ö . . . . . . . . . . . . . . . . . . . . . . 82
11. Übungen zum Laut ü . . . . . . . . . . . . . . . . . . . . . . 87
12. Übungen zum Laut b . . . . . . . . . . . . . . . . . . . . . . 92
13. Übungen zum Laut p . . . . . . . . . . . . . . . . . . . . . . 97
14. Übungen zum Laut t . . . . . . . . . . . . . . . . . . . . . . 102
15. Übungen zum Laut d . . . . . . . . . . . . . . . . . . . . . . 106
16. Übungen zum Laut g . . . . . . . . . . . . . . . . . . . . . . 110
17. Übungen zum Laut k . . . . . . . . . . . . . . . . . . . . . . 114
18. Übungen zur Lautgruppe 1 . . . . . . . . . . . . . . . . . . . 119

III. Übungen zu den Lauten der Lautgruppe 2 . . . . . . . . . . . 127

1. Übungen zum Laut m . . . . . . . . . . . . . . . . . . . . . . 129
2. Übungen zum Laut n . . . . . . . . . . . . . . . . . . . . . . 133
3. Übungen zum Laut ng . . . . . . . . . . . . . . . . . . . . . . 138
4. Übungen zum Laut w . . . . . . . . . . . . . . . . . . . . . . 143
5. Übungen zum Laut f . . . . . . . . . . . . . . . . . . . . . . 148
6. Übungen zum Laut j . . . . . . . . . . . . . . . . . . . . . . 153
7. Übungen zum Laut x . . . . . . . . . . . . . . . . . . . . . . 158
8. Übungen zum Laut h . . . . . . . . . . . . . . . . . . . . . . 163
9. Übungen zum Laut ch . . . . . . . . . . . . . . . . . . . . . . 168
10. Übungen zum Laut s . . . . . . . . . . . . . . . . . . . . . . 173
11. Übungen zur Lautverbindung st . . . . . . . . . . . . . . . . . 180
12. Übungen zum Laut sch . . . . . . . . . . . . . . . . . . . . . 184
13. Übungen zur Lautverbindung scht . . . . . . . . . . . . . . . . 189
14. Übungen zum Laut pf . . . . . . . . . . . . . . . . . . . . . . 194
15. Übungen zum Laut z . . . . . . . . . . . . . . . . . . . . . . 199
16. Übungen zum Laut l . . . . . . . . . . . . . . . . . . . . . . 204
17. Übungen zum Laut r . . . . . . . . . . . . . . . . . . . . . . 209
18. Übungen zur Lautverbindung bl . . . . . . . . . . . . . . . . . 214
19. Übungen zur Lautverbindung br . . . . . . . . . . . . . . . . . 218
20. Übungen zur Lautverbindung fl . . . . . . . . . . . . . . . . . 223
21. Übungen zur Lautverbindung fr . . . . . . . . . . . . . . . . . 228
22. Übungen zur Lautverbindung pfl . . . . . . . . . . . . . . . . 232
23. Übungen zur Lautverbindung tr . . . . . . . . . . . . . . . . . 237
24. Übungen zur Lautverbindung zw . . . . . . . . . . . . . . . . . 241
25. Übungen zur Lautverbindung dr . . . . . . . . . . . . . . . . . 246
26. Übungen zur Lautverbindung nk . . . . . . . . . . . . . . . . . 251
27. Übungen zur Lautverbindung kl . . . . . . . . . . . . . . . . . 256

28. Übungen zur Lautverbindung kn . . . . . . . . . . . . . . . . . . 261
29. Übungen zur Lautverbindung kr . . . . . . . . . . . . . . . . . . 265
30. Übungen zur Lautverbindung gl . . . . . . . . . . . . . . . . . . 269
31. Übungen zur Lautverbindung gr . . . . . . . . . . . . . . . . . . 273
32. Übungen zur Lautverbindung schtr . . . . . . . . . . . . . . . . 278
33. Übungen zur Lautverbindung schp . . . . . . . . . . . . . . . . 283
34. Übungen zur Lautverbindung schl . . . . . . . . . . . . . . . . 288
35. Übungen zur Lautverbindung schm . . . . . . . . . . . . . . . . 293
36. Übungen zur Lautverbindung schn . . . . . . . . . . . . . . . . 298
37. Übungen zur Lautverbindung schw . . . . . . . . . . . . . . . . 303
38. Übungen zur Lautverbindung schr . . . . . . . . . . . . . . . . 308
39. Übungen zur Lautgruppe 2 . . . . . . . . . . . . . . . . . . . 313

# A. Einführung

## 0. Einleitung

Die Sprache stellt ein sehr komplexes Gebilde von unterschiedlichen Sprachleistungen dar. Ein besonders deutlich abgegrenzter Bereich ist die Lautbildung. Als Voraussetzung für andere Sprachfähigkeiten (z. B. Lesen, Wortschatz usw.) kommt dieser sprachlichen Teilleistung große Bedeutung zu. KEGEL[1] weist dazu auf eine Untersuchung von MORLEY hin. Dieser verglich sprachlich normal entwickelte Kinder und solche mit Lautbildungsschäden. Dabei wurden die Zeitpunkte des Auftretens von Wörtern, von 2- und 3-Wort-Sätzen und von verständlicher Rede erfaßt. Es zeigte sich, daß die Mittelwerte lautbildungsgestörter Kinder deutlich hinter jenen normal lautbildender zurückblieben. Kinder mit verzögerter Lautbildungsentwicklung weisen also in verschiedenen Zeitpunkten ihrer Sprachentwicklung Rückstände auf.
Weitere Autoren betonen den Zusammenhang zwischen Lautbildungsschwächen und der Lese- und Rechtschreibschwäche (Legasthenie)[2]. Bei ungenügender Lautsprache können somit erhebliche Schwierigkeiten für das Erlernen des Lesens und Rechtschreibens erwartet werden.
Die enge Wechselbeziehung zwischen der allgemeinen Sprachfähigkeit und der Lautbildungsleistung hat zur Folge, daß Lautbildungsstörungen den Betroffenen in der Regel sprachlich beeinträchtigen.
In der Folge kann es zu Fehlanpassungen kommen, die sich zusätzlich mindernd auf die Persönlichkeitsentwicklung auswirken. Für den Sprachgestörten bedeutet diese Isolation eine große Einschränkung der Lebenschancen, die er ohne fremde Hilfe nicht zu ändern vermag.

## 1. Sprache beim Vorschulkind

### 1.1 Bedeutung der Vorschulzeit

Man weiß heute, daß der Umwelt im Zusammenhang mit der Entwicklung der menschlichen Persönlichkeit eine große Bedeutung zukommt. Lernfähigkeit wird als das Ergebnis eines Prozesses gegenseitiger Einflußnahme von anlagebedingtem Reifen und umweltbedingtem Lernen angesehen. Will man nun ein Kind im Sinne von ROTH[3] „begaben", d. h. ihm die Chance einer bestmöglichen Entfaltung seiner geistigen und körperlichen Anlagen geben, so gilt es, die Lernumwelt jedes Kindes so zu gestalten, daß es sich in dieser so wichtigen Vorschulphase optimal entwickeln kann.
Besonders wichtig ist dieses frühe Lernen im Vorschulalter auch im Hinblick auf die Entwicklung der Lernfähigkeit des Kindes. So weiß man heute, daß weiterführendes

1 KEGEL, 1974, S. 43.
2 Vgl. VALTIN, 1972; KOSSAKOWSKI, 1961; BECKER, 1971; ANGERMAIER, 1974.
3 ROTH, 1972.

Lernen stärker von vorausgegangenem Lernen abhängig ist als von Anlage und Reifung[4]. Durch die Gestaltung einer möglichst anregungsreichen Lernumwelt in der Vorschulzeit läßt sich also die Lern- und Entwicklungsfähigkeit des Vorschulkindes erhöhen. Diese Forderung ergeht in erster Linie an die Familie bzw. die institutionalisierte Vorschulerziehung in Form der Kindergärten, Vorschulen und Vorklassen.

## 1.2 Sprachstörung beim Vorschulkind

Wenn der Umwelt im Zusammenhang mit der Persönlichkeitsentwicklung eine so entscheidende Bedeutung zukommt, müssen sich Umweltunterschiede im Bereich der Persönlichkeitsstruktur bedeutsam auswirken. Daraus folgt aber, daß neben den positiven und damit auch erwünschten Einwirkungen auch Mangelerscheinungen auftauchen können, die sich auf den Einfluß defizitärer Lebensbedingungen zurückführen lassen. Daraus ergibt sich die Forderung, solche Entwicklungsrückstände über das Bereitstellen entsprechend günstiger Umweltbedingungen wieder auszugleichen. Dabei stellt die Sprache eine der förderungsbedürftigsten Fähigkeiten dar. Kratzmeier[5] geht z. B. davon aus, daß etwa 30 % aller Kindergartenkinder mit Sprachfehlern behaftet sind. Diesen Kindern kann in der Vorschulzeit, in der die Sprachentwicklung noch nicht abgeschlossen und damit auch noch stark lenkbar ist, über Fördermaßnahmen geholfen werden. Von nicht zu unterschätzender Wichtigkeit ist in diesem Zusammenhang, daß das Kind in der vorschulischen Phase noch nicht dem starken Leistungsdruck der Schule unterliegt und darum noch relativ individuell und mit zeitlich größerem Aufwand gefördert werden kann.

## 1.3 Vorschule und Schule

Wenn die Sprachentwicklung im Vorschulalter ungenügend fortgeschritten ist bzw. Sprachmängel vorhanden sind, kann angenommen werden, daß die Schulleistung beeinträchtigt wird. So behindern z. B. vorhandene Sprachfehler die Leistungsfähigkeit in der Muttersprache in starkem Maße. Die Folge ist, daß der Schüler im Fach Deutsch seine Fähigkeiten nicht voll zur Geltung zu bringen vermag. Mißerfolge im Fach Deutsch übertragen sich dann häufig auf andere Fächer, bis der Schüler überhaupt die Lust zum Lernen verliert. Ein sprachgestörtes Kind beginnt seine Schullaufbahn deshalb bereits mit einer geringeren Erfolgschance als ein vergleichbar ungestörtes[6].

---

4 Vgl. Deutscher Bildungsrat, 1971.
5 Kratzmeier, 1969.
6 Ruge, 1958.

## 1.4 Kompensatorische Vorschulerziehung

Training von Vorschulkindern gründet auf der Annahme, daß Förderung in der Lage ist, umweltbedingte Benachteiligungen aufzufangen und auszugleichen. Dabei strebt man an, daß alle Kinder zu Schulbeginn über die gleichen oder zumindest über ausreichende Startchancen verfügen. Eine solche ausgleichende bzw. kompensatorische Förderung läßt sich nun am gezieltesten im Rahmen der bereits vorhandenen Vorschulinstitutionen organisieren und durchführen.
Von Versuchen in dieser Richtung zeugen zahlreiche Vorschultrainingsprogramme. Um die Wirksamkeit solcher Programme zu überprüfen, wurde eine Reihe von Untersuchungen durchgeführt. Die Ergebnisse machten dann allerdings deutlich, daß die Trainingsprogramme nicht so wirksam waren, wie man gehofft hatte[7]. In der Folge wurden deshalb kompensatorische Maßnahmen in Form von reinen Trainingsprogrammen in Frage gestellt. Man erkannte, daß bloßes Trainieren von Leistungsmängeln nur wenig effektiv ist.
Mit dem Lautbildungstraining wurden nun Übungen und Spiele zusammengestellt, die den Erzieher in die Lage versetzen, immer wieder neue, kreative Sprachsituationen zu schaffen. Dabei sollte nur für den Erzieher erkennbar sein, daß das Kind regelmäßig in intensivierte und vorstrukturierte sprachliche Interaktionen verwikkelt wird. Auf diese Weise vermag der Sprachlernende seine Lautbildungsfähigkeit verstärkt zu üben und zu vervollkommnen, ohne daß sich diese Übungssequenzen von natürlichen Sprachlernsituationen unterscheiden.
Durch das Programm werden also nur die Häufigkeit, die Vielfältigkeit sowie die Vorstrukturiertheit und damit die Intensität ansonsten natürlicher Sprachlernsituationen beeinflußt. Aufgrund weiterer Untersuchungsergebnisse erhebt sich die Forderung, kompensatorische Förderprogramme durch weitere Maßnahmen zu ergänzen, die in der Lage sind, die Ursachen der Erfahrungsmängel zu verändern. So lassen sich unterschiedliche Sprachentwicklungen von Kindern nur in dem Maße ausgleichen, als es gelingt, die Voraussetzungen zu ändern, unter denen sprachlich benachteiligte Kinder aufwachsen. Das erfordert u.a. einen intensiven Kontakt zwischen Vorschulerziehern und Eltern. Damit wird auch die Elternarbeit zum Gegenstand dieses Sprachförderungsprogrammes.
Dabei läßt sich nicht leugnen, daß eine solche Kooperation zwischen Vorschulinstitution und Elternhaus große Anforderungen an beide Seiten stellt. Im Hinblick auf den Bildungsauftrag der Vorschuleinrichtungen wird es aber wohl Aufgabe dieser Institution bleiben, initiativ zu werden bzw. zum Durchhalten aufzufordern.
Im allgemeinen zeigen sich Eltern dann zur Mitarbeit bereit, wenn sie durch den Kindergarten darauf hingewiesen werden, daß ihr Kind sprachliche Schwächen hat und daß es Wege gibt, solche Entwicklungsmängel in partnerschaftlichem Bemühen auszugleichen. Elternberatungen in Form von Hausbesuchen und Elternabenden sind dabei gangbare und bereits bewährte Wege. Darüber hinaus können die gemeinsamen Anstrengungen im Rahmen von gemeinsamen Übungskursen, aber

---

7 Z.B. KLEINSCHMIDT, 1971; WEIKART, 1975; TORFF, 1973; CLOER, 1975.

auch mehr freizeitlich geprägten Eltern-Kind-Hobby- und Spielveranstaltungen ständig neu koordiniert werden. Weiterhin ist es sinnvoll, die Eltern in das Übungsprogramm mit einzubeziehen. Das kann in der Form geschehen, daß Eltern in den Kindergarten kommen, um in der Trainingsgruppe mitzuarbeiten. Die dabei gesammelten Erfahrungen lassen sich dann zu Hause umsetzen. Außerdem ist es möglich, daß Eltern Teile des Trainings selbst zu Hause mit ihrem Kind durchführen. Ideal wäre es, wenn sich dazu jeweils mehrere Elternpaare zusammenfinden könnten. Hier sollten Eltern und Vorschulerzieher ständig nach neuen gangbaren Wegen suchen.
Im Laufe einer solcherart geformten Zusammenarbeit werden sich bei den Eltern Prozesse anbahnen, die ihnen helfen, ihr eigenes Sprachverhalten und damit das Sprachmodell, das dem Kind ständig vermittelt wird, bewußter zu erfahren und stärker zu kontrollieren.
Diese Forderungen werden aber insbesondere dann auf massive Schwierigkeiten stoßen, wenn beide Elternteile berufstätig sind. In einem solchen Fall müssen weitere Möglichkeiten gesucht und gefunden werden. So ist es z. B. denkbar, daß andere Eltern „Patenschaften“ für lautbildungsschwache Kinder berufstätiger Eltern übernehmen und diese mit ihren eigenen Kindern sprachlich fördern. Natürlich ist es auch möglich, daß Großeltern und andere Verwandte sich an Fördermaßnahmen beteiligen.

## 1.5 Diagnose von Vorschulkindern

Da Vorschulerziehung jedem einzelnen Kind gerecht werden muß, sollten Erziehungsmaßnahmen im Kindergarten soweit wie möglich individualisiert werden, d. h. auf das einzelne Kind bzw. auf kleine Gruppen von Kindern ähnlicher oder gleicher Mängel ausgerichtet sein. Das setzt allerdings Diagnoseinstrumente voraus, die es ermöglichen, Lautbildungsstörungen gezielt aufzuzeigen. Diese diagnostische Aufgabe kann unter anderem mit Hilfe des „Lautbildungstests“[8] gelöst werden, denn dieses Verfahren wurde speziell für Kinder im Vorschulalter entwickelt.
Dabei vermag der „Lautbildungstest“ dem Vorschulerzieher Entscheidungshilfen bei der Frage zu geben, ob die Lautbildungsentwicklung eines überprüften Kindes von der normalen (d. h. durchschnittlichen) Entwicklung seiner Altersgruppe erheblich abweicht. Erweist sich die Lautbildungsentwicklung eines getesteten Kindes als verlangsamt, so sollte der Erzieher weiterhin intensiv überprüfen, welche Laute bzw. welche Lautgruppen in welchem Ausmaß gestört sind. Über diese Informationen vermag der Vorschulpädagoge dann ein individuelles und gezieltes Trainingsprogramm zu erstellen.
Eine besondere Schwierigkeit bei der Durchführung der Diagnose von Lautbildungsschwächen besteht darin, daß mögliche Ursachen oder Ursachenbündel nicht in den Blick genommen werden. Da aber nun zweifellos eine Therapie dann den

8 Fried, Lilian: Lautbildungstest (LBT). Weinheim: Beltz 1980.

größten Erfolg haben wird, wenn bei der Diagnose möglichst viele Ursachen miterfaßt werden, sollten neben der Überprüfung der Lautbildungsfähigkeit zusätzlich diagnostische Maßnahmen durchgeführt werden, die dazu geeignet sind, Ursachen der diagnostischen Sprachschwächen aufzuspüren. Dabei empfehlen sich verschiedene Prüfverfahren. Zunächst ist es wichtig, die Geschicklichkeit der Sprechorgane zu überprüfen. Von Logopäden werden dazu vor allem folgende Übungen vorgeschlagen: Lippen öffnen, schließen und vorstülpen lassen. Außerdem ist es wichtig, die Beweglichkeit der Kinderzunge nachzuprüfen, indem man das Kind die Zunge nach allen Seiten bewegen läßt. Wenn sich auf diese Weise eine mehr oder minder ausgeprägte Unbeweglichkeit bzw. Ungeübtheit der Sprechapparatur erweist, müßte mit Hilfe von Übungen versucht werden, diesen verursachenden Mangel langsam auszugleichen. (Hier wird gleichzeitig deutlich, daß ein Lautbildungstrainingsprogramm auch solche Übungen mit einschließen muß.)

Die Unversehrtheit des Sprechapparates an sich wird hingegen im allgemeinen durch den Schulzahnarzt, der ja auch die Vorschuleinrichtungen regelmäßig besucht, überprüft werden. Aber auch der Vorschulerzieher selbst sollte von sich aus Kinder, bei denen die Sprechwerkzeuge offensichtlich mißgebildet sind, sofort an den entsprechenden Facharzt verweisen.

Von großer Wichtigkeit sind auch Gehör- und Sehprüfungen, die die akustische und optische Aufnahmefähigkeit jedes einzelnen Kindes deutlich werden lassen. Hier genügen durchaus groborientierte Verfahren, wie sie in der heilpädagogischen Literatur[9] häufig angeführt werden, z.B. Nachsprechen von in Flüstersprache vorgesprochenen Worten und Sätzen; Erkennen von Bildern und Formen aus einem bestimmten Abstand. Auch hier gilt wieder, daß Kinder, die bei solchen groben Prüfungen Seh- bzw. Hörschäden zeigen, sofort an den Facharzt verwiesen werden müssen.

Daneben sollte man auch Konzentration, Gedächtnis und Aufmerksamkeit gezielt beobachten. Neben der Beobachtung können hier auch Testverfahren eingesetzt werden[10].

Weiterhin von Bedeutung ist die Überprüfung der Motorik. Eine solche Überprüfung kann vom Vorschulerzieher zunächst recht einfach beim gemeinsamen Turnen vorgenommen werden. Hier vermag er bei gezielter Beobachtung bereits herauszufinden, ob lautbildungs- oder lautunterscheidungsgestörte Kinder auch eine mangelhafte Beweglichkeit aufweisen. Weiterhin wäre es auch möglich, Motoriktests einzusetzen. Da noch kein deutschsprachiger Motoriktest für den Vorschulbereich vorliegt, wäre es denkbar, Teile von Einschulungstests[11] zu verwenden, da diese Verfahren oft auch die Feinmotorik überprüfen. Eine weitere Möglichkeit bestünde darin, Entwicklungstests[12] einzusetzen, in denen die motorische Entwick-

---

9 Z.B. Barr, 1962, sowie Biesalski, 1973.

10 Vgl. dazu den Differentiellen Leistungstest-KE von Kleber sowie den Frankfurter Test für Fünfjährige – Konzentration von Raatz und Möhlig.

11 Z.B. Roth, H., u.a.: Frankfurter Schulreifetest. Weinheim.

12 Z.B. Bühler, Ch., und Hetzer, H.: Kleinkindertest. München 1972.

lung mitberücksichtigt wird. Im Rahmen all dieser sich ergänzenden Untersuchungen könnte der Vorschulerzieher dann sicherlich fundierte Aussagen bezüglich der Sprachstörungsursachen machen. In einer anschließenden Behandlung ließe sich dann durch kombinierte Übungen (z.B. motorische, sprachliche und Konzentrationsübungen o.ä.) eine wirksame Beeinflussung der verursachenden Störungsmomente vornehmen. Im Zweifelsfall, d.h. wenn nicht abgeschätzt werden kann, ob die festgestellte Störung nichtsprachlicher Art wirklich nur wenig ausgeprägt ist, muß das betroffene Kind jedoch immer an die entsprechenden Fachkräfte verwiesen werden.

## 2. Sprachförderung

### 2.1 Grundlagen der Sprachförderung

Zunächst muß Lautbildungstraining gleichzeitig Sprachförderung sein. Bei vorhandenen Lautbildungsstörungen wird man deshalb zuerst versuchen, einer Schädigung der kindlichen Gesamtpersönlichkeit Einhalt zu gebieten, indem man den Gebrauch der Muttersprache aktiviert.
Um das sprachgestörte Kind zu häufigem Sprechen anzuregen, ist es notwendig, die Freude am Sprechen, die dem sprachgehemmten, sprachvernachlässigten oder sprachgestörten Kind im allgemeinen fehlt, zu wecken.
Deshalb sollten alle an der Spracherziehung Beteiligten so oft wie möglich mit dem Kind sprechen. Z.B. ist es wünschenswert, daß die Eltern jede ihrer Tätigkeiten sprachlich begleiten. Weiterhin wichtig ist, daß die sprachlichen Äußerungen des Kindes nicht getadelt und kritisiert werden. Vielmehr sollten Erzieher das Kind häufig loben und ihm Mut zusprechen.
Eine andere Bedingung für ein lustbetontes Sprechenlernen ist die Geduld der Erzieher. Jedes Kind durchläuft im Rahmen seiner Sprachentwicklung Phasen der Sprechunvollkommenheit. Werden die Erzieher in diesen für das Kind natürlich schwierigen Zeiträumen ungeduldig, so verliert der Sprachlernende schnell das Vertrauen in seine Fähigkeiten und wird unter Umständen sprechunlustig.
Daneben ist für eine normale Sprachentwicklung das gute Sprachvorbild der Erzieher von entscheidender Bedeutung. Man sollte von vornherein mit den Kindern lautrein und lautrichtig sprechen, damit das Kind die Möglichkeit hat, sich in der Zeit seines Sprachaufbaus ständig an der allgemein anerkannten Sprachnorm zu orientieren.

### 2.2 Trainingsmaßnahmen bei Dialektsprechern

Viele Sprachanfänger lernen in der Phase des Sprachaufbaus nur eine landschaftsgebundene Sprachform, einen Dialekt, kennen. Ein solcher Dialekt weist als Sprecheigentümlichkeit etliche über den hochsprachlichen Lautbestand hinausge-

hende neue Laute auf. Gleichzeitig sind einige Laute der Normsprache nicht im landschaftssprachlichen Lautbestand enthalten. Spätestens in der Schule, wenn das dialektsprechende Kind mit dem Lautinventar der hochsprachlichen Norm konfrontiert wird, ergeben sich aber erhebliche Schwierigkeiten. Der Dialektsprecher ist gezwungen, eine für ihn völlig „neue“ Sprache hinzuzulernen. Da andere Kinder über die Hochsprache verfügen, wirkt sich der Dialekt für den Betroffenen als Sprachbarriere aus.
Deshalb sollte bereits das Vorschulkind behutsam, aber zielsicher zur Normsprache hingeführt werden. Ein Kind, das die Normsprache beherrscht, also nicht das Gefühl hat, „in dieser Sprache“ nicht mitreden zu können, kann selbstbewußter und sicherer mit Gesprächspartnern umgehen.

## 3. Lautbildungsförderung

### 3.1 Spiele und Übungen zum Lautbildungstraining

Dieses Lautbildungstraining wurde nicht als einseitiges und isoliertes kognitives Funktionstraining konzipiert. Vielmehr wird eine Förderung von Handlungskompetenz und sozialem Problembewußtsein angestrebt. Deshalb sind die Übungen und Spiele so angelegt, daß das Vorschulkind in Alltagssituationen, die ihm mehr oder minder vertraut sind, lernt, seine Bedürfnisse zu äußern, mit anderen zu reden, auf andere einzugehen und auch mit anderen zu streiten bzw. sich wieder zu versöhnen.

*Beispiel: Die Mutter ruft die Kinder zum Essen, oder die Kinder lachen zusammen, bzw. die Kinder unterhalten sich über Dinge und Tätigkeiten, die sie gerne mögen und die ihnen vertraut sind oder sie streiten sich darüber, wem ein bestimmter Gegenstand gehöre usw.*

Zusätzlich werden die Kinder mit Hilfe kleiner Geschichten in Situationen hineingeführt, die ihrem Lebens- und Interessenbereich entsprechen.

*Beispiel: Da sind Silke und Andreas. Silke, die kleine Schwester, mag gerne bei Andreas sein. Andreas aber ist das lästig. Er möchte nicht, daß Silke ständig hinter ihm herläuft. Deshalb ruft er Silke immer wieder zu: „Geh weg!“*

Mit Hilfe solcher kurzer Situationsschilderungen schafft man Spielsituationen und damit auch Sprachsituationen, in denen vom Kind ganz bestimmte sprachliche Äußerungen erwartet werden können. Somit ist es möglich, das Kind durch die vorgegebene Situation gleichzeitig zum Spontansprechen sowie zu einer gezielten Sprachäußerung anzuregen.
Zunächst werden sehr einfache Modellsituationen vorgegeben.

*Beispiel: Die Kinder laufen im Schwimmbad schnell ins Wasser. Das Wasser ist aber sehr viel kälter als erwartet. Die Kinder rufen deshalb entsetzt: „Iiii“.*

Solche Vorgaben strukturieren die Spielsituation so stark vor, daß es im allgemeinen keinem Vorschulkind Schwierigkeiten bereiten wird, diese nachzuvollziehen. Trotzdem wirkt das Trainieren des Lautes „i“ durch diese Vorgabe natürlich und spontan.
Allmählich gewinnt der Sprachanfänger im Rahmen solcher Modellsituationen dann Sicherheit im Umgang mit Sprache und wird in die Lage versetzt, Handlungen sprachlich vorzustrukturieren und zu steuern.

*Beispiel: In einer Geschichte beobachten Annemie und Heike, wie sich die Vögel im Herbst versammeln um wegzufliegen. Die Kinder, die diese Übung durchführen, versetzen sich nun in die Lage von Annemie und Heike. Sie versuchen, deren Erfahrungen nachzuvollziehen, zu verbalisieren und untereinander auszutauschen.*

Von großer Bedeutung für den Erwerb von Handlungskompetenz ist auch die Tatsache, daß die Übungen so konzipiert wurden, daß sie sich am effektivsten in kleineren Kindergruppen durchführen lassen.
Daneben soll das Kind aber auch Freude an der Sprache selbst gewinnen, indem sein Sprachgefühl verstärkt und seine Sensibilität für sprachlichen Humor und sprachliche Spielereien erhöht werden. Diese Aufgabe läßt sich am besten bewältigen, indem man sich des reichen Schatzes der Kinderlyrik bedient. Insbesondere eignen sich dazu Zungenbrecher, Abzählreime, Kinderverse und Phantasiegedichte.
Schließlich wird das Kind auch immer wieder mit sprachkreativen Aufgaben konfrontiert (z.B. Quatschverse erfinden) und gewinnt damit ein Gespür dafür, daß Sprache formbar und erneuerungsfähig ist.
Nicht zuletzt aber wurden die Übungen so konzipiert, daß sie dem Kind möglichst Spaß bereiten und sich in den Kindergartenalltag ohne weiteres einfügen lassen. Deshalb setzen die Übungen auch keine Medien voraus, die nicht üblicherweise in Vorschulinstitutionen vorhanden sind.

## 3.2 Aufbau des Programms

Der Aufbau des Lautbildungstrainingsprogramms entspricht dem „Lautbildungstest LBT“. Zu jedem Laut, der mit Hilfe dieses Tests überprüft werden kann, stehen entsprechende Übungen bereit. Insgesamt werden dabei alle Laute bzw. die wichtigen Lautverbindungen der deutschen Sprache berücksichtigt, soweit sie im Sprachschatz von Vorschulkindern bereits vorhanden sind. Die Reihenfolge der Laute resultiert aus den Ergebnissen einer clusteranalytischen Untersuchung[13].

13 Vgl. dazu die Ausführungen im Beiheft zum „Lautbildungstest“. Weinheim: Beltz 1980.

Zu jedem Laut bzw. zu jeder Lautverbindung werden mindestens 20 Übungen angeboten. Angereichert wird dieses Übungsangebot durch ca. 20 Variationsvorschläge.
Bei jedem Übungskomplex wird versucht, das Spiel- und Übungsangebot nach steigendem Schweregrad anzuordnen. Als Kriterien zur Beurteilung dieses Schweregrades dienen dabei folgende Gesichtspunkte: stark oder wenig vorstrukturierte Situation, geringe oder ausgeprägte Anforderungen an die Sprachkompetenz, niedrige oder hohe Anforderungen an das Gedächtnis, wenige oder ausgeprägte soziale Anforderungen.
Darüber hinaus erfolgte eine Differenzierung der vorgegebenen Übungen in solche der Intensitätsstufe I und weitere der Intensitätsstufe II.
Ist ein Kind stärker lautbildungsgeschädigt, so ist es erforderlich, die Übungen der Intensitätsstufe I und II einzusetzen. Dabei muß darauf hingewiesen werden, daß Kinder mit sehr stark ausgeprägten Lautbildungsmängeln an entsprechende Fachkräfte (Logopäden) verwiesen werden sollten[14].
Kinder, deren Lautbildungsmangel eher schwach ausgeprägt ist, brauchen nur mit Übungen der Intensitätsstufe II gefördert zu werden.
Sind einzelne Laute einer Lautgruppe (siehe die Kapitel II und III des Übungsteils) bereits erfolgreich eingeübt worden, so ist es möglich, die Übungen zur Lautgruppe 1 (siehe S. 119) oder zur Lautgruppe 2 (siehe S. 313) durchzuführen. Es handelt sich hierbei um Übungen, die es ermöglichen, alle oder viele Laute einer Lautgruppe gemeinsam zu trainieren (Lautgruppe 1: a, e, i, o, u, ei, au, eu, ä, ö, ü, b, p, t, d, g, k; Lautgruppe 2: m, n, ng, w, f, j, x, h, ch, s, st, sch, scht, pf, z, l, r, bl, br, fl, fr, pfl, tr, zw, dr, nk, kl, kn, kr, gl, gr, schtr, schp, schl, schm, schn, schw, schr).
Die Durchführung dieser beiden Übungskapitel bietet sich auch dann an, wenn kein besonders intensives Training einzelner Laute oder Lautverbindungen notwendig ist, es aber trotzdem geraten erscheint, die Lautbildungsfähigkeit eines Kindes genauer in den Blick zu nehmen.
Bei Kindern, deren Lautbildungsfähigkeit in starkem Maße von Schwächen betroffen ist, kann man im allgemeinen davon ausgehen, daß sich bereits eine mehr oder minder ausgeprägte Sprachhemmung herausgebildet hat. Diese Kinder sind häufig sprachlich ungeschickt und verkrampft. Deshalb ist es in einem solchen Fall geraten, vor den eigentlichen Lautbildungsübungen allgemeine Lockerungs- und Entspannungsübungen durchzuführen. Hier geben die Anregungen zum „Training der Lautbildungsorgane" (siehe S. 27) dem Erzieher Hinweise, die er durch eigene Ideen und ständig variierende Vorgehensweisen im Sinne des betroffenen Kindes vervollständigen sollte.

14 Entscheidungshilfen liefert der Lautbildungstest LBT.

### 3.3 Durchführung des Programms

In der Regel wird der Vorschulpädagoge die Lautbildungsfähigkeit des Kindes, das er zu fördern beabsichtigt, mit Hilfe entsprechender Testverfahren überprüft haben. Es liegen dem Erzieher, je nach Güte des Tests, also mehr oder minder exakte und differenzierte Informationen über Art und Umfang der gestörten Laute und Lautverbindungen vor.
Beispiel:

*Michael (4,5 Jahre) wird mit Hilfe des Lautbildungstests LBT überprüft. Dabei zeigt sich, daß der Laut sch sowie die Lautverbindungen scht, schl, schn und schw nicht gebildet werden können. Bei einer zusätzlichen Überprüfung mit Hilfe des Diagnostischen Lautbildungstests DLBT zeigt sich dann weiterhin, daß Michael zusätzlich Schwierigkeiten mit den Lautverbindungen schtr, schp, schm und schr hat. Michael kann also 9 Laute/Lautverbindungen nicht zufriedenstellend bilden.*
*Der Erzieher hat somit im Fall von Michael die folgende Liste von gestörten Lauten/Lautverbindungen vorliegen:*
*Laut: sch*
*Lautverbindungen: scht, schl, schn, schw, schtr, schp, schm, schr.*

Das Programm wurde nun so konzipiert, daß die Laute einzeln trainiert werden, da auf diese Weise ein besonders intensives Training möglich wird. Es muß deshalb in einem nächsten Schritt entschieden werden, in welcher Reihenfolge die Laute/Lautverbindungen geübt werden sollen. Dazu muß berücksichtigt werden, daß im Laufe der Lautbildungsentwicklung jeder neuerworbene Laut auf dem bereits vorhandenen Lautinventar aufbaut. Deshalb ist es wichtig, zunächst mit der Förderung „leichter" Laute (Basislaute) zu beginnen und allmählich zur Förderung „schwieriger" Laute fortzuschreiten.
Bei der Konzeption der jeweils individuellen Übungsfolge sollte demnach berücksichtigt werden, ob es sich bei den gestörten Lauten um „schwierige" oder „leichte"[15] handelt. Hinweise hierzu vermittelt der Übungsteil dieses Programms, denn die Reihenfolge der Laute wurde hier nach steigendem „Schwierigkeitsgrad" vorgenommen.
Beispiel:

*Bei Michael ergibt sich folgender Übungsplan:*
*1. Schritt: Übungen zum Laut sch,*
*2. Schritt: Übungen zur Lautverbindung scht,*
*3. Schritt: Übungen zur Lautverbindung schtr,*
*4. Schritt: Übungen zur Lautverbindung schp,*
*5. Schritt: Übungen zur Lautverbindung schl,*
*6. Schritt: Übungen zur Lautverbindung schm,*
*7. Schritt: Übungen zur Lautverbindung schn,*

---

15 Vgl. dazu das Beiheft zum Lautbildungstest LBT.

*8. Schritt: Übungen zur Lautverbindung schw,*
*9. Schritt: Übungen zur Lautverbindung schr.*

Nach der Festlegung des Übungsplans sollte der Vorschulerzieher weiterhin entscheiden, ob er eine besonders intensive Förderung wünscht, also alle Übungen der Intensitätsstufe I und II durchzuführen anstrebt oder ob eine weniger intensive Förderung mit Hilfe der Übungen der Intensitätsstufe II angebrachter erscheint. Dazu ist es notwendig, mit Hilfe eines entsprechenden Tests den Ausprägungsgrad der Störung zu eruieren[16]. Notfalls muß der Erzieher selbst entscheiden, ob er eine intensive Förderung für notwendig hält oder ob er glaubt, bereits anhand einer kürzeren Übungsphase zum Ziel gelangen zu können.

*Wenn ein Vorschulkind sehr stark lautbildungsgestört ist, sollte es auf alle Fälle an die entsprechenden Fachkräfte (Logopäden) weiterverwiesen werden. In einem solchen Fall ist der Vorschulpädagoge, dem ja nur wenig Zeit für individuelle Förderung zur Verfügung steht, sicher überfordert*[17].

Beispiel:

*Im Falle von Michael machte eine Überprüfung der Lautbildungsfähigkeit deutlich, daß eine intensive Beeinträchtigung vorliegt. Es empfiehlt sich deshalb, mit Michael alle Übungen der Intensitätsstufe I und II durchzuführen.*

Nachdem solchermaßen für jedes Kind ein individuelles Übungsprogramm erstellt wurde, kann der Erzieher entscheiden, welche Kinder zu Trainingsgruppen zusammengefaßt werden können. Das sollten zunächst natürlich Kinder sein, deren Lautbildungsfähigkeit bezüglich der gleichen Laute oder Lautgruppen Mängel aufweist. Darüber hinaus ist es aber auch möglich, Übungsgruppen nach dem Gesichtspunkt der Zugehörigkeit zu einer der umfassenderen Lautgruppen zusammenzustellen. Das könnte dann so aussehen, daß alle Kinder, deren Lautbildungsmängel sich im Bereich der Lautgruppe 1 bewegen, zu einer Gruppe zusammengefügt werden. Entsprechendes gilt für Kinder, deren Störungen sich auf die Laute der Lautgruppierung 2 konzentrieren.

Beispiel:

*Anna, Karin, Heide, Ilona, Jürgen und Joachim weisen Mängel in ihrer Lautbildungsentwicklung auf. Bei einer differenzierten Diagnose ergibt sich folgendes Bild:*
*Anna kann die Laute eu, ng und z nicht bilden.*
*Karin hat Schwierigkeiten bei allen s- und sch-Lauten.*
*Heide vermag die Lautverbindungen fl, gl und schl nicht zu bilden.*

---

16 Vgl. dazu den Lautbildungstest LBT.
17 Aus dem gleichen Grund erfolgen im Programm keine Hinweise zur Anlautung.

*Ilona kann die Laute k, p, pf und r nicht sprechen.*
*Jürgen kommt mit allen Lautverbindungen nicht zurecht,*
*und Joachim beherrscht die Laute s und sch sowie die Lautverbindungen br, gl, schl, schn und schw nicht.*

*Hier bieten sich vier Trainingsgruppen an. In der ersten Gruppe werden intensiv die Elemente eu, k und p trainiert (Anna und Ilona). Eine Gruppe beschäftigt sich ausschließlich mit den Zischlauten s und sch (Karin und Joachim). Weiterhin bietet sich eine Gruppierung der Kinder an, die Schwächen bei den Lautverbindungen aufweisen (Heide und Joachim) sowie ein gemeinsames Training der Kinder, die die Laute ng, z, pf und r der Lautgruppe 2 noch nicht beherrschen (wiederum Anna und Ilona).*

In kleineren Kindergärten, in Institutionen also, die von relativ wenigen Kindern besucht werden, ist es denkbar, daß nur vereinzelt Kinder diagnostiziert werden, die förderungsbedürftig sind. Hier empfiehlt es sich, nichtförderungsbedürftige Kinder in eine solche Trainingsgruppe miteinzubeziehen und die Übungen in den Rahmen der allgemeinen Sprachförderung einzuflechten.

*Grundsätzlich ist allerdings auch eine Einzelförderung möglich.*

Die Trainingsgruppen können am besten während der Freispielphase gefördert werden. Gerade in dieser Zeit ist es relativ leicht möglich, mit den betroffenen Kindern eine kleine Sprachübung oder ein Sprachspiel durchzuführen.
Wichtig für das Gelingen des Trainings ist das tägliche Durchführen einer Übung. Durch das stete, intensive Arbeiten an den Lautbildungsmängeln wird der Lernprozeß in optimaler Weise angeregt und in Gang gehalten.

Beispiel:

*Die Trainingsgruppe Karin und Joachim (Zischlaute s und sch) wird täglich in der Freispielphase beiseite genommen, um eine Übung (zunächst zum Laut s, später, wenn dieser beherrscht wird, zum Laut sch) durchzuführen. Anschließend werden die Kinder wieder zum Freispiel zurückgeführt.*
*Es kann dabei durchaus hilfreich sein, die Trainingsgruppe in unregelmäßigen Abständen durch andere Kinder zu erweitern. Dadurch gestalten sich die Spiele und Übungen interessant, und es wird vermieden, daß zu trainierende Kinder in Außenseiterpositionen geraten.*

Ist eine Übungsgruppe zusammengestellt, so muß ein Gruppenübungsplan konzipiert werden. Dieser Gruppenübungsplan erfaßt alle Laute, die in dieser Gruppe trainiert werden müssen. Gleichzeitig müssen die zu trainierenden Laute nach dem Prinzip „vom leichten zum schweren Laut" geordnet werden.

Beispiel:

*Übungsplan der Trainingsgruppe „Anna und Ilona"*
*1. Schritt: Übungen zum Laut eu,*
*2. Schritt: Übungen zum Laut p,*
*3. Schritt: Übungen zum Laut k,*
*4. Schritt: Übungen zum Laut ng,*
*5. Schritt: Übungen zum Laut pf,*
*6. Schritt: Übungen zum Laut z,*
*7. Schritt: Übungen zum Laut r.*

Der Übungsleiter wird nun mit der Gruppe zunächst die Übungen zum ersten Laut des Übungsplans (1. Schritt bzw. 1. Übungssequenz) durchführen.
Im Idealfall ist jedes Kind der Gruppe nach dieser Übungssequenz in der Lage, den trainierten Laut so zu bilden, daß er sich in den natürlichen Sprachfluß einfügt, ohne dem Zuhörer aufzufallen.
Tatsächlich wird es aber oft so sein, daß ein Kind/einige Kinder der Gruppe seine/ihre Lautbildungsstörung in bezug auf den geförderten Laut überwunden hat, während andere Gruppenmitglieder noch weiterer intensiver Förderung bedürfen. Hier sollte der Erzieher nun zu den Variationsmöglichkeiten greifen. Dabei muß von Fall zu Fall entschieden werden, ob die Gruppe gemeinsam in dieser Übungssequenz weitergefördert werden soll oder ob es sinnvoller ist, einzelnen Kindern eine Zusatzförderung zukommen zu lassen und die Gruppe zur nächsten Übungssequenz zu führen.
Wurden alle Übungen und Variationsmöglichkeiten zu einem Laut bereits durchgeführt, ohne daß sich der gewünschte Erfolg erkennbar angebahnt hätte, so sollte der Erzieher nicht vorschnell aufgeben, sondern in Anlehnung an die vorgegebenen Übungen selbst Ideen entwickeln und geduldig mit dem betreffenden Kind oder der Gruppe weiterarbeiten, denn natürlich können die im Übungsteil vorgeschlagenen Trainingsmaßnahmen nur ein zwangsläufig beschränkter, also beispielhafter Ausschnitt möglicher Übungsformen sein. Hier muß der Erzieher auch nach Möglichkeiten suchen, die Eltern der betroffenen Kinder in die Fördermaßnahmen miteinzubeziehen. Denkbar sind z.B. Elternabende, bei denen die Eltern weitere Übungen ersinnen und zu Zusatzprogrammen zusammenstellen usw.
Zeigen sich bei einem geförderten Kind bzw. der geförderten Gruppe erkennbare Fortschritte in der Form, daß das Kind den Laut korrekt bildet, so daß er nicht mehr im Sprachfluß auffällt, ist es sinnvoll, mit dem Training des im Übungsprogramm vorgesehenen nächsten Lautes zu beginnen.
Wenn auf diese Weise alle Laute gefördert wurden, können als Abschluß die Übungen zur Lautgruppe 1 und 2 durchgeführt werden.

## 4. Literatur


ALBRECHT, G.: Wie können wir sprachgestörten Kindern helfen?. In: Neue Erziehung im Kindergarten, 1965, 18. Jg., H. 7, S. 16–17.

ANGERMEIER, M.: Psycholinguistischer Entwicklungstest. Weinheim 1974.

BARR, B.: Hördiagnostik bei 3–7jährigen Kindern. In: Archiv für Ohren-, Nasen- und Kehlkopfheilkunde, 1962, S. 236–241.

BECKER, K.: Lehrbuch der Logopädie. Berlin 1971.

BIESALSKI, P. (Hrsg.): Phoniatrie und Pädaudiologie. Stuttgart 1973.

BÜHLER, Ch./HETZER, H.: Kleinkindertests. München 1972.

CLOER, E.: Kompensatorische Erziehung in der Diskussion. Vorüberlegungen zu einem erziehungstheoretischen Bezugsrahmen für die Elementar- und Primarstufe. In: Päd. Rundschau, 29, 1975, 3, S. 189–227.

Deutscher Bildungsrat: Strukturplan für das Bildungswesen. Stuttgart $^{3}$1971.

GELLER, L.: Kindliche Sprachfehler und ihre Behandlung. In: Schweiz. Lehrerz., 117, 1972, S. 712–713.

GOTHE, B.: Hausspracherziehung bei einem sprachgeschädigten Kind. In: Das behinderte Kind, 11, 1974, 3, S. 135–138.

GÖTTE, R.: Sprache und Spiel im Kindergarten. Weinheim 1977.

HUSS, K.: Konzept zur Förderung sprachlicher Kommunikation. In: b:e, 9, 1976, 1, S. 51–52.

JAWOREK, F./ZABORSKY, E.: Die Behandlung von Stammelfehlern. Berlin 1971.

KEGEL, G.: Sprache und Sprechen des Kindes. Hamburg 1974.

KLEBER, E. W./KLEBER, G.: Differentieller Leistungstest – KE. Göttingen 1974.

KLEINSCHMIDT, G.: Ergebnisse im Bereich kompensatorischer Erziehung. In: Schule und Psychologie, 1971, 18, S. 215–219.

KÖNIG, H. D.: Vergleichende Untersuchungen der akustischen Komponente bei partiell stammelnden Kindern an Lernbehindertenschulen unter Berücksichtigung der Grobmotorik. Unveröff. Examensarbeit, Mainz 1973.

KORNTHEUER, G.: Möglichkeiten der Sprachförderung im Kindergarten. In: Unsere Kinder, 28, 1973, 2, S. 40–44, und 3, S. 73–78.

KOSSAKOWSKI, A.: Wie überwinden wir die Schwierigkeiten beim Lesen und Schreibenlernen, insbesondere bei Lese- und Rechtschreibschwäche. Berlin 1961.

KRATZMEIER, H.: Fallstudien vorschulischer Lesefertigkeit. Weinheim 1969.

KÜVEMUND, L.: Angebot zur Sprachförderung. In: Archiv f. angew. Sozialpäd., 1970/71, 2, S. 104–110.

LEIBESPERGER, H.: Sprachpflege im Kleinkindalter. In: Evang. Kinderpflege, 1969, 20, S. 296–306.

LOTZMANN, G.: Notwendigkeit, Möglichkeit und Grenzen der Behandlung von Sprechstörungen in der Sprecherziehung. In: Die Sprachheilarb., 1969, 14, S. 84–87.

NIEDERLE, Ch.: Sprachförderung – ein zentrales Anliegen der Kindergartenarbeit. In: Unsere Kinder, 27, 1972, 6, S. 168–173.

PLATH, P.: Die Behandlung kindlicher Sprachfehler. In: Die Therapiewoche Karlsruhe, 21, 1971, 22, S. 1756–1757.

RAATZ, U./MÖHLING, R.: Frankfurter Tests für Fünfjährige – Konzentration. Weinheim 1971.

REINARTZ, E.: Sprechenlernen mit Spielen. In: Lehrmittel aktuell, 8, 1976, 5, S. 38–40.

ROTH, H. (Hrsg.): Begabung und Lernen. Stuttgart $^{8}$1972.

ROTH, H., u. a.: Frankfurter Schulreifetest. Weinheim.

RUGE, H.: Sprech- und Sprachstörungen im Kindesalter, ihre Ursache, Verhütung und Behandlung. In: Die Bayer. Schule, 1958, 11, S. 161–166.

SCHÜLE, A.: Die Sprachpflege im Kindergarten. In: Evang. Kinderpflege, 20, 1969, S. 227–235.

STABENOW, J.: Frühbehandlung von Sprachentwicklungsverzögerungen. In: Die Sprachheilarb., 14, 1969, S. 137–142.

THIERBACH, K.: Hilfen für das sprachbehinderte Kind. In: Grundschulmagazin, 3, 1976, 11, S. 9–12.

THIERSCH, H.: Abweichendes Verhalten – Definition und Stigmatisierungsprozesse. In: Bildungsforschung. Probleme – Perspektiven – Prioritäten. Teil 2. Stuttgart 1975, S. 345–382.

TORFF, A.: Kritik der Vorschulprogramme zum Sprachtraining und zur Intelligenzförderung Klaus Schüttler-Janikullas. Aus: Das Elend mit der kompensatorischen Erziehung. Gießen 1973.

VALTIN, R.: Legasthenie. Weinheim 1972.

WEIKART, D. P.: Über die Wirksamkeit vorschulischer Erziehung. Zeitschr. f. Päd., 1975, S. 486–509.

## 5. Quellen

ENZENSBERGER, H. M. (Hrsg.): Allerleirauh. Frankfurt 1961.

KRÜSS, J.: Kinder heut' ist Wochenmarkt. Oldenburg o. J.

Schwätzchen, Bilder und Reime. Köln o. J.

# B. Übungsteil

## I. Training der Lautbildungsorgane

| 1 | Zeit: 5–15 Min. | Gruppengröße: 2–6 Kinder |
|---|---|---|

**Übungsablauf:**
Die Kinder der Gruppe singen möglichst fröhlich ihre Lieblingslieder.

**Variationsmöglichkeit:**
Einige Kinder singen Lieder. Die restlichen Kinder summen begleitend.

| 2 | Zeit: 5–10 Min. | Gruppengröße: 2–5 Kinder |
|---|---|---|

**Übungsablauf:**
Die Gruppe singt ihre Lieblingslieder auf „La la la". (Es sollte sich dabei nach Möglichkeit um schnellere Lieder handeln.)

**Variationsmöglichkeit:**
Die Kinder singen beliebige Lieder auf „La le li lo lu".

| 3 | Zeit: 2–10 Min. | Gruppengröße: 2–5 Kinder |
|---|---|---|

**Übungsablauf:**
Die Spielleiterin hat eine Flöte oder eine Melodica mitgebracht. Die Kinder dürfen nun auf dem Musikinstrument blasen.

**Variationsmöglichkeit:**
Die Spielleiterin hat einen Kamm (bzw. mehrere Kämme) mitgebracht. Der Kamm wird (die Kämme werden) mit Seidenpapier umhüllt, so daß man auf ihm (ihnen) blasen kann. Die Kinder veranstalten ein „Kamm-Konzert".

| 4 | Zeit: 1–3 Min. | Gruppengröße: 2–10 Kinder |
|---|---|---|

**Übungsablauf:**
Die Kinder der Gruppe lachen betont laut und herzlich.

**Variationsmöglichkeit:**
Beim Lachen klopfen sich die Kinder auf die Schenkel, sie stoßen sich (vorsichtig!) in die Seiten oder klopfen sich auf die Schultern.

| 5 | Zeit: 2–4 Min. | Gruppengröße: 2–10 Kinder |
|---|---|---|

**Übungsablauf:**
Die Kinder gähnen nach Herzenslust. Je kräftiger und lauter dies geschieht, um so besser.

**Variationsmöglichkeit:**
Spiel: Gähnen steckt an.
Die Kinder stehen in einer Reihe. Das erste Kind beginnt zu gähnen. Das nächste „hat sich angesteckt" und muß deshalb auch gähnen usw.
Alle Kinder versuchen so lange zu gähnen, bis alle Kinder gähnen.

| 6 | Zeit: 1–3 Min. | Gruppengröße: 2–10 Kinder |
|---|---|---|

**Übungsablauf:**
Die Kinder seufzen aus und lassen dazu betont den Kopf nach unten sinken. Beim Einatmen wird der Oberkörper betont nach oben gezogen.

**Variationsmöglichkeit:**
Die Kinder stöhnen kräftig.

| 7 | Zeit: 2–5 Min. | Gruppengröße: 2–10 Kinder |
|---|---|---|

**Übungsablauf:**
Die Spielleiterin hat auf einem Tisch Seidenpapierkügelchen verteilt. Die Kinder versuchen nun, diese Seidenpapierkügelchen so schnell wie möglich wegzupusten.

**Variationsmöglichkeit:**
Die Seidenpapierkügelchen werden auf zwei Tischen verteilt. Zwei Kindermannschaften pusten um die Wette.

| 8 | Zeit: 2–5 Min. | Gruppengröße: 2–5 Kinder |
|---|---|---|

**Benötigte Materialien:**
An einem Stück Holz werden ca. 10–20 verschieden lange Wollfäden aufgehängt.

**Übungsablauf:**
Jedes Kind darf kräftig gegen die Wollfäden pusten.

**Variationsmöglichkeit:**
An einem Stück Holz werden Schnurreste befestigt.

| 9 | Zeit: 2–6 Min. | Gruppengröße: 2–6 Kinder |
|---|---|---|

**Übungsablauf:**
Jedes Kind darf einen Luftballon aufpusten. Zum Schluß darf mit den Luftballons gespielt werden.

**Variationsmöglichkeit:**
Die Kinder pusten Windräder an und freuen sich am Sausen der Windrädchen.

| 10 | Zeit: 5–10 Min. | Gruppengröße: 2–10 Kinder |
|---|---|---|

**Übungsvorlage:**
Spiel: Wettpusten!
Zwischen zwei Mannschaften wird ein Seil gespannt. Über das Seil wird ein Seidenpapier gelegt. Die beiden Mannschaften versuchen das Papier in das gegnerische Feld zu pusten.

**Übungsablauf:**
Erläuterung der Spielregeln und Durchführen des Spiels.

**Variationsmöglichkeit:**
Es können auch Wattebäusche über eine Tischplatte oder über den Boden gepustet werden.

| 11 | Zeit: 2–4 Min. | Gruppengröße: 2–6 Kinder |
|---|---|---|

**Übungsablauf:**
Die Gruppe spielt das „Föhnspiel". Dazu pusten die Kinder sich gegenseitig das Haar „trocken". (Es ist nicht notwendig, das Haar vorher anzufeuchten!)

**Variationsmöglichkeit:**
Ein Kind sucht sich einen „Föhn" (anderes Kind) aus. Auf ein verabredetes Zeichen hin kann der „Föhn" an- und ausgeschaltet werden.

| 12 | Zeit: 1–3 Min. | Gruppengröße: 2–10 Kinder |
|---|---|---|

**Übungsablauf:**
Die Kinder lassen den Atem fließen wie strömenden Dampf („Fffff!").

**Variationsmöglichkeit:**
Die Kinder lassen den Atem langsamer ausströmen, so daß ein Geräusch entsteht, als würde Rauch ausgehaucht werden („Fffff!").

**13** Zeit: 1–3 Min. Gruppengröße: 2–10 Kinder

**Übungsablauf:**
Die Kinder lassen die Luft ausströmen, so daß es klingt, als würden Meereswellen rauschen („Schsch!").

**Variationsmöglichkeit:**
Die Kinder lassen die Luft sehr weich ausströmen. (Das Meer ist ganz ruhig. Die Wellen sind sehr klein.) „Schsch!"

**14** Zeit: 2–4 Min. Gruppengröße: 2–10 Kinder

**Übungsablauf:**
Die Kinder lassen die Luft durch die Zähne zischen („Ssss!").

**Variationsmöglichkeit:**
Die Kinder ahmen das Geräusch summender Bienen nach.

**15** Zeit: 1–3 Min. Gruppengröße: 2–6 Kinder

**Übungsablauf:**
Die Gruppe haucht in die Luft oder gegen sehr leichte Gegenstände.

**Variationsmöglichkeit:**
Die Kinder hauchen gegen die Fensterscheiben oder gegen einen Spiegel.

**16** Zeit: 2–4 Min. Gruppengröße: 2–10 Kinder

**Übungsablauf:**
Die Kinder saugen die Luft kräftig ein, bis sie das Gefühl haben „zu platzen".

**Variationsmöglichkeiten:**
1. Die Kinder ahmen das Geräusch nach, das entsteht, wenn man ein Getränk durch einen Strohhalm einsaugt.
2. Die Kinder saugen die Luft durch Strohhalme ein.

**17** Zeit: 1–2 Min. Gruppengröße: 2–10 Kinder

**Übungsablauf:**
Die Kinder reißen den Mund weit auf und atmen sehr schnell und kräftig ein, so, als wären sie erschreckt worden.

**Variationsmöglichkeit:**
Ein Kind ist vor der Tür. Nach einiger Wartezeit reißt es schnell und heftig die Tür auf. Die Kinder im Raum atmen erschreckt ein.

**18** Zeit: 1–3 Min. Gruppengröße: 2–10 Kinder

**Übungsablauf:**
Die Kinder fauchen sich an wie wilde Tiere, die sehr aufgeregt sind („Chchch!").

**Variationsmöglichkeit:**
Zwei Katzen, die sich bereits kennen, fauchen sich eher „freundschaftlich" an („Chch!").

**19** Zeit: 1–3 Min. Gruppengröße: 2–6 Kinder

**Übungsablauf:**
Die Kinder imitieren einen Menschen, der Schluckauf hat („Hick! Hick!").

**20** Zeit: 2–4 Min. Gruppengröße: 2–10 Kinder

**Übungsablauf:**
Die Kinder schnalzen mit den Lippen. Das kann geschehen, indem die Lippen eingezogen werden. Es ist aber auch möglich, bei vorgewölbten Lippen zu schnalzen.

**Variationsmöglichkeit:**
Die Gruppe schnalzt rhythmisch mit den Lippen.

**21** Zeit: 1–3 Min. Gruppengröße: 2–10 Kinder

**Übungsablauf:**
Die Kinder führen mit den Lippen Kußbewegungen aus.

**Variationsmöglichkeit:**
Die Kinder küssen sich gegenseitig auf die Wange.

**22** Zeit: 2–5 Min. Gruppengröße: 2–10 Kinder

**Übungsablauf:**
Die Kinder ahmen mit dem Mund typische Tiermäuler nach (z. B. Löwenmaul und Krokodilmaul – Mund weit aufreißen; Storchenmaul – Mund häufig und schnell auf- und zuklappen; Kaninchenmaul – Mund schließen, Lippen vorwölben und unruhig hin- und herbewegen usw.).

**Variationsmöglichkeit:**
Die Kinder ahmen den Elefantenrüssel nach.

**23** Zeit: 1–3 Min. Gruppengröße: 2–10 Kinder

**Übungsablauf:**
Die Kinder führen ein „Lippenturnen" durch. Dazu werden die Lippen vorgestülpt und eingezogen bzw. der Mund wird sehr weit geöffnet oder die Lippen werden schmal zusammengepreßt.

**Variationsmöglichkeit:**
Die unterschiedlichen Lippenstellungen werden möglichst schnell abgewechselt, so daß ein rechter „Lippenwirrwarr" entsteht.

**24** Zeit: 5–7 Min. Gruppengröße: 2–5 Kinder

**Übungsablauf:**
Die Spielleiterin legt für jedes Kind ein Karamelbonbon (ohne Papier!) oder einen Kaugummi auf den Tisch. Die Kinder falten ihre Hände hinter dem Rücken und versuchen nun die Leckereien nur mit Hilfe der Lippen in den Mund zu befördern.

**Variationsmöglichkeit:**
Jedes Kind versucht, ein Bonbon o. ä. nur mit Hilfe der Lippen vom Stuhl aufzuheben.

**25** Zeit: 1–3 Min. Gruppengröße: 2–4 Kinder

**Übungsablauf:**
Unter Anleitung der Übungsleiterin wird ein „Zungenturnen" durchgeführt, z. B. Zunge aus dem Mund herausstrecken, nach oben, nach unten, links und rechts bewegen bzw. Zunge im Mund ganz rund zusammenrollen usw.

**Variationsmöglichkeiten:**
1. Dem „Zungenvorturner" (zunächst Leiterin, später Kinder) muß alles „nachgeturnt" werden.
2. Turnwettstreit mit der Zunge – Wer kann die Zunge am weitesten herausstrecken? usw.

**26** Zeit: 1–3 Min. Gruppengröße: 2–10 Kinder

**Übungsablauf:**
Die Kinder schnalzen bzw. knallen mit der Zunge.

**Variationsmöglichkeit:**
Auf den Zuruf der Spielleiterin: „Vorsicht, es knallt!" knallen alle Kinder, so laut es ihnen möglich ist, mit der Zunge.

**27** Zeit: 1–3 Min. Gruppengröße: 2–10 Kinder

**Übungsablauf:**
Die Zunge wird sehr schnell von oben nach unten (und umgekehrt) bewegt.

**Variationsmöglichkeit:**
Die Kinder schlecken ein „vorgestelltes" Eis.

**28** Zeit: 1–3 Min. Gruppengröße: 2–10 Kinder

**Übungsablauf:**
Die Zunge wird sehr schnell vom rechten zum linken Mundwinkel (und umgekehrt) bewegt, so daß ein „lel"-Geräusch entsteht.

**Variationsmöglichkeit:**
Wer kann besonders tief und lange aufseufzen?

**29** Zeit: 3–7 Min. Gruppengröße: 2–6 Kinder

**Übungsablauf:**
Die Kinder strecken sich gegenseitig nach Herzenslust die Zunge 'raus.

**Variationsmöglichkeit:**
Ein Kind darf die Zunge 'rausstrecken und kräftig „bäh!" dazu rufen. Anschließend deutet es auf ein anderes Kind, das nun seinerseits die Zunge 'rausstrecken darf usw.

**30** Zeit: 2–4 Min. Gruppengröße: 2–10 Kinder

**Übungsablauf:**
Turnen mit dem Unterkiefer!
Die Kinder lassen den Unterkiefer bewußt fallen und klappen ihn wieder hoch. Anschließend wird der Unterkiefer von rechts nach links (und umgekehrt) bewegt.

**Variationsmöglichkeit:**
Die Kinder „drehen" den Unterkiefer im Kreis.

**31** Zeit: 1–4 Min. Gruppengröße: 2–10 Kinder

**Übungsablauf:**
Die Kinder „kauen" vorgestellte Speisen im Mund (z. B. Kekse, sehr zähes Fleisch. Brei usw.).

**Variationsmöglichkeit:**
Die Kinder kauen einmal mit den Schneidezähnen (abbeißen, knabbern), das andere Mal mit den Backenzähnen (zermahlen).

| 32 | Zeit: 3–10 Min. | Gruppengröße: 2–4 Kinder |
|---|---|---|

**Benötigte Materialien:**
Zeitungspapier, Bleistifte.

**Übungsablauf:**
Die Kinder verschränken die Hände auf dem Rücken. Auf dem Boden wurden Zeitungen verteilt. Die Kinder versuchen nun jeweils, einen Bleistift mit den Zähnen festzuhalten und ein Bild damit zu malen.

**Variationsmöglichkeit:**
Die Kinder heben (nur mit Hilfe der Zähne) verschiedenartige Gegenstände vom Tisch hoch und lassen sie auf Kommando der Spielleiterin sehr plötzlich wieder fallen.

# II. Übungen zu den Lauten der Lautgruppe 1

## 1. Übungen zum Laut a

| a I | 1 | Zeit: 5 Min. | Gruppengröße: 2–10 Kinder |
|---|---|---|---|

**Benötigtes Material:**
Aus einfachem Schreibmaschinenpapier geklebte Röhren.

**Übungsablauf:**
Spielleiterin: „Ich habe euch hier Papierrollen mitgebracht. Ich zeige euch einmal, wie man sie zum Zittern bringen kann." Die Spielleiterin spricht intensiv „Aaah!" in eine Röhre. Anschließend ahmen es die Kinder nach.

**Variationsmöglichkeit:**
Das Orgelspiel: Die Kinder werden in eine Reihe gestellt. Ihre Papierröhren halten sie in der Hand. Wenn die Spielleiterin auf ein Kind deutet, ruft es „aah!" in die Röhre. Indem die Kinder unterschiedlich „aah!" rufen, entsteht ein melodienartiger Eindruck.

| a I | 2 | Zeit: 2–4 Min. | Gruppengröße: 2–10 Kinder |
|---|---|---|---|

**Übungsablauf:**
Alle Kinder atmen langsam durch die Nase ein und ebenso langsam wieder auf „Aaaah" aus.

**Variationsmöglichkeit:**
Alle entspannen sich (legen sich zum Beispiel auf den Boden usw.) und stöhnen wohlig „aaah, ist das schön!".

| a I | 3 | Zeit: 3–7 Min. | Gruppengröße: 2–10 Kinder |
|---|---|---|---|

**Übungsablauf:**
Spielleiterin: „Wenn etwas gut geschmeckt hat, dann reiben sich kleine Kinder manchmal den Bauch und sagen: ‚Aaaah!'" Die Kinder der Gruppe ahmen das nach.

**Variationsmöglichkeit:**
Die Spielleiterin erzeugt das „Aaaah!" durch Zurufe wie „Stellt euch vor, wie gut ein frischer Apfel schmeckt" oder „Die sprudelnde Limonade schmeckt sehr erfrischend!" usw.

| a I | 4 | Zeit: 5–7 Min. | Gruppengröße: 2–10 Kinder |
|---|---|---|---|

**Übungsablauf:**
Spielleiterin: „Klaus mußte gestern schrecklich lachen. ‚Hahaha! Hahaha!' Wenn Klaus so lacht, das steckt an. Lacht doch alle mit! ‚Hahaha!'"

**Variationsmöglichkeit:**
Das Lachspiel: Ein Kind fängt an zu lachen. Nacheinander steckt sich jedes Kind an, bis schließlich alle zusammen lachen.

| a I | 5 | Zeit: 5 Min. | Gruppengröße: 2–10 Kinder |
|---|---|---|---|

**Übungsablauf:**
Spielleiterin: „Wißt ihr, wie die Raben krächzen? Sie machen ‚krah, krah, krah!'"

**Variationsmöglichkeit:**
Die Kinder quaken wie die Frösche: „Quak, quak, quak!"

a I **6** Zeit: 5 Min. Gruppengröße: 2–10 Kinder

**Übungsablauf:**
Alle Kinder sprechen in der Babysprache.
(Mama, Babba, Papa, Balla, Dada usw.)

**Variationsmöglichkeit:**
Jeweils zwei Kinder gehen zusammen spazieren. Ein Kind spielt die Mutter, das andere Kind ist das Baby, das in der Babysprache vor sich hin redet.

a I **7** Zeit: 10 Min. Gruppengröße: 2–6 Kinder

**Übungsablauf:**
Die Gruppe singt nach bekannten und vertrauten Schlagermelodien: „balla, balla!“

**Variationsmöglichkeit:**
Die Kinder singen nach Schlagermelodien: „Dam dadam!“

a I **8** Zeit: 5 Min. Gruppengröße: 2–10 Kinder

**Übungsablauf:**
Spielleiterin: „Wenn Menschen sich freuen, dann singen sie oft vor sich hin: „Tralala, tralala.“ Die Gruppe singt: „Tralala!“

**Variationsmöglichkeit:**
„Tralala!“ läßt sich auf beliebige Liedmelodien singen.

a I **9** Zeit: 10 Min. Gruppengröße: 2–6 Kinder

**Benötigtes Material:**
Äpfel, Apfelmus, Apfelkuchen, Apfelgelee, Bratapfel, Apfelschalen, Bild von einem Apfelbaum, geschälte Äpfel.

**Übungsvorlage:**
Wortliste: Apfelbaum, Apfelschale, Apfelfleisch, Apfelkerne. Apfelkuchen, Apfelgelee, Bratapfel usw.

**Übungsablauf:**
Die Gruppe sucht alle „Apfelwörter“. Wer ein neues Wort gefunden hat, ruft es einfach laut. (Den Kindern kann man helfen, indem man Apfelmus, Apfelkuchen usw. mitbringt.)

**Variationsmöglichkeit:**
Dasselbe Suchspiel läßt sich mit den Wörtern „Affe“ und „Wagen“ durchführen.

a I **10** Zeit: 10 Min. Gruppengröße: 2–4 Kinder

**Übungsvorlage:**
Spiel: „Aufgepaßt!“

| Spielleiterin: | Kinder: |
|---|---|
| Die Blume ist in der Vase! | Aha! |
| Der Herd steht in der Küche! | Aha! |
| Der Apfel wächst am Baum! | Aha! |
| Der Elefant hat Flügel! | Stimmt nicht! usw. |

**Übungsablauf:**
Die Spielleiterin erläutert die Spielregeln. (Sie sagt einen Satz. Wenn er zutrifft, rufen die Kinder: „Aha!“. Wenn er falsch ist, müssen sie sofort protestieren: „Stimmt nicht!“.)

**Variationsmöglichkeit:**
Anstelle des „Aha“ kann auch „Ach so!“ gerufen werden.

a II **11** Zeit: 10 Min. Gruppengröße: 2–5 Kinder

**Übungsvorlage:**
Geschichte: Der neugierige Detlef.
Detlef ist immer sehr neugierig. Wenn er etwas sieht oder man etwas zu ihm sagt, fragt er immer: „Warum?"

**Übungsablauf:**
Die Spielleiterin erzählt die Geschichte.
Spielleiterin: „Ich bin jetzt einmal der neugierige Detlef. Warum ist es jetzt draußen warm? Warum bleibt ihr nicht über Nacht im Kindergarten?" usw. Die Kinder versuchen die Fragen zu beantworten. Anschließend werden sie aufgefordert, selbst der neugierige Detlef zu sein und Fragen zu stellen.

**Variationsmöglichkeit:**
Karin möchte nichts machen!

| Vater: | Karin: |
|---|---|
| Karin, geh bitte einkaufen! | Warum? |
| Karin, wirf bitte das Papier in den Mülleimer! | Warum? |
| Karin, hilf bitte mit die Sachen tragen! | Warum? |

a II **12** Zeit: 5–10 Min. Gruppengröße: 2–6 Kinder

**Übungsvorlage:**
Singspiel: Backe, backe Kuchen, der Bäcker hat gerufen.
Wer will guten Kuchen backen, der muß haben sieben Sachen: Eier und Schmalz, Butter und Salz, Milch und Mehl; Safran macht den Kuchen gel'.

**Übungsablauf:**
Das Spiel wird durchgeführt, indem die Kinder das Lied singen und dazu in die Hände klatschen. Falls die Liedmelodie nicht bekannt ist, kann der Reim auch gesprochen werden.

**Variationsmöglichkeit:**
Die Kinder nehmen ihre Puppen (Teddies, Plüschtiere) auf den Schoß und spielen: „Backe, backe Kuchen!"

a II **13** Zeit: 5–10 Min. Gruppengröße: 2–10 Kinder

**Übungsvorlage:**
Vers: Der alte Hammer ist in der Kammer.

**Übungsablauf:**
Die Gruppe spricht den Vers mehrfach.

**Variationsmöglichkeit:**
Spiel: Die Kinder laufen im Raum umher. Die Spielleiterin geht abwechselnd zu jedem Kind der Gruppe und fragt: „Wo ist der Hammer?" Das angesprochene Kind sollte dann antworten: „Der alte Hammer ist in der Kammer!"

a II **14** Zeit: 5–10 Min. Gruppengröße: 2–5 Kinder

**Übungsvorlage:**
Geschichte: Zwerge haben auch Gedichte.
Onkel Dieter hat Annika ein Märchen von den Zwergen erzählt. Darin haben die Zwerge besonders gerne in Gedicht gesprochen. Es geht: Bam, bam, bam, dabba, da dibadaba, dabba, da, da.

**Übungsablauf:**
Die Kinder sprechen den Reim mehrfach.

**Variationsmöglichkeit:**
Die Gruppe vertont den Reim oder erfindet ähnliche Reime.

| a II | **15** | Zeit: 5–7 Min. | Gruppengröße: 2–10 Kinder |
|---|---|---|---|

**Übungsvorlage:**
Vers: Ein Hammel und ein Lamm brauchen keinen Kamm!

**Übungsablauf:**
Die Gruppe spricht den Vers mehrfach.

**Variationsmöglichkeit:**
Wer macht den Reim fertig? Ein Hammel und ein Lamm brauchen ...

| a II | **16** | Zeit: 10–15 Min. | Gruppengröße: 2–6 Kinder |
|---|---|---|---|

**Benötigtes Material:**
Transistorradio.

**Übungsvorlage:**
Spiel: Wer weiß, was man alles im Radio hört?
Die Gruppe sitzt im Kreis. Die Spielleiterin beginnt: „Im Radio hört man Musik." (Zur Nachbarin gewandt) „Sag du, was man noch hört!" Jedes Kind sollte jetzt einen Satz finden, der mit „Im Radio hört man ..." beginnt.

**Übungsablauf:**
Die Spielleiterin hat ein Radiogerät mitgebracht und spielt kurz verschiedene Sender an. Die Kinder äußern sich frei dazu. Anschließend wird das Spiel durchgeführt.

**Variationsmöglichkeit:**
Gespräch: Was ich im Radio besonders gern höre. (Die Kinder berichten oder äußern Wünsche.)

| a II | **17** | Zeit: 5–7 Min. | Gruppengröße: 2–10 Kinder |
|---|---|---|---|

**Übungsvorlage:**
Vers: In Alabama lebt ein Lama, das frißt so gerne Rama!

**Übungsablauf:**
Die Kinder sprechen den Vers mehrfach.

**Variationsmöglichkeit:**
Die Kinder erfinden selbst ähnliche Verse zum „Lama".

| a II | **18** | Zeit: 10 Min. | Gruppengröße: 2–6 Kinder |
|---|---|---|---|

**Übungsvorlage:**
Lied: Jetzt steigt Hampelmann.
Jetzt steigt Hampelmann, jetzt steigt Hampelmann, jetzt steigt Hampelmann aus seinem Sack heraus. Oh, du mein Hampelmann, mein Hampelmann, mein Hampelmann, oh, du mein Hampelmann, mein Hampelmann bist du.

**Übungsablauf:**
Einüben des Liedes. Falls die Liedmelodie nicht bekannt ist, kann eine beliebige Melodie verwendet werden.

**Variationsmöglichkeit:**
Ein Kind singt das Lied, die anderen hüpfen wie die Hampelmänner.

| a II | **19** | Zeit: 5–7 Min. | Gruppengröße: 2–10 Kinder |
|---|---|---|---|

**Übungsvorlage:**
Vers: Der neue, schöne Ball platzt mit lautem Knall!

**Übungsablauf:**
Der Vers soll von den Kindern möglichst rhythmisch gesprochen werden.

**Variationsmöglichkeit:**
Zu dem Vers kann man klatschen, trampeln, klopfen usw.

a II **20** Zeit: 10 Min. Gruppengröße: 2–8 Kinder

**Benötigtes Material:**
Verschiedene Flaschen.

**Übungsvorlage:**
Spiel: Das Flaschenspiel.
Die Gruppe sitzt im Kreis. Eine Flasche wird von Kind zu Kind weitergegeben. Jeder muß nun etwas zur Flasche sagen (z. B. die Flasche ist grün. Die Flasche ist aus Glas. Die Flasche hat ein Schild usw.).

**Übungsablauf:**
Die Gruppe sitzt im Kreis. Die Spielleiterin erläutert den Spielverlauf und reicht eine Flasche im Kreis herum. (Wenn ein Kind keinen neuen Satz findet, darf es den Satz des Nachbarn wiederholen.)

**Variationsmöglichkeit:**
Die Spielleiterin bringt verschiedene Flaschen mit und spricht mit den Kindern über diese Flaschen.

a II **21** Zeit: 5–7 Min. Gruppengröße: 2–10 Kinder

**Übungsvorlage:**
Vers: Der Papa hat ganz laut gelacht, da ist ihm dann der Knopf gekracht.

**Übungsablauf:**
Die Gruppe spricht den Vers mehrfach.

**Variationsmöglichkeit:**
Der Vers läßt sich weiter ausgestalten, z. B. Der Papa hat ganz laut gelacht. Ha, ha, ha! Da ist ihm dann der Knopf gekracht. Peng! Bumm! Krach! u. ä. m.

a II **22** Zeit: 5–10 Min. Gruppengröße: 4–8 Kinder

**Übungsvorlage:**
Endlosreim: Es war einmal ein Mann, der war arm und alt. Seine Kinder sagten: Vater erzähl' uns eine Geschichte. Da sagte der Mann: Es war ... usw.

**Übungsablauf:**
Die Gruppe spricht den Reim häufig.

**Variationsmöglichkeit:**
Spiel: Wer paßt nicht auf?
Die Gruppe sitzt im Kreis. Die Spielleiterin geht umher. Sie deutet abwechselnd auf die Kinder und fragt: „Wie war der Mann?" Das angesprochene Kind sollte antworten: „Arm und alt!"

a II **23** Zeit: 10–15 Min. Gruppengröße: 2–4 Kinder

**Übungsablauf:**
Spielleiterin: „Wer viel fragt, lernt viel. Heute sollt ihr deshalb alles fragen, was euch einfällt. Ich fange an zu fragen: Warum legen Hühner Eier?" usw.
Die Gruppe versucht, die Fragen gemeinsam zu beantworten.

**Variationsmöglichkeit:**
Spiel: Ich frage dich etwas, dann fragst du mich etwas!
Die Spielleiterin stellt eine Frage an ein Kind der Gruppe. Anschließend soll das Kind eine Frage an die Spielleiterin stellen. Natürlich muß jedes Kind berücksichtigt werden.

a II **24** Zeit: 5–10 Min. Gruppengröße: 2–4 Kinder

**Übungsvorlage:**
Bild von einem Kind.

**Übungsablauf:**
Spielleiterin: „Schaut euch den Jungen an. Er hat einen Hut. Was hat er noch?“ Die Kinder berichten, was sie auf dem Bild sehen. Wichtig ist, daß das „hat“ besonders betont wird. (Dies kann am besten durch das entsprechende Sprechvorbild der Spielleiterin erreicht werden.)

**Variationsmöglichkeit:**
Mit Hilfe des Bildes läßt sich auch ein Fragespiel durchführen. (Spielleiterin: „Was hat Hans auf dem Kopf?“ Kind: „Er hat einen Hut“ usw.)

a II **25** Zeit: 10–15 Min. Gruppengröße: 2–5 Kinder

**Benötigtes Material:**
Beispieltonband.

**Übungsvorlage:**
Tonbandtext: Ein verrückter Tag.
Heute habe ich meine Schuhe verkehrt herum angezogen. Haha!
Heute kommt der Kasper. Haha!
Im Zirkus ist der lustigste Clown. Haha!
Heute habe ich zwei verschiedene Strümpfe angezogen. Haha!
Heute bekomme ich mein Lieblingsspielzeug zum Geburtstag. Haha!

**Übungsablauf:**
Die Kinder hören sich den Text an. Spielleiterin: „Euch sind sicher auch schon so verrückte Sachen passiert, über die ihr habt lachen müssen. Ich habe heute morgen meinen Pullover verkehrt herum angezogen. Ha! Ha! Was ist euch schon passiert?“ Die Kinder berichten.

**Variationsmöglichkeit:**
Die Gruppe nimmt selbst eine solche Tonbandgeschichte auf.

a II **26** Zeit: 15 Min. Gruppengröße: 2–5 Kinder

**Benötigtes Material:**
Bilder vom Hasen und von der Katze.

**Übungsvorlage:**
Erzählanlaß: Die Gruppe erzählt alles, was sie über den Hasen und die Katze weiß.
Rätselspiel: Welches Tier ist es?

| Spielleiterin: | Kinder: |
|---|---|
| Es schleckt gern warme Milch! | Katze! |
| Es hat einen buschigen Schwanz! | Katze! |
| Es frißt gern Karotten! | Hase! |
| Es lebt manchmal in einem kleinen Stall! | Hase! usw. |

**Übungsablauf:**
Zunächst betrachten die Kinder die Bilder vom Hasen und von der Katze und berichten, was sie über diese beiden Tiere wissen. Anschließend wird das Rätselspiel durchgeführt.

**Variationsmöglichkeit:**
Ein ähnliches Spiel läßt sich zu den Pflanzen „Kaktus“ und „Karotte“ gestalten.

a II **27** Zeit: 5–10 Min. Gruppengröße: 2–4 Kinder

**Übungsablauf:**
Spielleiterin: „Wir suchen alles, was rosa ist. Helft ihr mir dabei? Strampelhosen für Mädchen sind manchmal rosa.“
(Schweinchen, Kleidungsstücke aller Art usw.)

**Variationsmöglichkeit:**
Spielleiterin: „Wenn ihr ein Bild malen würdet und hättet ganz viel rosa Farbe, was würdet ihr rosa malen?“

## 2. Übungen zum Laut e

e I 1 Zeit: 3–5 Min. Gruppengröße: 2–10 Kinder

**Übungsablauf:**
Übungsleiterin: „Wenn wir sprechen, dann schwingt es im Körper, fühlt es einmal!" Die Kinder sprechen: „e" und tasten dabei Brust und Kehlkopf ab, um die Vibrationen zu spüren.

**Variationsmöglichkeit:**
Die Kinder sprechen auch andere Laute und vergleichen die Vibrationen.

e I 2 Zeit: 7 Min. Gruppengröße: 2–10 Kinder

**Übungsvorlage:**
Geschichte: Ludde.
Wenn Ludde lacht, klingt das wie bei einer Ziege. Er lacht: „He, he, he, he, he!" oder „Hehee!" oder „Hehehehehe!"

**Übungsablauf:**
Alle Kinder lachen wie Ludde.

**Variationsmöglichkeit:**
Man kann ganz verschieden lachen. Die Kinder probieren das aus (Haha! Hehe! Hoho! Hähä! Hihi!).

e I 3 Zeit: 5 Min. Gruppengröße: 2–10 Kinder

**Übungsablauf:**
Spielleiterin: „Leute, die in Berlin wohnen, heißen Berliner. Wenn Berliner „Nee! Nee!" sagen, dann heißt das: „Nein!". Alle Kinder sagen: „Nee! Nee!"

**Variationsmöglichkeit:**
Geschichte: In Berlin wohnte ein Junge, der sagte immer zu allen: „Nee! Nee!" Wenn die Mutter sagte: „Geh bitte für mich einkaufen!", sagte er sofort ... (Kinder: „Nee! Nee!") Wenn der Vater sagte: „Hol' mir doch bitte die Zeitung!", sagte der Junge ... (Kinder: „Nee! Nee!") usw. Als der Junge aber einmal beim Einkaufen zur Mutter sagte: „Kauf mir doch bitte das Schokoladenauto!", da sah sie ihn erst lange an und sagte dann ... (Kinder: „Nee! Nee!").

e I 4 Zeit: 5 Min. Gruppengröße: 2–10 Kinder

**Übungsablauf:**
Alle Kinder meckern wie Ziegen: „Meck! Meck!"

**Variationsmöglichkeit:**
Eine ganze Ziegenherde meckert um die Wette.

e I 5 Zeit: 10–15 Min. Gruppengröße: 2–5 Kinder

**Übungsvorlage:**
Geschichte: Andreas und Silke.
Silke hat Andreas gern. Aber Andreas möchte nicht, daß Silke immer hinter ihm herläuft, denn sie ist noch so klein, und er muß dann immer Rücksicht auf sie nehmen. Deshalb ruft er immer, wenn er sie sieht: „Geh weg!"

**Übungsablauf:**
Diese Geschichte wird von den Kindern als Spielszene gestaltet. Dabei sollte die Gruppe versuchen, eine Konfliktlösung zu finden.

**Variationsmöglichkeit:**
Geschichte: Eine Biene fliegt um Heinz herum. Heinz hat Angst, sie könnte ihn stechen. Deshalb ruft er: „Geh weg! Geh bloß weg!"

| e I | **6** | Zeit: 5–7 Min. | Gruppengröße: 2–10 Kinder |
|---|---|---|---|

**Übungsablauf:**
Spielleiterin: „Wenn man sich weh getan hat, dann ruft man oft: „Au weh!" Wenn man sich z. B. am Fuß verletzt hat, dann ruft man: „Au weh!" (Die Spielleiterin hüpft auf einem Bein und ruft laut. Die Kinder imitieren sie.)

**Variationsmöglichkeit:**
Geschichte: Rosmarie hat „Bauchweh". Rosmarie hat Schmerzen. Ihr Bauch tut ihr weh. Sie reibt ihren Bauch und sagt: „Ich habe so Bauchweh!"

| e I | **7** | Zeit: 3–5 Min. | Gruppengröße: 2–10 Kinder |
|---|---|---|---|

**Übungsvorlage:**
Vers: E, e, e, die Katze liegt im Schnee.

**Übungsablauf:**
Die Gruppe spricht den Vers mehrfach.

**Variationsmöglichkeit:**
Der Vers kann auch gesungen werden.

| e I | **8** | Zeit: 10–15 Min. | Gruppengröße: 2–10 Kinder |
|---|---|---|---|

**Übungsvorlage:**
Geschichte: „Max und Moritz" von W. Busch.

**Übungsablauf:**
Die Spielleiterin erzählt die Episode aus der „Max und Moritz"-Geschichte, wie Max und Moritz den Schneider ärgern. Anschließend ahmt die Gruppe den Ruf „Schneider, Schneider, meck, meck, meck!" nach.

**Variationsmöglichkeit:**
Die gesamte Episode wird spielerisch dargestellt.

| e I | **9** | Zeit: 5–7 Min. | Gruppengröße: 2–10 Kinder |
|---|---|---|---|

**Übungsablauf:**
Übungsleiterin: „Claudia läuft auf der Straße. Plötzlich sieht sie Peter vor sich herlaufen. ‚He!' ruft sie laut, ‚Peter, bleib stehen!'" Helft ihr doch alle einmal rufen. Die Kinder rufen mehrfach: „Heh! Peter, bleib stehen!"

**Variationsmöglichkeit:**
Susanne ruft: „Heh, Herbert, bleib stehen!"

| e I | **10** | Zeit: 10 Min. | Gruppengröße: 2–6 Kinder |
|---|---|---|---|

**Übungsvorlage:**
Geschichte: Das neue Kleid.
Mutter näht Sigrid ein neues Kleid. Damit es auch paßt, muß Sigrid das Kleid anprobieren. Sigrid hat aber keine Geduld. Sie findet, daß ihre Mutter stundenlang braucht zum Abstecken. Da schimpft die Mutter: „Steh doch still!"

**Übungsablauf:**
Diese Szene wird von den Kindern mehrfach gespielt.

**Variationsmöglichkeit:**
Geschichte: Onkel Klaus hat sich einen Schäferhund gekauft. Er möchte, daß der Hund auf einige Befehle horcht. Er sagt: „Steh!", und der Hund muß sofort stehen bleiben.

e II **11** Zeit: 10 Min. Gruppengröße: 2–6 Kinder

**Übungsvorlage:**
Wortliste: Schneeball, Schneemann, Schneeflocken, Schneeschuhe, Schneeanzug usw.

**Übungsablauf:**
Die Gruppe sammelt Schneewörter.

**Variationsmöglichkeit:**
Die Gruppe erfindet eine Schneegeschichte.

e II **12** Zeit: 10 Min. Gruppengröße: 2–5 Kinder

**Übungsvorlage:**
Situation: Mutter hat Tee gekocht. Sie ruft nun die Familie zum Teetrinken.

**Übungsablauf:**
Die Gruppe gestaltet die Situation spielerisch.

**Variationsmöglichkeit:**
Situation: Kind sitzt im „Café“ und bestellt einen Tee.

e II **13** Zeit: 5–10 Min. Gruppengröße: 2–10 Kinder

**Übungsvorlage:**
Lied: He, Peter, he, he, he, holla, he!

**Übungsablauf:**
Der abgeänderte Refrain aus dem Lied „Der Fuhrmann“ wird eingeübt. (Der Vers kann natürlich zu einer beliebigen Melodie gesungen werden.)

**Variationsmöglichkeit:**
Bei dem Lied werden alle Namen der zur Gruppe gehörenden Kinder eingesetzt.

e II **14** Zeit: 5–10 Min. Gruppengröße: 2–10 Kinder

**Übungsvorlage:**
Vers: Esel essen Nesseln nicht, Nesseln essen Esel nicht!

**Übungsablauf:**
Die Gruppe spricht den Vers mehrfach.

**Variationsmöglichkeit:**
Der Vers wird zu Schnellsprechübungen benutzt.

e II **15** Zeit: 5–7 Min. Gruppengröße: 2–10 Kinder

**Übungsvorlage:**
Spiel: Wer paßt gut auf?
Es gibt viele Wörter mit „See“. Paßt gut auf, damit ihr sie nachher noch alle wißt: „Seemann, Seebär, Seelöwe, Seeluft, Seemöwe“.

**Übungsablauf:**
Die Gruppe wiederholt die Wörter mehrfach.

**Variationsmöglichkeit:**
Spielleiterin: Erfindet eine Geschichte mit lauter „See-Wörtern“!

| | | | |
|---|---|---|---|
| e II | **16** | Zeit: 10 Min. | Gruppengröße: 2–6 Kinder |

**Übungsvorlage:**
Reim: Weiß wie Schnee,
grün wie Klee,
blau wie der See,
braun wie Kaffee.

**Übungsablauf:**
Die Gruppe spricht den Reim mehrfach.

**Variationsmöglichkeit:**
Fragespiel:

| Spielleiterin: | Kinder: | |
|---|---|---|
| „Was ist weiß?“ | „Schnee!“ | |
| „Was ist braun?“ | „Kaffee!“ | usw. |

| | | | |
|---|---|---|---|
| e II | **17** | Zeit: 5–7 Min. | Gruppengröße: 2–6 Kinder |

**Übungsablauf:**
Die Gruppe sucht alles, was schnell ist. (Das Auto ist schnell, das Flugzeug ist schnell usw.)

**Variationsmöglichkeit:**
Die Gruppe sucht alles, was hell, gelb, schwer ist.

| | | | |
|---|---|---|---|
| e II | **18** | Zeit: 10 Min. | Gruppengröße: 2–8 Kinder |

**Übungsvorlage:**
Lied: Der Esel, der Esel, wo kommt der Esel her?
Von Wesel, von Wesel, er will ans schwarze Meer.

**Übungsablauf:**
Das Lied soll eingeübt werden. Falls die Liedmelodie nicht bekannt ist, kann eine beliebige Melodie verwendet werden.

**Variationsmöglichkeit:**
Spiel: Die Gruppe sitzt im Kreis. Ein Kind darf den Spielleiter machen. Der Spielleiter läuft im Kreis, bleibt vor einem Kind stehen und fragt: „Wie macht der Esel?“ Das gefragte Kind antwortet: „Iiah!“ Danach steht dieses Kind auf und übernimmt die Spielleiterrolle. Der ursprüngliche Spielleiter setzt sich auf den frei gewordenen Platz.

| | | | |
|---|---|---|---|
| e II | **19** | Zeit: 5–7 Min. | Gruppengröße: 2–6 Kinder |

**Übungsablauf:**
Übungsleiterin: „Es gibt viele Beeren.“ (Nach Möglichkeit hat sie Beeren mitgebracht.) „Erzählt mir, welche Beeren ihr kennt!“ Die Kinder berichten: „Himbeeren, Brombeeren, Erdbeeren, Heidelbeeren, Stachelbeeren.“

**Variationsmöglichkeit:**
Aus Gartenkatalogen werden verschiedene Beerenschilder ausgeschnitten und zu einem „Beerenbild“ zusammengeklebt.

| | | | |
|---|---|---|---|
| e II | **20** | Zeit: 10–15 Min. | Gruppengröße: 2–6 Kinder |

**Übungsvorlage:**
Fortsetzungsgeschichte: Heute fahre ich auf dem See usw.

**Übungsablauf:**
Die Spielleiterin kündigt an, daß die Gruppe eine Fortsetzungsgeschichte erfinden solle. Die Spielleiterin sagt den ersten Satz. Jeder weitere Sprecher wiederholt nun die bereits gesagten Sätze und fügt einen neuen hinzu. Das geht so lange, bis man sich die Sätze nicht mehr merken kann.

**Variationsmöglichkeit:**
Die Gruppe soll eine Geschichte mit den Wörtern „Schnee“, „Klee“ und „See“ erfinden.

## 3. Übungen zum Laut i

| i I | 1 | Zeit: 3–5 Min. | Gruppengröße: 2–6 Kinder |
|---|---|---|---|

**Übungsablauf:**
Die Kinder sprechen intensiv „Iiii". Dabei recken sie sich auf den Zehenspitzen sehr hoch.

**Variationsmöglichkeiten:**
1. Die Kinder fassen sich mit beiden Händen auf den Kopf, während sie „iiii" sprechen. Dabei können sie das Vibrieren spüren.
2. Die Kinder sprechen das „iiii" und steigen dabei auf einen Stuhl.

| i I | 2 | Zeit: 5–10 Min. | Gruppengröße: 2–5 Kinder |
|---|---|---|---|

**Übungsvorlage:**
Geschichte: Ingeborg.
Ingeborg macht sich manchmal schon selbst etwas zu essen. Gestern hat sie sich einen Brei angerührt. Am Schluß hat sie noch einen vollen Löffel Zucker dazugeschüttet. Als sie den Brei essen will, spuckt sie den ersten Löffel wieder aus und ruft laut: „Iii!" Was ist da wohl passiert? (Sie hat Salz statt Zucker genommen.)

**Übungsablauf:**
Alle Kinder schreien wie Ingeborg.

**Variationsmöglichkeit:**
Die ganze Geschichte kann auch spielerisch dargestellt werden.

| i I | 3 | Zeit: 5–10 Min. | Gruppengröße: 3–10 Kinder |
|---|---|---|---|

**Übungsvorlage:**
Geschichte: Im Schwimmbad.
Gestern war ich im Schwimmbad. Ich freute mich sehr auf das Wasser und rannte sofort ins Becken. Aber das Wasser war eiskalt. „Iiii!" Später wollte ich mich abtrocknen. Aber das Handtuch war klitschnaß. „Iiii!"

**Übungsablauf:**
Die Übungsleiterin erzählt die Geschichte. (Es sollten noch weitere Sätze angefügt werden.) Der Schreckensruf „Iiii!" wird jeweils mehrmals wiederholt. Wichtig ist, daß die Kinder angeregt werden, das „Iiii!" mitzurufen.

**Variationsmöglichkeit:**
Die Kinder werden aufgefordert, von Erlebnissen zu berichten, die ihnen einen Schrecken eingejagt haben. Die Gruppe ahmt den Schreck durch den „Iiii!"-Ruf nach und lacht anschließend befreiend, weil ja alles gutgegangen ist.

| i I | 4 | Zeit: 5–7 Min. | Gruppengröße: 3–6 Kinder |
|---|---|---|---|

**Übungsvorlage:**
Sprechspiel.
Übungsleiterin: „Stellt euch vor, ihr werdet mit eiskaltem Wasser bespritzt! Iiii!
Stellt euch vor, ihr tretet aus Versehen in eine tiefe Pfütze! Iiii!
Stellt euch vor, ihr schüttet den Farbtopf auf den neuen Pulli! Iiii! usw.

**Übungsablauf:**
Die Übungsleiterin fängt mit dem Sprechspiel an und ermuntert die Gruppe, dazu „Iiii!" zu rufen.

**Variationsmöglichkeit:**
Spiel: Wir raten!
Übungsleiterin: Peter hat gerade eine Schüssel mit Kompott in der Hand. Plötzlich ruft er „Iii!"
Was ist passiert?
Kinder: Stellen Vermutungen an usw.
Die erfundenen Szenen werden nachgespielt.

| i I | 5 | Zeit: 5 Min. | Gruppengröße: 2–8 Kinder |
|---|---|---|---|

**Übungsvorlage:**
Geschichte: Das Baby.
Frau Bauer hat ein Baby, das jetzt langsam anfängt zu sprechen. Es spricht aber noch nicht so, wie ihr oder ich. So sagt es z. B. gerne: „Mi-mi-mi."

**Übungsablauf:**
Die Übungsleiterin erzählt die Geschichte und fordert die Kinder dann auf, wie das Baby von Frau Bauer zu sprechen.

**Variationsmöglichkeit:**
Die Kinder gehen paarweise im Zimmer spazieren. Ein Kind ist dabei „Frau Bauer", die ihr „Baby" (das zweite Kind) an der Hand führt. Das Baby spricht „Mi-mi-mi" vor sich hin.
Anschließend werden die Rollen vertauscht.

| i I | 6 | Zeit: 10 Min. | Gruppengröße: 2–10 Kinder |
|---|---|---|---|

**Benötigtes Material:**
Längerer Stock.

**Übungsablauf:**
Es werden zwei Mannschaften gebildet. Jeweils eine Mannschaft zieht an einem Ende des Seils. Die Spielleiterin feuert die Kinder an, ständig „ziehen!" zu rufen.

**Variationsmöglichkeit:**
Ein Kind ist in ein Loch eingebrochen. Die anderen Kinder stehen um das Loch herum. „Zieht mich doch 'raus!" ruft das Kind.

| i I | 7 | Zeit: 5–10 Min. | Gruppengröße: 3–5 Kinder |
|---|---|---|---|

**Übungsvorlage:**
Geschichte: Auf dem Mars.
Jutta, Erich und Hartmut wollen Marsmenschen spielen. Sie erfinden dazu eine Marssprache. So können sie sich unterhalten, ohne daß jemand sie versteht. Sie sagen z. B. „Pi, pi, mi, mi!" oder „Bili bilibi!" oder „pimi pipimi mipi!" usw.

**Übungsablauf:**
Die Übungsleiterin erzählt die Geschichte. Anschließend spielt die Gruppe „Marsmenschen".

**Variationsmöglichkeit:**
Die Übungsleiterin interviewt eine Gruppe von Marsmenschen, die „Marssprache" sprechen.
Das Interview nimmt sie auf Tonband auf.

| i I | 8 | Zeit: 5 Min. | Gruppengröße: 2–7 Kinder |
|---|---|---|---|

**Übungsvorlage:**
Spiel: Wie macht …?

| Übungsleiterin: | Kinder: |
|---|---|
| Wie macht der Hahn? | Kikeriki! |
| Wie macht die Katze? | Miau! |
| Wie macht das Glöckchen? | Bimbim! |
| Wie macht die Uhr? | Tick-Tack! |
| Wie macht die Straßenbahn? | Bimbim! usw. |

**Übungsablauf:**
Übungsleiterin: „Wir wollen ein Spiel zusammen machen. Ich frage euch dabei immer, wie etwas macht, z. B. frage ich, wie der Hund macht. Dann sagt ihr: ‚Wau, wau'."
Das Spiel wird durchgeführt.

**Variationsmöglichkeit:**
Die Kinder dürfen die Übungsleiterin fragen, wie einzelne Tiere oder Dinge klingen.

| i I | 9 | Zeit: 2–5 Min. | Gruppengröße: 2–10 Kinder |
|---|---|---|---|

**Übungsvorlage:**
Vers: Susi macht mit Mami Schmusi.

**Übungsablauf:**
Die Kinder sprechen den Vers mehrfach.

**Variationsmöglichkeit:**
Die Kinder rufen nach Susi.

| i I | 10 | Zeit: 5–7 Min. | Gruppengröße: 2–6 Kinder |
|---|---|---|---|

**Übungsvorlage:**
Geschichte: Auf dem Bauernhof.
Ursel und Gerald sind zum ersten Male auf dem Bauernhof. Dort hören sie viele Tierstimmen durcheinanderrufen („Oink", „Quiek", „Miau", „Kikeriki", „Iaia", „Piep").

**Übungsablauf:**
Die Übungsleiterin erzählt die kurze Geschichte und ahmt die Tierstimmen nach. Anschließend imitieren die Kinder die einzelnen Tierstimmen. Zum Schluß spielt die Gruppe Bauernhof. Jedes Kind ahmt dazu ein Tier nach, so daß ein buntes Stimmengewirr entsteht.

**Variationsmöglichkeit:**
Kartenspiel: Bilder (evtl. aus Katalogen usw.) wurden auf Karton aufgeklebt. Jedes Kind darf sich nun eine Karte auswählen und ahmt das darauf abgebildete Tier nach.

| i II | 11 | Zeit: 10 Min. | Gruppengröße: 2–8 Kinder |
|---|---|---|---|

**Übungsvorlage:**
Vers: Die liebe Liese liegt mitten in der Wiese.

**Übungsablauf:**
Die Gruppe spricht den Vers mehrfach.

**Variationsmöglichkeit:**
Wer liegt noch mitten in der Wiese?
(Wichtig ist, daß in ganzen Sätzen geantwortet wird.)

| i II | 12 | Zeit: 5 Min. | Gruppengröße: 2–10 Kinder |
|---|---|---|---|

**Übungsablauf:**
Spielleiterin: „Wenn Eva niesen muß, dann macht sie: „Hazzi! Hazzi!" Alle Kinder niesen wie Eva.

**Variationsmöglichkeit:**
Alle Leute haben Schnupfen und müssen sehr stark niesen.

| i II | 13 | Zeit: 5 Min. | Gruppengröße: 2–10 Kinder |
|---|---|---|---|

**Benötigtes Material:**
Evtl. Beispieltonband.

**Übungsablauf:**
Spiel: Tiere raten.
Die Übungsleiterin imitiert Tierstimmen (Piep-Vogel, Oink-Ferkel, Kikeriki-Hahn, Quiek-Ferkel). Die Kinder raten anschließend, welches Tier gemeint war und ahmen die Tierstimmen nach.

**Variationsmöglichkeiten:**
1. Tierstimmen wurden auf Tonband aufgenommen. Sie werden der Gruppe vorgespielt und anschließend nachgeahmt.
2. Die Übungsleiterin hat selbst Tierstimmen nachgeahmt und das auf Tonband aufgenommen. Die Gruppe ahmt diese Stimmen nach.

i II **14** Zeit: 5–10 Min. Gruppengröße: 3–5 Kinder

**Übungsvorlage:**
Spiel: Tiergespräch.
Zwei Tiere unterhalten sich, z. B.

| Übungsleiterin (Vogel): | Kind (Katze): |
|---|---|
| Ich habe Flügel! | Ich nicht! |
| Ich habe Federn! | Ich nicht! |
| Ich habe Füße! | Ich auch! |
| Ich habe einen Schwanz! | Ich auch! usw. |

**Übungsablauf:**
Die Übungsleiterin erläutert das Spiel. Anschließend wird es durchgeführt. (Weitere mögliche Tierpartner sind: Hahn/Hund, Katze/Pferd, Vogel/Hund usw.)

**Variationsmöglichkeit:**
Spiel: Wer möchte ...?
Die Übungsleiterin fragt, z. B. „Wer möchte ans Meer?" Die Kinder antworten entweder: „Ich!" oder „Ich nicht!" (Wer möchte Schokolade? Wer möchte malen? Wer möchte spazierengehen? Wer möchte zaubern können? usw.)

i II **15** Zeit: 10 Min. Gruppengröße: 2–10 Kinder

**Übungsvorlage:**
Vers: Bin ich nicht schick? Wirf nur einen Blick!

**Übungsablauf:**
Die Kinder sprechen den Reim mehrfach.

**Variationsmöglichkeit:**
Jeweils ein Kind spricht den Reim, dazu stemmt es die Arme in die Seiten und dreht sich im Kreis.

i II **16** Zeit: 8–10 Min. Gruppengröße: 2–6 Kinder

**Übungsvorlage:**
Wortliste: Vollmilch, Buttermilch, H-Milch, Sauermilch, Milchbrei, Milchkaffee, Milchbrötchen, Dosenmilch usw.

**Übungsablauf:**
Die Gruppe sammelt „Milchwörter".

**Variationsmöglichkeit:**
Gespräch: Wer weiß, was man aus Milch machen kann?

i II **17** Zeit: 5–7 Min. Gruppengröße: 2–10 Kinder

**Übungsvorlage:**
Vers: Die Tante Lilli liebt Onkel Willi und den Billy.

**Übungsablauf:**
Die Gruppe spricht den Vers mehrfach.

**Variationsmöglichkeit:**
Tante Lilli ruft ihren Mann und ihren Sohn.

i II **18** Zeit: 10 Min. Gruppengröße: 2–6 Kinder

**Benötigtes Material:**
Bilder vom Igel.

**Übungsvorlage:**
Bilder vom Igel.

**Übungsablauf:**
Die Gruppe betrachtet sich die Bilder vom Igel. Wichtig ist, daß in dem anschließenden Gespräch über den Igel häufig das Wort „Igel“ verwendet wird.

**Variationsmöglichkeit:**
Die Gruppe erfindet eine Geschichte über den Igel.

---

i II **19** Zeit: 5–7 Min. Gruppengröße: 2–10 Kinder

**Übungsvorlage:**
Vers: Fanni, Tilli und der Willi singen ein Lied für Fritz und Lilli.

**Übungsablauf:**
Die Gruppe spricht den Vers mehrfach.

**Variationsmöglichkeit:**
Mutter ruft alle ihre Kinder: „Fanni! Tilli! Willi! Fritz! Lilli!“

---

i II **20** Zeit: 15–20 Min. Gruppengröße: 2–6 Kinder

**Übungsvorlage:**
Märchen: Schneewittchen.

**Übungsablauf:**
Die Übungsleiterin erzählt das Märchen „Schneewittchen“. Anschließend wiederholen die Kinder mehrfach den Ausspruch der Stiefmutter: „Spieglein, Spieglein an der Wand, wer ist die Schönste im ganzen Land?“

**Variationsmöglichkeit:**
Gespräch: Was man im Spiegel sehen kann!

---

i II **21** Zeit: 5–10 Min. Gruppengröße: 2–10 Kinder

**Übungsvorlage:**
Vers: Das liebe Kind ist viel zu flink.

**Übungsablauf:**
Die Kinder sprechen den Vers mehrfach.

**Variationsmöglichkeit:**
Zu dem Reim wird geklatscht oder mit den Füßen gestampft.

---

i II **22** Zeit: 10 Min. Gruppengröße: 2–5 Kinder

**Übungsvorlage:**
Geschichte: Bettina liebt Babies.
Bettina hat Babies sehr gerne. Wenn sie mit den Eltern einkaufen geht und unterwegs einem Baby begegnet, dann ruft sie sofort: „Sieh doch, ein Baby!“

**Übungsablauf:**
Die kurze Geschichte wird als Rollenspiel dargestellt.

**Variationsmöglichkeit:**
Was Babies alles brauchen (Babybadewanne, Babykleider, Babyöl usw.).

## 4. Übungen zum Laut o

| o I | 1 | Zeit: 2–5 Min. | Gruppengröße: 2–10 Kinder |
|---|---|---|---|

**Übungsablauf:**
Alle Kinder singen ein „O“ und zeigen dabei mit den Armen und den Händen, wie das „O“ klingt: ganz rund und hohl.

**Variationsmöglichkeit:**
Die Gruppe singt die Tonleiter auf „O“.

| o I | 2 | Zeit: 3 Min. | Gruppengröße: 2–10 Kinder |
|---|---|---|---|

**Übungsablauf:**
Die Kinder sprechen alle „O“ und fassen sich dabei selbst am Hals und am Kehlkopf an, um ihre eigene Stimme besser spüren zu können.

**Variationsmöglichkeit:**
Die Kinder sprechen das „O“ und halten sich dabei die Ohren zu. Sie merken dabei, daß man das „O“ auf diese Weise besonders intensiv hören kann.

| o I | 3 | Zeit: 3–5 Min. | Gruppengröße: 2–10 Kinder |
|---|---|---|---|

**Übungsablauf:**
Spielleiterin: „Wenn Erwachsene überrascht sind, dann rufen sie oft „Oh!“ Alle Kinder rufen überrascht „Oh!“ aus.

**Variationsmöglichkeit:**
Alle rufen: „Oh je!“, denn es ist etwas schiefgegangen.

| o I | 4 | Zeit: 5 Min. | Gruppengröße: 2–10 Kinder |
|---|---|---|---|

**Übungsvorlage:**
Geschichte: Der dicke Hans.
Hans ist sehr dick und immer lustig. Wenn ihm etwas gefällt, dann lacht er ganz laut: „Hohohoho!“

**Übungsablauf:**
Alle Kinder lachen wie der dicke Hans.

**Variationsmöglichkeit:**
Die Kinder rufen sich gegenseitig „Heho!“ zu.

| o I | 5 | Zeit: 5–10 Min. | Gruppengröße: 2–6 Kinder |
|---|---|---|---|

**Übungsvorlage:**
Geschichte: Haustiere.
Früher hatten viele Leute Haustiere. So hatten z.B. Bauern häufig Kühe, zum Arbeiten auf dem Feld, wegen der Milch etc. Bei der Arbeit brauchte der Bauer bestimmte Ausrufe, mit denen er das Tier lenken konnte. So bedeutete z.B. der Ausruf „Oha!“, daß das Tier auf die Seite gehen solle, jemanden vorbei lassen solle.

**Übungsablauf:**
Jeweils ein Kinderpaar spielt „Bauer“ und „Kuh“. Der „Bauer“ möchte, daß seine Kuh auf die Seite geht und ruft deshalb: „Oha!“. Die „Kuh“ reagiert entsprechend darauf.

**Variationsmöglichkeit:**
Ein ähnliches Spiel: Ein „Esel“ soll zum Laufen gebracht werden. Der „Besitzer“ gibt ihm einen leichten Klaps und ruft: „Hopp!“

o I **6** Zeit: 3–5 Min. Gruppengröße: 5–10 Kinder

**Benötigtes Material:**
Vorbereitete Tonbandaufnahme.

**Übungsablauf:**
Die Gruppe stellt sich vor, bei einem Fußballspiel zuzusehen. Die Übungsleiterin spielt eine Sportreporterin. Bei den entsprechenden Gelegenheiten rufen die Kinder: „Tor!" (Es fallen viele Tore.)

**Variationsmöglichkeit:**
Eine echte Sportreportage (kleine Ausschnitte von Torszenen) wurde auf Tonband aufgenommen. Die Kinder rufen „Tor" mit.

---

o I **7** Zeit: 5 Min. Gruppengröße: 2–7 Kinder

**Benötigtes Material:**
Ein gemaltes Stop-Schild (Verkehrsschild).

**Übungsablauf:**
Übungsleiterin: „Hier habe ich euch ein Verkehrsschild mitgebracht. Wer weiß was auf dem Schild steht?"
Die Kinder sprechen mehrfach: „Stop!"

**Variationsmöglichkeit:**
Spiel: Die Kinder laufen durch den Raum. Eines der Kinder darf Spielleiter sein. Wenn der Spielleiter „stop!" ruft, bleiben alle Kinder stehen. Die Spielleiter sollten rasch wechseln.

---

o I **8** Zeit: 3–5 Min. Gruppengröße: 2–10 Kinder

**Übungsablauf:**
Alle Kinder galoppieren wie Pferde und rufen dazu: „Hopp, hopp, hopp …"

**Variationsmöglichkeit:**
Pferderennen: Zwei Kinder nehmen sich an den Händen. Ein Kind ist der Reiter, das andere das Pferd. Der „Reiter" feuert sein „Pferdchen" mit „Hopp-hopp-Rufen" an. (Die Rollen werden anschließend getauscht.)

---

o I **9** Zeit: 5–7 Min. Gruppengröße: 2–10 Kinder

**Übungsvorlage:**
Vers: Ein kleiner Vogel, hopp, hopp, hopp,
ach, kleiner Vogel, stop, stop, stop!

**Übungsablauf:**
Die Gruppe spricht den Vers mehrfach.

**Variationsmöglichkeit:**
Alle Kinder hüpfen wie kleine Vögel auf dem Boden: „Hopp, hopp, hopp!"

---

o I **10** Zeit: 5–7 Min. Gruppengröße: 2–10 Kinder

**Übungsvorlage:**
Vers: Onkel Otto kauft ein Los fürs Lotto.

**Übungsablauf:**
Der Vers wird mehrfach gesprochen.

**Variationsmöglichkeit:**
Die Kinder rufen den Onkel Otto.

o II **11** Zeit: 5–10 Min. Gruppengröße: 2–10 Kinder

**Übungsvorlage:**
Vers: Opa ordnet oft seine Orden.

**Übungsablauf:**
Die Gruppe spricht den Vers mehrfach. Anschließend sollte die Übungsleiterin kurz erläutern, was Orden sind.

**Variationsmöglichkeit:**
Alle Kinder rufen nach Opa und Oma.

---

o II **12** Zeit: 5–10 Min. Gruppengröße: 2–8 Kinder

**Übungsvorlage:**
Geschichte: Die Geschwister.
Ein Geschwisterpaar geht einkaufen. Der jüngere Bruder trödelt dabei sehr, und der ältere muß ihn immer antreiben, „Hopp, hopp“, ruft er, „beeil Dich!“ und schließlich kommt der Bruder auch.

**Übungsablauf:**
Jeweils zwei Kinder bilden ein Geschwisterpaar. Abwechselnd darf jedes Kind den älteren oder den jüngeren Bruder spielen. Wichtig ist, daß das „Hopp, hopp“ sehr deutlich gerufen wird.

**Variationsmöglichkeit:**
Kinder reiten auf Steckenpferden (evtl. einfachen Stöcken) und feuern ihr Pferdchen an mit „Hopp hopp“-Rufen.

---

o II **13** Zeit: 5–7 Min. Gruppengröße: 2–10 Kinder

**Übungsvorlage:**
Vers: Tante Rose holt Obst in der Dose.

**Übungsablauf:**
Die Gruppe spricht den Vers mehrfach.

**Variationsmöglichkeit:**
Die Kinder stehen im Raum verteilt. Nur die Spielleiterin darf gehen. Die Spielleiterin berührt ein Kind und sagt den Vers. Nun darf das berührte Kind losgehen und ein anderes Kind berühren. Die ehemalige Spielleiterin muß wieder still stehen bleiben.

---

o II **14** Zeit: 5–10 Min. Gruppengröße: 2–6 Kinder

**Übungsvorlage:**
Liedtext: Hopp, hopp, hopp, Pferdchen lauf Galopp,
über Stock und über Steine,
aber brich dir nicht die Beine,
immer im Galopp, hopp, hopp, hopp, hopp, hopp!

**Übungsablauf:**
Die Gruppe übt das Lied ein. Wenn die Melodie nicht bekannt ist, kann eine andere Melodie dazu erfunden werden.

**Variationsmöglichkeit:**
Die Kinder singen das Lied und „galoppieren“ dazu „wie Pferde“ durch den Raum.

o II **15** Zeit: 5–10 Min. Gruppengröße: 2–10 Kinder

**Benötigte Materialien:**
Puppen oder Plüschtiere.
**Übungsvorlage:**
Liedtext: Hoppe, hoppe, Reiter,
wenn er fällt, dann schreit er,
fällt er in den Graben,
fressen ihn die Raben,
fällt er in den Sumpf,
dann macht der Reiter plumps.

**Übungsablauf:**
Die Kinder machen mit ihren Puppen oder ihren Plüschtieren dieses Kniereiterspiel.

**Variationsmöglichkeit:**
Laufspiel. Ein Kind ist das Pferdchen und versucht, die anderen zu fangen. Wenn es ein Kind erreicht, berührt es dieses mit der Hand und ruft dazu: „Hopp!" Nun ist dieses Kind das Pferdchen.

---

o II **16** Zeit: 10 Min. Gruppengröße: 2–5 Kinder

**Übungsablauf:**
Die Gruppe spricht über das Auto.

**Variationsmöglichkeit:**
Es gibt viele, verschiedene Autos.

---

o II **17** Zeit: 10 Min. Gruppengröße: 2–6 Kinder

**Übungsvorlage:**
Geschichte: Auf, zum Zoo!
Sabine möchte in den Zoo gehen. Aber sie will nicht allein gehen. Sie ruft ihre Katze: „Mohrle, gehst du mit in den Zoo?" „Miau", sagt Mohrle und das bedeutet: „Ich gehe mit in den Zoo!" Aber das reicht Sabine nicht. Sie ruft Peter: „Peter, gehst du mit in den Zoo?" „Ja!" sagt Peter, „ich gehe mit". usw.

**Übungsablauf:**
Die Gruppe setzt die Geschichte fort. Jedes Kind darf eine andere Person oder ein anderes Tier rufen.

**Variationsmöglichkeit:**
Die Gruppe erzählt über einen Besuch im Zoo, oder was sie vom Zoo wisse.

---

o II **18** Zeit: 5–15 Min. Gruppengröße: 2–4 Kinder

**Übungsablauf:**
Übungsleiterin unterhält sich mit der Klasse über Boote (Segelboot, Paddelboot, Ruderboot, Motorboot, Polizeiboot usw.). Die Gruppe soll möglichst viel über die Bootstypen erzählen, die sie kennt.

**Variationsmöglichkeit:**
Eine Bootsausstellung wird eröffnet. Es wird eine Rede gehalten. Dabei wird berichtet, welche Boote auf dem Ausstellungsgelände zu finden sind.

---

o II **19** Zeit: 10–15 Min. Gruppengröße: 3–5 Kinder

**Übungsvorlage:**
Spiel: Die gleichen Namen?
Zwei Kinder trafen sich. Der Junge hieß Nino und das Mädchen Nina. Nina sagte: „Oh, wir haben ja den gleichen Namen!" „Nein", sagte der Junge, „ich heiße Nino, du heißt Nina!"
Zwei andere Kinder trafen sich. Der Junge hieß Tino und das Mädchen Tina. „Oh", sagte Tina, „wir haben ja denselben Namen!" „Nein", sagte Tino, „ich heiße Tino". Auch Lila und Lilo trafen sich. „Oh, ..."

**Übungsablauf:**
Die Spielleiterin erzählt die Geschichte. Anschließend spielt die Gruppe die drei Szenen.

**Variationsmöglichkeit:**
Die Gruppe ruft: „Nino! Tino! Lilo!"

**Übungsvorlage:**
Vers: Kommt eine Maus, die baut ein Haus.
Kommt ein Mädchen, baut ein Brückchen.
Kommt ein Floh, der macht – si! sa! so!

**Übungsablauf:**
Die Gruppe erlernt den Vers.

**Variationsmöglichkeit:**
Vers: Dobbedobbedob, mein Kind ist krank.
Dobbedobbedob, steht Medizin im Schrank.
Dobbedobbedob, s'ist wieder g'sund.
Dobbedobbedob, wie'n junger Hund.

## 5. Übungen zum Laut u

| u I | 1 | Zeit: 3–5 Min. | Gruppengröße: 2–10 Kinder |
|---|---|---|---|

**Übungsablauf:**
Alle Kinder muhen wie Kühe: „Muh! Muh!“

**Variationsmöglichkeit:**
Die Gruppe muht abwechselnd wie ein Kälbchen, eine junge Kuh (Rind) und wie ein Stier.

| u I | 2 | Zeit: 3–5 Min. | Gruppengröße: 2–10 Kinder |
|---|---|---|---|

**Übungsablauf:**
Spielleiterin: „Wenn man beim Auto auf die Hupe drückt, so hupt es: „Tutut!“ (Alle Kinder dürfen hupen.)

**Variationsmöglichkeit:**
Die Gruppe veranstaltet ein Hupkonzert.

| u I | 3 | Zeit: 5 Min. | Gruppengröße: 2–10 Kinder |
|---|---|---|---|

**Übungsablauf:**
Die Gruppe ruft wie der Uhu im Wald.

**Variationsmöglichkeit:**
Zwei Uhus antworten sich gegenseitig.

| u I | 4 | Zeit: 5–10 Min. | Gruppengröße: 2–6 Kinder |
|---|---|---|---|

**Übungsvorlage:**
Zungenbrecher: In Ulm, um Ulm und um Ulm herum.

**Übungsablauf:**
Die Gruppe macht mit dem Reim Schnellsprechübungen.

**Variationsmöglichkeit:**
Wettspiel: Wer kann den „Zungenbrecher“ am schnellsten ohne Fehler sprechen?

| u I | 5 | Zeit: 2–4 Min. | Gruppengröße: 2–10 Kinder |
|---|---|---|---|

**Übungsablauf:**
Die Glucke lockt die Küken leise: „Gluck! Gluck! Gluck!“ Alle Kinder locken „ihre Küken“.

**Variationsmöglichkeit:**
Jemand trinkt hastig: „Gluck! Gluck! Gluck!“

| u I | 6 | Zeit: 5 Min. | Gruppengröße: 2–10 Kinder |
|---|---|---|---|

**Übungsvorlage:**
Situation: Die Familie Petersen hat eine neue Kuckucksuhr. Sie freuen sich immer, wenn eine Stunde vorbei ist, und der Kuckuck wieder ruft.

**Übungsablauf:**
Alle Kinder rufen wie der Kuckuck in der Kuckucksuhr.

**Variationsmöglichkeit:**
Am Kuckucksruf kann man hören, wie spät es ist. Wie ruft der Kuckuck um 1 (2, 3, 4, 5) Uhr?

u I **7** Zeit: 5–10 Min. Gruppengröße: 2–10 Kinder

**Übungsvorlage:**
Gesprächsanlaß: In anderen Ländern gibt es andere Sprachen. (Von manchen Sprachen haben die Kinder vielleicht schon gehört.) Manche Sprachen klingen sehr lustig.

**Übungsablauf:**
Die Gruppe erfindet Phantasiesprachen, z. B. Ukka, ukka, ubba, ubba, hubba, bubbi usw.

**Variationsmöglichkeit:**
Die Kinder „unterhalten" sich in ihrer Phantasiesprache.

u I **8** Zeit: 5–10 Min. Gruppengröße: 2–6 Kinder

**Übungsvorlage:**
Geschichte: Der kleine Hund.
Familie Frech hat einen ganz jungen Hund. Der springt an jedem hoch und versucht, ihn abzulecken. Herr Frech ruft dann immer streng: „Pfui!", damit der Hund sich das wieder abgewöhnt.

**Übungsablauf:**
Alle rufen laut: „Pfui!".

**Variationsmöglichkeit:**
Die Kinder spielen „Spaziergang mit dem jungen Hund". Bei jedem, der vorbeikommt ...

u I **9** Zeit: 5–10 Min. Gruppengröße: 2–6 Kinder

**Übungsablauf:**
Übungsleiterin: „Wenn man etwas kleben will, braucht man Uhu. Wenn man ein Papierschiff kleben will, braucht man Uhu. Wann braucht man noch Uhu?" Die Kinder berichten, z. B. Ein Papierflugzeug klebt man mit Uhu usw.

**Variationsmöglichkeit:**
Die Kinder erfinden Uhu-Reklamen.

u I **10** Zeit: 5–7 Min. Gruppengröße: 2–6 Kinder

**Übungsvorlage:**
Reim: Purzel purzelt Purzelbäume.

**Übungsablauf:**
Die Gruppe spricht den Vers mehrfach.

**Variationsmöglichkeit:**
Reim: Putzi putzt Purzels Schuhe.

u II **11** Zeit: 5 Min. Gruppengröße: 2–10 Kinder

**Übungsvorlage:**
Situation: Es bläst ein starker Wind draußen. Er treibt die Blätter vor sich her. Hui, wie das saust und braust. Hui! Hui! Hui!

**Übungsablauf:**
Die Kinder heulen wie der Wind: „Hui! hui! hui!"

**Variationsmöglichkeit:**
Vers: Hörst du, wie der Wind braust? hui!
Hörst du, wie der Wind saust? hui!
Hui, das braust, hui das saust,
hui, hui, hui!

u II **12** Zeit: 5 Min. Gruppengröße: 2–8 Kinder

**Übungsablauf:**
Die Kinder tun so, als würden sie eine Pumpe auf und ab bewegen. Dazu sprechen oder singen sie: „Pumpen! Pumpen!" usw.

**Variationsmöglichkeit:**
Die Kinder tun so, als würden sie Schuhe putzen und singen dazu: „Schuhe putzen!" oder „Wir putzen, wir putzen, wir putzen den ganzen Tag!"

u II **13** Zeit: 10 Min. Gruppengröße: 2–5 Kinder

**Übungsvorlage:**
Vers: Hörst du, hinterm Busch
macht es leise husch,
husch, husch, husch.

**Übungsablauf:**
Die Gruppe spricht den Vers mehrmals. Anschließend versuchen die Kinder, ähnliche Reime zu erfinden.

**Variationsmöglichkeit:**
Die Reime können auch gesungen werden.

u II **14** Zeit: 10 Min. Gruppengröße: 2–6 Kinder

**Übungsablauf:**
Übungsleiterin: „Es gibt eine Stadt, die heißt Husum. Der Bahnhof dort heißt Husumer Bahnhof. Wißt ihr, wie die Straßen in Husum heißen? ..." (Husumer Straßen, Husumer Häuser, Husumer Leute, Husumer Frauen, Husumer Männer, Husumer Kinder, Husumer Katzen usw.).

**Variationsmöglichkeit:**
Vers: In Husum, in Husum,
da fährt der Bus 'rum,
der Husumer Bus.

u II **15** Zeit: 5–7 Min. Gruppengröße: 2–6 Kinder

**Übungsvorlage:**
Situation: Mathias friert. Ihm ist sehr kalt. Er steht da und zittert. „Huh, ist mir kalt!" ruft er.

**Übungsablauf:**
Alle Kinder zittern und frieren um die Wette. Dazu rufen sie wie Mathias: „Huh, ist das kalt!"

**Variationsmöglichkeit:**
Situation: Thomas hat Angst. „Huh, habe ich Angst", sagt er leise vor sich hin.

u II **16** Zeit: 10 Min. Gruppengröße: 2–10 Kinder

**Übungsvorlage:**
Vers: Liebe Hummel,
dicke Hummel,
flieg mit Gebrumm
um uns herum.
Komm Hummel-Brummel!

**Übungsablauf:**
Die Gruppe übt den Vers.

**Variationsmöglichkeit:**
Spiel: Alle Kinder laufen im Raum umher. Die Spielleiterin ist die Hummel. Die Kinder rufen: „Hummel!". Daraufhin versucht die Spielleiterin sie zu fangen.

u II **17** Zeit: 3–5 Min. Gruppengröße: 2–10 Kinder

**Übungsvorlage:**
Geschichte: Bei der Oma.
Ulli ist bei der Oma zu Besuch. Er hat sich besonders schick angezogen. „Ui, siehst du hübsch aus!“ ruft die Oma.

**Übungsablauf:**
Alle Kinder loben sich gegenseitig: „Ui, siehst du hübsch aus!“ Zum Schluß ruft die Übungsleiterin: „Ui, seht ihr alle hübsch aus!“

**Variationsmöglichkeit:**
Die Familie geht zum „Schaufensterbummel“. „Ui, ist das schön!“ (praktisch, hübsch usw.) rufen sie abwechselnd aus.

---

u II **18** Zeit: 5–10 Min. Gruppengröße: 2–6 Kinder

**Übungsablauf:**
Die Gruppe unterhält sich darüber, was eine Puppe alles hat (Puppenkleider, Puppenmöbel, Puppengeschirr usw.).

**Variationsmöglichkeit:**
Was ich mit meiner Puppe alles tue!

---

u II **19** Zeit: 10–15 Min. Gruppengröße: 2–10 Kinder

**Übungsvorlage:**
Liedtext: „Kuckuck! Kuckuck!“ ruft's aus dem Wald.
Lasset uns singen, tanzen und springen!
Frühling, Frühling wird es nun bald.

**Übungsablauf:**
Einüben des Liedes. (Es kann auch eine beliebige Liedmelodie verwendet werden.)

**Variationsmöglichkeit:**
Die Spielleiterin singt das Lied. Der „Kuckuckschor“ (Kinder) singt leise „Kuckuck, Kuckuck, Kuckuck ...“ dazu.

---

u II **20** Zeit: 5–10 Min. Gruppengröße: 2–5 Kinder

**Benötigte Materialien:**
Schuhe.

**Übungsablauf:**
Die Gruppe unterhält sich über Schuhe, z.B. wird besprochen, was am Schuh alles zu sehen ist (Schuhsohle, Schuhleder, Schuhabsatz, Schuhbänder usw.).

**Variationsmöglichkeit:**
Welche Schuhe gibt es? (Mädchen-, Jungen-, Erwachsenen-, Herren-, Damen-, Sommer-, Winter-, Leder-, Leinenschuhe usw.)

---

u II **21** Zeit: 10 Min. Gruppengröße: 2–5 Kinder

**Übungsvorlage:**
Situation: Im Schuhgeschäft.
Ein Kunde kommt in das Schuhgeschäft und fragt: „Was für Schuhe haben Sie denn da?“

**Übungsablauf:**
Die Kinder dürfen den Schuhverkäufer spielen. Dieser erklärt, welche Schuhe man kaufen kann (Schuhe aus Leder, Schuhe aus Stoff, Schuhe mit flachen Sohlen usw.).

**Variationsmöglichkeiten:**
1. Wie meine Schuhe aussehen!
2. Was für Schuhe ich habe!

u II **22** Zeit: 10 Min. Gruppengröße: 2–8 Kinder

**Übungsvorlage:**
Geschichte: Der Bruder.
Carolines Mutter hat ein Baby bekommen. Bei schönem Wetter darf Caroline ihren Bruder mit dem Kinderwagen ausfahren. Dann erzählt sie jedem stolz: „Das ist mein Bruder."

**Übungsablauf:**
Die Geschichte wird von den Kindern gespielt. Caroline (ein Kind) fährt ihren Bruder aus. Sie begegnet vielen Leuten (Kindern). Jedem erzählt sie: „Das ist mein Bruder!"

**Variationsmöglichkeit:**
Wenn der kleine Udo geärgert wird, ruft er: „Paßt auf! Ich sag' es meinem Bruder!"

---

u II **23** Zeit: ca. 5 Min. Gruppengröße: 2–10 Kinder

**Übungsablauf:**
Übungsleiterin: „Wißt ihr, was die Hexe sagt, wenn Hänsel und Gretel Lebkuchen von ihrem Haus abbrechen?: ‚Knusper, knusper, knäuschen, wer knuspert an dem Häuschen?"
Die Kinder sprechen diesen Reim mehfach.

**Variationsmöglichkeit:**
Die Szene wird von den Kindern der Gruppe gespielt.

## 6. Übungen zum Laut ei

| ei I | 1 | Zeit: 8–12 Min. | Gruppengröße: 2–10 Kinder |
|---|---|---|---|

**Übungsvorlage:**
Geschichte: Uschi.
Uschi ist sehr zärtlich. Deshalb nimmt sie oft ihre Puppe in den Arm, streichelt sie und sagt leise „ei, ei" dazu. Manchmal geht sie auch zur Mutter und sagt: „Komm, laß uns ‚ei' machen!"

**Übungsablauf:**
Die Kinder erzählen frei zur Geschichte. Anschließend streicheln sie alles, was sie gern haben (Freunde, Katze, Hund, Mutter, Kindergärtnerin, Stofftiere usw.). Sie sprechen dann zärtlich: „Ei!"

**Variationsmöglichkeit:**
Einfaches Rollenspiel: Baby schmust mit seinem Teddybär.

| ei I | 2 | Zeit: 10 Min. | Gruppengröße: 4–7 Kinder |
|---|---|---|---|

**Übungsvorlage:**
Geschichte: Der Hund, der bis drei zählen konnte.
Es war einmal ein Hund, der bis drei zählen konnte. Alles, was er sah, zählte er. Wenn Freunde zu ihm kamen, rief er: „Ich zähle euch: Eins, zwei, drei!" Wenn Autos auf der Straße fuhren, zählte er sie auch: „Eins, zwei drei!" usw.

**Übungsablauf:**
Jedes Kind darf einmal den „Hund" spielen und alles zählen, was es sieht.

**Variationsmöglichkeit:**
Wovon hättest du gern drei?
(Drei Hüte, drei Spielzeugautos, drei Bücher, dreimal Schimpfe usw.)

| ei I | 3 | Zeit: 5–7 Min. | Gruppengröße: 2–10 Kinder |
|---|---|---|---|

**Übungsablauf:**
Spielleiterin: „Mutter ruft ihre Kinder. Sie ruft: ‚Heiner, Reiner, Heidi, Heino!' Wir helfen ihr rufen!" Die Kinder rufen mit.

**Variationsmöglichkeit:**
Spiel: Heidi sucht ihre Geschwister. Sie fragt jeden: „Weißt du, wo Heino und Heiner sind?"

| ei I | 4 | Zeit: 3–5 Min. | Gruppengröße: 3–6 Kinder |
|---|---|---|---|

**Übungsvorlage:**
Abzählreim: Eins, zwei, drei,
und du bist frei.

**Übungsablauf:**
Die Gruppe spricht den Reim mehrfach. Es ist auch möglich, daß sich die Kinder im Kreis aufstellen und mit Hilfe des Reims auszählen.

**Variationsmöglichkeit:**
Vers: Eins, zwei, drei,
hicke, hacke, hei.

| ei I | 5 | Zeit: 5–10 Min. | Gruppengröße: 2–10 Kinder |
|---|---|---|---|

**Übungsvorlage:**
Spiel: Eins zwei drei.
Die Kinder bewegen sich frei im Raum. Zwei Plätze werden zu „Freimalen" erklärt. Wenn nun der Spielleiter „Eins – zwei – drei" ruft, müssen alle Kinder zu den Freimalen laufen. Wer die Freimale als erster erreicht, darf der nächste Spielleiter sein.

**Übungsablauf:**
Das Spiel wird durchgeführt.

**Variationsmöglichkeit:**
Ein ähnliches Spiel: Es gibt zwei „Freimale". Der Spielleiter ruft entweder „eins" oder „zwei". Wer zum falschen Freimal läuft, scheidet aus.

| ei I | 6 | Zeit: 8–10 Min. | Gruppengröße: 2–6 Kinder |
|---|---|---|---|

**Übungsvorlage:**
Spiel: Fragespiel.

| Spielleiterin: | Kinder: |
|---|---|
| Ist es ein – oder sind es zwei Schuhe? | Zwei! |
| Ist es eine – oder sind es zwei Puppen? | Eine! |
| Ist es ein – oder sind es zwei Beine? | Zwei! |

**Übungsablauf:**
Spielleiterin: „Ich werde euch jetzt etwas fragen. Ich bin gespannt, ob ihr es wißt!' Durchführung des Fragespiels.

**Variationsmöglichkeit:**
Fragespiel: Ist es eins oder sind es drei? Verschiedene Gegenstände werden in die Höhe gehoben. Es wird zwischen einem und drei Stück abgewechselt.

| ei I | 7 | Zeit: 15 Min. | Gruppengröße: 2–6 Kinder |
|---|---|---|---|

**Übungsvorlage:**
Spiel: Das Echospiel.

| Spielleiterin: | Kinder: |
|---|---|
| Wo ist der Wein? | ein – ein – ein |
| Ich habe ein Bein! | ein – ein – ein |
| Ich bin so klein! | ein – ein – ein |
| Dort läuft ein Schwein! | wein – wein – wein |
| Der Mann kommt herein! | rein – rein – rein |

**Übungsablauf:**
Die Spielleiterin spricht mit der Gruppe über das Echo. (Ergebnis: In den Bergen kann man manchmal das, was man laut ruft, als Echo noch einmal oder mehrere Male hören. Wenn man einen ganzen Satz ruft, dann hört man immer nur den Schluß.) Anschließend wird das Echospiel durchgeführt.

**Variationsmöglichkeit:**
Ein einfaches Echospiel: Die Spielleiterin ruft jeweils ein Wort. Die Kinder rufen dann den Schluß dieses Wortes als „Echo" zurück.

| ei I | 8 | Zeit: 5 Min. | Gruppengröße: 2–8 Kinder |
|---|---|---|---|

**Übungsvorlage:**
Geschichte: Die sechs Freunde.
Sechs Freunde sind spazierengegangen. Plötzlich konnte sie niemand mehr finden. Nun suchen alle die sechs Freunde und rufen nach ihnen: „Heiner, Rainer, Heino, Heiko, Heike, Heidi!"

**Übungsablauf:**
Die Gruppe hilft die Freunde suchen, indem sie lautstark mitruft.

**Variationsmöglichkeit:**
Alle fragen ihre Freunde: „Weißt du, wo Heiko ist? Weißt du, wo Heino ist? Weißt du, wo Heike ist? Weißt du, wo Heidi ist?"

| ei I | **9** | Zeit: 5–7 Min. | Gruppengröße: 2–10 Kinder |
|---|---|---|---|

**Übungsvorlage:**
Vers: Weißer Reis
schmeckt einfach fein.

**Übungsablauf:**
Die Kinder sprechen den Vers mehrfach.

**Variationsmöglichkeit:**
Vers: Weich und weiß ist die Wolke,
weich und weiß ist der Schnee,
weich und weiß ist die Watte,
aber grün ist der Klee.

| ei I | **10** | Zeit: 10 Min. | Gruppengröße: 2–8 Kinder |
|---|---|---|---|

**Übungsablauf:**
Spielleiterin: „Wir suchen alles, was weiß ist. Milch ist weiß. Wer weiß noch mehr?"
Die Kinder nennen viele Dinge, die weiß sind. (Wichtig ist, daß sie das Wort „weiß" häufig verwenden.)

**Variationsmöglichkeit:**
Die Gruppe sucht alles, was heißt ist.

| ei II | **11** | Zeit: 5–10 Min. | Gruppengröße: 2–10 Kinder |
|---|---|---|---|

**Übungsvorlage:**
Lied: Maikäfer flieg',
dein Vater ist im Krieg,
deine Mutter ist in Pommernland,
Pommernland ist abgebrannt,
Maikäfer flieg'!

**Übungsablauf:**
Die Kinder singen das Lied (falls die Liedmelodie nicht bekannt ist, kann der Text auch einfach nur gesprochen werden). Es bietet sich an, den Liedtext besonders leise und sehr ausdrucksvoll zu sprechen.

**Variationsmöglichkeit:**
Die Gruppe spricht über den Maikäfer.

| ei II | **12** | Zeit: 5–7 Min. | Gruppengröße: 2–10 Kinder |
|---|---|---|---|

**Übungsvorlage:**
Vers: Eien, beien, bisch, bisch, bisch,
morgen ess' ich Fisch, Fisch, Fisch.

**Übungsablauf:**
Die Gruppe spricht den Reim mehrfach.

**Variationsmöglichkeit:**
Die Gruppe vertont den Reim.

| ei II | **13** | Zeit: 5–10 Min. | Gruppengröße: 2–10 Kinder |
|---|---|---|---|

**Übungsvorlage:**
Reim: Dreiunddreißig Ritter
reiten dreiunddreißigmal
um das Schloß herum.

**Übungsablauf:**
Die Gruppe spricht den Reim mehrfach.

**Variationsmöglichkeit:**
Reim: Drei Meisen
fliegen leise
immer fleißig
ringsherum.

ei II **14** Zeit: 10–15 Min. Gruppengröße: 2–5 Kinder

**Übungsvorlage:**
Reim: Eins, zwei, drei,
alt ist nicht neu,
arm ist nicht reich,
hart ist nicht weich,
frisch ist nicht faul,
Ochs ist kein Gaul.

**Übungsablauf:**
Der Reim wird von der Gruppe mehrfach gesprochen. Es sollte dabei auf ausdrucksstarkes Sprechen geachtet werden.

**Variationsmöglichkeit:**
Einzelne Kinder, die den Reim bereits beherrschen, sprechen ihn auf Tonband.

ei II **15** Zeit: 5 Min. Gruppengröße: 2–10 Kinder

**Übungsvorlage:**
Nachsprechgedicht:

| Vorsprecher: | Kinder: |
|---|---|
| Es gibt neuen Wein. | Es gibt neuen Wein. |
| Das ist mein rechtes Bein. | ... |
| Jetzt geh'n wir dort hinein. | ... |
| Siehst du das kleine Schwein? | |
| Das kann doch nicht sein. | |
| Der Tischler braucht Leim. | |

**Übungsablauf:**
Die Spielleiterin spricht vor. Die Kinder sprechen nach.

**Variationsmöglichkeit:**
Man kann das Ganze auch als Sprechgesang ausgestalten.

ei II **16** Zeit: 7 Min. Gruppengröße: 2–4 Kinder

**Übungsvorlage:**
Vers: Meister Feister kocht den Kleister.

**Übungsablauf:**
Die Übungsleiterin übt den Vers mit der Gruppe ein. Wenn der Vers beherrscht wird, schließen sich Schnellsprechübungen an.

**Variationsmöglichkeit:**
Der Vers kann auch als Lied gesungen werden. (Als Melodie ist z.B. der erste Teil der Liedmelodie von „Meister Jakob“ geeignet. Aber auch andere einfache Tonfolgen bieten sich an.)

ei II **17** Zeit: 5–10 Min. Gruppengröße: 2–6 Kinder

**Voraussetzung:**
Die Fernsehserie „Heidi“ (Zeichentrickfolge) war bei Vorschulkindern sehr beliebt. Die Figur „Heidi“ ist deshalb im allgemeinen bei Vorschulkindern sehr bekannt. Dennoch ist es notwendig, zunächst festzustellen, ob die Kinder der angesprochenen Gruppe die Zeichentrickfigur „Heidi“ wirklich kennen.

**Übungsablauf:**
Die Gruppe spricht über „Heidi“. Wenn die Kinder dazu in der Lage sind, bietet es sich an, einzelne Folgen oder Szenen zu erzählen.

**Variationsmöglichkeit:**
Die Kinder erfinden neue „Heidi“-Geschichten.

ei II **18** Zeit: 10 Min. Gruppengröße: 2–6 Kinder

**Übungsvorlage:**
Geschichte: Annette und Klaus.
Annette hat einen kleinen Bruder. Es ärgert sie, daß sie immer auf ihn aufpassen muß. Manchmal stellt er sich auch so ungeschickt an. Da schimpft sie. Aber Mutter sagt immer: „Du mußt Rücksicht auf Klaus nehmen. Er ist doch noch so klein!"

**Übungsablauf:**
Die Gruppe denkt sich Szenen aus, in denen Mutter zu Annette sagt: „Laß doch Klaus! Er ist noch so klein!" Anschließend werden die Szenen von jeweils zwei Kindern gespielt.

**Variationsmöglichkeit:**
Fragespiel: Was ist alles klein?

| Spielleiterin: | Kinder: |
|---|---|
| Was ist klein? | Der Knopf ist klein. |
| Was ist noch klein? | Die Nadel ist klein. usw. |

ei II **19** Zeit: 10–15 Min. Gruppengröße: 2–5 Kinder

**Übungsvorlage:**
Geschichte: Peter weiß sich zu helfen.
Peter spielt draußen. Plötzlich fällt ihm ein: Die Mutter hat gesagt, daß er um 6 Uhr zu Hause sein müsse. Er weiß aber nicht, wie spät es ist. Da geht er auf einen Erwachsenen zu und fragt höflich: „Können Sie mir bitte sagen, welche Zeit es ist?"

**Übungsablauf:**
Die Kinder üben, sich gegenseitig nach der Uhrzeit zu befragen.

**Variationsmöglichkeit:**
Die Kinder spielen „Zeitansage im Fernsprechdienst".

ei II **20** Zeit: 10 Min. Gruppengröße: 2–6 Kinder

**Übungsvorlage:**
Geschichte: Das neue Kleid.
Petra geht mit Vater einkaufen. Sie soll ein neues Kleid bekommen. Vater sagt: „Du bist jetzt alt genug. Du kannst der Verkäuferin schon selbst sagen, was du gerne haben möchtest!" Jedesmal, wenn sie in ein neues Geschäft kommen, geht Petra deshalb auf die Verkäuferin zu und sagt: „Ich hätte gerne ein Kleid für mich!"

**Übungsablauf:**
Jedes Kind der Gruppe darf nun einmal ein Kleid „in verschiedenen Läden" (bei verschiedenen Kindern) einkaufen.

**Variationsmöglichkeit:**
Rollenspiel: Die Verkäuferin bietet ihre Kleider an (z.B. hier ist ein rotes Kleid usw.).

ei II **21** Zeit: 8–10 Min. Gruppengröße: 2–6 Kinder

**Übungsvorlage:**
Spiel: Das Endlosei.
Die Kinder laufen im Raum umher. Die Spielleiterin gibt einem Kind die Hand und sagt: „Ei!" Dieses geht nun auf ein anderes, gibt ihm die Hand und sagt: „Eiei!" Dieses Kind wiederum geht zum nächsten, gibt ihm die Hand und sagt: „Eieiei!" usw. usw.

**Übungsablauf:**
Die Spielleiterin erläutert das Spiel und führt es mit den Kindern durch.

**Variationsmöglichkeit:**
Alle Puppenmütter und Puppenväter wiegen ihr Puppenkind im Schoß und singen dazu leise: „Eiapopeia."

## 7. Übungen zum Laut au

| au I | 1 | Zeit: 5 Min. | Gruppengröße: 2–6 Kinder |
|---|---|---|---|

**Übungsvorlage:**
Fragespiel: Was tut ihr, wenn …

| Spielleiterin: | Kinder: |
|---|---|
| Wenn ihr euch weh tut, was ruft ihr dann? | Au! |
| Wenn ihr euch in den Finger schneidet, was ruft ihr dann? | Au! |
| Wenn ihr hinfallt, was ruft ihr dann? | Au! usw. |

**Übungsablauf:**
Das Fragespiel wird durchgeführt.

**Variationsmöglichkeit:**
Alle Kinder jammern von Herzen, weil sie sich sehr weh getan haben („au, au, au, au, au!").

| au I | 2 | Zeit: 5 Min. | Gruppengröße: 2–5 Kinder |
|---|---|---|---|

**Übungsvorlage:**
Geschichte: Wenn Kinder sich weh tun.
Wenn Kinder sich weh tun, dann rufen sie: „Au!". Aber das hört sich bei jedem Kind anders an. Kleine Kinder rufen: „Auauau!" Manche Kinder schreien ganz laut: „Au!" Große Kinder sagen meist nur leise: „Au!" usw.

**Übungsablauf:**
Die Spielleiterin erzählt die Geschichte und fordert dann die Kinder auf, zu rufen „wie kleine Kinder" usw.

**Variationsmöglichkeit:**
Die Kinder erzählen, wie sie sich einmal weh getan haben.

| au I | 3 | Zeit: 2–5 Min. | Gruppengröße: 2–8 Kinder |
|---|---|---|---|

**Übungsablauf:**
Alle Kinder bellen wie Hunde („wau, wau!").

**Variationsmöglichkeit:**
Jedes Kind darf sagen, was für ein Hund es sei (kleiner, großer, kräftiger, zarter usw.). Entsprechend muß dann das Bellen gestaltet werden.

| au I | 4 | Zeit: 5 Min. | Gruppengröße: 2–10 Kinder |
|---|---|---|---|

**Übungsablauf:**
Die Gruppe ruft wie die Katze: „Miau, miau!"

**Variationsmöglichkeit:**
Die Gruppe veranstaltet ein Katzenkonzert.

| au I | 5 | Zeit: 10 Min. | Gruppengröße: 2–8 Kinder |
|---|---|---|---|

**Übungsvorlage:**
Geschichte: Ist der Rabe eine Katze?
Im Zoo war ein Rabe. Der Rabe konnte sprechen. Wenn man ihn rief: „Jakob", dann sagte er: „Miau!" Das hatten die Menschen ihm beigebracht. Das war ein lustiger Rabe!

**Übungsablauf:**
Die Gruppe spielt „im Zoo". Jedes Kind darf einmal den Raben „Jakob" spielen. Die übrigen Kinder rufen: „Jakob!", und Jakob antwortet „Miau!"

**Variationsmöglichkeit:**
Der Rabe Ralf antwortet immer: „Wau wau!"

| au I | **6** | Zeit: 10–15 Min. | Gruppengröße: 2–10 Kinder |
|---|---|---|---|

**Übungsvorlage:**
Geschichte: Katzen und Hunde.
In einem fernen Märchenland sind einmal alle Katzen und Hunde zusammengekommen. Da sagte eine Katze: „Wir können alle so schön singen. Warum machen wir nicht ein Konzert zusammen, ein Katzen-Hunde-Konzert?“ Könnt ihr euch vorstellen, wie sich dieses Katzen-Hunde-Konzert angehört hat?

**Übungsablauf:**
Die Kinder machen Vorschläge, wie solch ein Katzen-Hunde-Konzert sich wohl angehört habe. (Wichtig ist, daß „miau“ und „wau“ ständig auftauchen.)

| au I | **7** | Zeit: 10 Min. | Gruppengröße: 2–6 Kinder |
|---|---|---|---|

**Übungsvorlage:**
Lied: Blau, blau, blau sind alle meine Kleider, blau, blau, blau ist alles, was ich hab! Darum lieb' ich alles, was so blau ist, weil mein Schatz ein Eisenbahner ist.

**Übungsablauf:**
Die Kinder üben das Lied ein. (Falls die Melodie nicht bekannt ist, kann eine beliebige Liedmelodie verwendet werden bzw. das Lied als Reim gesprochen werden.)

**Variationsmöglichkeit:**
Fragespiel: Wer ist schlau? Was ist alles blau?
(Die Kinder berichten, was alles blau ist.)

| au I | **8** | Zeit: 5–10 Min. | Gruppengröße: 2–6 Kinder |
|---|---|---|---|

**Benötigtes Material:**
Kartenspiel.

**Übungsvorlage:**
Fragespiel: Ist es grau oder blau?

| Spielleiterin: | Kinder: |
|---|---|
| Ist der Himmel blau oder grau? | blau! |
| Ist die Maus blau oder grau? | grau! |
| Ist Mikes Pullover blau oder grau? | blau! usw. |

**Übungsablauf:**
Das Spiel wird durchgeführt.

**Variationsmöglichkeit:**
Kartenspiel: Das Spiel besteht aus insgesamt 20 Karten (5 blauen, 5 grauen, 10 weißen). Die weißen Karten sind „Nieten“. Jedes Kind muß versuchen, möglichst viele blaue und graue Kartenpaare zu erhalten. Dazu darf jedes Kind, das an der Reihe ist, ein anderes um eine blaue oder graue Karte bitten. Erhält es die Karte, so hat das Kind ein Kartenpaar. Das nächste Kind spielt nun weiter. Hat das angesprochene Kind die gewünschte Karte nicht, so darf dieses Kind weiterspielen.

| au I | **9** | Zeit: 10 Min. | Gruppengröße: 2–4 Kinder |
|---|---|---|---|

**Benötigte Materialien:**
Spielzeugkatalog bzw. Autoprospekte.

**Übungsvorlage:**
Spielzeugkatalog oder verschiedene Autoprospekte.

**Übungsablauf:**
Die Gruppe betrachtet sich in den Katalogen die abgebildeten Autos und beschreibt sie. Wichtig ist, daß das Wort „Auto“ häufig benutzt wird.

**Variationsmöglichkeit:**
Bilddiktat: Ein Kind „diktiert“ den anderen Kindern, wie das Auto gemalt werden soll.

au I **10** Zeit: 5–10 Min. Gruppengröße: 2–4 Kinder

**Übungsablauf:**
Ein größeres Blatt ist mit den verschiedensten Autos beklebt (Katalog!). Die Gruppe spricht über die Autos und beschreibt sie, z.B. das Auto ist grün und groß oder mein Auto hat große Scheiben usw.

**Variationsmöglichkeit:**
Jedes Kind beschreibt das Auto seiner Eltern oder seiner Verwandten.

---

au II **11** Zeit: 10 Min. Gruppengröße: 2–5 Kinder

**Übungsvorlage:**
Spiel: Welche Karte habe ich!
(Aus einem Memoriespiel wurden alle Bildkarten ausgesucht, die einen Begriff mit „au" darstellen (z.B. Haus, Baum usw.) Die Karten werden gemischt und an die Kinder verteilt. Dabei werden sie verdeckt hingelegt.

**Übungsablauf:**
Wenn alle Karten verteilt sind, darf jedes Kind seine Karten nacheinander umdrehen und sagen, was auf seiner Karte zu sehen ist. Anschließend werden die Karten eingesammelt, gemischt und neu verteilt.

**Variationsmöglichkeit:**
Es werden immer „Kartenpaare" ausgeteilt. Jedes Kind muß nun raten, wer die Ergänzungskarte hat.

---

au II **12** Zeit: 10 Min. Gruppengröße: 2–6 Kinder

**Übungsvorlage:**
Lied: Was ist alles grau?

**Übungsablauf:**
Spielleiterin: „Wir suchen alles, was grau ist. Helft alle mit! Ich fange an. Die Maus ist grau! Wer weiß noch etwas?"

**Variationsmöglichkeit:**
Spiel: Was ist alles blau?
Spiel: Wer ist schlau?
Spiel: Was ist rauh?

---

au II **13** Zeit: 5–10 Min. Gruppengröße: 2–6 Kinder

**Benötigtes Material:**
Lederpolster.

**Übungsvorlage:**
Geschichte: Hau den Lukas.
Auf dem Jahrmarkt gibt es meistens ein Gerät, das heißt: „Hau den Lukas". Dort können Erwachsene ausprobieren, wieviel Kraft sie haben. Sie hauen dann mit der Faust so fest wie möglich auf ein Lederpolster, und wenn sie sehr viel Kraft haben, bimmelt oben eine Glocke.

**Übungsablauf:**
Alle Kinder sprechen mehrfach, wie das Gerät heißt.

**Variationsmöglichkeit:**
Alle Kinder stehen im Kreis um ein Lederpolster. Abwechselnd dürfen die Kinder einmal auf das Polster hauen. Die anderen rufen dazu: „Hau den Lukas!"

---

au II **14** Zeit: 3–7 Min. Gruppengröße: 2–6 Kinder

**Übungsablauf:**
Spielleiterin: Heute wollen wir mit unseren Händen spielen. Ich lege meine Hände an verschiedene Plätze und ihr sagt mir, wo sie sind. – Wo sind meine Hände? (Kinder: Auf dem Schrank, auf dem Boden, auf dem Tisch, auf der Schüssel usw.)

**Variationsmöglichkeit:**
Jedes Kind darf einmal die Spielleitung übernehmen.

| au II | **15** | Zeit: 10 Min. | Gruppengröße: 2–4 Kinder |
|---|---|---|---|

**Übungsablauf:**
Die Gruppe erfindet kleine Gedichte zu den Wörtern „Maus“ und „Haus“ (z. B. Die kleine Maus, Maus, Maus läuft in ihr Haus, Haus, Haus).

**Variationsmöglichkeit:**
Die Gedichte werden zusätzlich vertont.

| au II | **16** | Zeit: 10–20 Min. | Gruppengröße: 2–6 Kinder |
|---|---|---|---|

**Benötigtes Material:**
Tonbandbeispiel.

**Übungsvorlage:**
Tonbandbeispiel: Ein Verkäufer ruft seine Ware aus: „Kauft billige Stoffe! Kauft, Leute! Heute günstig! Kaufen Sie Ihren Stoff!“ usw.

**Übungsablauf:**
Die Gruppe hört sich das Tonbandbeispiel an und spricht kurz darüber. Anschließend wird der Verkäufer nachgeahmt.

**Variationsmöglichkeit:**
Die Kinder haben Stoffreste mitgebracht und preisen nun ihre Stoffreste an.

| au II | **17** | Zeit: 3–5 Min. | Gruppengröße: 2–10 Kinder |
|---|---|---|---|

**Übungsvorlage:**
Spiel: Was ist auf dem Tisch?
Verschiedene Dinge werden auf den Tisch gestellt. Die Spielleiterin fragt: „Was ist auf dem Tisch?“

**Übungsablauf:**
Die Kinder antworten auf die Frage der Spielleiterin jeweils im ganzen Satz (z. B. Der Korb ist auf dem Tisch usw.).

**Variationsmöglichkeit:**
Singspiel: Die Gruppe singt: „Auf, auf, auf ...“. Als Melodie dient die Tonleiter. Gleichzeitig werden bei jedem „auf“ die Hände ein Stück höher bewegt, so daß Melodie und Bewegung sich „auf“-wärts bewegen.

| au II | **18** | Zeit: 10 Min. | Gruppengröße: 5–10 Kinder |
|---|---|---|---|

**Übungsvorlage:**
Wortliste: Reihenhaus, Futterhaus, Gerätehaus, Mietshaus, Vorratshaus, Schneckenhaus, Gasthaus, Einfamilienhaus, Hochhaus, Hühnerhaus, Parkhaus, Bauernhaus, Fertighaus, Taubenhaus, Hinterhaus, Wochenendhaus, Vogelhaus, Krankenhaus u. a.

**Übungsablauf:**
Übungsleiterin: Heute habe ich viele Rätsel. Wer kann sie raten? Wie heißt ein Haus, das ganz hoch ist? Wie heißt ein Haus für Hühner? usw.

**Variationsmöglichkeit:**
Ratespiel: Ich weiß etwas, was du nicht weißt, und das ist ein Haus für die Vögel (... für Hunde, ... in dem man essen kann usw.).

| au II | **19** | Zeit: 10–15 Min. | Gruppengröße: 2–6 Kinder |
|---|---|---|---|

**Übungsvorlage:**
Vers bzw. Lied: Drei Chinesen mit dem Kontrabaß,
saßen auf der Straße und erzählten sich was,
kam der Polizist, ja was ist denn das,
drei Chinesen mit dem Kontrabaß.

**Übungsablauf:**
Die Gruppe spricht oder singt den Vers (das Lied). Wenn der Vers (das Lied) beherrscht wird, sollen die Vokale durch „au" ersetzt werden. Also: „Drau Chaunausen maut daum Kauntraubauß ..."

**Variationsmöglichkeit:**
Auch bei anderen Liedern kann man diese „Verfremdung" mit Hilfe des au-Lautes vornehmen.

| au II | **20** | Zeit: ca. 10 Min. | Gruppengröße: 2–6 Kinder |
|---|---|---|---|

**Übungsvorlage:**
Spiel: Wer kennt die Automarken?
Die Gruppe sitzt im Kreis. Der Spielleiter beginnt: „Ich kenne viele Autos. Sag' sie mir!" Dabei deutet er auf ein Kind. Dieses muß nun eine Automarke nennen. Wenn es das gekonnt hat, darf es selbst Spielleiter sein und sagen: „Ich kenne viele Autos!" usw.

**Übungsablauf:**
Die Gruppe führt das Spiel durch.

**Variationsmöglichkeit:**
Spiel: Ich kenne viele Autofarben!

## 8. Übungen zum Laut eu

| eu I | 1 | Zeit: 2–4 Min. | Gruppengröße: 5–10 Kinder |
|---|---|---|---|

**Übungsablauf:**
Übungsleiterin: „Eugen ist nicht zu finden.“ Alle suchen ihn. Sie rufen ihn ... Die ganze Gruppe ruft intensiv nach Eugen. Die Kinder laufen dabei im Zimmer umher.

**Variationsmöglichkeit:**
Die Gruppe sucht Herrn „Euler“.

| eu I | 2 | Zeit: 10 Min. | Gruppengröße: 5–7 Kinder |
|---|---|---|---|

**Übungsvorlage:**
Die neun Eumel
In einem Wald lebten einst neun Eumel. Sie lebten in einem großen Haus und hatten viele Bettchen. Wieviel Bettchen, glaubt ihr, hatten sie? Sie hatten auch viele Tellerchen (Löffel, Gabeln, Tassen, Hüte, Stöcke usw.).

**Übungsablauf:**
Die Übungsleiterin erzählt die Geschichte und ermuntert die Gruppe, jeweils „neun“ zu ergänzen.

**Variationsmöglichkeit:**
Eine ähnliche Geschichte läßt sich auch zu den „Neunzig Mäusen“ erfinden.

| eu I | 3 | Zeit: 5–8 Min. | Gruppengröße: 2–10 Kinder |
|---|---|---|---|

**Übungsvorlage:**
Freudenruf: Zicke, zacke, zicke, zacke, heu, heu, heu!

**Übungsablauf:**
Spielleiterin: „Wenn Menschen sich besonders freuen, dann rufen sie oft vor Freude ganz laut, z.B. „zicke, zacke, zicke, zacke, heu, heu, heu!“ Alle Kinder rufen bei diesem Freudenruf mehrmals mit.

**Variationsmöglichkeit:**
Die Kinder bilden eine Schlange. Jedes Kind faßt dabei die Schultern seines Vorgängers an. So zieht die Gruppe durch den Raum und ruft laut: „Zicke, zacke, zicke, zacke, heu, heu, heu!“

| eu I | 4 | Zeit: 5–8 Min. | Gruppengröße: 2–8 Kinder |
|---|---|---|---|

**Übungsvorlage:**
Geschichte: Helge freut sich.
Helge darf in den Zirkus gehen. Darauf freut sie sich schon den ganzen Tag. Sie hüpft durch's Haus und ruft immer wieder: „Ich freu' mich so!“

**Übungsablauf:**
Die Kinder dürfen berichten, worüber sie sich schon einmal besonders gefreut haben. Eventuell lassen sich kleine Szenen spielen.

**Variationsmöglichkeit:**
Die Geschichte wird spielerisch dargestellt.

| eu I | 5 | Zeit: 5 Min. | Gruppengröße: 5–10 Kinder |
|---|---|---|---|

**Übungsvorlage:**
Vers: Die Eule heult!

**Übungsablauf:**
Die Gruppe spricht den kurzen Vers sehr häufig nach. Dabei dürfen auch Begleitgeräusche erzeugt werden bzw. einzelne Eulen dürfen „durch den Wald“ fliegen.

**Variationsmöglichkeit:**
1. Eugen holt Heu.
2. Euer Verkäufer liegt im Heu.

| eu I | 6 | Zeit: 10 Min. | Gruppengröße: 2–5 Kinder |
|---|---|---|---|

**Übungsablauf:**
Die Gruppe spricht über die Feuerwehr. Dabei sollen die Worte „Feuerwehrauto, Feuerwehrmänner, Feuerwehrschläuche usw. häufig verwendet werden.

**Variationsmöglichkeiten:**
Bandwurmsatz:
1. Kind: Das Feuerwehrauto ist rot.
2. Kind: Das Feuerwehrauto ist rot und groß.
3. Kind: Das Feuerwehrauto ist rot und groß und hat eine Leiter (usw.).

| eu I | 7 | Zeit: 5–7 Min. | Gruppengröße: 2–6 Kinder |
|---|---|---|---|

**Übungsablauf:**
Jedes Kind der Gruppe darf über seinen Freund oder seine Freundin erzählen.

**Variationsmöglichkeit:**
Was ich mit meinem(r) Freund(in) am liebsten spiele.

| eu I | 8 | Zeit: 5–10 Min. | Gruppengröße: 3–5 Kinder |
|---|---|---|---|

**Übungsvorlage:**
Geschichte: „Ich will euch 'was erzählen! Es war einmal ein Junge, der hieß Erich. Der Erich hatte feuerrote Haare. Er trug auch neue, feuerrote Hosen (Wiederholung) und neue feuerrote Schuhe (Wiederholung) und neue feuerrote Strümpfe usw.“

**Übungsablauf:**
Die Übungsleiterin erzählt die Geschichte und läßt die Gruppe jeden Satz nochmals sprechen, so daß ein regelrechter Sprechvortrag entsteht.

| eu I | 9 | Zeit: 10 Min. | Gruppengröße: 5–10 Kinder |
|---|---|---|---|

**Übungsvorlage:**
Vers: Neunundneunzig Eulen
flogen mit Gebrumm
neunundneunzigmal
um den Baum herum.

**Übungsablauf:**
Die Gruppe lernt den Vers auswendig. Später kann der Vers dann gespielt werden, indem ein Kind den Baum spielt, und die anderen Kinder um diesen Baum herumsausen. Alle Kinder sprechen dabei den Vers.

**Variationsmöglichkeit:**
Vers: Der Beutel ist neu und teuer.

| eu I | **10** | Zeit: 5 Min. | Gruppengröße: 2–6 Kinder |
|---|---|---|---|

**Übungsvorlage:**
Gespräch: Das Haus.

**Übungsablauf:**
Spielleiterin: „Es gibt viele Häuser. Es gibt große Häuser. Es gibt aber auch kleine Häuser. Wer hilft mir, noch mehr Häuser zu finden?“

**Variationsmöglichkeit:**
Spielleiterin: „Was für Häuser möchtest du malen? Ich male am liebsten kleine Häuser. Und du, …?“

| eu II | **11** | Zeit: 5–10 Min. | Gruppengröße: 2–6 Kinder |
|---|---|---|---|

**Übungsvorlage:**
Fragespiel: Ist es alt oder neu?

| Spielleiterin: | Kinder: |
|---|---|
| Ist die Puppe alt oder neu? | neu! |
| Ist der Berg alt oder neu? | alt! |
| Ist das Bild alt oder neu? | neu! |
| Ist mein Kleid alt oder neu? | neu! usw. |

**Übungsablauf:**
Das Spiel wird durchgeführt.

**Variationsmöglichkeit:**
Spielleiterin: „Erzählt mir, was neu ist!“

| eu II | **12** | Zeit: 10 Min. | Gruppengröße: ca. 5 Kinder |
|---|---|---|---|

**Übungsvorlage:**
Situation: Der Gebrauchtwagenhändler will seine Gebrauchtwagen verkaufen. Jedem Kunden sagt er deshalb: „Das Auto ist noch fast **neu**!“

**Übungsablauf:**
Die Szene „Bei dem Gebrauchtwagenhändler“ wird von der Gruppe gespielt. Jedes Kind darf einmal den Gebrauchtwagenhändler spielen.

**Variationsmöglichkeit:**
Der Autohändler stellt allen Kunden sein neues Automodell vor: „Das ist ganz neu! Das ist das Neueste vom Neuen!“

| eu II | **13** | Zeit: 5–10 Min. | Gruppengröße: 2–5 Kinder |
|---|---|---|---|

**Übungsablauf:**
Die Übungsleiterin läßt die Kinder berichten, was sie alles „heute“ machen wollen. Wichtig ist, daß die Sätze immer mit „Heute“ … beginnen.

**Variationsmöglichkeit:**
Fragespiel: Möchtest du es heute oder morgen? (z.B. neues Spielzeug, einen Spaziergang, Turnen, Schreiben, Malen usw.).

| eu II | **14** | Zeit: 10–15 Min. | Gruppengröße: 2–6 Kinder |
|---|---|---|---|

**Übungsvorlage:**
Geschichte: Das neue Kopfwaschmittel.
Die Firma „Waschi“ hat ein neues Kopfwaschmittel. Jetzt möchte sie, daß alle Leute erfahren, daß sie ein ganz **neues** Haarwaschmittel hat. Herr Blahr überlegt deshalb, wie er für sein neues Kopfwaschmittel Reklame machen könnte.

**Übungsablauf:**
Die Gruppe denkt sich Werbesprüche für das neue Kopfwaschmittel aus. Wichtig ist, daß sehr häufig das Wort „neu“ gesprochen wird.

**Variationsmöglichkeit:**
Es soll für einen neuen Brei geworben werden.

| eu II | **15** | Zeit: 15 Min. | Gruppengröße: 2–6 Kinder |
|---|---|---|---|

**Übungsvorlage:**
Geschichte: Till Eulenspiegel.
Till Eulenspiegel war ein Mann, der immerzu Spaß machte. Er tanzte auf dem Seil. Er versteckte sich in großen Körben. Deshalb nennt man Leute, die immer Spaß machen, oft „Eulenspiegel".

**Übungsablauf:**
Die Übungsleiterin erzählt die Geschichte (vielleicht wird auch eine richtige Eulenspiegelgeschichte vorgelesen). Anschließend malen die Kinder den Eulenspiegel. Während sie malen, erfinden sie ein Lied vom Eulenspiegel. (Wichtig ist, daß häufig das Wort „Eulenspiegel" vorkommt.)

**Variationsmöglichkeit:**
Es wird ein Singwettstreit veranstaltet. Welches Kind erfindet das schönste Eulenspiegellied?

| eu II | **16** | Zeit: 10 Min. | Gruppengröße: 3–6 Kinder |
|---|---|---|---|

**Übungsvorlage:**
Spiel: „Kommt, Leute! Kauft die guten Eukalyptusbonbons. Alle lutschen Eukalyptusbonbons. Bei kaltem Wetter genau das Richtige. Eukalyptusbonbons! Eukalyptusbonbons!"

**Übungsablauf:**
Die Übungsleiterin stellt eine „Eukalyptusbonbon-Verkäuferin" dar. Sie preist ihre Bonbons lautstark an und fordert die Kinder immer wieder auf, sie durch lautes Mitrufen zu unterstützen.

| eu II | **17** | Zeit: 10 Min. | Gruppengröße: 3–5 Kinder |
|---|---|---|---|

**Übungsablauf:**
Spiel.

| Übungsleiterin: | Kinder: | |
|---|---|---|
| Wann geht ihr schlafen? | Heute abend. | |
| Wann eßt ihr euer Mittagessen? | Heute mittag. | |
| Wann seid ihr aufgestanden? | Heute morgen. | usw. |

**Variationsmöglichkeit:**
Die Kinder stellen sich diese Fragen gegenseitig.

| eu II | **18** | Zeit: 5 Min. | Gruppengröße: 3–6 Kinder |
|---|---|---|---|

**Übungsablauf:**
Die Gruppe sucht Reimwörter zu „Feuer" (z. B. teuer, Heuer, Feuerwehr, Spreu, Streu, Heu usw.).

| eu II | **19** | Zeit: 5–10 Min. | Gruppengröße: 2–4 Kinder |
|---|---|---|---|

**Übungsablauf:**
Übungsleiterin: „Wenn jemand in einem Geschäft Dinge verkauft, so nennt man ihn ‚Verkäufer'. Wißt ihr, wie man das nennt, wenn es eine Frau ist?" (Käufer/Käuferin, Läufer/Läuferin, Hemdenverkäufer/Hemdenverkäuferin usw.).

**Variationsmöglichkeit:**
Spiel: Zwei Kinder stehen sich gegenüber. Eines ruft: „Ich bin ein Verkäufer!" Das andere Kind ruft: „Ich bin eine Verkäuferin!" (Falls die Kinder noch jünger sind, ist es angebrachter, wenn die Übungsleiterin den „Vorsprecher" übernimmt.)

eu II **20** Zeit: 10–15 Min. Gruppengröße: 2–10 Kinder

**Übungsvorlage:**

Vers: Knusper, knusper, knäuschen,
wer knuspert an meinem Häuschen?
Der Wind, der Wind,
das himmlische Kind!

**Übungsablauf:**

Die Kinder erzählen sich gegenseitig das Märchen von Hänsel und Gretel. Der obenstehende Vers wird dann mehrfach von der Gruppe gesprochen.

## 9. Übungen zum Laut ä

ä I **1** Zeit: 5–7 Min. Gruppengröße: 5–10 Kinder

**Benötigtes Material:**
Wenn vorhanden, ein Lachsack.

**Übungsablauf:**
Die Gruppe spielt Lachsack, d.h. daß jedes Kind so ausgiebig wie möglich lacht (hähähähä).

**Variationsmöglichkeit:**
Die Gruppe sitzt im Kreis und spielt „Das ansteckende Lachen". Wenn sich ein Kind ausgelacht hat, kommt der Nachbar dran. Er hat sich angesteckt und muß deshalb auch lachen.

ä I **2** Zeit: 5 Min. Gruppengröße: 2–10 Kinder

**Übungsablauf:**
Die Gruppe erfindet ein Lachlied. Auf eine beliebige Liedmelodie singen die Kinder: „Hä hä hä ..."

ä I **3** Zeit: 5 Min. Gruppengröße: 2–10 Kinder

**Übungsablauf:**
Spielleiterin: Die Trompete klingt „täterätätä". Laßt uns doch alle einmal Trompete spielen!

**Variationsmöglichkeit:**
1. Die Gruppe ist ein „Trompetenorchester'.
2. Jedes Kind versucht, auf „seiner Trompete" Melodien zu spielen.

ä I **4** Zeit: 5 Min. Gruppengröße: 2–10 Kinder

**Übungsablauf:**
Die Gruppe spielt „Schafherde". Alle kriechen auf dem Boden und rufen laut: „Bäh". Dabei rufen die großen Hammel laut: „Bäh", während die kleinen Lämmer nur leise „bäh" blöken.

**Variationsmöglichkeit:**
Der „Schäferhund" (Spielleiter oder Kind) treibt die Schafe vor sich her. Den Schafen ist das gar nicht recht. Deshalb rufen sie laut: „Bäh!"

ä I **5** Zeit: 5 Min. Gruppengröße: 2–8 Kinder

**Übungsvorlage:**
Sprechanlaß: Ein Baby kommt auf die Welt.

**Übungsablauf:**
Die Gruppe unterhält sich über Babies.
Spielleiterin: „Wenn ein Baby auf die Welt kommt, dann hat man meistens viel Freude. Manchmal schreien Babies aber auch. Das hört sich dann so an: „Wäääää! Wäääää!" (Alle Kinder schreien wie die Babies.)

**Variationsmöglichkeit:**
Jeweils zwei Kinder spielen „Mutter und Baby". Das Baby schreit („Wäääää!") und die Mutter muß es beruhigen. Anschließend werden die Rollen getauscht.

| ä I | **6** | Zeit: 10 Min. | Gruppengröße: 2–4 Kinder |
|---|---|---|---|

**Übungsvorlage:**
Geschichte: Der neue Ball.
Peters Eltern wollen Peter zum Geburtstag einen Ball schenken. Sie gehen ins Spielwarengeschäft. Die Verkäuferin bietet ihnen viele Bälle an. Sie sagt: „Wir haben viele Bälle. Wir haben rote Bälle, grüne Bälle, Bälle mit Punkten und Mustern. Oder wollen Sie lieber kleine Bälle?“ usw.

**Übungsablauf:**
Die Geschichte wird von der Gruppe als Rollenspiel gestaltet.

| ä I | **7** | Zeit: 7–10 Min. | Gruppengröße: 3–10 Kinder |
|---|---|---|---|

**Benötigtes Material:**
Evtl. Schallplatte mit dem Faschingsschlager „Humba humba tätärä“.

**Übungsvorlage:**
Schlager: Humba humba täterä.

**Übungsablauf:**
Die Übungsleiterin übt mit der Gruppe den Refrain des bekannten Faschingsschlagers „Humba humba täterä“ ein.

**Variationsmöglichkeit:**
Zur Faschingszeit schunkelt die Gruppe und singt den Schlager.

| ä I | **8** | Zeit: 5–10 Min. | Gruppengröße: 2–5 Kinder |
|---|---|---|---|

**Übungsvorlage:**
Gesprächsanlaß: Zähne!
Zähne sind zum Kauen da. Zähne können weh tun. Zähne können ausfallen. Zähne können wackeln. In den Zähnen sind manchmal Löcher. Zähne soll man putzen usw.

**Übungsablauf:**
Die Gruppe unterhält sich über die Zähne.

**Variationsmöglichkeit:**
Geschichte: Der erste Zahn!
Das Baby hat sein erstes Zähnchen bekommen. Alle bewundern es und rufen: „Ach, das erste Zähnchen!“

| ä I | **9** | Zeit: 5–10 Min. | Gruppengröße: 2–6 Kinder |
|---|---|---|---|

**Übungsvorlage:**
Spiel: Zwei Kinder streiten sich. Jedes Kind möchte das andere übertrumpfen, und so entsteht folgendes Gespräch: „Ich habe ein großes Fahrrad. Ätsch!“ „Dafür habe ich einen schönen Roller! Ätsch!“ usw. (Wichtig ist, daß das „Ätsch!“ sehr intensiv und deutlich gesprochen wird.)

**Übungsablauf:**
Übungsleiterin: „Gestern habe ich zwei Kindern auf der Straße zugehört. Da sagte der eine zum anderen: ... Könnt ihr euch eigentlich auch gegenseitig so ärgern? Wer versucht denn einmal, mich so zu ärgern?“

**Variationsmöglichkeiten:**
1. Ein ähnliches Spiel läßt sich mit dem Ausruf „Äxel!“ in Gang setzen.
2. Ähnlich verwendet wird auch „Äxel-Bäxel!“
3. Angeberspiel: Die Gruppe sitzt im Kreis. Jedes Kind darf nun der Reihe nach „angeben“, z.B. 1. Kind: „Ätsch, ich habe neue Schuhe!“ 2. Kind: „Ätsch, ich habe aber viele Spielsachen!“ usw. Am Schluß stellt die Spielleiterin fest, daß doch wirklich jedes Kind etwas besonderes hat.

ä I **10** Zeit: 5–10 Min. Gruppengröße: 2–4 Kinder

**Übungsvorlage:**
Gesprächsanlaß: Räder!
Es gibt viele Räder. Räder an Wagen. Räder an Autos. Große und kleine Räder, Fahrräder usw.

**Übungsablauf:**
Die Gruppe spricht über Räder.

**Variationsmöglichkeit:**
Reim: Dreh' dich, dreh' dich Rädchen,
spinne mir ein Fädchen.

ä II **11** Zeit: 10–15 Min. Gruppengröße: 2–6 Kinder

**Übungsvorlage:**
Liedtext bzw. Vers: Drei Chinesen mit dem Kontrabaß,
saßen auf der Straße und erzählten sich was,
da kam die Polizei, ja was ist denn das,
drei Chinesen mit dem Kontrabaß.

**Übungsablauf:**
Die Gruppe erlernt den Vers (das Lied). Wenn der Vers (das Lied) beherrscht wird, ersetzt man die Selbstlaute durch „ä" („Drä Chänäsen mät däm Känträbäß ...").

**Variationsmöglichkeit:**
Auch bei anderen Liedern können die Selbstlaute (zumindest z.T.) sehr gut durch „ä" ersetzt werden.

ä II **12** Zeit: 5–10 Min. Gruppengröße: 2–5 Kinder

**Übungsablauf:**
Spielleiterin: „Wer weiß etwas über Äpfel?"
Kinder: „Äpfel sind rund. Äpfel schmecken gut. Äpfel esse ich gern. Äpfel kann man kaufen" usw.

**Variationsmöglichkeit:**
Vers: Rote Äpfel, grüne Äpfel, gelbe Äpfel, „ui!"
Wie sie schmecken, wie sie knacken, sie sind weg im „hui!"

ä II **13** Zeit: 5–10 Min. Gruppengröße: 2–4 Kinder

**Übungsvorlage:**
Geschichte: Die faule Sabine.
Sabine ist faul. Am liebsten läßt sie sich alles tragen. Wenn sie in die Schule geht, fragt sie ihren Freund: „Trägst du mir die Tasche? Trägst du mir den Turnbeutel?" Zu Hause fragt sie die Mutter: „Trägst du meine Schuhe?" Manchmal fragt sie sogar: „Trägst du mich?"

**Übungsablauf:**
Jedes Kind darf einmal die „faule Sabine" spielen. Wichtig ist, daß möglichst häufig gefragt wird: „Trägst du ...?"

**Variationsmöglichkeit:**
Eine ähnliche Geschichte läßt sich zur Frage: „Hältst du mir das mal?" ausdenken.

| ä II | **14** | Zeit: 5–8 Min. | Gruppengröße: 2–8 Kinder |
|---|---|---|---|

**Übungsvorlage:**
Vers: Do kummt e Bär,
er dappt daher,
un frag, wo mi liebs Kindel wär.

**Übungsablauf:**
Die Gruppe spricht den Vers mehrfach.

**Variationsmöglichkeit:**
Vers: Da hast ein Taler,
geh auf den Markt,
kauf dir e Kuh
und e Kälbli dazu.
S Kälbli hat e Schwänzli:
didel didel dänzli.

| ä II | **15** | Zeit: 10 Min. | Gruppengröße: 3–6 Kinder |
|---|---|---|---|

**Übungsvorlage:**
Geschichte: Dieter ärgert sich.
Immer, wenn Dieter sich ärgert, sagt er: „So ein Käse!“ Wenn ihm z.B. das Eis ’runterfällt, sagt er: „So ein Käse!“ usw.

**Übungsablauf:**
Die Gruppe überlegt sich, wie die Geschichte weitergehen könnte. Bei den entsprechenden Stellen rufen alle immer: „So ein Käse!“

**Variationsmöglichkeit:**
Geschichte: Mäuse lieben Käse!
Die Mäusefamilie Petermann freut sich immer, wenn es Käse gibt. Dann reiben sich alle den Bauch und rufen: „Hmm! Käse! Guter Käse!“ (Alle Kinder ahmen die Mäusefamilie nach.)

| ä II | **16** | Zeit: 2–4 Min. | Gruppengröße: 2–10 Kinder |
|---|---|---|---|

**Übungsvorlage:**
Vers: Hoppe, hoppe, Hämmerlein,
der Peter sitzt im Kämmerlein.

**Übungsablauf:**
Die Gruppe spricht den Reim mehrfach.

**Variationsmöglichkeit:**
Vers: Änige, bänige, doppeldee,
triffel, traffel, trummermee.

| ä II | **17** | Zeit: 5–7 Min. | Gruppengröße: 2–6 Kinder |
|---|---|---|---|

**Übungsablauf:**
Die Gruppe spricht über den Mähdrescher. Es wird dabei genau beschrieben, was man mit einem Mähdrescher machen kann usw.

**Variationsmöglichkeit:**
Früher hat man mit der Sense gemäht.

| ä II | **18** | Zeit: 3–6 Min. | Gruppengröße: 2–10 Kinder |
|---|---|---|---|

**Übungsvorlage:**
Vers: Ich erzähl' dir ein Märchen
vom Dippel Dappel Därchen,
von der Dippel Dappel Fledermaus,
blas' der Katz' das Schwänzchen aus.

**Übungsablauf:**
Die Gruppe spricht den Vers mehrfach.

**Variationsmöglichkeit:**
1. Vers Ich will dir was erzählen
von der alten Mählen:
wenn sie keine Kartoffeln hat,
kann sie keine schälen.
2. Vers Es war einmal ein Männchen,
das kroch in ein Kännchen,
dann kroch es wieder 'raus,
da war die Geschichte aus.

| ä II | **19** | Zeit: 5–7 Min. | Gruppengröße: 2–6 Kinder |
|---|---|---|---|

**Übungsablauf:**
Die Gruppe unterhält sich darüber, was man alles mit der Nähmaschine machen kann, z. B. mit der Nähmaschine kann man Kleider nähen. Mit der Nähmaschine kann man Röcke nähen usw.

**Variationsmöglichkeit:**
Was man zum Nähen alles braucht.

| ä II | **20** | Zeit: 5–8 Min. | Gruppengröße: 2–6 Kinder |
|---|---|---|---|

**Übungsvorlage:**
Vers: Säcke flicken, Säcke flicken,
haben keine Nadel.
Schneider, Schneider, hopp hopp hopp,
näh' mir einen guten Rock!
Wenn ich zähle: eins zwei drei,
muß das Röcklein fertig sei'!
Eins – zwei – drei –
das Röcklein ist entzwei.

**Übungsablauf:**
Die Gruppe spricht den Vers mehrfach.

**Variationsmöglichkeit:**
Vers: Säge, säge Holz entzwei,
kleine Stücke, große Stücke,
schni schna, schni schna, schnucks!

## 10. Übungen zum Laut ö

| ö I | 1 | Zeit: 2–4 Min. | Gruppengröße: 2–10 Kinder |
|---|---|---|---|

**Übungsablauf:**
Spielleiterin: „Wißt ihr, wie es klingt, wenn ein Traktor fährt? Dann macht es: „Töff, töff, töff, töff!“ Die Kinder ahmen das Geräusch eines fahrenden Traktors nach.

**Variationsmöglichkeit:**
Viele ‚Traktoren‘ fahren durch den Raum. Wenn die Spielleiterin „Stop!“ ruft, bleiben alle Traktoren sofort stehen.

| ö I | 2 | Zeit: 7–10 Min. | Gruppengröße: 2–6 Kinder |
|---|---|---|---|

**Übungsvorlage:**
Geschichte: Nö!
Elke soll für die Eltern einkaufen. „Hast du Zeit?“ fragt die Mutter. „Nö“, sagt Elke. „Das heißt nicht ‚nö‘, das heißt ‚nein‘!“ sagt die Mutter. „Ich sag’ aber lieber ‚nö‘!“ sagt Elke.

**Übungsablauf:**
Die Kinder sprechen wie Elke. (Die Spielleiterin fragt jedes Kind etwas. Die Kinder antworten jeweils mit „nö!“)

| ö I | 3 | Zeit: 2–4 Min. | Gruppengröße: 2–10 Kinder |
|---|---|---|---|

**Übungsvorlage:**
Geschichte: Die beleidigte Liese.
Liese ist leicht beleidigt. Wenn jemand auf dem Spielplatz höher schaukeln kann, sagt sie nur: „Pöh!“ Wenn jemand ein schöneres Bild malt, sagt sie nur: „Pöh!“ usw.

**Übungsablauf:**
Jedes Kind darf mal die beleidigte Liese spielen.

**Variationsmöglichkeit:**
Kurt erzählt von seinem Onkel Pö.

| ö I | 4 | Zeit: 10 Min. | Gruppengröße: 2–8 Kinder |
|---|---|---|---|

**Übungsvorlage:**
Geschichte: In der Schule.
Die Kinder sitzen in der Schule und schreiben. Der Lehrer geht an jedem Schüler vorbei und betrachtet sich, was er da geschrieben hat. „Schön“ sagt er immer wieder.

**Übungsablauf:**
Jedes Kind darf einmal den Lehrer spielen. Die übrigen Kinder sitzen auf Stühlen und ahmen Schreibbewegungen nach.

**Variationsmöglichkeit:**
Die Kinder malen in der Schule. Der Lehrer betrachtet sich die Bilder und sagt zu jedem Kind: „Schön!“

| ö I | 5 | Zeit: 5–8 Min. | Gruppengröße: 2–6 Kinder |
|---|---|---|---|

**Übungsvorlage:**
Vers: Hörst du den Löwen?
Er brüllt so laut.
Hörst du den Löwen?

**Übungsablauf:**
Die Kinder sprechen den Vers mehrfach.

**Variationsmöglichkeit:**
Schnellsprechvers: Der Löwe hört öfter böse Köter.

| ö I | **6** | Zeit: 10 Min. | Gruppengröße: 2–6 Kinder |
|---|---|---|---|

**Übungsvorlage:**
Fragespiel: Wie heißt es, wenn es klein ist?

| Spielleiterin: | Kinder: |
|---|---|
| Hose | Höschen |
| Rose | Röschen |
| Dose | Döschen |
| Holz | Hölzchen |
| Ohr | Öhrchen |
| Socke | Söckchen |
| Locke | Löckchen usw. |

**Übungsablauf:**
Das Fragespiel wird durchgeführt.

**Variationsmöglichkeit:**
Fragespiel: Wie heißen mehrere davon?

| Spielleiterin: | Kinder: |
|---|---|
| Rock | Röcke |
| Stock | Stöcke |
| Loch | Löcher |
| Dorf | Dörfer usw. |

| ö I | **7** | Zeit: 5–10 Min. | Gruppengröße: 2–10 Kinder |
|---|---|---|---|

**Übungsablauf:**
Die Kinder werden in zwei Gruppen geteilt. Jede Gruppe beschimpft nun die andere: „Ihr seid blöd, blöd, blöd!“ Anschließend werden die Gruppen neu gemischt und derselbe Vorgang wiederholt sich. Am Schluß sollte ein Spiel durchgeführt werden, bei dem alle Kinder gemeinsam beteiligt sind.

| ö I | **8** | Zeit: 5–7 Min. | Gruppengröße: 2–6 Kinder |
|---|---|---|---|

**Übungsvorlage:**
Geschichte: Baby will nichts essen.
Baby hat keinen Hunger. Mutter macht sich schon Sorgen. Sie versucht, das Baby zu überreden: „Ein Löffel für Mutti! Ein Löffel für Vati! Ein Löffel für die Puppe!“ usw.

**Übungsablauf:**
Die Kinder ahmen die Geschichte nach. Jeweils zwei Kinder spielen Mutter und Kind. Nach ca. 2 Minuten werden die Rollen vertauscht.

**Variationsmöglichkeit:**
Die Kinder betrachten sich Löffel. Es gibt ganz verschiedene Löffel. Die Gruppe spricht darüber.

| ö I | **9** | Zeit: 5 Min. | Gruppengröße: 2–10 Kinder |
|---|---|---|---|

**Übungsablauf:**
Die Gruppe beschimpft sich gegenseitig zum Spaß: „Du bist ein Blödian! Du bist ein Blödhammel!“ usw. Anschließend nehmen sich alle in die Arme und lachen. (Es kann auch wichtig sein, darüber zu sprechen, warum Menschen so etwas tun.)

**Variationsmöglichkeit:**
Spiel: Wer ist der Löwe?
Die Spielleiterin fragt: „Wer ist der Löwe?“ Jedes Kind versucht nun, der Löwe zu sein und ruft: „Ich bin der Löwe! Ich kann gut brüllen! Uaah! Uaah!“ Das Kind, das am kräftigsten brüllen kann, darf dann Löwe sein.

| ö I | 10 | Zeit: 10 Min. | Gruppengröße: 2–6 Kinder |
|---|---|---|---|

**Übungsvorlage:**
Geschichte: Der schlecht gelaunte Nachbar.
Egal, was die Kinder tun, der Nachbar meckert. Wenn die Kinder Ball spielen, ruft er: „Hö! Was macht ihr denn da!“ Wenn sie Seil hüpfen, ruft er: „Hö, was macht ihr denn da?“ usw.

**Übungsablauf:**
Die Geschichte läßt sich spielerisch gestalten. Jedes Kind sollte einmal den meckernden Nachbarn spielen dürfen.

**Variationsmöglichkeit:**
Onkel Fritz lacht immer meckernd: „Hö, hö, hö, hö!“

| ö II | 11 | Zeit: 10 Min. | Gruppengröße: 2–6 Kinder |
|---|---|---|---|

**Übungsvorlage:**
Geschichte: Auf dem Markt.
Frau Murks hat einen Stand auf dem Markt. Dort steht sie und verkauft Möhren. Damit die Leute auf die Möhren aufmerksam werden, ruft sie laut: „Möhren! Möhren! Gute, frische Möhren! Kauft Möhren!

**Übungsablauf:**
Jedes Kind darf einmal die Marktfrau spielen und die Möhren ausrufen.

**Variationsmöglichkeit:**
Eine andere Marktfrau verkauft Blumen. Sie ruft: „Schöne Löwenmäulchen!“

| ö II | 12 | Zeit: 5–8 Min. | Gruppengröße: 2–8 Kinder |
|---|---|---|---|

**Übungsvorlage:**
Geschichte: Ferdinand und die Puppe.
Ferdinand hat eine kleine Puppe, der er gerne Kleider anzieht. Die Puppe ist klein und deshalb sind auch die Kleider so klein. Die Puppe hat keine Hose, sie hat ein Höschen, sie hat keinen Rock, sie hat ein ..., sie hat ... (Socken/Söckchen, Strumpfhosen/Strumpfhöschen, Unterhose/Unterhöschen, Skihose/Skihöschen, Hosenrock/Hosenröckchen) usw.

**Übungsablauf:**
Die Spielleiterin erzählt die Geschichte. Die Kinder werden dazu angeregt, die Verkleinerungsformen (Höschen, Röckchen usw.) jeweils selbst zu nennen.

**Variationsmöglichkeit:**
Jeweils zwei Kinder spielen „Klein und Groß“. Ein Kind ist Herr/Frau „Klein“, das andere Kind ist Herr/Frau „Groß“. Herr/Frau „Groß“ beginnt: „Ich habe einen Rock.“ Herr/Frau „Klein“ antwortet: „Ich habe ein Röckchen.“ usw.

| ö II | 13 | Zeit: 10 Min. | Gruppengröße: 2–8 Kinder |
|---|---|---|---|

**Übungsvorlage:**
Geschichte: Im Königsschloß
Ihr wißt sicher, wer in einem Königsschloß wohnt? (König/Königin). Wenn nun morgens der König und die Königin aufgestanden sind und aus ihrem Schlafzimmer kommen, dann machen alle einen Knicks und sagen: „Guten Morgen, König!“ und „Guten Morgen, Königin!“

**Übungsablauf:**
Die Geschichte wird von den Kindern gespielt. Dazu dürfen zwei Kinder (König und Königin) hoheitsvoll durch den Raum schreiten. Die übrigen Kinder machen einen Knicks und rufen: „Guten Morgen, König(in)!“. Die Rollen werden häufig getauscht.

**Variationsmöglichkeit:**
Der Koch des Königs geht auf den Markt, um einzukaufen. Er sucht überall etwas aus, deutet darauf und sagt: „Das ist für den König!“ Sein Diener bezahlt dann alles und packt es ein.

ö II **14** Zeit: 10 Min. Gruppengröße: 2–8 Kinder

**Übungsvorlage:**
Fragespiel: Was ist noch größer?
Spielleiterin: „Die Stecknadel ist groß, eine Streichholzschachtel ist größer. Was ist noch größer?“

**Übungsablauf:**
Durchführung des Fragespiels. Die Kinder sollen möglichst viele Dinge nennen, die größer sind, als eine Stecknadel. Wichtig ist, daß jedes Kind das Wort „größer“ in seinem Beitrag verwendet.

**Variationsmöglichkeit:**
Fragespiel: Was ist noch höher?

ö II **15** Zeit: 10 Min. Gruppengröße: 2–6 Kinder

**Übungsvorlage:**
Spiel: Du bist böse!

| Spielleiterin: | Kinder: |
|---|---|
| Gestern hat Hans Heinz verhauen. | |
| Hans ist böse! | |
| Gestern habe ich Erika verhauen! | Du bist böse! |
| Gestern habe ich das Bild von Klaus zerrissen! | Du bist böse! |
| Heute mache ich euer Spielzeug kaputt! | Du bist böse! usw. |

**Übungsablauf:**
Die Spielleiterin muß versuchen, die Kritik der Kinder hervorzurufen. Das Verhalten der Spielleiterin soll von den Kindern kritisch bewertet werden. Am Schluß sagt die Spielleiterin: „Ich bin nicht böse! Ich habe nur Spaß gemacht!“

ö II **16** Zeit: 5–10 Min. Gruppengröße: 2–6 Kinder

**Benötigte Materialien:**
Bilder von Tropfsteinhöhlen.

**Übungsablauf:**
Die Gruppe spricht über Höhlen. Dabei soll darauf geachtet werden, daß möglichst jedes Kind etwas zur Höhle sagt (evtl. stellt die Übungsleiterin Fragen).

**Variationsmöglichkeit:**
Die Kinder dürfen Geschichten erfinden („Was ich alles erlebt habe, als ich in der Höhle war!“).

ö II **17** Zeit: 10 Min. Gruppengröße: 2–6 Kinder

**Übungsvorlage:**
Fragestellung: Was wir alles öffnen können!

**Übungsablauf:**
Die Gruppe unterhält sich darüber, was man alles öffnen kann. Die Kinder erzählen, daß man Fenster (Türen, Vorhänge, Dosen, Schnallen usw.) öffnen kann.

**Variationsmöglichkeit:**
Die Kinder erteilen sich gegenseitig Arbeitsanweisungen, z.B. „Öffne das Fenster!“; „Öffne die Tür!“ usw.

ö II **18** Zeit: 10 Min. Gruppengröße: 2–6 Kinder

**Übungsablauf:**
Spielleiterin: „Wer weiß den Unterschied zwischen einem Löwen und einem Seelöwen?“ Die Kinder berichten, was sie über die beiden Tiere wissen. Anschließend betrachtet sich die Gruppe Bilder von Löwen und Seelöwen.

**Variationsmöglichkeit:**
Die Spielleiterin fragt jedes Kind: „Was wärst du lieber? Ein Löwe oder ein Seelöwe?“ Die Kinder sollen auch erklären, warum sie lieber Löwe (bzw. Seelöwe) wären.

ö II **19** Zeit: 5–10 Min. Gruppengröße: 2–8 Kinder

**Benötigte Materialien:**
Löschpapier.

**Übungsablauf:**
Die Gruppe führt ein Gespräch über die Feuerwehr. Dabei bespricht sie, wo die Feuerwehr das Feuer löscht (z.B. sie löscht das Feuer im Haus, im Zimmer, auf der Wiese, im Keller, auf dem Dach usw.).

**Variationsmöglichkeit:**
Gespräch über Löschpapier.

ö II **20** Zeit: 5–10 Min. Gruppengröße: 2–6 Kinder

**Übungsvorlage:**
Vers: Sah ein Knab' ein Röslein steh'n,
Röslein auf der Heide.
War so jung und morgenschön,
lief er hin es nah zu seh'n,
sah's mit vielen Freuden.
Röslein, Röslein, Röslein rot,
Röslein auf der Heide.

**Übungsablauf:**
Die Kinder sprechen den Vers mehrfach.

**Variationsmöglichkeit:**
Die Kinder hören sich das entsprechende Lied an (Schallplatte oder von der Spielleiterin auf Tonband gesungen).

## 11. Übungen zum Laut ü

| ü I | 1 | Zeit: 5 Min. | Gruppengröße: 2–10 Kinder |
|---|---|---|---|

**Übungsablauf:**
Spielleiterin: „Wenn das Pferd nicht laufen will, ruft man: ‚Hüh!'" Alle Kinder rufen „Hüh!"

**Variationsmöglichkeit:**
Jeweils zwei Kinder spielen zusammen. Sie dürfen sich abwechselnd mit „Hüh"-Rufen zum Galoppieren antreiben.

| ü I | 2 | Zeit: 2–3 Min. | Gruppengröße: 2–10 Kinder |
|---|---|---|---|

**Übungsablauf:**
Die Kinder rufen wie ein Truthahn: „Gülle, gülle, gülle! Gülle, gülle, gülle!"

**Variationsmöglichkeit:**
Spiel: Wir ärgern den Truthahn
Jeweils ein Kind der Gruppe darf den Truthahn spielen. Die übrigen Kinder necken den Truthahn. Dieser ruft ärgerlich: „Gülle, gülle, gülle!"

| ü I | 3 | Zeit: 3–5 Min. | Gruppengröße: 2–10 Kinder |
|---|---|---|---|

**Übungsablauf:**
Die Kinder ahmen das Alarmgeräusch der Feuerwehr nach: „Tatü, tatü, tatü!"

**Variationsmöglichkeit:**
Zu einem großen Brand fahren gleich mehrere Feuerwehrwagen los.

| ü I | 4 | Zeit: 5 Min. | Gruppengröße: 2–6 Kinder |
|---|---|---|---|

**Übungsvorlage:**
Geschichte: Süß!
Susi sagt zu allem: „Süß!" Egal, was sie sieht, sie sagt: „Süß!" Wenn sie einen kleinen Hund sieht, sagt sie ...

**Übungsablauf:**
Die Spielleiterin erzählt die Endlosgeschichte. Wichtig ist, daß die Kinder jeweils das „süß" selbst ergänzen.

**Variationsmöglichkeit:**
Andreas ärgert seine Schwester. „Na, du süße Susi!" sagt er immerzu.

| ü I | 5 | Zeit: 5 Min. | Gruppengröße: 2–10 Kinder |
|---|---|---|---|

**Übungsvorlage:**
Geschichte: Der Wellensittich.
Annette und Horst haben einen frechen kleinen Wellensittich. Wenn er gut gelaunt ist, ruft er ständig: „Gib Küßchen!"

**Übungsablauf:**
Alle Kinder rufen wie der Wellensittich.

**Variationsmöglichkeit:**
Der Papagei „Nora" ruft: „Küßchen, Küßchen!"

| ü I | 6 | Zeit: 5 Min. | Gruppengröße: 2–6 Kinder |
|---|---|---|---|

**Übungsablauf:**
Spielleiterin: „Das neue Kleid von (z.B. Petra) ist hübsch. Aber die anderen haben auch hübsche Sachen!" Die Kinder berichten, was sie bei ihren Kleidern besonders „hübsch" finden.

**Variationsmöglichkeit:**
Sabine findet alles hübsch. Bei allem, was sie sieht, ruft sie aus: „Wie hübsch!"

| ü I | 7 | Zeit: 5–7 Min. | Gruppengröße: 2–6 Kinder |
|---|---|---|---|

**Übungsvorlage:**
Fragespiel: Wer weiß es?

| Spielleiterin: | Kinder: |
|---|---|
| Wieviel Finger hat die Hand? | Fünf! |
| Wieviel Zehen hat der Fuß? | Fünf! |
| Wieviel Finger hat die rechte Hand? | „ |
| Wieviel Finger hat die linke Hand? | „ |
| Wieviel Finger hat diese Hand? | „ |

**Übungsablauf:**
Durchführung des Fragespiels.

**Variationsmöglichkeit:**
Die Gruppe sitzt im Kreis. Die Spielleiterin beginnt: „Meine Hand hat fünf Finger, wieviel Finger hat deine Hand?" Das danebensitzende Kind führt das Spiel fort.
(Beide Übungen lassen sich **nur** durchführen, wenn sich in der Gruppe kein Kind befindet, daß Mißbildungen der Hände oder Füße aufweist.)

| ü I | 8 | Zeit: 5–7 Min. | Gruppengröße: 2–5 Kinder |
|---|---|---|---|

**Übungsablauf:**
Spielleiterin: „Was ist alles grün?"
Kinder: „Gras ist grün; Blätter sind grün; die Hose ist grün; Spinat ist grün"; usw.

**Variationsmöglichkeit:**
Lied: Grün, grün, grün sind alle meine Kleider,
grün, grün, grün ist alles, was ich hab'!
Darum lieb' ich alles, was so grün ist,
weil mein Schatz ein Jägersmann ist.

| ü I | 9 | Zeit: 3–5 Min. | Gruppengröße: 2–10 Kinder |
|---|---|---|---|

**Übungsvorlage:**
Geschichte: Immer müde-müde!
Hans ist ständig müde. Besonders, wenn er helfen soll, sagt er schnell: „Ich bin sooo müde! Ich bin müde!"

**Übungsablauf:**
Alle Kinder spielen den „müden Hans". Sie recken und strecken sich. Sie gähnen und rufen: „Ich bin müde! Ich bin soo müde!"

**Variationsmöglichkeit:**
Gebet: Müde bin ich, geh' zur Ruh',
schließe beide Äuglein zu,
Vater laß die Augen Dein,
über meinem Bettchen sein.

| ü I | **10** | Zeit: 10 Min. | Gruppengröße: 2–6 Kinder |
|---|---|---|---|

**Benötigte Materialien:**
Viele Knöpfe.
**Übungsvorlage:**
Geschichte: Im Kleinwarengeschäft.
Die Verkäuferin verkauft Knöpfe an die Kunden. Sie fragt jeden: „Wieviel Stück möchten Sie?" Die Kunden sagen ihr, wieviel sie wollten, z. B. 3 Stück, 5 Stück usw.

**Übungsablauf:**
Die Geschichte wird als Rollenspiel gestaltet. Die Spielleiterin ist die Verkäuferin. Die Kinder (Kunden) sagen der Verkäuferin, wieviel Stück sie haben möchten.

**Variationsmöglichkeit:**
In der Konditorei: „Wieviel Stücke Kuchen?"

| ü II | **11** | Zeit: 3–5 Min. | Gruppengröße: 2–8 Kinder |
|---|---|---|---|

**Übungsvorlage:**
Rätsel:
Wer ruft am Morge scho um drü so lustig Gügge-güggehü?

**Übungsablauf:**
Die Gruppe löst das Rätsel. Anschließend spricht sie den Vers mehrfach.

**Variationsmöglichkeit:**
Alle Kinder schreien wie der Hahn: „Gügge-güggehü!"

| ü II | **12** | Zeit: 5 Min. | Gruppengröße: 2–5 Kinder |
|---|---|---|---|

**Übungsvorlage:**
Situation: Vater und Erich wollen zusammen backen. Sie kaufen alles ein, was sie brauchen. Sie kaufen eine Tüte Mehl, eine Tüte Nüsse usw.

**Übungsablauf:**
Die Spielleiterin schildert die Situation. Die Kinder überlegen sich, wovon sie noch eine Tüte kaufen würden.

**Variationsmöglichkeit:**
Im Lebensmittelgeschäft wird Inventur gemacht. Der Kaufmann zählt die Tüten in seinem Regal. Er stellt fest: „Zehn Tüten Reis ..."

| ü II | **13** | Zeit: 5–10 Min. | Gruppengröße: 2–8 Kinder |
|---|---|---|---|

**Benötigte Materialien:**
Strick.

**Übungsvorlage:**
Geschichte: Der Hund.
Die Kinder gehen spielen. „Nehmt den Hund mit, damit er an die frische Luft kommt", ruft Mutter. Die Kinder nehmen ihn mit. Aber keiner will auf ihn aufpassen. Jeder gibt dem anderen die Hundeleine in die Hand und sagt: „Führ' du den Hund!"

**Übungsablauf:**
Spiel: Wer führt den Hund?
Ein Kind bekommt „die Hundeleine" (einen Strick) in die Hand gedrückt und hat die Aufgabe, „die Hundeleine" (den Strick) möglichst schnell weiterzureichen. Es gibt den Strick einem anderen Kind in die Hand und sagt: „Führ' du den Hund!" oder „Führ' du!"

**Variationsmöglichkeit:**
Spiel: Wer führt mich über die Straße?
Eine „Straße" wird markiert. Jedes Kind bittet nun jemanden aus der Gruppe, es über die Straße zu führen.

| ü II | 14 | Zeit: 5 Min. | Gruppengröße: 2–10 Kinder |
|---|---|---|---|

**Übungsvorlage:**
Reim: Fünfundfünfzig rote Männlein
tanzen fünfundfünfzigmal im Kreis herum.

**Übungsablauf:**
Die Gruppe spricht den Reim häufig.

**Variationsmöglichkeit:**
Reim: In der Frühe möcht' ich fünfzig Flügel haben.

| ü II | 15 | Zeit: 10–15 Min. | Gruppengröße: 2–6 Kinder |
|---|---|---|---|

**Benötigte Materialien:**
Vorbereitete Tonbandspule.

**Übungsvorlage:**
Tonbandbeispiel: Die Verkäuferin im Hutgeschäft.
Die Verkäuferin im Hutgeschäft möchte viele Hüte verkaufen. Deshalb sagt sie zu jedem, der kommt: „Wir haben viele, schöne Hüte. Wir haben Herrenhüte und Damenhüte. Wir haben kleine Hüte und große Hüte." usw.

**Übungsablauf:**
Das Tonbandbeispiel wird von der Gruppe als Rollenspiel nachgespielt.

| ü II | 16 | Zeit: ca. 10 Min. | Gruppengröße: 2–5 Kinder |
|---|---|---|---|

**Übungsvorlage:**
Die Fee.
Peter hat einen Wunschring. Immer, wenn er den Ring am Finger dreht, kommt eine Fee und fragt: „Was wünschst du dir?"

**Übungsablauf:**
Die Gruppe spielt die Geschichte. Die Kinder dürfen sich ausdenken, welche Wünsche Peter äußert. Wichtig ist, daß jeder Wunsch mit „Ich wünsche mir ..." eingeleitet wird.

**Variationsmöglichkeit:**
Annika wünscht sich eine Wünschelrute zum Geburtstag.

| ü II | 17 | Zeit: 5–15 Min. | Gruppengröße: 2–6 Kinder |
|---|---|---|---|

**Benötigte Materialien:**
Bildmaterial, auf dem Büsche zu erkennen sind, z. B. Gartenkatalog, Biologiebuch usw.

**Übungsablauf:**
Die Gruppe unterhält sich über verschiedene Büsche (Holunderbüsche, Johannisbeerbüsche, Goldregenbüsche, Fliederbüsche usw.). Es wäre günstig, wenn die Kinder sich bei dem Gespräch entsprechendes Bildmaterial betrachten könnten.

| ü II | 18 | Zeit: 10–15 Min. | Gruppengröße: 2–8 Kinder |
|---|---|---|---|

**Übungsvorlage:**
Fragespiel: Das möchte ich gerne wissen!

| Spielleiterin: | Kinder: |
|---|---|
| Wer füttert die Vögel? | Sie finden ihr Futter. Sie picken Körner. |
| Wer füttert die Fische? | Sie finden kleine Pflanzen im Wasser. |
| Wer füttert die Kühe? | Der Bauer füttert die Kühe. |
| Wer füttert die Kinder? | Vater und Mutter füttern die Kinder usw. |

**Übungsablauf:**
Das Fragespiel wird in der oben beschriebenen Form durchgeführt. Anschließend dürfen die Kinder die Spielleiterin fragen.

**Variationsmöglichkeit:**
Das Fragespiel wird von zwei Kindern durchgeführt, d. h. jeweils ein Kind ist die Spielleiterin und stellt dem anderen Kind Fragen.

ü II **19** Zeit: 10–15 Min. Gruppengröße: 2–5 Kinder

**Übungsvorlage:**
Vers: Gülle, Gülle, Gülle, bin röter als du!
Hast ein Paar alte verrissene Schuh'!
Hast ein Gäbele, hast ein Zäbele,
hast mir's wollen zeigen?
Laß dich heime geigen!
Gülle, Gülle, bin röter als du!

**Übungsablauf:**
Die Gruppe erlernt den Vers.

**Variationsmöglichkeit:**
Die Gruppe spricht in der „Ü"-Sprache.

ü II **20** Zeit: 5–8 Min. Gruppengröße: 2–8 Kinder

**Übungsvorlage:**
Geschichte: Die Weihnachtswünsche.
Es ist bald Weihnachten. Petra schreibt einen Brief an das Christkind. „Liebes Christkind", schreibt sie, „ich wünsche mir ..." Na, was wünscht sie sich wohl?

**Übungsablauf:**
Die Übungsleiterin erzählt die Geschichte. Die Kinder dürfen für Petra ihre Wünsche äußern.

**Variationsmöglichkeit:**
Das Christkind liest den Wunschzettel von Petra.

## 12. Übungen zum Laut b

| b I | 1 | Zeit: 3–5 Min. | Gruppengröße: 2–10 Kinder |
|---|---|---|---|

**Übungsablauf:**
Die Gruppe ahmt das Geräusch läutender Glocken nach: „Bim, bam!“

**Variationsmöglichkeit:**
Glocken können sehr verschieden klingen. Kleine Glöckchen klingen: „Bimmel bimmel!“, große Glocken klingen: „Bum, bum!“ usw.

| b I | 2 | Zeit: 5 Min. | Gruppengröße: 2–10 Kinder |
|---|---|---|---|

**Übungsvorlage:**
Geschichte: Das Baby.
Baby fängt an, sprechen zu lernen. Ganz stolz spricht es sein erstes Wort immer wieder vor sich hin. Es sagt: „Babba!“ und meint damit seinen Papa.

**Übungsablauf:**
Alle Kinder sprechen wie das Baby.

**Variationsmöglichkeit:**
Baby spricht: „Bibi!“ und meint damit alle Vögel.

| b I | 3 | Zeit: 3–5 Min. | Gruppengröße: 2–10 Kinder |
|---|---|---|---|

**Übungsvorlage:**
Geschichte: Hans und Tine.
Hans ärgert sehr gern seine kleine Schwester. Aber Tine ist nicht dumm. Wenn Hans es wieder einmal zu bunt treibt, dann streckt sie ihm einfach die Zunge heraus und ruft: „Bäh!“

**Übungsablauf:**
Alle Kinder ärgern sich gegenseitig und strecken mit „Bäh“-Rufen die Zunge heraus. Anschließend fassen sich alle an den Händen und rufen: „Jetzt sind wir wieder friedlich!“

**Variationsmöglichkeit:**
Die Schafherde blökt: „Bäh! Bäh!“

| b I | 4 | Zeit: 3–5 Min. | Gruppengröße: 2–10 Kinder |
|---|---|---|---|

**Übungsablauf:**
Die Silben „bababa“, „bibibi“, „bububu“ usw. sollen sehr schnell und rhythmisch gesprochen werden.

**Variationsmöglichkeit:**
Die gleichen Silben können auch rhythmisch gesungen werden.

| b I | 5 | Zeit: 5 Min. | Gruppengröße: 2–10 Kinder |
|---|---|---|---|

**Übungsvorlage:**
Geschichte: Die hartnäckige Sybille.
Sybille kann sehr hartnäckig sein. Wenn sie etwas haben möchte, dann kann sie stundenlang darum bitten. „Bitte!“ fleht sie dann immer wieder.

**Übungsablauf:**
Alle Kinder flehen wie Sybille: „Bitte!“

**Variationsmöglichkeit:**
Wenn sehr kleine Kinder etwas haben wollen, dann patschen sie oft in die Hände und rufen: „Bitte bitte!“

b I **6** Zeit: 2–4 Min. Gruppengröße: 2–10 Kinder

**Übungsvorlage:**
Geschichte: Bello.
Bello, der Hund, ist weggelaufen. Nun sucht ihn die ganze Familie. Laut rufend rennen alle durch die Straßen: „Bello! Bello!"

**Übungsablauf:**
Die Kinder rufen auch nach Bello.

**Variationsmöglichkeit:**
Alles sucht den „Bulli" („Bubi", „Bernie" usw.).

---

b I **7** Zeit: 5 Min. Gruppengröße: 2–10 Kinder

**Übungsvorlage:**
Vers: Bello bellt; aber er beißt nicht.

**Übungsablauf:**
Die Kinder sprechen den Vers mehrfach.

**Variationsmöglichkeit:**
Vers: Barbara badet gern im Bad.

---

b I **8** Zeit: 5–10 Min. Gruppengröße: 2–10 Kinder

**Übungsvorlage:**
Vers: Bim bam beier
die Katz' mag keine Eier,
was will sie denn dann?
Speck aus der Pfann'.

**Übungsablauf:**
Die Gruppe lernt den Vers auswendig.

**Variationsmöglichkeit:**
Zu dem Versanfang „Bim bam beier ..." erfindet die Gruppe neue Zeilen.

---

b I **9** Zeit: 5–10 Min. Gruppengröße: 2–10 Kinder

**Übungsvorlage:**
Lied: Es tanzt ein Bi-Ba-Butzemann in uns'rem Kreis herum, fidibum.
Es tanzt ein Bi-Ba-Butzemann in uns'rem Kreis herum.
Er rüttelt sich, er schüttelt sich, er wirft die Beinchen hinter sich.
Es tanzt ein Bi-Ba-Butzemann in uns'rem Kreis herum.

**Übungsablauf:**
Die Kinder singen und spielen das Lied. Falls die Melodie nicht bekannt ist, kann das Lied auch als Vers gesprochen werden.

**Variationsmöglichkeit:**
Die Kinder ziehen durch den Kindergarten. Die Hände haben sie dabei als Zipfelmütze über dem Kopf gefaltet. Sie singen dazu das Lied.

---

b II **10** Zeit: 3–5 Min. Gruppengröße: 2–8 Kinder

**Übungsvorlage:**
Vers: Bernd und Bernhard baden mit ihren Badehosen im Bach.

**Übungsablauf:**
Die Kinder sprechen den Vers mehrfach.

**Variationsmöglichkeit:**
Vers: Biggi und Bert bummeln über den Bootssteg.

b II **11** Zeit: 5–8 Min. Gruppengröße: 2–10 Kinder

**Übungsvorlage:**
Vers: Bürsten mit schwarzen Borsten
bürsten besser
als Bürsten mit weißen Borsten.

**Übungsablauf:**
Die Gruppe spricht den Reim mehrfach.

**Variationsmöglichkeit:**
Vers: Bälle mit bunten Bildern
rollen schneller
als Bälle ohne Bilder.

---

b II **12** Zeit: 10 Min. Gruppengröße: 2–10 Kinder

**Übungsvorlage:**
Vers: Bim bam beier
die Katz' frißt keine Eier
bim bam bu
und ab bist du.

**Übungsablauf:**
Die Gruppe spricht den Vers mehrfach.

**Variationsmöglichkeit:**
Die Gruppe steht im Kreis. Mit Hilfe des Abzählreims wird ausgezählt.

---

b II **13** Zeit: 10 Min. Gruppengröße: 2–6 Kinder

**Übungsvorlage:**
Spiel: Rubbedubbedub.
Text: Rubbedubbedub, jetzt kommt der Bäcker.
Rubbedubbedub, was bringt er denn?
Rubbedubbedub, viel' Semmel lecker.
Rubbedubbedub, wer kriegt sie denn?
(Als Antwort werden nacheinander alle Namen der am Spiel beteiligten Kinder eingesetzt.)

**Übungsablauf:**
Die Gruppe spricht den Text. Dabei wird bei dem Wort „Rubbedubbedub“ mit beiden Zeigefingern abwechselnd auf die Tischkante geklopft. (Das Klopfen sollte rhythmisch sein.)

**Variationsmöglichkeit:**
Jedes Kind spricht eine andere Zeile.

---

b II **14** Zeit: 10 Min. Gruppengröße: 2–6 Kinder

**Übungsvorlage:**
Geschichte: Am Abend.
Abends muß Hanni rechtzeitig ins Bett. Wenn es dunkel wird, spielt Hanni meistens noch. Da ruft dann die Mutter: „Ab ins Bett!“

**Übungsablauf:**
Die kleine Szene wird von den Kindern nachgespielt. (Jedes Kind darf einmal die Mutter spielen.)

**Variationsmöglichkeit:**
Der Vater ruft abends immer: „Bist du schon im Bett?“

b II **15** Zeit: 10–12 Min. Gruppengröße: 2–8 Kinder

**Übungsvorlage:**
Spiel: Fang den Ball.
Die Gruppe steht im Kreis. Die Spielleiterin wirft einem Kind den Ball zu. Vorher ruft sie („..., fang den Ball!“). Dieses Kind darf den Ball an das nächste Kind weiterwerfen. Wichtig ist, daß vorher „... fang den Ball!“ gerufen wird.

**Übungsablauf:**
Das Spiel wird von der Spielleiterin erklärt und mit den Kindern durchgeführt.

**Variationsmöglichkeit:**
Ein ähnliches Spiel läßt sich durchführen, wenn dem jeweiligen Kind zugerufen wird: „..., Achtung, der Ball!“

b II **16** Zeit: 10 Min. Gruppengröße: 2–10 Kinder

**Übungsvorlage:**
Vers: Ebberte bebberte sibberte za,
ibberte bibberte bon,
knabberte babberte zabberte za,
knubberte bubberte knom.

**Übungsablauf:**
Die Gruppe spricht den Reim mehrfach.

**Variationsmöglichkeit:**
Einzelne Kinder sprechen den Reim auswendig.

b II **17** Zeit: 2–4 Min. Gruppengröße: 2–5 Kinder

**Übungsablauf:**
Jedes Kind wirft mehrfach einen Ball an die Wand und ruft dazu: „Bällchen!“

**Variationsmöglichkeit:**
Die Kinder führen Kunststücke mit ihrem Ball aus und rufen dazu: „Balla! Balla!‘

b II **18** Zeit: 3–7 Min. Gruppengröße: 2–8 Kinder

**Übungsvorlage:**
Vers: Bin ein kleiner Pumpernickel,
bin ein kleiner Bär,
und wie ich halt gewachsen bin,
so wackle ich daher.

**Übungsablauf:**
Die Gruppe spricht den Vers mehrfach.

**Variationsmöglichkeit:**
Ein Kind spricht den Vers. Die übrigen Kinder wackeln als kleine Bären durch den Raum.

b II **19** Zeit: 5–10 Min. Gruppengröße: 2–6 Kinder

**Übungsvorlage:**
Die Berliner.
Cleo geht mit ihrem Vater in der Stadt spazieren. Sie kommen an einem kleinen Ständchen vorbei. „Berliner!“ ruft der Mann dort, „Leute, kauft Berliner!“ „Was ist denn das?“ fragt Cleo. „Das kann man essen“, erklärt der Vater.

**Übungsablauf:**
Die Spielleiterin erzählt die Geschichte. Anschließend darf jedes Kind einmal den Mann spielen, der die Berliner ausruft.

**Variationsmöglichkeit:**
Eine Frau an einem anderen Stand ruft: „Billige Stoffe!“

b II **20** Zeit: ca. 7–10 Min. Gruppengröße: 4–6 Kinder

**Übungsvorlage:**
Spiel: Ochs am Berg!
Der Spielleiter steht mit dem Gesicht zur Wand. Die anderen Kinder stehen vor der gegenüberliegenden Wand. Der Spielleiter ruft mehr oder minder langsam: „Ochs am Berg!" Bei diesem Ausruf dürfen alle Kinder zur gegenüberliegenden Wand laufen. Sobald der Spielleiter „... Berg!" gerufen hat, dreht er sich blitzschnell um. Jedes Kind, das sich jetzt noch bewegt, muß wieder zur Ausgangsposition zurück. Wer zuerst die gegenüberliegende Wand erreicht, darf Spielleiter des nächsten Spiels sein.

**Übungsablauf:**
Die Spielleiterin erläutert das Spiel und führt es so oft mit den Kindern durch, bis sie anfangen, sich zu langweilen.

**Variationsmöglichkeit:**
Die Kinder hüpfen oder kriechen zur gegenüberliegenden Wand.

## 13. Übungen zum Laut p

| p I | 1 | Zeit: 3–5 Min. | Gruppengröße: 2–10 Kinder |
|---|---|---|---|

**Übungsablauf:**
Alle Kinder singen wie die Vögel („Piep, piep, piep, piep").

**Variationsmöglichkeit:**
Die Gruppe veranstaltet ein „Nachtigallenkonzert".

| p I | 2 | Zeit: 2–4 Min. | Gruppengröße: 2–10 Kinder |
|---|---|---|---|

**Übungsablauf:**
Spielleiterin: „Wenn es sehr heiß ist, dann stöhnen die Leute. Sie machen: ‚Puh!' und wischen sich den Schweiß aus dem Gesicht. Alle Kinder stöhnen: ‚Puh!'"

**Variationsmöglichkeit:**
Es ist so heiß geworden, daß alle Leute sich schnell in den Schatten (Ort angeben) legen und nur noch „Puh!" stöhnen.

| p I | 3 | Zeit: 10 Min. | Gruppengröße: 2–10 Kinder |
|---|---|---|---|

**Übungsvorlage:**
Geschichte: Die Puppe.
Astrid hat eine Puppe, die sie sehr liebt. Nachts nimmt sie die Puppe zum Schlafen, und den ganzen Tag trägt sie die Puppe mit sich herum. „Komm, Puppa!" sagt sie immer und drückt sie liebevoll an sich.

**Übungsablauf:**
Die Kinder drücken ihre Puppen (Schmusetiere) an sich und sagen auch: „Komm, Puppa!"

**Variationsmöglichkeit:**
Klaus nennt seine Puppe: „Pepe". Er sagt immer: „Auf, Pepe!"

| p I | 4 | Zeit: 5–10 Min. | Gruppengröße: 5 Kinder |
|---|---|---|---|

**Übungsvorlage:**
Geschichte: Michael kann endlich 'nausgehen zum Spielen. Den ganzen Tag hat es geregnet. Aber nun hat es endlich aufgehört. Aber da sind viele Pfützen auf der Straße. Das macht Michael aber nur Spaß: „Hohohopp!" und er springt über die erste Pfütze. „Hohohopp!", er springt über die zweite Pfütze. Und so hüpft er den ganzen Nachmittag über die Pfützen und hat viel Spaß.

**Übungsablauf:**
Die Übungsleiterin erzählt die Geschichte. Alle Kinder verteilen sich im Raum und hüpfen über „Pfützen". Dabei rufen alle: „Hohohopp!"

**Variationsmöglichkeit:**
Eine ähnliche Geschichte von einem Kind, das häufig stolpert und dazu „hoppla!" ruft, läßt sich leicht erfinden.

| p I | 5 | Zeit: 3–7 Min. | Gruppengröße: 2–10 Kinder |
|---|---|---|---|

**Übungsvorlage:**
Vers bzw. Lied: Hopp, Mariannchen, hopp, Mariannchen,
komm wir wollen tanzen!

**Übungsablauf:**
Die Gruppe spricht den Vers mehrfach bzw. singt das Lied.

**Variationsmöglichkeit:**
Die Gruppe gestaltet den Vers zu einem Singspiel um.

| | | | |
|---|---|---|---|
| p I | **6** | Zeit: 5–10 Min. | Gruppengröße: 2–8 Kinder |

**Übungsvorlage:**
Geschichte: Der Trainer.
Der Fußballtrainer möchte, daß seine Mannschaft immer gewinnt. Wenn sie einmal verliert, ruft er: „Pech gehabt!"

**Übungsablauf:**
Die Kinder trösten sich gegenseitig: „Pech gehabt!"

**Variationsmöglichkeit:**
Vater schimpft vor sich hin: „Heute hab' ich aber nur Pech!" bzw. „So ein Pech!"

| | | | |
|---|---|---|---|
| p I | **7** | Zeit: 10–15 Min. | Gruppengröße: 2–8 Kinder |

**Übungsvorlage:**
Geschichte: Der rücksichtslose Rudi.
Rudi denkt nur immer an sich. Wenn er im Geschäft steht und vor ihm viele Leute warten, dann ruft er nur: „Platz da!" und drängt sich vor. Wenn vor einem Schaufenster viele Menschen stehen, ruft er: „Platz da!" und drängelt sich durch usw.

**Übungsablauf:**
Die Kinder rufen alle mehrfach wie Rudi: „Platz da!" Anschließend unterhält sich die Gruppe darüber, wie man es besser machen könnte.

**Variationsmöglichkeit:**
Rudi hat einen Hund. Wenn er zu ihm „Platz!" ruft, so muß sich der Hund sofort hinsetzen.

| | | | |
|---|---|---|---|
| p I | **8** | Zeit: 5–8 Min. | Gruppengröße: 2–8 Kinder |

**Übungsvorlage:**
Fragespiel: Mit „p" fängt's an, wie geht es weiter?

| Spielleiterin: | Kinder: |
|---|---|
| Mit „p" fängt's an, wie geht es weiter? | |
| Man spielt damit. | Puppe |
| Mit „p" fängt's an, wie geht es weiter? | |
| Man kann auch Vater dazu sagen. | Papa usw. |

**Übungsablauf:**
Das Spiel wird durchgeführt.

**Variationsmöglichkeit:**
Die Gruppe sammelt viele „p"-Wörter.

| | | | |
|---|---|---|---|
| p I | **9** | Zeit: 5–8 Min. | Gruppengröße: 2–10 Kinder |

**Übungsablauf:**
Spielleiterin: „Gunda läuft gern durch Pfützen. Sie zieht dazu ihre Gummistiefel an und läuft ‚Platsch! Platsch!' durch die tiefsten Pfützen. Das hört sich lustig an." Alle Kinder ahmen das „platsch! platsch"-Geräusch nach.

**Variationsmöglichkeit:**
Die Kinder laufen sehr schnell oder sehr langsam durch die Pfützen. Die Geräusche, die dabei entstehen, sind verschiedenartig.

| | | | |
|---|---|---|---|
| p I | **10** | Zeit: 2–4 Min. | Gruppengröße: 1–3 Kinder |

**Übungsablauf:**
Das Fallen eines Wassertropfens wird nachgeahmt: „Plop, plo."

**Variationsmöglichkeit:**
Die Kinder erfinden eine Froschmannsprache: Pla, plo, plu" usw.

| p II | **11** | Zeit: 5–10 Min. | Gruppengröße: 2–10 Kinder |
|---|---|---|---|

**Übungsvorlage:**
Geschichte: Der Postbote.
Der Postbote fährt mit seinem Paketauto die Pakete aus. Er klingelt an der Haustür und ruft: „Ein Paket!"

**Übungsablauf:**
Die Kinder spielen abwechselnd „Postbote".

**Variationsmöglichkeit:**
Die Kinder schicken sich gegenseitig Pakete. Dazu sprechen sie: „Ich schicke ein Paket an ..."
Das Kind, das ein Paket bekommen hat, darf das nächste Paket verschicken.

| p II | **12** | Zeit: 10–15 Min. | Gruppengröße: 2–4 Kinder |
|---|---|---|---|

**Übungsvorlage:**
Geschichte: Frau Butz.
Frau Butz hat drei Söhne. Wenn diese Söhne etwas von Frau Butz haben wollen, dann können sie sehr lieb betteln. Manchmal aber sagt Frau Butz: „Nein, das geht jetzt nicht! Ihr braucht das nicht! Pi, pa, po!" Dann wissen die Söhne, daß sie diesmal nichts bekommen.

**Übungsablauf:**
Die Gruppe spielt die Szene. Wichtig ist, daß Frau Butz (wechselnde Spieler) sehr ausdrucksstark „pi, pa, po!" ruft.

**Variationsmöglichkeit:**
Alle Kinder rufen nach „Pepe".

| p II | **13** | Zeit: 10 Min. | Gruppengröße: 2–5 Kinder |
|---|---|---|---|

**Übungsvorlage:**
Geschichte: Herr Schmidt.
Wenn Herr Schmidt sich über etwas wundert, dann ruft er laut: „Potzblitz!" Wenn er z.B. aus dem Fenster schaut und sieht, daß es geschneit hat, ruft er: „Potzblitz, wer hätte das gedacht?" usw.

**Übungsablauf:**
Die Kinder denken sich Situationen aus, in denen Herr Schmidt „Potzblitz" rufen würde. Dazu rufen sie immer laut und kräftig: „Potzblitz!"

| p II | **14** | Zeit: 15–20 Min. | Gruppengröße: 2–6 Kinder |
|---|---|---|---|

**Übungsvorlage:**
Märchen: Der Wolf und die sieben Geißlein (Gebrüder Grimm).

**Übungsablauf:**
Die Spielleiterin erzählt das Märchen. Die kurze Szene, als der Wolf aufwacht und spricht: „Was rumpelt und pumpelt in meinem Bauch? ..." soll von den Kindern mehrfach spielerisch dargestellt werden.

**Variationsmöglichkeit:**
Wenn ein Wagen, der hoch beladen ist, über eine Straße mit tiefen Löchern fährt, dann macht es: „Rumpel, rumpel, rumpel!"

| p II | 15 | Zeit: 3–5 Min. | Gruppengröße: 2–8 Kinder |
|---|---|---|---|

**Übungsvorlage:**
Vers: Eia popeia, was raschelt im Stroh?
's Kätzchen ist gestorben, das Mäuschen ist froh.
Eia popeia, was raschelt im Stroh?

**Übungsablauf:**
Die Gruppe spricht den Vers mehrfach.

**Variationsmöglichkeit:**
Vers: Eia popeia, was raschelt im Stroh?
Die Gänslein geh'n barfuß
und haben keine Schuh.
Eia popeia, das raschelt im Stroh!

| p II | 16 | Zeit: 5 Min. | Gruppengröße: 2–10 Kinder |
|---|---|---|---|

**Übungsvorlage:**
Geschichte: Hanni.
Hanni geht zur Schule. Sie ist sehr fröhlich und hüpft von einem Bein zum anderen. Doch plötzlich liegt da ein großer Stein. „Pardauz!" und Hanni liegt am Boden.

**Übungsablauf:**
Alle rufen mehrfach: „Pardauz!"

**Variationsmöglichkeit:**
Die Geschichte wird spielerisch dargestellt. In dem Moment, in dem Hanni an „den Stein" stößt, rufen alle Kinder: „Pardauz!"

| p II | 17 | Zeit: 5–7 Min. | Gruppengröße: 2–6 Kinder |
|---|---|---|---|

**Übungsvorlage:**
Vers: Hopp hopp hopp zu Pferde,
wir reiten um die Erde.
Die Sonne reitet hinterdrein,
wie wird sie abends müde sein.
Hopp, hopp, hopp!

**Übungsablauf:**
Die Gruppe erlernt den Vers.

**Variationsmöglichkeit:**
Ein Kind spielt das Pferd, das im Zimmer „herumgaloppiert". Die übrigen Kinder sprechen den Vers und stampfen dazu mit den Füßen rhythmisch auf den Boden.

| p II | 18 | Zeit: 10–15 Min. | Gruppengröße: 2–8 Kinder |
|---|---|---|---|

**Übungsvorlage:**
Geschichte: Die Losbude.
Herr Singer hat eine Losbude. Jedesmal, wenn jemand etwas gewonnen hat, läutet er eine Glocke und ruft laut: „Wieder ein Preis gewonnen! Der erste Preis!"

**Übungsablauf:**
Jedes Kind darf einmal den Losbudenbesitzer spielen.

**Variationsmöglichkeit:**
Die Kinder stellen mit Hilfe von Kleinigkeiten, die sie selbst mitgebracht haben, eine eigene Losbude zusammen. Jedes Kind darf einen Preis verteilen.

| p II | **19** | Zeit: 5 Min. | Gruppengröße: 5–10 Kinder |
|---|---|---|---|

**Übungsvorlage:**
Vers: Das Riesenkrokodil
Ich bin das Riesenkrokodil.
Ich kann entsetzlich gähnen.
Klapp-Klapp
Schnapp-Schnapp
Uahuah.

**Übungsablauf:**
Die Gruppe lernt den Vers auswendig.

**Variationsmöglichkeiten:**
1. Im Kasperletheater tritt das Krokodil auf und spricht oder singt den Vers.
2. Das Einüben des Reims wird mit entsprechenden Gesten unterstrichen.
3. Ein Kind kriecht als Krokodil am Boden. Das Maul bildet es mit seinen vorgestreckten Armen. Bei „Klapp ...“ klappt es „das Maul“ auf und zu und verstärkt diesen Teil des Reims, indem es mitspricht.

| p II | **20** | Zeit: 2–4 Min. | Gruppengröße: 2–8 Kinder |
|---|---|---|---|

**Übungsablauf:**
Übungsleiterin: „Abends spielt Familie Heuberger immer ein Spiel nach dem Abendessen. Wenn Mutter fragt: ‚Was sollen wir denn heute spielen?‘ rufen die Kinder laut: ‚Schwarzer Peter‘“
Alle Kinder rufen wie die Kinder der Familie Heuberger.

**Variationsmöglichkeit:**
Die Kinder möchten das Postspiel spielen.

## 14. Übungen zum Laut t

t I **1** Zeit: 3–5 Min. Gruppengröße: 2–10 Kinder

**Übungsablauf:**
Die Gruppe ahmt das Geräusch einer Autohupe nach: „Tütüt! Tütütüt!"

**Variationsmöglichkeit:**
Ein unverschämter Autofahrer veranstaltet ein Hupkonzert.

t I **2** Zeit: 5 Min. Gruppengröße: 2–10 Kinder

**Übungsablauf:**
Spielleiterin: „Bestimmt habt ihr alle schon einmal die Feuerwehrsirene gehört: ‚Tatü, Tata, Tatü, Tata!'" Alle Kinder ahmen die Feuerwehrsirene nach.

**Variationsmöglichkeit:**
Früher wurde die Post mit Postkutschen befördert. Auf der Postkutsche saß ein Mann, der immer in ein Horn blies. „Trari, trara, die Post ist da!" rief er dann.

t I **3** Zeit: 5–7 Min. Gruppengröße: 2–10 Kinder

**Übungsvorlage:**
Spielanlaß: Verkehrsgewühl.

**Übungsablauf:**
Jedes Kind stellt ein Auto dar, das sich laut hupend („tuut tuut") durch den Straßenverkehr schlängelt. Plötzlich kommt die Spielleiterin als Feuerwehrauto (Krankenwagen oder Polizeiwagen) mit „Tatütata!" angefahren. Da müssen alle Autos (Kinder) sofort stehenbleiben. Anschließend dürfen alle wieder weiterfahren.

**Variationsmöglichkeit:**
Jedes Kind darf einmal ein Feuerwehrauto sein.

t I **4** Zeit: 5–7 Min. Gruppengröße: 2–10 Kinder

**Übungsablauf:**
Spielleiterin: „Wenn man Flöte spielt, dann klingt das so: ‚tü, tü, tü, tü!'" Alle Kinder „spielen Flöte!"

**Variationsmöglichkeit:**
Beliebige Melodien werden „mit der Flöte" gespielt.

t I **5** Zeit: 3–7 Min. Gruppengröße: 2–10 Kinder

**Übungsablauf:**
Spielleiterin: „Wenn man auf einer Trompete spielt, dann klingt das so: ‚Tatata, tatatatata, ta, tata, tataa!' Probiert einmal alle, Trompete zu spielen!"
Die Kinder „spielen Trompete". (Dazu bilden die Kinder mit einer Hand die Trompete.)

**Variationsmöglichkeit:**
Die Gruppe bildet ein „Trompetenorchester".

t I **6** Zeit: 3–7 Min. Gruppengröße: 2–10 Kinder

**Übungsablauf:**
Die Gruppe ahmt das Geräusch, das eine tickende Uhr erzeugt, nach: „Tick, tack!"

t I **7** Zeit: 3–7 Min. Gruppengröße: 2–10 Kinder

**Übungsablauf:**
Spielleiterin: „Wenn Frauen mit hohen Absätzen auf dem Gehsteig laufen, dann klappert das meistens sehr lustig. Das klingt dann so: ‚Tak, tak, tak, tak, tak!'" Die Gruppe ahmt das Geräusch nach.

**Variationsmöglichkeit:**
Je nachdem, wie schnell man geht, entstehen sehr unterschiedliche Geräusche: „Takeditak, taktaktak, tak, tak, tok, tok." usw.

t I **8** Zeit: 5–8 Min. Gruppengröße: 2–10 Kinder

**Übungsablauf:**
Spielleiterin: „Wenn man auf einer Schreibmaschine tippt, dann hört sich das so an: ‚Tipp, tipp, tipp!'" Die Kinder ahmen das Geräusch nach.

**Variationsmöglichkeit:**
Jedes Kind darf „eine Seite" auf der „Schreibmaschine" ganz allein tippen.
Es wirkt lustiger, wenn die Kinder ihre Finger entsprechend bewegen. Das ‚Tipp, tipp!' soll sehr kräftig und deutlich gesprochen werden.

t I **9** Zeit: 5–10 Min. Gruppengröße: 2–10 Kinder

**Übungsablauf:**
Die Gruppe feiert Fasching und singt dazu: „Humba, Humba, Humba, täteräää, täteräää, täteräää!"

**Variationsmöglichkeit:**
Die Kinder hören sich den Faschingsschlager „Humba täteräää" von der Schallplatte an.

t I **10** Zeit: 3–7 Min. Gruppengröße: 2–10 Kinder

**Übungsablauf:**
Spielleiterin: „Wenn jemand fest an die Tür klopft, dann klingt das so: ‚Tock, tock, tock!'" Alle Kinder dürfen „kräftig" an die Tür klopfen.

**Variationsmöglichkeit:**
Ein Kind „klopft" an die Tür, die anderen rufen: „Herein!" Jedes Kind darf mehrere Male anklopfen.

t II **11** Zeit: 3–5 Min. Gruppengröße: 2–10 Kinder

**Übungsvorlage:**
Spielleiterin: Wenn das Rad vom Roller (oder Fahrrad, oder Auto ...) ein Loch hat und die Luft 'rauskommt, dann macht es: „Pft, pft!"

**Übungsablauf:**
Die Kinder ahmen das Luftentweichen nach: „Pft, pft!"

**Variationsmöglichkeit:**
Die kleine Lokomotive fährt schnell davon: „Pft! Pft! Pft!" usw.

t II **12** Zeit: 10 Min. Gruppengröße: 2–10 Kinder

**Übungsvorlage:**
Geschichte: Jeanette und die Hühner.
Jeanette hat zwei Hühner. Sie kümmert sich immer um ihre Hühner. Sie bringt ihnen das Futter und ruft: „Kommt, putt, putt, putt!"

**Übungsablauf:**
Alle Kinder „füttern" ihre Hühner, indem sie streuende Handbewegungen ausführen und rufen dazu: „Kommt, putt, putt, putt!"

**Variationsmöglichkeit:**
Johannes hat auch Hühner. Wenn er seine Hühner füttert, ruft er immer: „Tuck, tuck, tuck!"

t II **13** Zeit: 10 Min. Gruppengröße: 4–8 Kinder

**Übungsvorlage:**
Text: Wenn kleine Kinder etwas haben möchten, dann fangen sie an zu betteln. Oft klatschen sie mit den Händen und sagen: „Bitte, bitte!" dazu.

**Übungsablauf:**
Die Gruppe ahmt dieses „Betteln" nach. Anschließend wird geübt, wie sich „große" Kinder verhalten. (Sie bitten um etwas, wenn sie es haben wollen.)

**Variationsmöglichkeit:**
Die Gruppe erfindet ein Theaterstück, in dem die ältere Schwester der jüngeren beibringt, wie man um etwas bittet.

t II **14** Zeit: 3–10 Min. Gruppengröße: 2–8 Kinder

**Übungsvorlage:**
Geschichte: Die Freunde.
Jürgen hat einen neuen Freund. Er heißt Helmut. Jürgen zeigt Helmut sein Zimmer, mit all den vielen Spielsachen. Da ruft Helmut immer wieder: „Toll! Einfach toll!"

**Übungsablauf:**
Jeweils zwei Kinder spielen die Szene.

**Variationsmöglichkeit:**
Alle Kinder rufen nach Tom und Ted.

t II **15** Zeit: 5–10 Min. Gruppengröße: 2–8 Kinder

**Übungsablauf:**
Spielleiterin: „Wer weiß, was rot ist?" Die Kinder nennen Dinge, die rot sind. Wichtig ist, daß sie das Wort „rot" häufig verwenden.

**Variationsmöglichkeit:**
Wer weiß, was trocken ist?

t II **16** Zeit: 8–10 Min. Gruppengröße: 2–6 Kinder

**Übungsvorlage:**
Wortliste: Wohnzimmertisch, Arbeitstisch, Küchentisch, Klapptisch, runder Tisch, ovaler Tisch, Holztisch, Plastiktisch, Glastisch, Couchtisch usw.

**Übungsablauf:**
Die Gruppe unterhält sich über Tische. Jedes Kind erzählt, welche verschiedenen Tische es kennt.

**Variationsmöglichkeit:**
Die Gruppe unterhält sich über Teller.

t II **17** Zeit: 10 Min. Gruppengröße: 2–6 Kinder

**Übungsvorlage:**
Geschichte: Auf Ticka-Tucka!
Auf der Insel „Ticka-Tucka" leben die Ticka-Tuckaner. Sie sprechen die Ticka-Tucka-Sprache, die geht so: „Ticka, ticka, tucka! Tucka, tucka, ticka!"

**Übungsablauf:**
Alle Kinder unterhalten sich in der „Ticka-Tucka-Sprache".

**Variationsmöglichkeit:**
Auf der Insel „Tomtom" wird die „Tom-Tom-Sprache" gesprochen.

t II **18** Zeit: 5–7 Min. Gruppengröße: 2–10 Kinder

**Übungsvorlage:**
Vers: Ti, ta, teer,
jetzt ist der Eimer leer.
Ti, ta, terer,
nun wird der Eimer schwerer.
Ti, ta, toll,
dann ist der Eimer voll.

**Übungsablauf:**
Die Gruppe spricht den Vers mehrfach.

**Variationsmöglichkeit:**
Vers: Tick, tuck, teck,
das Hündchen liegt im Dreck.

---

t II **19** Zeit: 8–10 Min. Gruppengröße: 2–8 Kinder

**Übungsvorlage:**
Vers: Tanz, Mariechen, tanz, Mariechen, tanz!
Siehst du nicht, da drüben steht der Franz.
Tanz, Mariechen, tanz, Mariechen, tanz!

**Übungsablauf:**
Die Gruppe spricht den Vers mehrfach.

**Variationsmöglichkeit:**
Vers: Tanz kleiner Kreisel, tanz kleiner Kreisel,
tanz, tanz, tanz!
Dreh' dich im Kreise, dreh' dich im Kreise,
tanz, tanz, tanz!

---

t II **20** Zeit: 5–10 Min. Gruppengröße: 2–6 Kinder

**Übungsvorlage:**
Geschichte: In der Bäckerei.
Waltraud ist Verkäuferin in einer Bäckerei. Wenn die Kunden kommen und Torte oder Kuchen kaufen wollen, fragt sie zuerst: „Wieviele Teile gibt es?", damit sie weiß, wie groß der Pappteller sein muß, den sie zum Verpacken der Kuchenstücke nimmt.

**Übungsablauf:**
Rollenspiel: In der Bäckerei. Die Verkäuferin fragt jeden Kunden: „Wieviele Teile werden es?"

**Variationsmöglichkeit:**
Die Verkäuferin fragt: „Wieviele Tortenstücke werden es?"

## 15. Übungen zum Laut d

| d I | 1 | Zeit: 2–4 Min. | Gruppengröße: 2–10 Kinder |
|---|---|---|---|

**Übungsablauf:**
Spielleiterin: „Wenn kleine Kinder weggehen, dann sagen sie meistens: ‚Dada!'" Jedes Kind darf einmal „Baby" spielen. Es winkt dann jedem Kind zu und sagt dazu: „Dada!"

**Variationsmöglichkeit:**
Das Baby ruft seinen großen Bruder Torsten: „Deida!"

| d I | 2 | Zeit: 5 Min. | Gruppengröße: 2–10 Kinder |
|---|---|---|---|

**Übungsablauf:**
Spielleiterin: „Die Klarinette ist ein Musikinstrument. Es sieht fast aus wie eine Flöte. Wenn jemand Klarinette spielt, hört sich das so an: „Didel, didel, di!" Alle Kinder spielen mit der Stimme Klarinette. Die Finger deuten dabei das Spielen an.

**Variationsmöglichkeit:**
Die Kinder zupfen die Baßgeige: „Dumm, dumm, dumm!"

| d I | 3 | Zeit: 5–10 Min. | Gruppengröße: 2–10 Kinder |
|---|---|---|---|

**Übungsvorlage:**
Geschichte: Tante Hilde.
Tante Hilde singt gern. Oft summt sie ein Lied. Das klingt dann so: „Da da dimm!"
(Es kann eine beliebige Liedmelodie verwendet werden.)

**Übungsablauf:**
Alle Kinder singen: „Da da dimm!"

**Variationsmöglichkeit:**
Alle Kinder singen: „Dam da da!"

| d I | 4 | Zeit: 10 Min. | Gruppengröße: 2–10 Kinder |
|---|---|---|---|

**Übungsablauf:**
Spielleiterin: „Früher gab es Leierkastenmänner. Sie hatten kleine Wagen; wenn man an denen drehte, kam Musik heraus. Das klang so: Didel, dudel, dudel, didel, dudel, du." Die Kinder ‚singen' wie ein Leierkasten (beliebige Melodie!), dazu drehen sie die Kurbel am ‚Leierkasten'.

**Variationsmöglichkeit:**
Jedes Kind darf mit seinem Leierkasten ein Lied vorsingen.

| d I | 5 | Zeit: 10 Min. | Gruppengröße: 2–4 Kinder |
|---|---|---|---|

**Übungsvorlage:**
Geschichte: Der Hubschrauber.
Ein Hubschrauber kommt angeflogen. Christa hört ihn ganz deutlich, denn er ist sehr laut. Sie schaut an den Himmel. Aber sie findet ihn nicht. „Wo ist er denn?" fragt sie ihren Bruder. „Da!" antwortet er. Christa findet ihn immer noch nicht. „Da! Da! Da!" sagt der Bruder.

**Übungsablauf:**
Die Spielleiterin erzählt die Geschichte. Anschließend wird sie von der Gruppe gespielt. Jedes Kind sollte dabei einmal die Rolle des Bruders übernehmen.

**Variationsmöglichkeit:**
Peter und Mareike sind bei einer Tante im Hochhaus zu Besuch. Sie haben eine wunderbare Aussicht und suchen nun ihr Haus. Peter hat es schnell gefunden, aber Mareike sieht es nicht. „Da! Da!" ruft Peter deshalb immer wieder.

d I **6** Zeit: 10 Min. Gruppengröße: 2–6 Kinder

**Übungsvorlage:**
Geschichte: Gerda paßt nicht auf!
Gerda träumt manchmal. Dann geht sie einfach über die Straße, ohne nach rechts oder links zu sehen. „He, du da!“ rufen dann die Erwachsenen erschrocken.

**Übungsablauf:**
Die Gruppe spielt die Szene mehrfach.

---

d I **7** Zeit: 3–5 Min. Gruppengröße: 2–6 Kinder

**Übungsvorlage:**
Geschichte: Nicole im Kindergarten.
Nicole geht in den Kindergarten. Dort holt ihre Mutter sie immer ab. Wenn die Mutter kommt, rufen die anderen: „Deine Mutti!“

**Übungsablauf:**
Die Geschichte wird nachgespielt.

**Variationsmöglichkeit:**
Ramona wird immer von ihrem Vater abgeholt. Da rufen alle Kinder: „Dein Papa!“

---

d I **8** Zeit: 3–5 Min. Gruppengröße: 2–10 Kinder

**Übungsablauf:**
Spielleiter: „Auf dem Jahrmarkt gibt es meistens ein Karussell. Das dreht sich immer rings im Kreis: ‚Didel, dum dei!‘“ Alle Kinder drehen sich im Kreis und singen dazu: „Didel dum dei!“

**Variationsmöglichkeit:**
Ein Leierkastenmann dreht die Kurbel an seinem Leierkasten. Der Leierkasten singt: „Dumm didel didel dumm!“

---

d I **9** Zeit: 2–4 Min. Gruppengröße: 2–10 Kinder

**Übungsvorlage:**
Geschichte: Bärbel und Doris.
Bärbel sucht ihre Freundin Doris. Überall sieht sie nach und ruft: „Doris, wo bist du?“

**Übungsablauf:**
Alle helfen der Bärbel, nach Doris zu suchen.

**Variationsmöglichkeit:**
Bärbel hat Doris gefunden. „Da bist du ja!“ ruft sie.

---

d I **10** Zeit: 10–15 Min. Gruppengröße: 2–10 Kinder

**Übungsablauf:**
Spielleiterin: „Wenn der Jürgen singt, dann klingt das immer so: ‚Dam da dam da dam!‘“ Die Gruppe singt nach verschiedenen Liedmelodien „Dam da dam“-Lieder.

**Variationsmöglichkeit:**
Die Kinder singen: „Dum didel dei“-Lieder.

---

d II **11** Zeit: 3–5 Min. Gruppengröße: 2–10 Kinder

**Übungsvorlage:**
Vers: Dideldideldumm, die Suse tanzt herum, dideldideldumm!

**Übungsablauf:**
Die Kinder sprechen den Vers mehrfach.

**Variationsmöglichkeit:**
Vers: Dideldideldei, der Peter ißt den Brei, dideldideldei!

d II **12** Zeit: 5–7 Min. Gruppengröße: 2–10 Kinder

**Übungsvorlage:**
Vers: Das ist der Daumen, der schüttelt die Pflaumen,
der liest sie auf, der bringt sie nach Haus,
und der Allerkleinste ißt sie alle, alle auf.

**Übungsablauf:**
Die Gruppe spricht den Reim mehrfach.

**Variationsmöglichkeit:**
Zu dem Reim kann auch (falls bekannt) das Fingerspiel durchgeführt werden.

d II **13** Zeit: 5–7 Min. Gruppengröße: 2–10 Kinder

**Übungsvorlage:**
Zungenbrecher: Der dicke Dietrich
trug den dünnen Dietrich
durch das Dorf.

**Übungsablauf:**
Die Gruppe spricht den Vers mehrfach.

**Variationsmöglichkeit:**
Der Zungenbrecher wird zu Schnellsprechübungen benutzt.

d II **14** Zeit: 5–10 Min. Gruppengröße: 2–8 Kinder

**Übungsvorlage:**
Geschichte: Der Streit.
Armin und Dieter streiten sich. „Du bist dumm!“ ruft Dieter. „Du bist doof!“ brüllt Armin zurück. „Besser doof als dumm!“ sagt da Dieter. „Besser dumm als doof!“ antwortet Armin.

**Übungsablauf:**
Jeweils zwei Kinder der Gruppe spielen die beiden Streithähne.

**Variationsmöglichkeit:**
Gespräch zwischen Freunden: „Ich bin nicht dumm. Ich weiß, wie man aus der Tasse trinkt.“ „Ich bin nicht dumm. Ich weiß, wie man über die Straße gehen muß.“ usw.

d II **15** Zeit: 5–8 Min. Gruppengröße: 2–10 Kinder

**Übungsvorlage:**
Reim: Ich erzähl’ dir ein Märchen
vom Dippel Dappel Därchen,
von der Dippel, Dappel Fledermaus,
blas’ der Katz’ das Schwänzchen aus.

**Übungsablauf:**
Die Gruppe spricht den Reim mehrfach.

**Variationsmöglichkeit:**
Die Gruppe versucht, eine zum Reim passende Melodie zu finden.

d II **16** Zeit: 3–5 Min. Gruppengröße: 2–10 Kinder

**Übungsvorlage:**
Schnellsprechvers: Donald Duck denkt dumme Dinge.
Dumme Dinge denkt Donald Duck.

**Übungsablauf:**
Die Kinder sprechen den Vers mehrfach.

**Variationsmöglichkeit:**
Vers: Denke nie, Du denkst; denn denken tust Du nie!

| d II | 17 | Zeit: 5–10 Min. | Gruppengröße: 3–6 Kinder |
|---|---|---|---|

**Übungsvorlage:**
Vers: Teddybär, Teddybär, dreh dich um!
Teddybär, Teddybär, mach dich krumm!
Teddybär, Teddybär, heb dein Bein!
Teddybär, Teddybär, mach dich klein!
Teddybär, Teddybär, ruh dich aus!
Teddybär, Teddybär, hüpf hinaus!

**Übungsablauf:**
Jeweils zwei Kinder schlagen gleichmäßig ein Seil im Kreis. Ein Kind hüpft in das Seil und führt zu dem von den übrigen Kindern gesprochenen Vers alle Bewegungen aus, die im Vers erwähnt werden.

**Variationsmöglichkeit:**
Alle Kinder fassen sich an den Händen und sprechen den Vers. Ein Kind geht in den Kreis und spielt den Teddybär.

| d II | 18 | Zeit: 5–7 Min. | Gruppengröße: 2–10 Kinder |
|---|---|---|---|

**Übungsvorlage:**
Reim: Ding, dong, digidigidong
digidigidong, die Katz' ist krank,
ding dong digidigidong,
digidigidong dong dong.

**Übungsablauf:**
Die Gruppe spricht den Reim mehrfach.

**Variationsmöglichkeit:**
Zu dem Reim wird rhythmisch geklatscht, mit den Füßen getrampelt oder gestampft.

| d II | 19 | Zeit: 3–7 Min. | Gruppengröße: 2–10 Kinder |
|---|---|---|---|

**Übungsvorlage:**
Geschichte: Nadel und Faden.
Abends näht Mutter gerne. Dann ruft sie dem Klaus manchmal zu: „Hol' mir bitte Nadel und Faden!"

**Übungsablauf:**
Alle Kinder rufen mehrfach wie die Mutter.

**Variationsmöglichkeit:**
Die Geschichte kann auch als Rollenspiel gestaltet werden.

| d II | 20 | Zeit: ca. 10 Min. | Gruppengröße: 2–6 Kinder |
|---|---|---|---|

**Übungsvorlage:**
Vers: Des is' des Kleinche,
des is' des Beinche,
des is' der Langhals,
des is' der Dellerlecker,
des is' der Läuseknecker.

**Übungsablauf:**
Die Gruppe erlernt den Vers. Anschließend läßt sich der Vers zu einem Fingerspiel umgestalten. Da jede Verszeile einen Finger bzw. Daumen charakterisiert, wird jeweils ein Finger bzw. der Daumen bei der entsprechenden Zeile hochgehoben.

**Variationsmöglichkeit:**
Vers: Der ist in'n Brunnen gefallen,
der hat ihn wieder rausgeholt,
der hat ihn ins Bett gelegt,
der hat ihn zugedeckt,
und der kleine Schelm da
hat ihn wieder aufgeweckt.

## 16. Übungen zum Laut g

| g I | 1 | Zeit: 5–10 Min. | Gruppengröße: 2–10 Kinder |
|---|---|---|---|

**Übungsablauf:**
Alle Kinder gackern wie eine Henne: „Gagagagagag!“

**Variationsmöglichkeit:**
Viele Hennen picken Körner auf dem Hühnerhof und gackern dazu.

| g I | 2 | Zeit: 5–8 Min. | Gruppengröße: 2–10 Kinder |
|---|---|---|---|

**Übungsvorlage:**
Geschichte: Der kleine Peter.
Wenn Anke dem kleinen Peter eine Freude machen will, dann versteckt sie sich irgendwo und ruft: „Gu, gu!“ Dann lacht Peter und krabbelt los, um seine große Schwester zu suchen.

**Übungsablauf:**
Die Kinder spielen Verstecken und rufen „Gu, gu!“ Die Spielleiterin muß die Kinder suchen.

**Variationsmöglichkeit:**
Die Spielleiterin und zwei andere Kinder verstecken sich. Sie rufen leise: „Gu, gu!“ Die übrigen Kinder müssen suchen.

| g I | 3 | Zeit: 3–7 Min. | Gruppengröße: 2–10 Kinder |
|---|---|---|---|

**Übungsablauf:**
Spielleiterin: „Sicher habt ihr schon einen Vogel gehört, der immer „Guru!“ ruft. „Das ist die Taube.“
Alle Kinder rufen wie die Tauben.

**Variationsmöglichkeit:**
Spiel: Wer ist die Taube?
Alle Kinder haben die Augen geschlossen. Die Spielleiterin läuft leise umher und berührt jeweils ein Kind. Das berührte Kind ruft leise: „Guru!“ Die anderen Kinder müssen nun raten, wer die Taube war.

| g I | 4 | Zeit: 3–5 Min. | Gruppengröße: 2–8 Kinder |
|---|---|---|---|

**Übungsablauf:**
Die Enten am See gackern ganz laut: „Gack, gack!“ Alle Kinder ahmen die Enten nach.

**Variationsmöglichkeit:**
Alle Enten watscheln laut gackernd zurück in ihr Entenhaus.

| g I | 5 | Zeit: 3–5 Min. | Gruppengröße: 2–10 Kinder |
|---|---|---|---|

**Übungsablauf:**
Der Truthahn ruft: „Gullegulle! Gullegulle!“ Alle Kinder rufen wie der Truthahn.

**Variationsmöglichkeit:**
Eine Truthahnherde ruft durcheinander.

| g I | 6 | Zeit: 3–5 Min. | Gruppengröße: 2–10 Kinder |
|---|---|---|---|

**Übungsablauf:**
Alle Kinder ahmen den Hahn nach: „Gock, gock, gock!“

**Variationsmöglichkeit:**
Hahn und Henne unterhalten sich: „Gock! Gock! Gagagagaga!“

g I 7 Zeit: 3–7 Min. Gruppengröße: 2–10 Kinder

**Übungsablauf:**
Die Kinder rufen nach „Gustav“, „Gundula“, „Gerda“, „Gerhard“, „Gerd“ usw.

**Variationsmöglichkeit:**
Die oben genannten Kinder sollen einkaufen. („Gerd, geh einkaufen!“ usw.)

g I 8 Zeit: 5–10 Min. Gruppengröße: 2–4 Kinder

**Übungsvorlage:**
Geschichte: Der Störenfried.
Hanni und Eberhard spielen mit ihren Freunden. Sebastian kommt immer und stört sie beim Spiel. Das ärgert die Freunde. „Geh weg!“ rufen sie wütend.

**Übungsablauf:**
Die Gruppe stellt die Geschichte spielerisch dar.

**Variationsmöglichkeit:**
Geschichte: Helga spielt in ihrem Zimmer mit Legosteinen. Sie hat große Häuser und hohe Türme gebaut. Silke, die kleine Schwester, kommt ins Zimmer getapst und macht alles kaputt. „Geh weg!“ ruft da Helga wütend.

g I 9 Zeit: 15–20 Min. Gruppengröße: 2–6 Kinder

**Übungsvorlage:**
Märchen: Aschenbrödel.

**Übungsablauf:**
Die Spielleiterin erzählt das Märchen vom Aschenbrödel. Der Reim: „Ruggedigu ruggedigu, Blut ist im Schuh ...“ wird mehrfach von der Gruppe gesprochen.

**Variationsmöglichkeit:**
Ein Teil des Märchens wird spielerisch dargestellt.

g I 10 Zeit: 2–4 Min. Gruppengröße: 2–8 Kinder

**Übungsvorlage:**
Vers: Giggi gaggi dominus,
du bist hier und du bist duß.

**Übungsablauf:**
Die Gruppe spricht den Vers mehrfach. Es ist auch möglich, den Vers als Abzählreim zu verwenden.

**Variationsmöglichkeit:**
Vers: Enegge, benegge, rumpeldi,
riffel, raffel, mannewie,
enegge, benegge, rumpeldi.

g II 11 Zeit: 10–15 Min. Gruppengröße: 2–4 Kinder

**Übungsvorlage:**
Geschichte: Die Götterspeise.
Frank ißt für sein Leben gern Pudding. Am liebsten aber ißt er Götterspeise. Das ist eine besondere Art Pudding. Wenn die Mutter Frank fragt, was er essen möchte, dann antwortet er: „Götterspeise!“

**Übungsablauf:**
Die Kinder spielen mehrere kleine Szenen (z.B. Frank sitzt am Tisch; Frank spielt in seinem Zimmer; Frank ist im Garten usw.). Die Mutter fragt Frank in diesen verschiedenen Situationen, was er essen möchte. Frank antwortet immer: „Götterspeise!“

**Variationsmöglichkeit:**
Monika ißt gerne „Gugelhupf“.

g II **12** Zeit: 5 Min. Gruppengröße: 2–10 Kinder

**Übungsvorlage:**
Vers: Geh, geh, Gretel,
gib das Gummiband Günther.

**Übungsablauf:**
Die Gruppe spricht den Vers mehrfach.

**Variationsmöglichkeit:**
Es wird ein Schnellsprechwettbewerb durchgeführt. Wer kann den Reim am schnellsten sprechen?

---

g II **13** Zeit: 3–7 Min. Gruppengröße: 2–10 Kinder

**Übungsvorlage:**
Geschichte: Der neugierige Herr Pfeifer.
Herr Pfeifer ist sehr neugierig. Er möchte immer alles wissen, was passiert. Wenn er wieder einmal eine Neuigkeit erfahren hat, klatscht er überrascht in die Hände und ruft: „Du liebe Güte!"

**Übungsablauf:**
Die Gruppe ahmt Herrn Pfeifer nach (sie klatscht in die Hände und ruft: „Du liebe Güte!).

---

g II **14** Zeit: 2–4 Min. Gruppengröße: 2–8 Kinder

**Übungsvorlage:**
Vers: Einige, beinige, biggebeu,
steck' die Puppe in das Heu!

**Übungsablauf:**
Die Kinder sprechen den Vers mehrfach.

**Variationsmöglichkeit:**
's ist ein Herr in 'n Garten 'gange',
wieviel Vögel hat er g'fange'?
Eins, zwei, drei, higge, hagge, hei.

---

g II **15** Zeit: 10 Min. Gruppengröße: 2–6 Kinder

**Übungsvorlage:**
Vers: Gummibällchen, Gummibällchen,
dops, dops, dops.
Geigenmännchen, Geigenmännchen,
hops, hops, hops.
Gartentürchen, Gartentürchen,
steh' jetzt still.

**Übungsablauf:**
Die Kinder sprechen den Vers mehrfach.

**Variationsmöglichkeit:**
Die Kinder hüpfen mit dem Seil und sprechen den Vers dazu.

---

g II **16** Zeit: 10 Min. Gruppengröße: 2–6 Kinder

**Übungsvorlage:**
Fragespiel: Was ist alles aus Gold?

Spielleiterin:
Wer kann mir sagen, was alles aus Gold ist?

Kinder:
Ketten sind aus Gold.
Ringe sind aus Gold.
Armbänder sind aus Gold.
Königskronen sind aus Gold.

**Übungsablauf:**
Das Fragespiel wird durchgeführt. Es muß darauf geachtet werden, daß die Kinder in ganzen Sätzen antworten.

**Variationsmöglichkeit:**
Fragespiel: Was ist alles aus Gummi?

g II **17** Zeit: 5–7 Min. Gruppengröße: 2–6 Kinder

**Übungsvorlage:**
Vers: Äne, däne, diadee
diadee die Salome
Salome digattriga
gattri gattri gums.

**Übungsablauf:**
Die Kinder erlernen den Vers.

---

g II **18** Zeit: 10 Min. Gruppengröße: 2–10 Kinder

**Übungsablauf:**
Spielleiterin: „Wenn sich Leute, die sich eine Zeitlang nicht gesehen haben, auf der Straße begegnen, fragen sie oft: ‚Wie geht es dir?'" Die Kinder bummeln durch das Zimmer. Wenn zwei Kinder sich begegnen, fragen sie sich gegenseitig: „Wie geht es dir?"

**Variationsmöglichkeit:**
Die Kinder fragen sich gegenseitig: „Geht es dir gut?"

---

g II **19** Zeit: 5–10 Min. Gruppengröße: 2–6 Kinder

**Übungsvorlage:**
Geschichte: Die Zugvögel.
Im Herbst versammeln sich viele Vögel und fliegen zusammen weg, weil es ihnen hier zu kalt wird. Annemie und Heike beobachten die Vögel. „Sieh mal, so viele Vögel habe ich noch nie gesehen!" ruft Annemie. „Auf Wiederseh'n ihr Vögel!" ruft Heike.

**Übungsablauf:**
Die Gruppe spielt die kleine Geschichte.

**Variationsmöglichkeit:**
Die Kinder unterhalten sich über Zugvögel.

---

g II **20** Zeit: 5–8 Min. Gruppengröße: 2–6 Kinder

**Übungsvorlage:**
Vers: Auf einem Gummi-Gummi-Berg,
da wohnt ein Gummi-Gummi-Zwerg,
der Gummi-Gummi-Zwerg
hat eine Gummi-Gummi-Frau,
die Gummi-Gummi-Frau
hat ein Gummi-Gummi-Kind,
das Gummi-Gummi-Kind
hat ein Gummi-Gummi-Kleid,
das Gummi-Gummi-Kleid,
hat ein Gummi-Gummi-Loch,
und du bist es doch!

**Übungsablauf:**
Die Gruppe erlernt den Vers.

**Variationsmöglichkeit:**
Die Kinder überlegen, was alles aus Gummi sein kann.

## 17. Übungen zum Laut k

k I 1 Zeit: 3–5 Min. Gruppengröße: 2–10 Kinder

**Übungsvorlage:**
Geschichte: Der Traktor.
Der Bauer Kürbis ist mit dem Traktor in die Stadt gefahren. Dort drehen sich alle Leute um, weil der Traktor großen Lärm macht: „Tuk! tuk! tuk! tuk! tuk!"

**Übungsablauf:**
Alle Kinder fahren „als Traktor" mit lautem „Tuk! tuk! tuk!" durch „die Stadt".

**Variationsmöglichkeit:**
Die Glucke lockt ihre Küken: „Tuk! tuk! tuk!"

k I 2 Zeit: 2–7 Min. Gruppengröße: 2–10 Kinder

**Übungsablauf:**
Alle Kinder krähen wie der Hahn: Kikeriki!" Alle Kinder krächzen wie die Krähen: „Krah, Krah!" Alle Kinder locken wie die Henne: „Tuk! Tuk! Tuk!"

**Variationsmöglichkeit:**
Ein Hahn, eine Henne und eine Krähe unterhalten sich in der Tiersprache.

k I 3 Zeit: 3–5 Min. Gruppengröße: 2–10 Kinder

**Übungsablauf:**
Spielleiterin: „Sicher wißt ihr alle, wie es sich anhört, wenn eine Uhr tickt." Alle Kinder ahmen das Geräusch einer tickenden Uhr nach: „Tick-tack, tick-tack."

**Variationsmöglichkeit:**
Die Kinder spielen „Im Uhrengeschäft". Jedes Kind ist eine andere Uhr, und jede Uhr tickt anders.

k I 4 Zeit: 3–5 Min. Gruppengröße: 2–8 Kinder

**Übungsvorlage:**
Spielleiterin: „Wie ruft der Kuckuck?"
Kinder: „Kuckuck, Kuckuck, Kuckuck!"

**Übungsablauf:**
Alle Kinder rufen wie der Kuckuck.

**Variationsmöglichkeit:**
Jedes Kind spielt „Kuckucksuhr".

k I 5 Zeit: 5 Min. Gruppengröße: 2–10 Kinder

**Übungsablauf:**
Der Eisverkäufer (ein Kind) bietet sein Eis an. Er ruft laut: „Lecker, lecker, Eis, Eis!"

**Variationsmöglichkeit:**
Kind bittet seinen Freund, der gerade ein Eis leckt: „Laß mich doch auch mal lecken!"

k I 6 Zeit: 2–5 Min. Gruppengröße: 2–10 Kinder

**Übungsablauf:**
Spielleiterin: „Als es … so kalt war, kam Sabine zitternd zur Tür herein und rief: ‚Huh! Wie kalt!'" Alle Kinder zittern, frieren und rufen wie Sabine: „Huh! Wie kalt!"

**Variationsmöglichkeit:**
Draußen ist es bitterkalt. Die Leute begegnen sich und sagen: „Heute ist es aber kalt!"

| | | | |
|---|---|---|---|
| k I | **7** | Zeit: 5–10 Min. | Gruppengröße: 2–8 Kinder |

**Übungsvorlage:**
Spiel: Kommst Du mit?
Ein Kind (der Spielleiter) läuft durch den Raum, bleibt vor jedem Kind stehen und sagt: „Ich fahre nach … Kommst Du mit?" Das angesprochene Kind faßt das letzte Kind der Reihe an der Hand und alle laufen gemeinsam zum nächsten Kind.

**Übungsablauf:**
Die Spielleiterin erläutert das Spiel. Anschließend wird das Spiel so oft durchgeführt, daß jedes Kind einmal Spielleiter war.

**Variationsmöglichkeit:**
Das gleiche Spiel läßt sich auch vereinfacht so spielen, daß der Spielleiter vor jedem Kind stehen bleibt und nur sagt: „Komm mit!"

| | | | |
|---|---|---|---|
| k I | **8** | Zeit: 10 Min. | Gruppengröße: 5 Kinder |

**Übungsablauf:**
Übungsleiterin: „Wenn es draußen nebelig ist, dann kann man manchmal nichts mehr sehen. Dann sieht man keinen Baum und kein Auto. Helft mir einmal, was man alles nicht sehen kann." Kinder: „Keinen Vogel, keine Tasche usw."

**Variationsmöglichkeit:**
Übungsleiterin: Bei Sonne sieht man den Baum.

| | |
|---|---|
| Bei Nebel sieht man …? | Kind: … keinen Baum |
| Bei Sonne sieht man die Uhr. | |
| Aber bei Nebel ist das anders. | Da sieht man keine Uhr, usw. |

| | | | |
|---|---|---|---|
| k I | **9** | Zeit: 2–4 Min. | Gruppengröße: 2–10 Kinder |

**Übungsablauf:**
Spielleiterin: „Ottos Wellensittich kann sprechen. Er sagt: ‚Gib Küßchen!'" Alle Kinder sprechen wie Ottos Wellensittich.

**Variationsmöglichkeit:**
Karlchens Papagei spricht: „Komm, Karlchen!"

| | | | |
|---|---|---|---|
| k I | **10** | Zeit: 5–10 Min. | Gruppengröße: 2–8 Kinder |

**Übungsvorlage:**
Geschichte: Der kleine Elefant.
Der kleine Elefant ist dem Zirkus weggelaufen. Er steht mitten auf der Straße und hat große Angst. Der Elefantenwärter sucht ihn. Endlich hat er ihn gefunden. Vorsichtig geht er auf ihn zu und lockt ihn: „Komm! Komm her! Komm zu mir!"

**Übungsablauf:**
Die Gruppe spielt die Geschichte. (Jedes Kind sollte einmal den Elefantenwärter spielen dürfen.)

**Variationsmöglichkeit:**
Das junge Kätzchen ist aus Angst unter den Schrank gekrochen. Nun versucht die ganze Familie, das Kätzchen unter dem Schrank hervorzulocken.

| | | | |
|---|---|---|---|
| k II | **11** | Zeit: 5 Min. | Gruppengröße: 2–8 Kinder |

**Übungsvorlage:**
Geschichte: Keine Zeit.
Herr Nessel ist immer sehr beschäftigt. Wenn jemand kommt und sagt zu ihm: „Ich muß mit Dir sprechen!", so ruft er immer nur: „Keine Zeit!"

**Übungsablauf:**
Ein Kind spielt Herrn Nessel. Die anderen Kinder fragen „Herrn Nessel" nach vielen Dingen. „Herr Nessel" antwortet immer: „Keine Zeit!"

**Variationsmöglichkeit:**
Luise und ihre Mutter sind in der Stadt. Bei jedem Schaufenster bleibt Luise stehen und fragt: „Kaufst Du mir das?" „Kein Geld!" sagt da die Mutter bloß.

| k II | **12** | Zeit: 5–10 Min. | Gruppengröße: 2–10 Kinder |
|---|---|---|---|

**Übungsvorlage:**
Geschichte: Im Keller.
Bei der Familie Petermann sind die Kartoffeln, das Obst, die Getränke und der Kuchen im Keller. Wenn Dirk etwas essen möchte und den Vater fragt: „Wo sind die Äpfel?", so sagt dieser nur: „Im Keller!" Wenn Dirk fragt: „Wo ist der Kuchen?" ...

**Übungsablauf:**
Die Spielleiterin erzählt die Geschichte. Anschließend fragt sie die Gruppe: „Wo sind die Bananen?" usw. Die Kinder antworten jeweils: „Im Keller!"

**Variationsmöglichkeit:**
Bei Familie Neu sind die Zeitungen und Zeitschriften im Korb. Wenn Sarah fragt: „Wo sind die Zeitschriften?", so sagen die Eltern: „Im Korb!" usw.

| k II | **13** | Zeit: ca. 10 Min. | Gruppengröße: 2–4 Kinder |
|---|---|---|---|

**Übungsvorlage:**
Geschichte: Karla lernt erst richtig sprechen.
Die kleine Karla kann noch kein „k" sprechen. Sie sagt: „ein" (richtig: „kein"), „asse" (richtig: „Kasse"), „ammer" (richtig: „Kammer"), „uchen" (richtig: „Kuchen") usw.

**Übungsablauf:**
Die Spielleiterin spricht die falschen und dann dazu die richtigen Worte vor. Die Kinder sprechen nur die richtigen Worte nach.

**Variationsmöglichkeit:**
Spielleiterin: „Welche Worte spricht die kleine Karla noch falsch?"

| k II | **14** | Zeit: 2–5 Min. | Gruppengröße: 2–10 Kinder |
|---|---|---|---|

**Übungsablauf:**
Spielleiterin: „Wenn Franz und Ulrike zusammen gespielt haben, ist der Boden bedeckt mit vielen Sachen, daß man gar nicht mehr richtig laufen kann. Dann schlägt der Vater die Hände über dem Kopf zusammen und ruft: „Was ist denn das für ein Kuddelmuddel!" (Alle Kinder schlagen die Hände über dem Kopf zusammen und rufen: „Was ist denn das für ein Kuddelmuddel!")

**Variationsmöglichkeit:**
Petra ruft ihren Hund Knuddel.

| k II | **15** | Zeit: 8 Min. | Gruppengröße: 4–8 Kinder |
|---|---|---|---|

**Übungsvorlage:**
Reim: Im Wecken stecken Schnecken.
Spiel: Lauter Leute, die sich die Ohren nicht geputzt haben!
Ein Kind sagt einen Reim. Das Kind, das am nächsten bei ihm steht, sagt: „Wie bitte?", so daß das Kind den Reim wiederholen muß. „Ach so" sagt nun dieses Kind und sagt den Reim nun selbst auf.

**Übungsablauf:**
Die Gruppe ist unregelmäßig auf den Raum verteilt. Die Übungsleiterin erklärt die Spielregeln und beginnt mit dem Kind, das ihr am nächsten steht. Dabei wird der oben angegebene Reim verwendet. (Das Spiel kann auch im Kreis ausgeführt werden.)

**Variationsmöglichkeit:**
Reim: Die kleinen Finken winken und trinken.

k II **16** Zeit: 3–10 Min. Gruppengröße: 2–8 Kinder

**Übungsvorlage:**
Gesprächsanlaß: Kalle kauft bei Kaufmann Kruse kleine Kuchen, Krustenbrot, Kümmelbrötchen, Kirschtörtchen, Kaffee usw. ein.

**Übungsablauf:**
Die Übungsleiterin erzählt die Geschichte. Die Kinder erzählen die Geschichte nach.

**Variationsmöglichkeit:**
Vers: Kalle kauft bei Kaufmann Kruse,
Kalle kauft kleine Kuchen,
Kalle kauft bei Kaufmann Kruse kleine Kuchen.

k II **17** Zeit: 5–10 Min. Gruppengröße: 2–8 Kinder

**Übungsvorlage:**
Gesprächsanlaß: Es gibt viele Dinge speziell für Kinder.
Wortliste: Kinderschule, Kinderkleider, Kindermöbel, Kinderspielzeug, Kinderschokolade, Kinderzeitschrift, Kinderteller, Kinderbesteck usw.

**Übungsablauf:**
Die Kinder unterhalten sich darüber, was es alles für Kinder gibt.

**Variationsmöglichkeit:**
Kleider für Kinder heißen Kinderkleider. Schuhe für Kinder heißen Kinderschuhe usw.

k II **18** Zeit: 5–10 Min. Gruppengröße: 2–6 Kinder

**Übungsvorlage:**
Geschichte: Im Getränkelager.
Frau Schmidt geht in ein großes Getränkelager. Dort stehen viele Flaschen: Bier, Sprudel, Apfelsaft und noch vieles mehr. Frau Schmidt kauft dort Getränke für ihr Lebensmittelgeschäft ein. Sie sagt: Ich brauche zwei Kästen Bier, fünf Kästen süßen Sprudel, drei Kästen gelben Sprudel ...".

**Übungsablauf:**
Die Gruppe spielt „Frau Schmidt kauft im Getränkelager ein".

**Variationsmöglichkeit:**
Die Gruppe spielt „Frau Neuber (Spielleiterin) verkauft Cola". (Jedes Kind darf bei Frau Neuber so viele Flaschen Cola einkaufen wie es möchte.)

k II **19** Zeit: 8–10 Min. Gruppengröße: 2–10 Kinder

**Übungsvorlage:**
Endlosgeschichte: Der Kohlkopf.
Es war einmal ein Kohlkopf, der war dick und rund. Der Kohlkopf gehörte einem Bauern, der erzählte immer: „Es war einmal ein Kohlkopf, der war dick und rund. Der Kohlkopf gehörte einem Bauern, der erzählte immer: Es war ...

**Übungsablauf:**
Die Spielleiterin erzählt die Geschichte. Anschließend darf jedes Kind der Gruppe die Endlosgeschichte mehrmals erzählen.

**Variationsmöglichkeit:**
Die Kinder erfinden selbst Endlosgeschichten (z. B. zur Kastanie, zum Kasten, zum Kleid usw.).

**Übungsvorlage:**
(Entnommen aus der Literatur: „Schwätzchen, Bilder und Reime", Köln o. J.)
Gedicht: Nebel (Ernst Kreidolf)
Ich schau in den weißen Nebel hinaus
und seh keinen Baum, keinen Strauch und kein Haus,
kein Pferdchen am Wagen, kein Kund auf dem Platz,
keinen Vogel im Garten, nicht mal einen Spatz.
Kein blauer Himmel, keine Sonne 'rausguckt:
der weiße Nebel hat alles verschluckt.

**Übungsablauf:**
Zunächst spricht die Übungsleiterin mit den Kindern über den Nebel. Dann lernt die Gruppe das Gedicht gemeinsam auswendig. Wenn das Gedicht einigermaßen beherrscht wird, machen die Kinder beim Sprechen der Verse die Augen zu, um sich das Gefühl, im Nebel zu stehen, besser vorstellen zu können.

**Variationsmöglichkeit:**
Während das Gedicht gesprochen wird, malen die Kinder ein Nebelbild. (Es sind sowohl Einzel- als auch Gruppenarbeiten möglich.)

## 18. Übungen zur Lautgruppe 1

| 1 | Zeit: 2–4 Min. | Gruppengröße: 2–10 Kinder |
|---|---|---|

**Übungsvorlage:**
Vers: Keiner ist kleiner als Heiner.

**Übungsablauf:**
Die Gruppe spricht den Vers mehrfach.

**Variationsmöglichkeiten:**
1. Klaus hat saubere Tauben.
2. Eugens Kühe haben große Euter.
3. Käthe sät nicht für die Krähe.

| 2 | Zeit: 5–10 Min. | Gruppengröße: 2–10 Kinder |
|---|---|---|

**Übungsvorlage:**
Vers: Eins, zwei, drei, vier,
in dem Klavier
sitzt eine Maus
und du bist aus.

**Übungsablauf:**
Der Vers wird von der Gruppe häufig wiederholt.

**Variationsmöglichkeit:**
Die Gruppe versucht, neue Verse zu finden. Jeder Vers beginnt mit „Eins, zwei drei, vier …“.

| 3 | Zeit: ca. 5 Min. | Gruppengröße: 2–10 Kinder |
|---|---|---|

**Übungsvorlage:**
Vers: Glockenblum’, mein Engelchen,
fall’ nicht vom Stengelchen.

**Übungsablauf:**
Der Vers wird häufig gesprochen.

**Variationsmöglichkeit:**
Die Gruppe erfindet eine Melodie zum Vers.

| 4 | Zeit: 5–10 Min. | Gruppengröße: 2–6 Kinder |
|---|---|---|

**Übungsvorlage:**
Vers: Eins, zwei, drei, alt ist nicht neu,
sauer ist nicht süß, Händ’ sind keine Füß’,
Füß’ sind keine Händ’, ’s Lied hat ein End’.

**Übungsablauf:**
Die Gruppe erlernt den Reim.

**Variationsmöglichkeit:**
Vers: Heile, heile Segen, drei Tage Regen,
drei Tage Schnee, tut’s dem Kind schon nimmer weh.

| 5 | Zeit: 5–8 Min. | Gruppengröße: 2–6 Kinder |
|---|---|---|

**Übungsvorlage:**
Vers: Ene dene, dus,
de' dicke Moppel muß.

**Übungsablauf:**
Die Kinder stehen im Kreis. Die Spielleiterin beginnt nun mit Hilfe des Verses auszuzählen. Das Kind, das „Moppel“ wurde, darf weiter auswählen. Man setzt das Spiel so lange fort, bis jedes Kind einmal „Moppel“ sein durfte.

**Variationsmöglichkeit:**
Vers: Weißt du was?
Wenn's regnet, wird's naß,
wenn's schneit, wird's weiß,
du bist ein alter Naseweis.

| 6 | Zeit: 2–5 Min. | Gruppengröße: 2–10 Kinder |
|---|---|---|

**Übungsvorlage:**
Vers: Eins, zwei, drei, alt ist nicht neu,
arm ist nicht reich, hart ist nicht weich.

**Übungsablauf:**
Die Gruppe spricht den Vers mehrfach.

**Variationsmöglichkeit:**
Lied: Alle meine Entchen schwimmen auf dem See,
Köpfchen in das Wasser, Schwänzchen in die Höh'.

| 7 | Zeit: ca. 10 Min. | Gruppengröße: 2–6 Kinder |
|---|---|---|

**Übungsvorlage:**
Namenverulken: Schimmele verbimmele
Ilse verbilse
Klaus verbaus
Heiner verbeiner
Lydia verkülja.

**Übungsablauf:**
Die Gruppe spricht darüber, daß sich Namen verulken lassen. Anschließend werden alle Namen der Kinder verulkt.

**Variationsmöglichkeit:**
Tiernamen werden verulkt (Löwe – verböwe usw.).

| 8 | Zeit: 5–8 Min. | Gruppengröße: 2–6 Kinder |
|---|---|---|

**Übungsvorlage:**
Vers: Eins, zwei, drei und du bist frei.
Frei bist du noch lange nicht, sag' mir erst, wie alt du bist.
Eins, zwei …

**Übungsablauf:**
Die Kinder stehen im Kreis. Die Spielleiterin zählt aus. Das Auszählspiel wird von den Kindern so lange fortgesetzt, bis sich die Gruppe anfängt zu langweilen.

**Variationsmöglichkeit:**
Vers: Eins, zwei, drei, vier, fünf,
strick' mir ein Paar Strümpf,
nicht zu groß und nicht zu klein,
aber billig soll'n sie sein.

| 9 | Zeit: ca. 10 Min. | Gruppengröße: 2–8 Kinder |
|---|---|---|

**Übungsvorlage:**
Vers: Die kleine Dickmadam!
Eine kleine Dickmadam
fuhr mit einer Eisenbahn.
Eisenbahn, die krachte,
Dickmadam, die lachte.

**Übungsablauf:**
Die Gruppe erlernt den Vers.

**Variationsmöglichkeit:**
Vers: Auf dem Türmchen
sitzt ein Würmchen
mit dem Schirmchen
unterm Ärmchen.
Kommt ein Stürmchen,
wirft das Würmchen
mit dem Schirmchen
unterm Ärmchen
von dem Türmchen.

| 10 | Zeit: ca. 10 Min. | Gruppengröße: 2–6 Kinder |
|---|---|---|

**Übungsvorlage:**
Vers: Eins, zwei drei, vier, fünf sechs, sieben,
wo ist denn der Hans geblieben? Keiner weiß,
wie es geschah, plötzlich war er nicht mehr da.

**Übungsablauf:**
Die Kinder erlernen den Vers. Falls die Melodie bekannt ist, kann der Vers (eigentlich ein Lied) auch gesungen werden.

**Variationsmöglichkeit:**
Vers: Ocke, docke, Silberglocke, kling, klang, aus!

| 11 | Zeit: 3–7 Min. | Gruppengröße: 2–10 Kinder |
|---|---|---|

**Übungsvorlage:**
Vers: Eine kleine Maus
ging in ihr Haus.
Wollt' nie mehr 'raus.
Ach, der Daus!

**Übungsablauf:**
Spielleiter: „Ich will euch etwas erzählen. Wenn ihr wollt, dürft ihr mitsprechen." Der Spielleiter spricht den Vers vor und anschließend öfter gemeinsam mit der Gruppe.

**Variationsmöglichkeit:**
Die Gruppe überlegt sich, warum die Maus nicht aus ihrem Haus herauskommen wollte.

| 12 | Zeit: 15 Min. | Gruppengröße: 2–5 Kinder |
|---|---|---|

**Übungsvorlage:**
Reim: Steigt das Bübchen auf den Baum
ui, so hoch, man sieht es kaum.
Hui, da lacht es, hui, da kracht es,
bums, da liegt es unten.

**Übungsablauf:**
Der Reim wird mehrfach gesprochen.

**Variationsmöglichkeit:**
Es empfiehlt sich, den Reim von einzelnen Kindern sprechen zu lassen und auf Tonband aufzunehmen. Mit der Ankündigung: „Jetzt wollen wir uns anhören, wie schön ihr alle den Reim gesprochen habt", sollten dann alle Aufnahmen vorgespielt werden.

**13** Zeit: 5–10 Min. Gruppengröße: 2–6 Kinder

**Übungsvorlage:**
Vers: Schickele scheckele
Bohnesteckele
Schnellebelle
trillebille
sibberi sabberi
knorr.

**Übungsablauf:**
Der Vers wird von der Gruppe häufig gesprochen.

**Variationsmöglichkeit:**
Die Gruppe spricht den Vers und malt dann Phantasiebilder.

**14** Zeit: 3–8 Min. Gruppengröße: 2–6 Kinder

**Übungsvorlage:**
Vers: Gehst du auf's Eis,
wird's dir nicht heiß,
doch liebst du's schwül,
dann ist's zu kühl.

**Übungsablauf:**
Die Gruppe erlernt den Vers durch Vor- und Nachsprechen.

**Variationsmöglichkeit:**
Die Gruppe sitzt im Kreis. Die Kinder flüstern sich den Vers gegenseitig ins Ohr.

**15** Zeit: 5–8 Min. Gruppengröße: 2–10 Kinder

**Übungsvorlage:**
Vers: Maikäfer flieg, flieg, flieg,
wenn ich dich krieg, krieg, krieg,
dann ist es aus.

**Übungsablauf:**
Die Gruppe spricht den Vers mehrfach. Dabei sollte auf ein betont rhythmisches Sprechen geachtet werden.

**Variationsmöglichkeit:**
Jeweils ein Kind darf den „Maikäfer" spielen. Die übrigen Kinder laufen hinter dem Maikäfer her und rufen dazu den Vers.

**16** Zeit: 3–10 Min. Gruppengröße: 2–10 Kinder

**Übungsvorlage:**
Abzählreim: Ene, bene, subtrahene,
divi, davi, domino,
Eck, Speck, Dreck
und du bist weg.

**Übungsablauf:**
Die Gruppe lernt den Reim. Dazu stellen sich alle Kinder am besten in einen Kreis. Die Übungsleiterin zählt aus. Alle Kinder sprechen den Reim mit. (Später zählt ein Kind jeweils allein aus.)

**Variationsmöglichkeit:**
Zu dem Reim in die Hände klatschen. Einzelne Silben (z. B. ene, bene) durch Instrumente verstärken. Dabei ist es wichtig, „tiefen" Lauten (z. B. „u") auch tiefe Klänge zuzuordnen, während „helle" Laute (wie z. B. „i") auch entsprechend hellklingenden Instrumenten zugeordnet werden.

**17** Zeit: ca. 10 Min. Gruppengröße: 2–3 Kinder

**Übungsvorlage:**
Vers: Klaus hat sein Klavier verloren,
O jeh!
Peter will's ihm wiederholen,
herrjeh!
Wird er's finden?
Wer weiß!

**Übungsablauf:**
Die Gruppe erlernt den Vers.

**Variationsmöglichkeit:**
Der Vers läßt sich auch zu einem kleinen Sprechspiel umgestalten.

**18** Zeit: ca. 5 Min. Gruppengröße: 2–10 Kinder

**Übungsvorlage:**
Vers: Wollt ihr fleißige Handwerker seh'n,
dann müßt ihr zu uns nur geh'n.
Rechtes Bein, linkes Bein,
es wird gleich alles fertig sein.

**Übungsablauf:**
Die Gruppe spricht den Vers so oft, daß sie ihn beherrscht.

**Variationsmöglichkeit:**
Aus dem Vers läßt sich ein kleines Sprechspiel gestalten.

**19** Zeit: ca. 8–10 Min. Gruppengröße: 2–6 Kinder

**Übungsvorlage:**
Vers: Ri-Ra-Rutsch,
wir fahren mit der Kutsch',
die Kutsche hat ein Loch,
wir fahren aber doch.
Ri-Ra-Rutsch,
wir fahren mit der Kutsch'.

**Übungsablauf:**
Die Kinder üben den Vers ein. Es ist auch möglich, den Vers zu einem Singspiel umzugestalten.

**Variationsmöglichkeit:**
Vers: Ru-Ri-Ratz,
wir spielen mit der Katz',
die Katze hat ein weiches Fell,
wir streicheln sie gleich auf der Stell'!
Ru-Ri-Ratz,
wir spielen mit der Katz'.

**20** Zeit: ca. 10 Min. Gruppengröße: 2–6 Kinder

**Übungsvorlage:**
Vers: Elleri selleri
sibberi sarr
sibberi sabberi knull.

**Übungsablauf:**
Zunächst erlernt die Gruppe den Vers. Wenn jedes Kind in der Lage ist, den Vers zu sprechen, kann man versuchen, den Vortrag des Verses zu einem Sprechgesang auszugestalten (so ist es z.B. möglich, alle i-Laute besonders hoch und den u-Laut auffallend tief zu sprechen).

**Variationsmöglichkeit:**
Vers: Eins, zwei, drei,
aus der Bäckerei
holt' ich Brot und Kuchen,
kommt, laßt's uns versuchen.

**21** Zeit: 8–12 Min. Gruppengröße: 2–6 Kinder

**Übungsvorlage:**
Vers: Sieben, achte, neune, zehne,
ach, wie ich mich nach dir sehne,
wärst du endlich wieder da
und nicht in Amerika.

**Übungsablauf:**
Die Gruppe spricht den Vers häufig.

**Variationsmöglichkeit:**
Die Gruppe versucht ähnliche Verse zu erfinden.

**22** Zeit: 10–15 Min. Gruppengröße: 2–4 Kinder

**Übungsvorlage:**
Vers: Suse, liebe Suse,
was raschelt im Stroh.
Suse, liebe Suse,
geh', zitter nicht so.
Suse, liebe Suse,
komm, faß neuen Mut.
Suse, liebe Suse,
es ist alles gut.

**Übungsablauf:**
Die Gruppe erlernt den Vers.

**Variationsmöglichkeit:**
Die Kinder dürfen den Vers auf Tonband sprechen und abhören.

**23** Zeit: 5–7 Min. Gruppengröße: 2–8 Kinder

**Übungsvorlage:**
Vers: Ele mele
mink mank
pink pank
eia weia weg.

**Übungsablauf:**
Die Gruppe spricht den Vers so oft, bis sie ihn beherrscht. Anschließend spricht jeweils ein Kind der Gruppe den Abzählreim, während die anderen rhythmische Geräusche (z.B. klatschen, klopfen, stampfen) erzeugen.

**Variationsmöglichkeit:**
Vers: Ele mele menk menk menk
ticke tacke tenk tenk tenk
eins zwei drei.

**24** Zeit: 5 Min. Gruppengröße: 2–10 Kinder

**Übungsvorlage:**
Spiel: Ein Floh hat mich gebissen.
Alle Kinder stehen im Raum verteilt. Ein Spielleiter sagt: „Ein Floh hat mich in den Arm (Fuß, Backe, Zehe, Bein, Brust usw.) gebissen.“ Alle Kinder greifen sich an den genannten Körperteil. Jedes Kind darf einmal Spielleiter sein.

**Übungsablauf:**
Das Spiel wird in der Gruppe durchgeführt.

| **25** | Zeit: 5–10 Min. | Gruppengröße: 2–5 Kinder |
|---|---|---|

**Übungsvorlage:**
Vers: Es war 'mal eine Frau,
die hatte einen Pfau.
Der Pfau war ihr zu bunt,
da nahm sie einen Hund.
Der Hund war ihr zu brav,
da nahm sie sich ein Schaf.

**Übungsablauf:**
Der Vers wird von der Gruppe häufig gesprochen.

**Variationsmöglichkeit:**
Die Gruppe „spinnt" den Vers weiter.

| **26** | Zeit: 7–15 Min. | Gruppengröße: 2–6 Kinder |
|---|---|---|

**Übungsvorlage:**
Lied: Heißa, Kathreinerle
schnür' dir die Schuh'.
Schürz' dir dei' Röckele,
gönn' dir kei' Ruh!
Diddel, duddel, daddel,
schrumm, schrumm, schrumm,
geht's schon im Hopser 'rum,
Heißa Kathreinerle,
frisch immerzu.

**Übungsablauf:**
Das Lied wird mit der Gruppe erarbeitet. (Falls die Liedmelodie nicht bekannt ist, kann eine erfunden werden.)

**Variationsmöglichkeit:**
Das Lied wird zu einem Singspiel umgestaltet.

| **27** | Zeit: ca 10 Min. | Gruppengröße: 2–8 Kinder |
|---|---|---|

**Übungsvorlage:**
Vers: Ene mene minke tinke
wade rade rollke tollke
wiggel waggel weg.

**Übungsablauf:**
Der Abzählvers wird erlernt. Anschließend darf jedes Kind mit Hilfe des Verses einmal abzählen.

**Variationsmöglichkeit:**
Vers: Krabb', Krabb', gräm' dich,
Krabb', Krabb', schäm' dich.
Kannst dir keine Schuhe kaufen,
mußt im Winter barfuß laufen.
Krabb', Krabb', gräm' dich,
Krabb', Krabb', schäm' dich.

| **28** | Zeit: 8–15 Min. | Gruppengröße: 2–6 Kinder |
|---|---|---|

**Übungsvorlage:**
Vers: Machet auf das Tor,
machet auf das Tor,
es kommt ein goldener Wagen.
Was will er denn,
was will er denn?
Er will die Letzte haben.

**Übungsablauf:**
Der Vers wird erlernt. Falls die Melodie bekannt ist, kann der Vers auch gesungen werden.

**Variationsmöglichkeit:**
Der Vers läßt sich zu einem Singspiel umgestalten.

**29** Zeit: 10–15 Min. Gruppengröße: 2–6 Kinder

**Benötigtes Material:**
Vorbereitete Tonbandspule.

**Übungsvorlage:**
Geschichte: Geräusche.
Ich laufe ans Auto („klapp, klapp!“) und fahre in die Stadt („brumm!“). Ich halte an und steige aus. Dabei knalle ich die Tür zu („peng!“). Da kommt mir ein Hund entgegengelaufen und bellt („wau, wau!“). In der Ferne hört man die Glocken läuten („bimbam!“). Ein Radfahrer klingelt („klingeling!“). Er fährt einer Frau über den Fuß. Diese schreit („auauau!“) usw.

**Übungsablauf:**
Die Übungsleiterin hat die Geschichte auf Tonband gesprochen. Die Kinder hören sich die Geschichte an. Anschließend erzählt die Gruppe die Geschichte zusammen nochmals (ohne Hilfe des Tonbands).

**Variationsmöglichkeit:**
Die Gruppe erfindet eine neue „Geräuschgeschichte“.

**30** Zeit: ca. 10 Min. Gruppengröße: 2–6 Kinder

**Übungsvorlage:**
Vers: Ri, ra, ro,
der Sommertag ist do,
Herbst und Winter sind vergangen,
Sommer, der hat angefangen,
ri, ra, ro,
der Sommertag ist do.

**Übungsablauf:**
Die Gruppe lernt den Vers. Anschließend ziehen die Kinder durch die Kindergartengruppen und sagen den Vers auf.

**Variationsmöglichkeit:**
Die Kinder malen Bilder und sprechen (oder singen) dann nochmals den Vers.

**31** Zeit: 10–15 Min. Gruppengröße: 2–4 Kinder

**Übungsvorlage:**
Vers: Es war einmal ein Mann.
Es war einmal ein Mann, der hatte einen Schwamm.
Der Schwamm war ihm zu naß, da ging er auf die Gass'.
Die Gass' war ihm zu kalt, da ging er in den Wald.
Der Wald war ihm zu grün, da ging er nach Berlin.
Berlin war ihm zu groß, da wurd' er ein Franzos'.
Franzos' wollt er nicht sein, da ging er wieder heim
zu seiner Frau Elise, die kocht ihm grün' Gemüse.
Da mußt' er dreimal niesen: Hazzi! Hazzi! Hazzi!

**Übungsablauf:**
Die Gruppe erlernt den Vers.

**Variationsmöglichkeit:**
Vers: Eins, zwei, drei, Butter auf den Brei,
Salz auf den Speck und du bist weg.

# III. Übungen zu den Lauten der Lautgruppe 2

## 1. Übungen zum Laut m

| m I | 1 | Zeit: 5 Min. | Gruppengröße: 5–10 Kinder |
|---|---|---|---|

**Übungsablauf:**
Die Gruppe zeigt an, daß ihr etwas gut geschmeckt hat: „Mmmmm!" Dabei kann man zusätzlich noch mit der Hand den Magen klopfen oder streichen.

**Variationsmöglichkeit:**
Die Kinder brummen wie ein Bär, ein Flieger, ein Auto, eine Straßenbahn oder stöhnen unwillig.

| m I | 2 | Zeit: 3–5 Min. | Gruppengröße: 2–5 Kinder |
|---|---|---|---|

**Übungsablauf:**
Die Gruppe ahmt den Klang eines angeschlagenen Gongs auf „m" nach.

**Variationsmöglichkeit:**
Es werden große und kleine Gongs imitiert.

| m I | 3 | Zeit: 3–5 Min. | Gruppengröße: 3–5 Kinder |
|---|---|---|---|

**Übungsablauf:**
Ein Baby macht seine ersten Sprachversuche: „Mama, Oma." Die Kinder stellen sich vor, daß sie wieder Babies sind und das Sprechen erlernen müssen.

**Variationsmöglichkeit:**
Das Baby spricht Silben: „Mamamam, mimimimi, momomomom" usw.

| m I | 4 | Zeit: 2–3 Min. | Gruppengröße: 2–10 Kinder |
|---|---|---|---|

**Übungsablauf:**
Alle Kinder rufen wie die Schafe: „Mäh' Mäh! Mäh!"

**Variationsmöglichkeit:**
Alle Kinder rufen wie die Ziegen: „Meck! Meck! Meck!"

| m I | 5 | Zeit: 3–5 Min. | Gruppengröße: 2–6 Kinder |
|---|---|---|---|

**Übungsvorlage:**
Geschichte: Marco.
Torsten hat einen kleinen Bruder, den Marco. Der wirft gerne Sachen auf den Boden. Dann klatscht er vor Freude in die Hände und ruft laut: „Bumms!" und lacht dazu.

**Übungsablauf:**
Jedes Kind darf einmal den Marco spielen.

**Variationsmöglichkeit:**
Mutter und Marco spielen zusammen. Marco wirft etwas auf den Boden, und beide rufen laut und fröhlich: „Bumms!"

| m I | 6 | Zeit: 3–5 Min. | Gruppengröße: 3–5 Kinder |
|---|---|---|---|

**Übungsablauf:**
Die Gruppe spielt einen Bauernhof und stellt ihn akustisch dar, indem „muh", „mäh", „miau" u.a.m. gerufen wird.

**Variationsmöglichkeit:**
1. Kuh, Schaf und Katze rufen durcheinander.
2. Eine Schafherde wird akustisch nachgeahmt. Dabei müssen die Muttertiere von den Lämmchen akustisch unterscheidbar sein usw.

m I 7 Zeit: 2–3 Min. Gruppengröße: 2–10 Kinder

**Übungsablauf:**
Übungsleiterin: „Wenn etwas auf den Boden fällt, dann klingt das oft so: ‚Rumms!'" Alle Kinder ahmen das Geräusch wiederholt nach.

**Variationsmöglichkeit:**
Wenn manche Gegenstände auf den Boden fallen, dann klingt es eher wie: „bumm!"

m I 8 Zeit: 5–7 Min. Gruppengröße: 2–10 Kinder

**Übungsvorlage:**
Geschichte: Mutter schläft.
Mutter ist müde. Sie möchte sich nach dem Essen zum Schlafen hinlegen. Deshalb sagt sie zu Herbert: „Ich schlafe ein halbes Stündchen. Du kannst ja draußen spielen."
Herbert ist es recht. Aber plötzlich muß er dringend auf die Toilette und er hat keinen Schlüssel. Da ruft er laut: „Mutti! Mutti! Mutti!"

**Übungsablauf:**
Alle Kinder helfen Herbert beim Rufen.

**Variationsmöglichkeit:**
Es läßt sich leicht eine ähnliche Geschichte erfinden, z. B. Sabine ruft: „Mama!"

m I 9 Zeit: 4–6 Min. Gruppengröße: 2–10 Kinder

**Übungsvorlage:**
Vers: Muh, muh, muh,
so ruft die bunte Kuh!

**Übungsablauf:**
Die Gruppe spricht den Vers mehrfach. Anschließend erfinden die Kinder ähnliche Reime.

**Variationsmöglichkeit:**
Vers: Meh, meh, meh,
die Ziege frißt den Klee.

m I 10 Zeit: 1–3 Min. Gruppengröße: 2–4 Kinder

**Benötigtes Material:**
Kindertrommel (evtl. Tamburin).

**Übungsablauf:**
Übungsleiterin hat eine Blechtrommel mitgebracht. Die Kinder dürfen auf die Trommel schlagen. Nach einer Weile ahmen Leiterin und Kinder das Geräusch, das dabei erzeugt wird, nach. Zum rhythmischen Trommeln wird also „bumm, bumm" oder „bomm, bomm" oder „tromm, tromm" gerufen.

**Variationsmöglichkeiten:**
1. Die Kinder „trommeln", ohne daß eine wirkliche Trommel vorhanden ist. Die Trommelbewegung wird dabei pantomimisch ausgeführt; das Trommelgeräusch durch die Silben „bomm, bomm" usw. ersetzt.
2. Das Trommelgeräusch wird variiert – es wird ein großes Schlagzeug bedient, ein Trommelwirbel erzeugt, auf einer Kindertrommel gespielt usw.

m II 11 Zeit: 5 Min. Gruppengröße: 5–10 Kinder

**Übungsvorlage:**
Spiel: Auf dem Hühnerhof.
„Mutter" möchte die Hühner füttern. Sie streut das Futter (z. B. Styroporkugeln etc. unter die Hühner aus und ruft: „Komm, piep, piep, piep, komm, komm!" Die „Hühner" picken das Futter (die Kugeln) auf.

**Übungsablauf:**
Jedes Kind soll sowohl „Mutter" als auch „Huhn" spielen.

**Variationsmöglichkeit:**
Die Mutter lockt die kleinen Küken. Sie ruft: „Komm, gluck, gluck, gluck, komm!"

m II **12** Zeit: 5–10 Min. Gruppengröße: 2–6 Kinder

**Übungsvorlage:**
Reim: Die dicke Hummel summt herum
und macht dazu gar viel Gebrumm.

**Übungsablauf:**
Die Kinder sprechen den Reim mehrere Male.

**Variationsmöglichkeiten:**
Die Gruppe ahmt nach:
1. Wie die Hummel summt.
2. Wie der Teddybär brummt.

---

m II **13** Zeit: 2–3 Min. Gruppengröße: 2–10 Kinder

**Übungsvorlage:**
Vers: Müller, Müller, Mahler
die Buben kosten ein' Taler.

**Übungsablauf:**
Die Gruppe spricht den Vers mehrfach.

**Variationsmöglichkeit:**
Vers: Eins, keins, Zuckerbrüh,
wenn der Baum blüht, hammer Brüh.
Wemmer backe, hammer Brot,
wemmer sterbe, simmer tot.

---

m II **14** Zeit: ca. 3–5 Min. Gruppengröße: 2–10 Kinder

**Übungsvorlage:**
Lied: Alle meine Entchen
schwimmen auf dem See,
schwimmen auf dem See,
Köpfchen in das Wasser,
Schwänzchen in die Höh!

**Übungsablauf:**
Die Gruppe singt das Lied.

**Variationsmöglichkeit:**
Die Gruppe gestaltet das Lied zu einem Singspiel um (z. B. Schwimmbewegungen ausführen, den Kopf nach unten beugen usw.).

---

m II **15** Zeit: 5–7 Min. Gruppengröße: 2–6 Kinder

**Übungsvorlage:**
Vers: Im Bad liegt der Schwamm neben dem Kamm.

**Übungsablauf:**
Die Kinder sprechen den Vers mehrfach.

**Variationsmöglichkeit:**
Die Gruppe erfindet weitere Verse um die Wörter „Schwamm“ und „Kamm“.

---

m II **16** Zeit: 7–10 Min. Gruppengröße: 2–10 Kinder

**Übungsvorlage:**
Spiel: Macht alle mit!
Ein Spielleiter (Kind) singt: „Mi, ma, mo, wir machen alle so!“ Dazu führt es bestimmte Bewegungen aus. Die übrigen ahmen diese Bewegungen nach. Wichtig ist, daß jedes Kind einmal Spielleiter sein darf.

**Übungsablauf:**
Das Spiel wird erklärt und durchgeführt.

**Variationsmöglichkeit:**
Der Spielleiter singt: „Mi, ma, mu, jetzt seht mir alle zu!“

m II **17** Zeit: 5–7 Min. Gruppengröße: 2–10 Kinder

**Übungsvorlage:**
Vers: Im Sommer kommt der Tom ins Zimmer.

**Übungsablauf:**
Die Kinder benutzen den Vers als Schnellsprechübung.

**Variationsmöglichkeit:**
Alle Kinder rufen laut nach Tom.

m II **18** Zeit: 10–20 Min. Gruppengröße: 2–6 Kinder

**Übungsvorlage:**
Geschichte: Das Kind, das immer mehr haben wollte
Der kleine Sascha kann nie genug kriegen. Wenn man ihm etwas schenkt oder kauft, dann ruft er immer: „Mehr, mehr!“

**Übungsablauf:**
Die Gruppe denkt sich ein kleines Theaterstückchen mit Sascha aus. Wichtig ist, daß Sascha möglichst häufig „mehr, mehr!“ ruft.

**Variationsmöglichkeit:**
Eine ähnliche Geschichte läßt sich zu dem Ausruf „Mensch toll!“ ersinnen.

m II **19** Zeit: 5–7 Min. Gruppengröße: 2–10 Kinder

**Übungsvorlage:**
Vers: Lieber Müller, mahle mir mein Mehl.

**Übungsablauf:**
Die Gruppe spricht den Vers mehrfach.

**Variationsmöglichkeit:**
Vers: Meine Mutter muß meine Mütze machen.

m II **20** Zeit: 3–5 Min. Gruppengröße: 2–8 Kinder

**Übungsvorlage:**
Vers: Ene mene Tintenfaß,
geh' in die Schul' und lerne was.
Ene mene Sandbüchs,
bleib' daheim, du kannst nix.

**Übungsablauf:**
Die Gruppe erlernt den Vers.

**Variationsmöglichkeit:**
Vers: Lirum, larum, Löffelstiel,
wer nichts lernt, der kann nicht viel.

m II **21** Zeit: 2–4 Min. Gruppengröße: 2–8 Kinder

**Übungsvorlage:**
Vers: Rumbedi rumbedi bumbumbum
der Peter geht ringsum umum,
rumbedi rumbedi bumbumbum.

**Übungsablauf:**
Die Gruppe spricht den Vers mehrfach.

**Variationsmöglichkeit:**
Alle Kinder trommeln um die Wette und rufen dazu: „Rumbedi, bumbedi, rumbumbum!“

## 2. Übungen zum Laut n

| n I | 1 | Zeit: 2–4 Min. | Gruppengröße: 2–10 Kinder |
|---|---|---|---|

**Übungsablauf:**
Spielleiterin: „Wenn man auf einen Gong schlägt, dann klingt das so: ‚Nnnnn!'" Die Kinder ahmen das Geräusch nach.

**Variationsmöglichkeit:**
Die Kinder „schlagen" auf verschieden große Gongs. Das klingt dann sehr unterschiedlich.

| n I | 2 | Zeit: 2–5 Min. | Gruppengröße: 2–10 Kinder |
|---|---|---|---|

**Übungsablauf:**
Spielleiterin: „Wenn Hunde sich anknurren, dann klingt das so: ‚Nnnnnn! Nnnnnn!'" Die Kinder knurren sich gegenseitig an.

**Variationsmöglichkeit:**
Jeweils zwei Kinder (Hunde) laufen aufeinander zu. Wenn sie voreinander stehen, knurren sie sich böse an.

| n I | 3 | Zeit: 5 Min. | Gruppengröße: 2–10 Kinder |
|---|---|---|---|

**Übungsablauf:**
Die Gruppe singt bekannte Kinderlieder auf „n".

| n I | 4 | Zeit: 5–8 Min. | Gruppengröße: 2–10 Kinder |
|---|---|---|---|

**Übungsablauf:**
Spielleiterin: „Wenn Enten schreien, hört sich das so an: ‚Nat, nat, nat, nat!'" Die Kinder spielen „Enten am Ententeich". Alle schreien wild durcheinander.

**Variationsmöglichkeit:**
Die Entenfamilie läuft zum Teich. Dabei unterhalten sich die Enten miteinander („Nat, ...").

| n I | 5 | Zeit: 7–10 Min. | Gruppengröße: 2–6 Kinder |
|---|---|---|---|

**Übungsablauf:**
Spielleiterin: „Wenn jemand überrascht ist, ruft er: ‚Nanu!' Wenn es geregnet hat und plötzlich die Sonne scheint, ruft man ... (Kinder: ‚Nanu!'). Wenn es klingelt und Besuch steht vor der Tür, ruft man ..." usw.

**Variationsmöglichkeit:**
Ein Mann kommt nach vielen Jahren wieder nach Hause. Alles ist anders geworden und der Mann wundert sich sehr. „Nanu!" ruft er immer, „das war doch nicht".

| n I | 6 | Zeit: 2–4 Min. | Gruppengröße: 2–10 Kinder |
|---|---|---|---|

**Übungsablauf:**
Spielleiterin: Anna ist nicht mehr da. Alle suchen Anna. „Helft mir suchen! Anna! Anna!" Alle Kinder laufen im Raum (oder Kindergarten) umher und rufen laut: „Anna!"

**Variationsmöglichkeit:**
Alle Kinder rufen nach „Hanna", „Wanda", „Hannes", „Hanno".

n I **7** Zeit: 5–15 Min. Gruppengröße: 2–6 Kinder

**Übungsvorlage:**
Geschichte: Frau Wundertüte.
Frau Wundertüte wundert sich über alles. Wenn die Kinder früher aus der Schule kommen, ruft sie: „Nanu!" Wenn die Kinder später aus der Schule kommen, ruft sie: „Nanu!" Wenn die Sonne scheint, ruft sie: „Nanu!" Wenn es regnet, ruft sie: „Nanu!" Wenn es an der Tür läutet, ruft sie: „Nanu!" usw.

**Übungsablauf:**
Die Übungsleiterin erzählt die Geschichte. Vor dem Wörtchen „Nanu!" sollte immer eine Pause stehen, so daß sich die Kinder animiert fühlen, das „Nanu!" kräftig mitzusprechen. Falls es notwendig ist, werden die Kinder dazu aufgefordert.

**Variationsmöglichkeiten:**
1. Die Geschichte kann auch als Rollenspiel dargestellt werden.
2. Je zwei Kinder erzählen sich die Geschichte gegenseitig. Das Kind, das zuhört, ruft: „Nanu!" an den jeweils entsprechenden Stellen.

n I **8** Zeit: 10–15 Min. Gruppengröße: 2–6 Kinder

**Übungsvorlage:**
Geschichte: Gerd und Uli.
Gerd und Uli streiten sich. „Ich fahr' schneller mit dem Rad", sagt Uli. „Nie!" sagt Gerd. „Ich esse mehr Äpfel als du", sagt Gerd. „Nie!" sagt Uli usw.

**Übungsablauf:**
Die Geschichte wird von der Gruppe nachgespielt.

**Variationsmöglichkeit:**
Es läßt sich eine ähnliche Geschichte um das Wort „niemals" erfinden.

n I **9** Zeit: 2–4 Min. Gruppengröße: 2–3 Kinder

**Übungsablauf:**
Die Gruppe spielt Familie. Ein Kind stellt das Baby dar, das gerade laufen, sprechen, greifen usw. lernt. Beide Eltern loben das Baby für seine Erfolge. „Das hast du fein gemacht!" bzw. „Fein!" oder „Fein kannst du das!"

**Variationsmöglichkeiten:**
1. Das gleiche Spiel kann auch auf die Kindergartensituation übertragen werden. Die Kindergärtnerin lobt wegen der gelungenen Bilder u. a. m.
2. Beide Spiele können auch mit dem Lob „Schön" durchgeführt werden.

n I **10** Zeit: 3–7 Min. Gruppengröße: 2–8 Kinder

**Übungsvorlage:**
Vers: Auf der Bahn
fährt der Mann
mit seinem Hahn.

**Übungsablauf:**
Die Gruppe lernt den Vers durch Nachsprechen auswendig, bis jedes Kind den Reim auch allein vortragen kann.

**Variationsmöglichkeit:**
Ein Kind spricht den Vers. Die übrigen Kinder sprechen die Worte „Bahn", „Mann" und „Hahn" verstärkend mit.

n II **11** Zeit: 10–15 Min. Gruppengröße: 2–6 Kinder

**Übungsvorlage:**
Geschichte: Das Verbot.
Margit möchte unbedingt draußen spielen, aber es regnet und deshalb verbietet Mutter ihr, nach draußen zu gehen. „Du erkältest dich nur" sagt sie. Doch Margit läßt der Mutter keine Ruhe. „Bitte, Mutti!" sagt sie immer wieder. Aber die Mutter sagt immer wieder: „Nein!"; denn sie weiß, daß das Wetter so schlecht ist.

**Übungsablauf:**
Die Szene soll von den Kindern spielerisch dargestellt werden. Dabei soll jedes Kind einmal die Mutter spielen.

**Variationsmöglichkeit:**
Die Familie trinkt Kaffee. Bernd bekommt viele Sachen angeboten. Da er keinen Hunger hat, lehnt er ab und sagt: „Nein, danke!"

n II **12** Zeit: 5–10 Min. Gruppengröße: 2–10 Kinder

**Übungsvorlage:**
Vers: Ennchen, Dennchen, Dittchen, Dattchen,
eber de beber de bittchen battchen,
eber de beber de bu,
ab bist du.

**Übungsablauf:**
Die Gruppe spricht den Vers mehrfach.

**Variationsmöglichkeit:**
Die Gruppe steht im Kreis und zählt nach dem Abzählreim ab.

n II **13** Zeit: 10 Min. Gruppengröße: 2–8 Kinder

**Übungsablauf:**
Spielleiterin: „Wenn Klaus etwas angestellt hat, dann sind die Eltern ärgerlich. ‚Na, na, mußte das denn sein!' schimpfen sie dann." Jedes Kind berichtet, was es schon angestellt hat. Ein anderes darf es dann ausschimpfen (z. B. „Na, na, das darfst du nicht mehr!" usw.).

**Variationsmöglichkeit:**
Heike ist unhöflich im Geschäft: „Na, na!" sagt da der Verkäufer, „du bist aber nicht nett!"

n II **14** Zeit: 5–10 Min. Gruppengröße: 2–8 Kinder

**Übungsvorlage:**
Vers: Na, na, du Naschkatze,
na, na, du kleines Ding,
iß nicht zu viel Naschereien,
ich weiß ja, sie schmecken dir fein,
trotzdem laß es sein!

**Übungsablauf:**
Die Kinder sprechen den Vers mehrfach.

**Variationsmöglichkeit:**
Vers: Na, na, du kleiner Nackedei,
fühlst du dich jetzt so richtig frei?
Na, na, du Kleiner, ohne Schuh',
mach' schon die Augen zu,
jetzt wird es Zeit!

n II **15** Zeit: 5–7 Min. Gruppengröße: 2–10 Kinder

**Übungsvorlage:**
Vers: Annchen, Dannchen, Dittchen, Dattchen,
Hannchen, Pfannchen, Bittchen, Battchen,
Wannchen, Kannchen, Dreck,
und du bist weg.

**Übungsablauf:**
Die Gruppe spricht den Reim mehrfach.

**Variationsmöglichkeit:**
Um die ausgeprägte Rhythmik des Reimes hervorzuheben, soll dazu geklatscht werden. Auch Klangstäbe, Trommeln oder Tamburins sind sehr geeignet.

n II **16** Zeit: 10–15 Min. Gruppengröße: 2–6 Kinder

**Übungsvorlage:**
Lied: Der Hahn ist tot, der Hahn ist tot,
der Hahn ist tot, der Hahn ist tot,
er kann nicht mehr schrei'n,
nanana, nanana,
er kann nicht mehr schrei'n,
nanana, nanana,
nananananananananananananananana.

**Übungsablauf:**
Die Gruppe singt das Lied nach dem französischen Kanon („Le coq est mort"). Falls diese Liedmelodie nicht bekannt ist, kann eine beliebige Melodie verwendet werden.

**Variationsmöglichkeit:**
Spiel: Die Gruppe steht im Kreis. Der Spielleiter läuft im Kreis umher, bleibt vor einem Kind stehen und fragt: „Wie macht der Hahn?" Dieses Kind antwortet: „Kickeriki!" Jedes Kind darf einmal Spielleiter sein.

n II **17** Zeit: 4–6 Min. Gruppengröße: 2–8 Kinder

**Übungsvorlage:**
Vers: Goldkäfer, flieg
auf deine hohe Tanne
zu deiner Mutter Anne,
sie gibt dir Käs' und Brot,
ist besser als der bitt're Tod.

**Übungsablauf:**
Die Kinder sprechen den Reim mehrfach.

**Variationsmöglichkeit:**
Vers: Eichen, Buchen, Tannen,
und du mußt fangen!
Eichen, Tannen, Buchen,
und du mußt suchen!

n II **18** Zeit: 5–8 Min. Gruppengröße: 2–10 Kinder

**Übungsablauf:**
Spielleiterin: „Wenn Andreas aus dem Kindergarten kommt, dann fragen ihn alle, wie es im Kindergarten gewesen sei. Die Mutter fragt: ‚Na, was hast du heute gemacht?' Der Vater fragt: ‚Na, was habt ihr gespielt?' Was fragen wohl die anderen?" Die Kinder denken sich Fragen aus. Wichtig ist, daß das „Na" ... zu Beginn jeder Frage erscheint.

**Variationsmöglichkeit:**
Wenn Sigi etwas anstellt, schimpft die Mutter: „Nana!"

n II **19** Zeit: 5–8 Min. Gruppengröße: 2–6 Kinder

**Übungsvorlage:**

Vers: Wir geh'n zur Fräulein Rutsch,
wenn se fahren will, hat se kein Kutsch',
wenn se reiten will, hat se kein Pferd,
wenn se kochen will, hat se kein Herd,
wenn se backen will, hat se kein Pfann',
und wenn se heiraten will, kein' Mann.

**Übungsablauf:**

Die Kinder sprechen den Vers mehrfach.

**Variationsmöglichkeit:**

Vers: Narro, Narro, Geigenbogen,
was du sagst, ist alles erlogen.

n II **20** Zeit: 5–10 Min. Gruppengröße: 2–4 Kinder

**Übungsvorlage:**

Geschichte: Uschi und Klaus sind draußen und langweilen sich. Sie laufen den Weg entlang. Plötzlich entdeckt Uschi etwas. „Schau mal, Klaus, was ist denn da drüben? Das leuchtet so bunt!" Klaus sieht es jetzt auch: „Das ist doch ein Ball. Komm, wir holen ihn!" Schnell laufen die beiden Kinder, um den Ball zu holen. Jetzt haben sie endlich wieder etwas zum Spielen.

**Übungsablauf:**

Die Übungsleiterin erzählt die Geschichte und schlägt vor, sie zu spielen. Es soll dabei etwa zu folgendem Rollenspiel kommen: Zwei Kinder streiten sich um einen Ball.
1. Kind: Das ist mein Ball.
2. Kind: Nein, das ist nicht dein Ball, das ist mein Ball usw.
(Es kommt dabei vor allem auf das betonte Sprechen der Wörtchen „mein" und „dein" an.)

**Variationsmöglichkeit:**

Eine ähnliche Geschichte und ein ähnliches Rollenspiel können auch mit anderen Spielsachen initiiert werden. Denkbar ist auch ein Streit um einen Freund oder eine Freundin.

## 3. Übungen zum Laut ng

| ng I | 1 | Zeit: 2-4 Min. | Gruppengröße: 2–10 Kinder |
|---|---|---|---|

**Übungsablauf:**
Die Gruppe ahmt den Laut nach, der beim Schlagen eines Gongs erzeugt wird: „ng!"

**Variationsmöglichkeiten:**
1. Die Kinder sprechen statt „ng" „gong".
2. Das Schlagen einer Standuhr wird nachgeahmt: „ding-dong" oder „dong, dong".

| ng I | 2 | Zeit: 2–4 Min. | Gruppengröße: 2–10 Kinder |
|---|---|---|---|

**Übungsablauf:**
Spielleiterin: „Wenn etwas ganz laut zerplatzt, dann macht es ‚Peng'!" Alle Kinder ahmen das Geräusch nach.

**Variationsmöglichkeit:**
Auf einem Kinderfest werden viele Luftballons mit einer Nadel angestochen. Sie platzen alle mit lautem „Peng!"

| ng I | 3 | Zeit: 4–8 Min. | Gruppengröße: 2–6 Kinder |
|---|---|---|---|

**Übungsvorlage:**
Geschichte: Der Zappelphilipp.
Kurt ist ein richtiger Zappelphilipp. Deshalb sagen die Leute immer zu ihm: „Mach' doch mal langsam!"

**Übungsablauf:**
Jeweils ein Kind spielt den Zappelphilipp. Die übrigen Gruppenmitglieder „schimpfen": „Mach doch mal langsam!"

| ng I | 4 | Zeit: 10 Min. | Gruppengröße: 2–10 Kinder |
|---|---|---|---|

**Übungsvorlage:**
Geschichte: Der Kampf.
Horst, Heidi, Klaus und Fritz spielen Cowboy und Indianer. Sie bekämpfen sich und schießen: „Peng! peng! peng!"

**Übungsablauf:**
Die Gruppe spielt auch Cowboy und Indianer. Anschließend sollte die Spielleiterin mit der Gruppe über das „Kämpfen" sprechen. Insbesondere sollte sie klar machen, was passieren kann, wenn in der Realität eine Pistole „Peng!" macht.

**Variationsmöglichkeit:**
Ein Fahrradschlauch (o.ä.) platzt mit lautem „Peng!"

ng I 5 Zeit: 7–12 Min. Gruppengröße: 2–8 Kinder

**Übungsvorlage:**
Geschichte: Jürgen.
Jürgen hat immer Unsinn im Kopf. Wenn sein Vater ihm ansieht, daß er wieder einen Streich ausheckt, dann sagt er nur leise: „Junge, Junge!"

**Übungsablauf:**
Die Gruppe überlegt, wann Jürgens Vater „Junge, Junge!" sagen muß. Jedesmal, wenn einem Kind ein neues Beispiel eingefallen ist, sagt die ganze Gruppe: „Junge! Junge!"

**Variationsmöglichkeit:**
Jakob wird immer gelobt: „Junge, Junge, das hast du gut gemacht!"

ng I 6 Zeit: 2–4 Min. Gruppengröße: 2–10 Kinder

**Übungsablauf:**
Spielleiterin: „Ihr habt sicher schon gesehen, daß Leute Tischtennis spielen. Zu Tischtennis kann man auch „Pingpong" sagen. Weil „Pingpong" so ein lustiges Wort ist, wollen wir es ein paarmal sagen.

**Variationsmöglichkeit:**
Das Wort „Pingpong" klingt wie das Spiel. Immer, wenn der Pingpongball auf die Tischtennisplatte trifft, macht es „Ping" oder „Pong".

ng I 7 Zeit: 3–10 Min. Gruppengröße: 2–5 Kinder

**Übungsvorlage:**
Text: Der Mongo lebt im Kongo.

**Übungsablauf:**
Die Gruppe soll versuchen, diesen Text auf unterschiedliche Arten zu vertonen. Dabei können sowohl vertraute Liedmelodien als auch selbsterfundene Tonfolgen verwendet werden.

**Variationsmöglichkeiten:**
1. Der Text eignet sich auch als Sprechgesang (sehr hoch oder sehr tief sprechen bzw. sehr leise oder sehr laut sprechen).
2. Sowohl Sprechgesang als auch Lied können durch Instrumente unterstrichen werden.

ng I 8 Zeit: 3 Min. Gruppengröße: 2–10 Kinder

**Übungsablauf:**
Spielleiterin: „Der Eismann will sein Eis verkaufen. Mit seiner Glocke läutet er laut: ‚Klingelingeling!'"
Alle Kinder spielen den Eismann.

**Variationsmöglichkeit:**
Das Telefon läutet: „Ringedingeding!"

ng I 9 Zeit: 5–10 Min. Gruppengröße: 2–8 Kinder

**Übungsvorlage:**
Vers: Engelchen, Engelchen, flieg!

**Übungsablauf:**
Die Spielleiterin hält jeweils ein Kind unter den Armen und dreht es schnell im Kreis herum, so daß für das Kind der Eindruck entsteht, es fliege durch die Luft. Die übrigen Kinder rufen dazu: „Engelchen, Engelchen, flieg!"

**Variationsmöglichkeit:**
Spiel: Engelchen werden geschaukelt.
Jeweils zwei Kinder stehen voreinander. Die übrigen Kinder dürfen sich nacheinander auf die Arme der Kinder legen. Sie werden dann sanft hin und her geschaukelt. Dazu rufen alle: „Engelchen werden geschaukelt."

ng I **10** Zeit: 10 Min. Gruppengröße: 2–10 Kinder

**Übungsvorlage:**
Spiel: Indianerfangen.
Die Gruppe wird in Cowboys und Indianer aufgeteilt. Die Cowboys gehen vor die Tür. Die Indianer dürfen sich im Zimmer verstecken. Anschließend müssen die Cowboys die Indianer suchen. Wenn ein Indianer gefunden worden ist, rufen alle Cowboys laut: „Gefangen! Gefangen!“

**Übungsablauf:**
Das Spiel wird mehrfach durchgespielt. Jedes Kind muß mindestens einmal bei der Cowboygruppe mitgespielt haben.

**Variationsmöglichkeit:**
Die Kinder spielen Nachlaufen. Wenn ein Kind ein anderes festhalten kann, ruft es laut: „Gefangen! Gefangen!“

ng II **11** Zeit: 2–4 Min. Gruppengröße: 2–10 Kinder

**Übungsvorlage:**
Geschichte: Annette hört gern Lieder.
Annette hat es gern, wenn Mutter ihr ein Lied vorsingt. „Sing doch bitte!“ bettelt sie deshalb jeden Tag, und die Mutter tut es gern.

**Übungsablauf:**
Alle rufen wie Annette.

**Variationsmöglichkeit:**
Spiel: Alle Kinder laufen im Raum herum. Ein Kind bekommt ein Taschentuch, es darf nun auf ein anderes Kind zugehen und dieses bitten: „Sing!“ Das angesprochene Kind singt ein Lied (oder eine selbsterfundene Melodie) und darf anschließend selbst ein Kind zum Singen auffordern.

ng II **12** Zeit: 10 Min. Gruppengröße: 2–10 Kinder

**Übungsvorlage:**
Spiel: Schmetterlingsspiel.
Die Kinder stehen im Kreis. Ein Kind darf in die Mitte des Kreises. Die anderen Kinder sagen: „Schmetterling, du kleines Ding, komm, tanz doch!“ Darauf dreht sich das Kind im Kreis mehrmals um sich selbst.

**Übungsablauf:**
Das Spiel wird so oft durchgeführt, bis jedes Kind mindestens einmal den Schmetterling gespielt hat.

**Variationsmöglichkeit:**
Ein ähnliches Spiel läßt sich gestalten, indem die Kinder rufen: „Engelchen dreh’ dich!“

ng II **13** Zeit: 5–10 Min. Gruppengröße: 2–6 Kinder

**Übungsablauf:**
Die Gruppe erzählt über Ringe.

**Variationsmöglichkeit:**
Die Gruppe erzählt über die Finger.

ng II **14** Zeit: 5 Min. Gruppengröße: 3–5 Kinder

**Übungsvorlage:**
Reim: Ming mang meng,
ping pang peng,
du bist aus.

**Übungsablauf:**
Der Reim wird mit der Gruppe eingeübt.

**Variationsmöglichkeiten:**
1. Die Kinder sprechen den Reim und dürfen dabei durch das Zimmer hüpfen oder tanzen.
2. Der Reim wird als Abzählreim verwendet. Dazu stellt sich die Gruppe im Kreis auf. Zunächst zählt die Übungsleiterin aus. Später zählen die Kinder selbst aus.

ng II **15** Zeit: 3 Min. Gruppengröße: 1–3 Kinder

**Übungsablauf:**
Die Kinder spielen Zeitungsverkäufer. Dabei rufen sie, unterstützt durch entsprechende Gesten: „Zeitung! Zeitung zu verkaufen. Das Neueste steht in unserer Zeitung!" usw.

**Variationsmöglichkeit:**
Ein Zeitungsverkäufer (Straßenverkäufer) wurde auf Tonband aufgenommen (evtl. gestellt). Die Kinder spielen nun auch Zeitungsverkäufer und werden auch auf Tonband aufgenommen. (Wichtig ist, daß ihnen die Aufnahmen anschließend auch vorgespielt werden!)

ng II **16** Zeit: 10 Min. Gruppengröße: 3–9 Kinder

**Übungsvorlage:**
Geschichte: Der kleine Michael.
Michael ist noch sehr klein. Gerade hat er angefangen zu laufen. Jetzt geht er gerne mit seinen Eltern spazieren. Wenn er zu lange stehen bleibt, um sich Blumen, Käfer oder Steine zu betrachten, rufen die Eltern: „Komm, mein Engelchen."

**Übungsablauf:**
Die Spielleiterin erzählt die Geschichte. Anschließend spielen jeweils 3 Kinder ‚Michael, Vater und Mutter". „Michael" läuft immer ganz langsam und bleibt sehr oft stehen. „Die Eltern" rufen häufig: „Komm, Engelchen!" (Innerhalb der Dreiergruppe werden die Rollen mehrfach vertauscht.)

**Variationsmöglichkeit:**
Die Kinder ärgern sich gegenseitig. Die Mädchen rufen den Jungen zu: „Wir sind Engelchen, ihr seid Bengelchen!" Dasselbe rufen die Jungen den Mädchen zu.

ng II **17** Zeit: 5–10 Min. Gruppengröße: 2–10 Kinder

**Übungsablauf:**
Spielleiterin: „Die Puppe hat Angst. Tröstet sie, damit sie keine Angst mehr hat!" Die Kinder der Gruppe nehmen die Puppe nacheinander auf den Schoß, streicheln sie und sagen mehrfach: „Brauchst keine Angst zu haben!"

**Variationsmöglichkeit:**
Die Gruppe sitzt im Kreis. Die Spielleiterin fragt nun jedes Kind: „Hast du Angst?" Die Kinder antworten dann: „Nein, ich habe keine Angst."

ng II **18** Zeit: 10 Min. Gruppengröße: 2–8 Kinder

**Übungsvorlage:**
Spiel: Komm mit zum Angeln!
Die Kinder stehen im Kreis. Die Spielleiterin läuft um den Kreis herum, tippt dann einem Kind auf den Rücken und sagt: „Komm, wir angeln!" Das Kind steht auf, nimmt die Spielleiterin an der Hand und beide gehen weiter um den Kreis herum. Die Spielleiterin tippt dem nächsten Kind auf den Rücken und sagt: „Komm, wir angeln!" Das geht so lange, bis alle Kinder eine Schlange bilden.

**Übungsablauf:**
Bei der Durchführung des Spiels muß darauf geachtet werden, daß jedes Kind einmal die Spielleiterin sein darf.

**Variationsmöglichkeit:**
Ein ähnliches Spiel läßt sich durchführen, wenn die Spielleiterin sagt: „Du bist gefangen!"

ng II **19** Zeit: 10 Min. Gruppengröße: 2–8 Kinder

**Übungsvorlage:**
Spiel: Ich habe meinen Ring verloren.
Die Ringbesitzerin läuft suchend im Zimmer umher. Nun geht abwechselnd jedes Kind der Gruppe zu der Ringbesitzerin und fragt: „Was suchst du?“ Die Ringbesitzerin sagt jedesmal: „Meinen Ring.“

**Übungsablauf:**
Das Spiel wird durchgeführt. Wichtig ist, daß jedes Kind einmal die Ringbesitzerin spielen darf.

**Variationsmöglichkeit:**
Ein anderes Kind sucht seine Angel.

ng II **20** Zeit: 5 Min. Gruppengröße: 4–6 Kinder

**Übungsvorlage:**
Geschichte: Peter.
Peter ist manchmal sehr ungezogen. Dann schimpft die Mutter mit ihm und sagt: „Junge, du bist ein Bengel!“

**Übungsablauf:**
Jedes Kind darf mehrmals mit Peter (Spielleiterin) schimpfen.

**Variationsmöglichkeit:**
Zu Iris sagt der Vater, wenn sie ungezogen ist: „Du bist kein Engel, du bist ein Bengel!“

ng II **21** Zeit: 2–4 Min. Gruppengröße: 2–10 Kinder

**Übungsvorlage:**
Vers: Leire leire ling ling ling,
du bist ein garstig' greulich's Ding!

**Übungsablauf:**
Die Gruppe spricht den Vers mehrfach.

**Variationsmöglichkeit:**
Vers: Eins, zwei, drei, vier, fünf und sechs,
im Haus, da ging 'ne alte Hex'!

ng II **22** Zeit: 3–7 Min. Gruppengröße: 3–7 Kinder

**Übungsvorlage:**
Geschichte: Frau Kühn möchte eine alte Freundin besuchen, die in eine neue Stadt gezogen ist. Sie fragt nach dem Weg und bekommt gesagt, daß sie noch lange laufen müsse. Nach einer Weile fragt sie wieder nach dem Weg, und wieder sagt man ihr: „Da müssen Sie noch lange laufen“ usw.

**Übungsablauf:**
Die Übungsleiterin erzählt die Geschichte. Dabei wiederholt sich ständig der Satz „Da müssen Sie noch lange laufen!“ Die Kinder werden animiert, diesen Satz jeweils mitzusprechen.

**Variationsmöglichkeiten:**
1. Die Geschichte wird als Fortsetzungsgeschichte erzählt. Die Übungsleiterin beginnt und jedes Kind fügt einen Satz hinzu, in dem das Wörtchen „lang“ auftauchen sollte.
2. Die Geschichte wird in ein Rollenspiel umgesetzt, das von den einzelnen Kindern je nach Phantasie weiterentwickelt wird.

## 4. Übungen zum Laut w

| w I | 1 | Zeit: 5–15 Min. | Gruppengröße: 2–10 Kinder |
|---|---|---|---|

**Benötigtes Material:**
Kämme, Seidenpapier.

**Übungsablauf:**
Die Gruppe bläst auf, mit Seidenpapier umwickelten, Kämmen Phantasiemelodien („www").

**Variationsmöglichkeiten:**
1. Bekannte Kinderlieder werden auf dem Kamm geblasen („www").
2. Einige singen die Melodie, die restlichen Kinder bilden das „Orchester" und begleiten die Lieder auf dem Kamm („www").

| w I | 2 | Zeit: 5–7 Min. | Gruppengröße: 2–10 Kinder |
|---|---|---|---|

**Übungsablauf:**
Spielleiterin: „Wißt ihr, wie die kleinen Gänschen nach ihren Eltern rufen? Sie rufen: ‚Wi, wi, wi, wi!'" Die Kinder ahmen die kleinen Gänschen nach.

**Variationsmöglichkeit:**
Die Gänsefamilie macht einen Ausflug. Die Gänseeltern gehen voran. Die Kleinen laufen hinterher und rufen immer wieder: „Wi, wi, wi, wi!"

| w I | 3 | Zeit: 7–10 Min. | Gruppengröße: 3–5 Kinder |
|---|---|---|---|

**Übungsvorlage:**
Geschichte: Ist Sabine schwerhörig?
Sabine hört meistens sehr gut. Manchmal aber hört sie überhaupt nichts. Wenn Mutter z. B. sagt: „Sabine, hilfst Du mir, den Tisch decken?" Dann sagt Sabine: „Was?" usw.

**Übungsablauf:**
Besprechen der Geschichte. Anschließend wird die Geschichte nachgespielt. Die Übungsleiterin erteilt Arbeitsaufträge und die jeweilige „Sabine" fragt: „Was?"

**Variationsmöglichkeit:**
Die gleiche Geschichte. Sabine fragt hier aber: „Wie?"

| w I | 4 | Zeit: 5 Min. | Gruppengröße: 4–10 Kinder |
|---|---|---|---|

**Übungsablauf:**
Die Gruppe bellt wie ein Hund („wauwau").

**Variationsmöglichkeiten:**
1. Hunde bellen laut und leise.
2. Bei jedem Hund hört sich das Bellen anders an („wau", „wuff", „woo" usw.).

| w I | 5 | Zeit: 5–10 Min. | Gruppengröße: 3–6 Kinder |
|---|---|---|---|

**Übungsvorlage:**
Geschichte: Uli macht sich einen Spaß.
Uli will die Kinder anführen. Er geht deshalb zu all seinen Freunden und sagt: „Heute verschenkt der Eismann sein Eis!" „Wo?" rufen da alle Kinder.

**Übungsablauf:**
Die Geschichte wird von der Gruppe gespielt. Dabei wird jedem Kind einzeln mitgeteilt, daß der Eismann heute Eis verschenke.

**Variationsmöglichkeit:**
Geschichte: Uli erzählt: „Eben habe ich gesehen, daß viele Bonbons auf der Straße liegen."

| w I | 6 | Zeit: 2–4 Min. | Gruppengröße: 2–10 Kinder |
|---|---|---|---|

**Übungsvorlage:**
Vers: Wigi wagi wei,
sind der Kinder drei,
wigi wagi wei.

**Übungsablauf:**
Die Gruppe spricht den Vers mehrfach.

**Variationsmöglichkeit:**
Vers: Gretel, Pastetel, was machen die Gäns'?
Sie sitzen im Wasser und waschen die Schwänz'.

| w I | 7 | Zeit: 3–10 Min. | Gruppengröße: 3–7 Kinder |
|---|---|---|---|

**Übungsvorlage:**
Geschichte: In Sandwüsten ist es sehr heiß. Dort muß man oft viele Kilometer laufen, um Wasser zu finden. Wenn sich aber jemand in der Wüste verirrt und viele Stunden gelaufen ist, dann bekommt er immer mehr Durst. Wenn er dann zu Menschen kommt, dann ist das erste Wort, das er sagt: „Wasser!"

**Übungsablauf:**
Die Gruppe sitzt im Kreis. Die Übungsleiterin erzählt die Geschichte. Anschließend fordert sie die Gruppe auf, sich vorzustellen, wie ein Mensch, der so viel Durst hat, dann „Wasser" sagt. Alle Kinder sprechen dann mehrfach: „Wasser."

**Variationsmöglichkeiten:**
1. Die Geschichte kann als kleine Szene dargestellt werden.
2. Geschichte: Ein Kind planscht mit Wasser und singt dazu leise vor sich hin: „Wasser, Wasser."

| w I | 8 | Zeit: 2–4 Min. | Gruppengröße: 2–10 Kinder |
|---|---|---|---|

**Übungsvorlage:**
Vers: Hawele hawele Hahne,
die Fastnacht geht bald ane.
Hawele hawele Hahne.

**Übungsablauf:**
Die Gruppe erlernt den Reim.

**Variationsmöglichkeit:**
Vers: Häwele häwele Hühnerbein,
du sollst mein Begleiter sein.
Häwele häwele Hühnerbein!

| w I | 9 | Zeit: 3 Min. | Gruppengröße: 3–5 Kinder |
|---|---|---|---|

**Übungsablauf:**
Das Märchen ‚Hänsel und Gretel' wird erzählt (evtl. Märchenplatte). Anschließend wird die kurze Szene gespielt, in der die Kinder die Hexe mit dem Spruch „Der Wind, der Wind, das himmlische Kind" besänftigen.

**Variationsmöglichkeit:**
Spiel: Draußen ist es sehr windig. Vater, Mutter, Tochter usw. schauen zum Fenster hinaus. Jeder sagt dabei: „Oh, ist das ein Wind!" oder „Es ist windig!"

w I **10** Zeit: 4–8 Min. Gruppengröße: 2–8 Kinder

**Übungsvorlage:**
Vers: Ene mene minke, tinke,
wade rade rollke tollke,
wiggel waggel weg.

**Übungsablauf:**
Die Kinder sprechen den Vers so oft, daß sie ihn beherrschen. Beim Sprechen kann mit den Händen geklatscht oder mit den Füßen gestampft werden.

**Variationsmöglichkeit:**
Vers: Wenn Wasser Wein wär,
wie wollte man waschen?

w II **11** Zeit: 10 Min. Gruppengröße: 3–10 Kinder

**Übungsvorlage:**
Liedtext: Wer im Januar (Februar, März ...) geboren ist, tritt ein, tritt ein, tritt ein; der mache im Kreis einen tiefen Knicks, recht tief, recht tief, recht tief. Mädel dreh dich, Mädel dreh dich, mach' hoppsassassa, Mädel dreh dich, Mädel dreh dich, mach' hoppsassassa!

**Übungsablauf:**
Die Gruppe übt das Lied ein. Falls die Liedmelodie nicht bekannt ist, kann eine beliebige Liedmelodie verwendet werden.

**Variationsmöglichkeit:**
Singspiel: Die Gruppe bildet einen Kreis. Bei jeder Strophe treten die Kinder, die in diesem Monat Geburtstag haben, in den Kreis, führen einen Knicks aus und drehen sich um sich selbst.

w II **12** Zeit: 5–10 Min. Gruppengröße: 2–10 Kinder

**Übungsvorlage:**
Vers: Widewidewitt, die Maus ist los,
widewidewitt, was macht sie bloß?
Widewidewitt, sie stiehlt ein Ei,
widewidewitt und du bist frei!

**Übungsablauf:**
Die Gruppe spricht den Reim mehrfach.

**Variationsmöglichkeit:**
Die Gruppe steht im Kreis und zählt mit Hilfe des Abzählreimes aus.

w II **13** Zeit: 5–10 Min. Gruppengröße: 5 Kinder

**Übungsablauf:**
Die Übungsleiterin initiiert folgendes Spiel: Ein Spieler (Kind) darf den Mitspieler fragen: „Wo ist ...!“ Die Mitspieler laufen dann zu den genannten Gegenständen und zeigen sie.

**Variationsmöglichkeit:**
Spiel: Ein Kind geht vor die Tür. Die Gruppe versteckt ein anderes Kind. Das Kind, das vor der Tür steht, darf dann hereinkommen und muß nun fragen, wo das versteckte Kind sei.

w II **14** Zeit: 5–10 Min. Gruppengröße: 2–10 Kinder

**Übungsvorlage:**
Vers: Wiwerle, wawerle, was ist das?
Sitzt dort nicht der kleine Has'?
Wiwerle, wawerle, wo?
Na dort, im Stroh!

**Übungsablauf:**
Die Gruppe spricht den Vers mehrfach.

**Variationsmöglichkeit:**
Die Gruppe versucht, den Vers zu vertonen.

| w II | 15 | Zeit: 10 Min. | Gruppengröße: 5–10 Kinder |
|---|---|---|---|

**Übungsvorlage:**
Spiel: Wer ist ...?
Der jeweilige Spielleiter fragt: „Wer ist ... (blond, groß, Junge, Mädchen, laut, 6 Jahre usw.)? Die Kinder sitzen im Kreis. Bei den einzelnen Aussagen (z. B. Junge) stehen die betroffenen Kinder dann auf.

**Übungsablauf:**
Die Kinder sitzen im Kreis. Zunächst wird das Spiel durch die Übungsleiterin durchgeführt. Später übernehmen einzelne Kinder die Spielleitung.

**Variationsmöglichkeit:**
Spiel: Wer hat ... (lange Haare, einen Rock an, rote Hosen an, blaue Augen usw.)?

| w II | 16 | Zeit: 5–10 Min. | Gruppengröße: 2–10 Kinder |
|---|---|---|---|

**Übungsvorlage:**
Vers: Weißt du was,
wenn's regnet, wird's naß,
wenn's schneit, wird's weiß,
bist ein alter Naseweis.

**Übungsablauf:**
Die Gruppe spricht den Vers mehrfach.

**Variationsmöglichkeit:**
Die Gruppe erfindet neue Verse. Der Anfang „Weißt du was ..." wird dabei beibehalten.

| w II | 17 | Zeit: 10 Min. | Gruppengröße: 3–6 Kinder |
|---|---|---|---|

**Übungsablauf:**
Die Gruppe spielt folgendes Spiel: Ein Kind fragt: „Wie machen die ... bzw. Wie macht der ...?" (Maurer, Schreiner, Bäcker, Tischler usw.). Die Gruppe führt dann entsprechende, charakteristische Bewegungen aus.

**Variationsmöglichkeit:**
Jedes Kind bekommt ein Bild (z. B. aus dem Katalog ausgeschnitten) und fragt die anderen: „Wie macht ...?" (z. B. der Hund, der Vogel, das Auto usw.).

| w II | 18 | Zeit: 5 Min. | Gruppengröße: 2–7 Kinder |
|---|---|---|---|

**Übungsablauf:**
Die Gruppe sitzt im Kreis zusammen. Die Übungsleiterin beginnt: „Der Hund ist schmutzig, er muß in die Wanne. Petra ist schmutzig, sie muß ..." (bei den folgenden Sätzen setzt jeweils die Gruppe „in die Wanne" ein) usw.

**Variationsmöglichkeit:**
Übungsleiterin: Peter sitzt in der Wanne. Er nimmt seinen Spielfisch mit. Der Spielfisch ist ... Er nimmt sein Schiff mit. Sein Schiff ist ... usw.

w II **19** Zeit: 10–15 Min. Gruppengröße: 2–6 Kinder

**Übungsvorlage:**

Gedicht: Wischiwaschi, Wäschewaschen
wischiwaschi wumm.
Oben waschen, unten waschen, rundherum,
Hemden waschen, Hosen waschen, Tischtuch
mit den Rosen waschen
wischiwaschi Wäschewaschen
wischiwaschi wumm.
Und die vielen Hosentaschen dreh'n wir um.
Wischiwaschi Wäschewaschen
wischiwaschi wumm.
Wäschewaschen wischiwaschi wumm.

Entnommen aus der Literatur: Krüss, J.: Kinder, heut' ist Wochenmarkt!
G. Stalling-Verlag

**Übungsablauf:**

Das Gedicht wird von der Gruppe sehr häufig gesprochen.

**Variationsmöglichkeit:**

Das Gedicht läßt sich auch zu einem Singspiel umarbeiten.

---

w II **20** Zeit: 5–7 Min. Gruppengröße: 2–6 Kinder

**Übungsablauf:**

Übungsleiterin: „Was ist alles weiß? Die Milch ist weiß. Sucht andere Dinge, die weiß sind!" (Wichtig ist, daß die Kinder in ihren Sätzen immer wieder das Wort „weiß" verwenden.)

**Variationsmöglichkeit:**

Spiel: Was ist alles heiß?

## 5. Übungen zum Laut f

| f I | 1 | Zeit: 5–7 Min. | Gruppengröße: 2–6 Kinder |
|---|---|---|---|

**Benötigtes Material:**
Kerze, (zahlreiche) Streichhölzer bzw. Feuerzeug.

**Übungsablauf:**
Übungsleiterin zündet eine Kerze an. Anschließend pustet sie die Kerze aus einiger Entfernung aus: „Wer kann das auch?“ Zunächst darf die Gruppe insgesamt pusten. Später sollen die Kinder einzeln pusten.

**Variationsmöglichkeit:**
Jedes Kind soll herausfinden, aus welcher Entfernung es die Kerze noch auspusten kann.

| f I | 2 | Zeit: 10 Min. | Gruppengröße: 3–7 Kinder |
|---|---|---|---|

**Benötigtes Material:**
Windräder.

**Übungsablauf:**
Übungsleiterin hebt ein Windrad in die Höhe: „Heute habe ich euch etwas mitgebracht.“ Sie bläst in das Windrad. Die Gruppe ahmt das nach. Später soll dann versucht werden, das Windrad schnell und langsam laufen zu lassen.

**Variationsmöglichkeit:**
Spiel: Das Windrad geht von Hand zu Hand. Die Übungsleiterin ruft jeweils: „Jetzt soll mein Windrad langsam laufen!“ bzw. „Jetzt soll mein Windrad ganz schnell sausen!“ usw.

| f I | 3 | Zeit: 5 Min. | Gruppengröße: 2–5 Kinder |
|---|---|---|---|

**Benötigtes Material:**
Seidenpapier.

**Übungsvorlage:**
Geschichte: „Uff, ist das heiß!“ stöhnt Mutter. Da geht Heino leise zu ihr und bläst ihr ganz sanft ins Gesicht („fff“). „Ja, das tut gut, so schön kühl“ lacht da die Mutter.

**Übungsablauf:**
Die Übungsleiterin erzählt die Geschichte. „Eigentlich ist es hier drin auch recht heiß! Wer macht denn 'mal, daß es mir auch ein bißchen kühl wird?“ Die Gruppe pustet erst vorsichtig die Gruppenleiterin an. Später pusten sich die Kinder gegenseitig an.

**Variationsmöglichkeit:**
Jedes Kind hält sich ein Blatt Papier (nach Möglichkeit Seidenpapier) vors Gesicht und bringt es durch vorsichtiges Pusten zum Flattern.

| f I | 4 | Zeit: 5 Min. | Gruppengröße: 2–4 Kinder |
|---|---|---|---|

**Übungsablauf:**
Alle Kinder probieren zu pfeifen.

**Variationsmöglichkeit:**
Unser Mund ist eine Flöte und wir versuchen, Melodien zu „flöten“.

f I 5 Zeit: 5 Min. Gruppengröße: 5–10 Kinder

**Übungsablauf:**
Übungsleiterin: „Wißt ihr eigentlich, was passiert, wenn ein Auto über einen Nagel fährt? Wißt ihr auch, wie sich das anhört? Wir wollen 'mal alle nachmachen, was man da hört." „Ffffff!"

**Variationsmöglichkeit:**
Luft faucht unterschiedlich laut und kräftig, wenn sie aus einem Schlauch etc. entweicht.
Die Gruppe ahmt nach, wie es sich anhört, wenn die Luft aus einem Luftballon, Fahrradschlauch, Autoschlauch, Lastwagenschlauch etc. entweicht.

---

f I 6 Zeit: 2–3 Min. Gruppengröße: 2–10 Kinder

**Übungsablauf:**
Spielleiterin: „Wenn die Finger im Winter kalt sind, kann man sie wärmen, indem man sie anhaucht. Das geht so: „Ffff! fff!" Alle Kinder hauchen ihre kalten Finger an.

**Variationsmöglichkeit:**
Gegen die Scheibe hauchen.

---

f I 7 Zeit: 5–15 Min. Gruppengröße: 2–6 Kinder

**Benötigtes Material:**
Wattebällchen.

**Übungsablauf:**
Übungsleiterin: „Heute wollen wir ‚Wind' spielen. Paßt auf! Ich mache es euch vor." Ein Wattebällchen wird über den Tisch geblasen. Dabei soll ein intensives „fff" zu hören sein. Die Kinder machen den Vorgang nach.

**Variationsmöglichkeit:**
Die Gruppe führt auf dem Boden einen „Pust"-Wettbewerb aus. Wer als erste(r) seinen Watteball von einer Wand zur anderen gepustet hat, ist der „stärkste Pustewind".

---

f I 8 Zeit: 5 Min. Gruppengröße: 2–8 Kinder

**Übungsvorlage:**
Geschichte: Das faule Paar.
Heinz und Inge haben keine Lust zu arbeiten. Wenn sie etwas helfen sollen, dann stöhnen sie laut. Wenn Inge den Tisch decken soll, macht sie: „fff". Wenn Heinz sein Zimmer aufräumen soll, macht er „fff".

**Übungsablauf:**
Die Übungsleiterin erzählt die Geschichte und fordert die Kinder auf, weitere Vorgänge zu schildern, bei denen Heinz und Inge stöhnen. Dabei übernimmt die Gruppe das Stöhnen.

**Variationsmöglichkeit:**
Die Übungsleiterin teilt den Kindern Aufgaben zu. Die Kinder spielen aber „faule Gruppe". Jedesmal, wenn die Gruppenleiterin eines der Kinder bittet, etwas zu tun, stöhnt es: „fff!"

---

f I 9 Zeit: 5 Min. Gruppengröße: 2–5 Kinder

**Übungsvorlage:**
Geschichte: Vater war zwei Wochen weg. Nun kommt er wieder und alle laufen ihm entgegen und freuen sich. „Vater!" ruft Ursel. „Vater!" ruft auch Günther …

**Übungsablauf:**
Nachdem die Geschichte erzählt wurde, darf jedes Kind seinen Vater rufen.

**Variationsmöglichkeit:**
Eine ähnliche Geschichte läßt sich erfinden zum Thema „Vater hilft immer". (Alle rufen Vater, wenn sie Rat und Hilfe brauchen.)

f I **10** Zeit: 2–3 Min. Gruppengröße: 2–10 Kinder

**Übungsablauf:**
Spielleiterin: „Wenn jemand sehr langsam ist, dann rufen die anderen oft: ‚Fix! Fix!'"
Alle Kinder rufen sich gegenseitig „Fix! Fix!" zu.

**Variationsmöglichkeit:**
Mutter ruft: „Lauf fix zum Kaufmann!" oder „Lauf fix zur Oma!" usw.

---

f II **11** Zeit: 5 Min. Gruppengröße: 2–6 Kinder

**Benötigtes Material:**
Evtl. Babyspielsachen.

**Übungsablauf:**
Spiel: Baby kann schon viel. Ablauf: Jedes Kind ist einmal „Baby", einmal „Mutter". Die „Mütter" freuen sich immer, wenn „Baby" etwas schönes macht und loben es: „Fein!"

**Variationsmöglichkeit:**
Die Übungsleiterin ist die Mutter, während alle anderen Babys sind. Die Übungsleiterin lobt ihre Babies. Anschließend werden die Rollen vertauscht. Alle „Mütter" loben nun das „Baby". („Das hast du fein gemacht" bzw. einfach nur „fein!")

---

f II **12** Zeit: 2–4 Min. Gruppengröße: 2–4 Kinder

**Übungsvorlage:**
Zungenbrecher: Im Februar freut sich Fritz.

**Übungsablauf:**
Die Gruppe lernt den Reim und veranstaltet Schnellsprechübungen.

**Variationsmöglichkeit:**
Wettbewerb: Wer kann mit „Fritz" andere Reime zum Schnellsprechen machen?

---

f II **13** Zeit: 5–10 Min. Gruppengröße: 3–6 Kinder

**Benötigtes Material:**
Evtl. Pappkästen als Autos.

**Übungsablauf:**
Die Gruppe spielt Tankstelle. Jedes Kind darf einmal Tankwart sein. Die übrigen „Autobesitzer" fahren mit ihren „Autos" vor. Der Tankwart fragt: „Wieviel soll ich tanken?" Der Autobesitzer antwortet: „Voll bitte!"

**Variationsmöglichkeit:**
Die Kinder kaufen beim Konditor Sahne. Sie verlangen: „Die ganze Schüssel voll!"

---

f II **14** Zeit: 2–5 Min. Gruppengröße: 2–10 Kinder

**Übungsvorlage:**
Schnellsprechvers: Fischer's Fritze fischt frische Fische.
Frische Fische fischt Fischer's Fritze.

**Übungsablauf:**
Die Gruppe spricht den Vers mehrfach.

**Variationsmöglichkeit:**
Es wird ein Wettsprechen durchgeführt.

f II **15** Zeit: 2–4 Min. Gruppengröße: 2–10 Kinder

**Übungsvorlage:**
Ausspruch: Vergeben und vergessen!

**Übungsablauf:**
Spielleiterin: „Wenn Menschen sich gestritten haben, wollen sie sich danach meist wieder versöhnen. Manche sagen dann zueinander: ‚Alles ist vergeben und vergessen!'“
Die Kinder wiederholen diesen Ausspruch mehrfach.

**Variationsmöglichkeit:**
Zwei Kinder streiten sich. Ein drittes Kind versöhnt die beiden Streithähne. Anschließend sagen alle drei lachend: „Vergeben und vergessen!“

f II **16** Zeit: 2–4 Min. Gruppengröße: 2–10 Kinder

**Übungsvorlage:**
Vers: Für Friedels Finger findet Franz einen Fingerring.

**Übungsablauf:**
Die Gruppe spricht den Vers mehrfach.

**Variationsmöglichkeit:**
Vers: Frau Fried findet feine Fingerringe.

f II **17** Zeit: 7–10 Min. Gruppengröße: 5 Kinder

**Benötigtes Material:**
Evtl. Kataloge oder Bilder.

**Übungsablauf:**
Die ganze Gruppe erzählt, was sie über die Feuerwehr weiß. Aufgabe der Übungsleiterin ist es, die Kinder anzuregen, möglichst häufig das Wort „Feuerwehr“ zu verwenden.

**Variationsmöglichkeit:**
Eine ähnliche Gesprächsrunde läßt sich auch zum Thema „Feuer“ gestalten.

f II **18** Zeit: 7 Min. Gruppengröße: 2–5 Kinder

**Übungsvorlage:**
Geschichte: Der faule Willi.
Willi ist immer faul. Was die Leute auch immer sagen, Willi tut es nicht, denn er ist viel zu faul. Alle sagen: „Willi ist faul.“

**Übungsablauf:**
Die Gruppe spielt „Willi ist faul“. Die Übungsleiterin spielt den Willi. Die Kinder dürfen sagen, was „Willi“ tun soll. „Willi“ aber weigert sich und alle sagen: „Willi ist faul.“

**Variationsmöglichkeit:**
Die Kinder selbst stellen den „Willi“ dar.

f II **19** Zeit: 10 Min. Gruppengröße: 5–10 Kinder

**Benötigtes Material:**
Evtl. Kaufmannsladen.

**Übungsablauf:**
Die Gruppe spielt Eisverkaufen. Die Übungsleiterin ist der Eisverkäufer und fragt jedes Kind: „Möchtest du viel oder wenig?“ Die Kinder werden im allgemeinen „viel“ antworten. Die Kinder dürfen mehrfach Eis einkaufen.

**Variationsmöglichkeiten:**
1. Die Kinder dürfen ins Geschäft mitgehen zum Einkaufen. Die Verkäuferin schenkt ihnen etwas und fragt, ob sie viel oder wenig wollten.
2. Telefonische Bestellungen werden durchgeführt. Dabei muß bei jedem Wunsch die Frage „Viel oder wenig?“ beantwortet werden.

**Übungsvorlage:**
Geschichte: Katja und der Vogel.
Katja sieht draußen einen Kanarienvogel auf dem Baum sitzen. Sie denkt: „Der ist sicher jemandem weggeflogen. Es ist jetzt aber kalt draußen. Wenn ich ihn nicht fange, muß er sterben.“ Katja möchte deshalb den Vogel fangen. Sie weiß aber nicht, wie sie es anstellen soll. Könnt Ihr da helfen?

**Übungsablauf:**
Die Kinder versuchen, den „Vogel“ in kleinen Spielszenen anzulocken, z.B. indem sie leise rufen: „Komm, Vogel, komm her, Vogel, Vogel, komm doch ...“ usw.

**Variationsmöglichkeiten:**
1. Katja hat ihren Vogel gefunden und gibt ihm den Namen „Vogel“. Sie unterhält sich mit ihm.
2. Katja geht zu allen Nachbarn und fragt: „Gehört Ihnen der Vogel?“

## 6. Übungen zum Laut j

| j I | 1 | Zeit: 5 Min. | Gruppengröße: 2–10 Kinder |
|---|---|---|---|

**Übungsvorlage:**
Geschichte: Der Ja-Sager.
Fred sagt immer: „Ja!“ Wenn man ihn fragt: „Ißt du gerne Äpfel?“, sagt er: „Ja!“ Wenn man ihn fragt: „Möchtest du mit spazierengehen?“, sagt er: „Ja!“ Wenn …

**Übungsablauf:**
Die Spielleiterin erzählt diese Geschichte. Die Kinder ergänzen jeweils das „Ja!“

**Variationsmöglichkeit:**
Die Geschichte läßt sich als Rollenspiel gestalten.

| j I | 2 | Zeit: 5 Min. | Gruppengröße: 2–10 Kinder |
|---|---|---|---|

**Übungsvorlage:**
Geschichte: Die faule Liese.
Liese ist immer faul. Sie möchte am liebsten den ganzen Tag nichts tun. Wenn jemand zu ihr sagt: „Liese, du mußt arbeiten!“, antwortet sie nur: „Jo!“

**Übungsablauf:**
Jedes Kind der Gruppe darf einmal die Liese spielen. Die anderen Kinder versuchen, die Liese zum Arbeiten zu bewegen. Liese sagt immer nur faul und träge: „Jo!“

**Variationsmöglichkeit:**
Die Gruppe unterhält sich über das Jojo-Spiel.

| j I | 3 | Zeit: 5 Min. | Gruppengröße: 2–10 Kinder |
|---|---|---|---|

**Übungsablauf:**
Spielleiterin: „Der kleine Dackel von Erika jault manchmal, wenn er sich nicht wohl fühlt: ‚Jap! Jap! Jap!‘, hört sich das dann an.“ Alle Kinder jaulen wie Erikas Dackel.

**Variationsmöglichkeit:**
Im Tierheim jaulen viele Hunde, weil sie sich nicht wohl fühlen. Die Gruppe veranstaltet ein Jaulkonzert.

| j I | 4 | Zeit: 3–5 Min. | Gruppengröße: 2–10 Kinder |
|---|---|---|---|

**Übungsablauf:**
Spielleiterin: „Wenn Menschen sich sehr freuen, rufen sie manchmal laut: ‚Juchhu!‘“ Alle Kinder rufen mehrfach: „Juchhu!“ Spielleiterin: „Wenn Menschen enttäuscht sind, sagen sie oft: ‚O jeh!‘“ Die Kinder seufzen mehrfach: „O jeh!“

**Variationsmöglichkeit:**
Die Gruppe sitzt im Kreis. Die Spielleiterin macht verschiedene Aussagen, z. B. „Morgen machen wir einen Ausflug! – Heute regnet es den ganzen Tag“ usw. Entsprechend der Aussage rufen die Kinder: „Juchhu!“ oder „O jeh!“

| j I | 5 | Zeit: 3–5 Min. | Gruppengröße: 2–10 Kinder |
|---|---|---|---|

**Übungsvorlage:**
Geschichte: Gerds Vater.
Gerds Vater lacht gern. Wenn Gerd aber etwas angestellt hat, dann wird er ernst und sagt: „Junge! Junge!“

**Übungsablauf:**
Jedes Kind darf einmal Gerds Vater spielen und mit Gerd schimpfen: „Junge! Junge!“

**Variationsmöglichkeit:**
Gerds Mutter sagt: „Mein lieber Junge!“

j I 6 Zeit: 2–3 Min. Gruppengröße: 2–10 Kinder

**Übungsvorlage:**
Geschichte: Der fröhliche Jonny.
Wenn Jonny sich freut, klatscht er in die Hände und ruft laut: „Jippie!“ Alle müssen dann lachen.

**Übungsablauf:**
Die Gruppe ruft laut wie Jonny.

**Variationsmöglichkeit:**
Wenn Cowboys Pferde mit dem Lasso einfangen, dann rufen sie dazu oft auch: „Jippie!“ (Die Gruppe schwingt Lassos und ruft: „Jippie!“)

---

j I 7 Zeit: 3–5 Min. Gruppengröße: 2–10 Kinder

**Übungsvorlage:**
Geschichte: Ein heißer Sommer.
Im Sommer, wenn es richtig heiß ist, gehen Bernd und seine Freunde gerne schwimmen. Sie rennen dann fröhlich ins Wasser und rufen laut: „Jipp! Japp!“

**Übungsablauf:**
Die Kinder rennen „ins Wasser“ (ein vorher festgelegter Ort im Zimmer) und rufen laut: „Jipp! Japp!“

**Variationsmöglichkeit:**
Die Kinder rufen: „Juchee! Juchei!“

---

j I 8 Zeit: 5–7 Min. Gruppengröße: 2–10 Kinder

**Übungsvorlage:**
Vers: Nach dem Jagen jubeln die Jäger:
„Juchheh, juchhei, juchheirassa!“

**Übungsablauf:**
Die Gruppe spricht den Vers mehrfach.

**Variationsmöglichkeit:**
Der Vers wird durch Klatschen und den Einsatz von Rhythmusinstrumenten rhythmisch ausgestaltet.

---

j I 9 Zeit: 2–5 Min. Gruppengröße: 2–10 Kinder

**Übungsvorlage:**
Geschichte: Frau Jammer.
Frau Jammer ist immer schlecht gelaunt. Den ganzen Tag jammert sie herum: „Oh jemineh! Oh jemineh!“

**Übungsablauf:**
Alle Kinder jammern wie Frau Jammer.

**Variationsmöglichkeit:**
Herr Mecker jammert den ganzen Tag: „O jeh! O jeh! O jemineh! O jeh! O jemineh!

j I **10** Zeit: 3 Min. Gruppengröße: 2–10 Kinder

**Übungsvorlage:**
Vers: Jochen, Jan und Jule haben im Juli Geburtstag.

**Übungsablauf:**
Die Gruppe spricht den Vers mehrfach.

**Variationsmöglichkeit:**
Vers: Jockel, Julchen und Jan haben im Juni Namenstag.

j II **11** Zeit: 3–5 Min. Gruppengröße: 2–10 Kinder

**Übungsvorlage:**
Spielleiterin: „Wenn die Cowboys mit ihren Pferden schnell dahergeritten kommen, dann rufen sie: ‚Jipijeeh! Jipijeeh!'"

**Übungsablauf:**
Die Kinder ahmen den Cowboy-Ausruf mehrmals nach.

**Variationsmöglichkeit:**
Manchmal rufen die Cowboys auch: „Jippie!"

j II **12** Zeit: 3–5 Min. Gruppengröße: 2–10 Kinder

**Übungsvorlage:**
Vers: Jule, Jockel und Jan jubeln und jodeln.

**Übungsablauf:**
Die Kinder sprechen den Vers mehrfach.

**Variationsmöglichkeit:**
Vers: Jeder Junge jubelt im Juli.

j II **13** Zeit: 5–10 Min. Gruppengröße: 2–6 Kinder

**Benötigtes Material:**
Bilder vom Jäger.

**Übungsablauf:**
Die Gruppe unterhält sich über den Jäger. Wichtig ist, daß häufig das Wort „Jäger' gesprochen wird.

**Variationsmöglichkeit:**
Die Gruppe unterhält sich über die Jagd.

j II **14** Zeit: 5–10 Min. Gruppengröße: 2–5 Kinder

**Übungsvorlage:**
Reim: Jedes Jahr im Januar
jagt Jäger Jörg
mit Jagdhund Jonas
junge Hasen.

**Übungsablauf:**
Die Gruppe lernt den Reim auswendig und veranstaltet „Schnellsprechübungen".

**Variationsmöglichkeit:**
Der Reim wird „verhext" (z.B. junge Hasen jagen jedes Jahr den Jagdhund Jonas im Januar mit Jäger Jörg usw.).

j II **15** Zeit: 10 Min. Gruppengröße: 2–6 Kinder

**Übungsvorlage:**
Geschichte: Das Essen.
Helga mag keine Nudeln essen. Wenn die Mutter Nudeln gekocht hat, schimpft sie immer: „Jeden Tag kochst du Nudeln!" Aber da lacht die Mutter nur und sagt: „Wir haben doch eine ganze Woche lang keine Nudeln mehr gegessen!"

**Übungsablauf:**
Die Geschichte wird zum Rollenspiel ausgestaltet. Jedes Kind der Gruppe darf einmal die Helga spielen.

**Variationsmöglichkeit:**
Helga jammert: „Jeden Tag muß ich ... (Zähne putzen, aufstehen, mich anziehen ... usw.)."

j II **16** Zeit: 3–5 Min. Gruppengröße: 2–10 Kinder

**Übungsvorlage:**
Vers: Jakob Jung jodelt jedes Jahr auf dem Jahrmarkt.

**Übungsablauf:**
Die Kinder sprechen den Vers mehrfach.

**Variationsmöglichkeit:**
Alle Kinder jodeln: „Juchhe! Jodelihe! Jollalohiri!" usw.

j II **17** Zeit: 5 Min. Gruppengröße: 2–8 Kinder

**Übungsablauf:**
Spielleiterin: „Könnt ihr jodeln? Ich kann es ein wenig und will es euch vormachen: Jollerlohirieh! Jollerlohirieh!" Die Gruppe versucht zu jodeln.

**Variationsmöglichkeit:**
Die Gruppe veranstaltet einen Jodelwettbewerb. Es wird das Kind gesucht, das am längsten jodeln kann, z. B. „Jollerladiria-jollalladiri!" usw.

j II **18** Zeit: 5 Min. Gruppengröße: 2–10 Kinder

**Übungsvorlage:**
Vers: Im Juni jault Jappe jeden Tag,
jeden Tag jault Jappe im Juni.

**Übungsablauf:**
Die Gruppe spricht den Vers mehrfach.

**Variationsmöglichkeit:**
Vers: Jodeln kann Jörg jeden Abend,
jeden Abend kann Jörg jodeln.

j II **19** Zeit: 5–7 Min. Gruppengröße: 2–10 Kinder

**Übungsvorlage:**
Vers: Gretele willst tanzen?
O jerum jo, o jerum jo.
Um das bissel Tanzen
bin ich ja do.

**Übungsablauf:**
Die Gruppe spricht den Vers mehrfach.

**Variationsmöglichkeit:**
Die Gruppe macht aus dem Vers ein Singspiel.

**Übungsvorlage:**

Lied: Schmetterling, du kleines Ding,
such dir eine Tänzerin,
juchheirassa, juchheirassa,
o, wie lustig tanzt man da,
lustig, lustig wie der Wind,
wie ein kleines Blumenkind.
Lustig, lustig, wie der Wind,
wie ein Blumenkind.

**Übungsablauf:**

Die Gruppe erlernt das Lied. (Falls die Melodie nicht bekannt ist, sollte der Text als Sprechvers behandelt werden.)

## 7. Übungen zum Laut x

x I | 1 | Zeit: 5 Min. | Gruppengröße: 2–10 Kinder

**Übungsablauf:**
Luft entweicht aus dem Fahrradreifen („xxxxxx …“). Alle Kinder ahmen das Geräusch, das dabei entsteht, nach.

**Variationsmöglichkeit:**
Die Luft entweicht aus dem Luftballon, Schlauchboot, Autoreifen usw. Die Geräusche, die dabei entstehen, sind unterschiedlich kräftig. (Wichtig ist, daß auf dem x-Laut gezischt wird.)

x I | 2 | Zeit: 5–10 Min. | Gruppengröße: 2–6 Kinder

**Übungsvorlage:**
Text: Zwei Roboter unterhalten sich. Der eine heißt „Xi“, der andere „Xa“. „Xi“ und „Xa“ haben auch ihre „Xi“- und „Xa“-Sprache.

**Übungsablauf:**
Die Spielleiterin spielt den Kindern vom Tonband ein Gespräch zwischen „Xi“ und „Xa“ vor, z. B. „Xixi – xaxaxaxaxaaa! – xixiiiixixixi! – xaxa! – xi! – xaxaxaxa!“ usw. Anschließend dürfen die Kinder Roboter sein, die sich auf diese Weise unterhalten.

**Variationsmöglichkeit:**
Die Roboter heißen „Echs“ und „Uchs“.

x I | 3 | Zeit: 2–4 Min. | Gruppengröße: 2–10 Kinder

**Übungsvorlage:**
Geschichte: Heiner hat Launen.
Heiner hat manchmal schlechte Laune. Wenn ihn dann jemand fragt: „Was hast du denn?“, so brummt er nur: „Nix!“

**Übungsablauf:**
Jedes Kind darf den schlechtgelaunten Heiner spielen, der „nix“ vor sich hinbrummelt.

**Variationsmöglichkeit:**
Klaus fürchtet sich manchmal nachts. Dann ruft er immer nach seiner Schwester: „Hörst du auch etwas?“ fragt er dann. „Ich hör’ nix!“ sagt die Schwester.

x I | 4 | Zeit: 5–10 Min. | Gruppengröße: 2–6 Kinder

**Übungsvorlage:**
Text: Wenn Kinder zusammen spielen, dann necken sie sich auch oft gegenseitig. Dabei rufen sie sich auch manchmal kleine Sprüche zu, z. B. „Hex! Hex! Zuckergebäcks!“

**Übungsablauf:**
Die Übungsleiterin erzählt die Einführungsgeschichte. Anschließend ärgern sich die Kinder, indem sie sich den Spruch gegenseitig zurufen. Später feiert die Gruppe „Versöhnung“. Dazu fassen sich die Kinder an den Händen und tanzen im Kreis.

**Variationsmöglichkeit:**
Die Gruppe spielt eine Kurzform des Märchens „Hänsel und Gretel“. Zum Schluß rufen alle: „Hexe, Hexe, komm heraus; komm aus deinem Hexenhaus!“

x I 5 Zeit: 10–15 Min. Gruppengröße: 3–6 Kinder

**Übungsvorlage:**
Sprechspiel: Das Krümelmonster.
Das Krümelmonster liebt Kekse. Wenn Anna das Krümelmonster fragt, was es am liebsten esse, antwortet es? – Kinder: „Kekse!"
Wenn Klaus das Krümelmonster fragt, was es am liebsten esse, antwortet es? – Kinder: „Kekse!" usw.

**Übungsablauf:**
Die Übungsleiterin führt das Sprechspiel mit der Gruppe durch. Dabei wird jedes Kind der Gruppe angesprochen.

**Variationsmöglichkeit:**
Die Gruppe erfindet ein Kasperlespiel mit dem Krümelmonster. Dabei sagt das Krümelmonster ständig: „Ich bin das Krümelmonster. Ich esse am liebsten Kekse" (oder ähnliches).

x I 6 Zeit: 5–7 Min. Gruppengröße: 3–5 Kinder

**Übungsvorlage:**
Geschichte: Frechdachs.
Uschi ärgert ihren Bruder gerne. Bei jeder Gelegenheit sagt sie „Frechdachs" zu ihm. Wenn er ruhig spielt, sagt sie „Frechdachs". Wenn er still ißt, sagt sie? (Kinder: „Frechdachs!") usw.

**Übungsablauf:**
Die Gruppenleiterin erzählt die „Endlosgeschichte". Die Kinder ergänzen dabei immer „Frechdachs!".

**Variationsmöglichkeit:**
Spiel: Wo ist Frechdachs?
Frechdachs ist ein kleiner Hund. Frechdachs versteckt sich immerzu. Dann suchen ihn alle und rufen laut: „Frechdachs!" (Die Kinder spielen die Szene.)

x I 7 Zeit: 5 Min. Gruppengröße: 3–5 Kinder

**Übungsvorlage:**
Vers: Sechs Hexen hexen sechs Kekse.

**Übungsablauf:**
Die Gruppe übt den Reim.

**Variationsmöglichkeit:**
Telefonspiel: Die Gruppe sitzt im Kreis. Ein Kind flüstert seinen Nachbarn den Reim ins Ohr. Dieser gibt ihn an seinen Nachbarn weiter, bis der Reim schließlich beim ersten Kind wieder eintrifft. Dieses muß dann laut sagen, was sein Nachbar ihm zugeflüstert hat.

x I 8 Zeit: 10 Min. Gruppengröße: ca. 5 Kinder

**Übungsvorlage:**
Geschichte: Sechsundsechzig.
Peter soll für den Vater sechsundsechzig Schrauben holen. Er hat Angst, daß er vergißt, wieviele Schrauben er kaufen soll. Ihr müßt ihm deshalb helfen!

**Übungsablauf:**
Die Spielleiterin spielt den Peter, der zum Eisenwarengeschäft läuft. Dabei bummelt er schrecklich und muß die Kinder ständig fragen, wieviel Schrauben er nun eigentlich besorgen solle

**Variationsmöglichkeit:**
„Peter soll sechs Äpfel und sechzig Bonbons kaufen" (Verkaufsspiel).

x I **9** Zeit: 10 Min. Gruppengröße: 3–8 Kinder

**Übungsvorlage:**
Reim: Morgens früh um sechs, kommt die kleine Hex'!

**Übungsablauf:**
Die Gruppe lernt den Reim auswendig.

**Variationsmöglichkeit:**
Die Gruppe erfindet eine Melodie zu dem Reim. Dieses „Lied" wird dann gesungen und durch Klatschen der Hände begleitet.

---

x I **10** Zeit: 10–20 Min. Gruppengröße: 3–7 Kinder

**Übungsvorlage:**
Märchen: Hänsel und Gretel.

**Übungsablauf:**
Die Übungsleiterin erzählt das Märchen vom Hänsel und Gretel. Anschließend stellt sie Fragen zum Märchen, auf die die Kinder mit „die Hexe" antworten können, z.B. „Wer lockt die Kinder ins Pfefferkuchenhaus?"

**Variationsmöglichkeit:**
Die Gruppe singt das Lied von „Hänsel und Gretel". Anschließend werden Fragen zum Lied gestellt, auf die die Gruppe mit „die Hexe" antworten kann.

---

x II **11** Zeit: 2–4 Min. Gruppengröße: 2–10 Kinder

**Übungsvorlage:**
Vers: Y, L, Z
das nützt uns nix.

**Übungsablauf:**
Die Gruppe spricht den Vers mehrfach.

**Variationsmöglichkeit:**
Vers: X, y, z
das war nett.

---

x II **12** Zeit: 5–7 Min. Gruppengröße: 2–5 Kinder

**Übungsvorlage:**
Geschichte: Am Sonntag.
Die Familie sitzt beisammen. „Gib mir ein paar Salzsticks*!" sagt Annette zu ihrem Bruder.

**Übungsablauf:**
Die Gruppe spielt die Szene nach.

**Variationsmöglichkeit:**
Petra verlangt im Geschäft: „Bitte ein paar Sticks!"

* Salzsticks = Salzstangen.

---

x II **13** Zeit: 2–4 Min. Gruppengröße: 2–10 Kinder

**Übungsvorlage:**
Vers: Hörst Du nix?
Das ist der Gugl-gagl-gix!

**Übungsablauf:**
Die Gruppe spricht den Vers mehrfach.

**Variationsmöglichkeit:**
Jeder denkt sich aus, wie der Gugl-gagl-gix aussehen könnte.

x II **14** Zeit: 3–5 Min. Gruppengröße: 2–10 Kinder

**Übungsvorlage:**
Geschichte: Der freche Fox.
Die Familie Bauer hat einen kleinen Hund. Er heißt Fox. Fox ist immer lustig. Aber er stellt auch viel an. Ständig ruft deshalb jemand: „Fox, hör auf!" Für Fox ist das sehr schwer.

**Übungsablauf:**
Ein Kind spielt den Fox. Die anderen Kinder rufen ihm zu: „Fox, hör auf!" (Jedes Kind darf einmal den Fox spielen.)

**Variationsmöglichkeit:**
Familie Petermann hat zwei Hunde: Fix und Foxi.

---

x II **15** Zeit: 3–7 Min. Gruppengröße: 2–6 Kinder

**Benötigtes Material:**
Evtl. Füller.

**Übungsvorlage:**
Geschichte: Annette schreibt mit dem Füller.
Annette hat einen neuen Füller bekommen. Sie ist sehr stolz auf ihn und möchte gleich damit schreiben. Aber das ist gar nicht so einfach. Schon nach ein paar Strichen ist das Papier verschmiert. „Ach, ein Klecks!" ruft Annette traurig.

**Übungsablauf:**
Jedes Kind darf einmal die Annette spielen.

**Variationsmöglichkeit:**
In der Schule lernen die Kinder, mit dem Füller zu schreiben.

---

x II **16** Zeit: 2–4 Min. Gruppengröße: 2–10 Kinder

**Übungsablauf:**
Spielleiterin: „Wenn die Kinder zu viel Lärm machen, sagt die Oma: ‚Pst! Seid mucksmäuschenstill!'"
Alle Kinder mahnen sich gegenseitig: „Seid mucksmäuschenstill!"

**Variationsmöglichkeit:**
Der Lehrer schimpft, weil die Kinder so schreien: „Keinen Mucks möchte ich mehr hören!"

---

x II **17** Zeit: 2–4 Min. Gruppengröße: 2–10 Kinder

**Übungsvorlage:**
Vers: Xenia, Xaver und Max wohnen in Xanten!

**Übungsablauf:**
Die Gruppe spricht den Vers mehrfach.

**Variationsmöglichkeit:**
Mutter ruft die Kinder (Xenia, Xaver, Max).

---

x II **18** Zeit: 5–10 Min. Gruppengröße: 2–4 Kinder

**Benötigte Materialien:**
Tierkundebücher.

**Übungsablauf:**
Die Übungsleiterin hat Tierkundebücher mitgebracht. Sie spricht mit der Gruppe über Eidechsen. Die Kinder erzählen, wie die Eidechsen auf den Bildern aussehen.

**Variationsmöglichkeit:**
Die Gruppe betrachtet sich Bilder vom Dachs.

x II **19** Zeit: 5–10 Min. Gruppengröße: 3–7 Kinder

**Übungsvorlage:**
Reim: Sechsundsechzig Hexen fliegen auf sechsundsechzig Besen durch die Luft.

**Übungsablauf:**
Die Gruppe übt den Reim ein.

**Variationsmöglichkeit:**
Reim: Axel, hol die Axt!

---

x II **20** Zeit: 10 Min. Gruppengröße: 2–6 Kinder

**Übungsvorlage:**
Geschichte: Peter im Gasthaus.
Peter geht mit seinen Eltern ins Gasthaus. Dort darf er sich bestellen, was er möchte. Peter ißt gern Schweinshaxe. Deshalb sagt er zum Wirt: „Ich möchte eine große Haxe!" Alle lachen.

**Übungsablauf:**
Die Gruppe spielt die Szene im Gasthaus.

**Variationsmöglichkeit:**
Peters Mutter kauft beim Metzger Schweinshaxen.

---

x II **21** Zeit: 3–5 Min. Gruppengröße: 2–10 Kinder

**Übungsvorlage:**
Vers: Ix, ix und Zett,
Studenten sind nett,
Zett und ein Ix,
aber sagen tun's nix.

**Übungsablauf:**
Die Kinder erlernen den Vers.

**Variationsmöglichkeit:**
Vers: Eins, zwei, drei,
du bist frei.
Vier, fünf, sechs,
du bist 'ne Hex'.
Sieben, acht, neun,
du mußt's sein.

---

x II **22** Zeit: 5–7 Min. Gruppengröße: 2–10 Kinder

**Übungsvorlage:**
Gesprächsanlaß: Die Hexennacht.

**Übungsablauf:**
Die Gruppe unterhält sich mit der Übungsleiterin über die Hexennacht. Jedes Kind erzählt, was in der Hexennacht passieren kann.

**Variationsmöglichkeit:**
Zwei Kinder ärgern sich gegenseitig. Sie rufen sich zu: „Hex! Hex! Hex!"

## 8. Übungen zum Laut h

| h I | 1 | Zeit: 5 Min. | Gruppengröße: 2–5 Kinder |
|---|---|---|---|

**Übungsvorlage:**
Geschichte: Isolde friert sehr an den Händen. Der Großvater zeigt ihr, wie man sich helfen kann. Er sagt: „Du mußt die Hände kräftig reiben und dann noch hineinhauchen. Das hilft!" Sehr ihr, so macht er es Isolde vor.

**Übungsablauf:**
Übungsleiterin erzählt die Geschichte und haucht dann in die Hände. „Hu, hier drinnen ist es jetzt auch ganz kalt geworden. So kalt ist es geworden, daß wir alle an den Händen frieren." Alle Kinder hauchen in die Hände.

**Variationsmöglichkeiten:**
1. Die Fensterscheiben sind gefroren. Wir hauchen Löcher hinein.
2. Die Fensterscheiben sind sehr kalt. Wir hauchen dagegen und sehen, daß die Scheibe ganz naß wird.

| h I | 2 | Zeit: 2–4 Min. | Gruppengröße: ca. 5 Kinder |
|---|---|---|---|

**Übungsablauf:**
Die ganze Gruppe imitiert einen Menschen, der verfolgt wird (z. B. Kind). Aber auch ein verfolgtes Tier kann so akustisch dargestellt werden. Der Verfolgte (das verfolgte Tier) hechelt, ist außer Atem („hhh! hhhhh!").

**Variationsmöglichkeit:**
Das gleiche Geräuschspiel kann auch durchgeführt werden, indem der H-Laut als Seufzer oder als Heulton eingesetzt wird.

| h I | 3 | Zeit: 5–10 Min. | Gruppengröße: 2–8 Kinder |
|---|---|---|---|

**Übungsablauf:**
Übungsleiterin: „Jeder Mensch lacht anders. Habt ihr das schon bemerkt? Manche lachen laut ,ha ha ha ha!, manche ganz leise, ,he he he he'. Andere lachen ganz tief ,hu hu hu hu' und wieder andere lachen hoch ,hi hi hi hi'. Wie lacht ihr?"

**Variationsmöglichkeiten:**
1. Das Lachen jedes Kindes wird auf Tonband aufgenommen. Danach muß die Gruppe erraten, wer da gerade lacht.
2. Zu einer bekannten Liedmelodie singt die Gruppe ein Lachlied (z. B. Melodie: Alle meine Entchen. Text: Ha, ha ha ha ha haa, haa, ho ho ho ho hoo, hi hi hi hi hii, he he he he hee hee, hu hu hu hu hu hu).

| h I | 4 | Zeit: 5 Min. | Gruppengröße: 2–6 Kinder |
|---|---|---|---|

**Übungsvorlage:**
Geschichte: Hans und Uli wollen ihre Geschwister erschrecken. Sie hängen sich weiße Tücher um und spielen Gespenster. Nachts, wenn es dunkel ist, laufen sie zu Ulrike und Achim ins Zimmer und rufen: „Huhu, huhu!" Aber Ulrike und Achim lachen nur, denn sie wissen ja, daß sich Hans und Uli unter den Tüchern versteckt haben.

**Übungsablauf:**
Die Übungsleiterin erzählt die Geschichte. Anschließend wird die Geschichte nachgespielt.

**Variationsmöglichkeit:**
Ein Ausschnitt aus dem Kinderbuch „Das kleine Nachtgespenst" (Otfried Preußler) wird vorgelesen. Anschließend darf jeder einmal das „kleine Gespenst" sein.

| h I | **5** | Zeit: 5 Min. | Gruppengröße: 2–10 Kinder |
|---|---|---|---|

**Übungsablauf:**
Übungsleiterin: „Herr Meister hat ein Pferd. Immer, wenn das Pferd laufen soll, ruft er ‚Hü!'. Ruft alle mit!"
Die Kinder tun sich zu Paaren zusammen und spielen „Herr Meister und sein Pferd". „Herr Meister" bringt sein „Pferd" immer zum Laufen. Nach einer Weile werden die Rollen getauscht.

**Variationsmöglichkeit:**
Die Gruppe veranstaltet ein Pferderennen. (Wer sein Pferd besonders oft mit „Hü!" anfeuert, dessen Pferd läuft auch besonders schnell.)

| h I | **6** | Zeit: 5–8 Min. | Gruppengröße: 2–10 Kinder |
|---|---|---|---|

**Übungsablauf:**
Spielleiterin: „Habt ihr schon gehört, wie es klingt, wenn der Wind um das Haus pfeift? Da macht es: ‚Hui, hui, hui!'" Alle Kinder ahmen das Geräusch nach.

**Variationsmöglichkeit:**
Das Kind sitzt auf dem Karussell. Hui, wie da der Wind um die Ohren pfeift. Hui, wie das Karussell saust.

| h I | **7** | Zeit: 5 Min. | Gruppengröße: 2–10 Kinder |
|---|---|---|---|

**Übungsablauf:**
Die Kinder schütten sich aus vor Lachen („Hä, hä, hä, hä, hä!").

**Variationsmöglichkeiten:**
1. Spiel: Lachen steckt an.
   Ein Kind beginnt zu lachen und „steckt" mit seinem Lachen ein Kind nach dem anderen an, bis alle lachen.
2. Die Gruppe hat einen „Lachsack" (ein Kind versteckt sich und lacht aus vollem Halse). Alle Kinder suchen den „Lachsack".

| h I | **8** | Zeit: 10 Min. | Gruppengröße: 2–6 Kinder |
|---|---|---|---|

**Übungsvorlage:**
Geschichte: Irmi sitzt am Flußufer und schaut den Fischen zu. Plötzlich sieht sie am anderen Ufer Yvonne stehen. Da springt sie auf und winkt und ruft laut: „Hallo, hallo, hallo ...!" Helft ihr alle mitrufen? Da ruft auch Yvonne zurück: „Hallo, hallo!"

**Übungsablauf:**
Übungsleiterin erzählt die Geschichte und regt die Kinder durch Vormachen und lautes Rufen zum Mitmachen an.

**Variationsmöglichkeit:**
Die Kinder rufen sich gegenseitig an. Sie sagen (etwa): „Hallo, hier ist Bernd." usw.

| h I | **9** | Zeit: 3–7 Min. | Gruppengröße: 2–10 Kinder |
|---|---|---|---|

**Übungsablauf:**
Spielleiterin: „Wenn jemand fröhlich ist, ruft er manchmal: „Heißa!" Die Kinder rufen mehrfach: „Heißa!"

**Variationsmöglichkeit:**
Wenn jemand lustig ist, ruft er auch manchmal: „Juchhu!"

| h I | **10** | Zeit: 2–3 Min. | Gruppengröße: 2–10 Kinder |
|---|---|---|---|

**Übungsablauf:**
Spielleiterin: „Der Seemann ruft ‚Ahoi!'" Alle Kinder rufen wie der Seemann.

**Variationsmöglichkeit:**
Die Gruppe erfindet ein Gedicht. Als Grundlage dienen die Wörter „Ahoi!" und „Kapitän!"

| h II | 11 | Zeit: 3–5 Min. | Gruppengröße: 3–5 Kinder |
|---|---|---|---|

**Übungsvorlage:**
Geschichte: Nach der Schule laufen Inge, Anja und Peter um die Wette. Peter gewinnt. Er freut sich so und ruft ganz laut: „Hipp-hipp-hurra!"

**Übungsablauf:**
Übungsleiterin erzählt die kurze Begebenheit. Die Kinder freuen sich alle mit Peter und rufen mit. Anschließend werden kleine Wettspielchen veranstaltet, z. B. auf einem Bein von der einen zur anderen Wand hüpfen. Danach rufen die Kinder immer: „Hipp-hipp-hurra!"

**Variationsmöglichkeit:**
Fortsetzungsgeschichte: Annas Vater hat im Lotto gewonnen. Er freut sich so und schreit: „Hurra!" Der Vater erzählt es der Mutter. Die Mutter freut sich so und schreit: „Hurra!". Die Mutter erzählt es der Großmutter …

| h II | 12 | Zeit: 5 Min. | Gruppengröße: 5–10 Kinder |
|---|---|---|---|

**Übungsvorlage:**
Erfahrungsbericht: Zu Fasching (Fastnacht, Karneval usw.) sind die Menschen besonders gut gelaunt. Damit jeder merkt, daß sie fröhlich sind, rufen sie sich „Faschingsworte" zu. Hier bei uns ruft man: (Helau, Alaaf, Galau usw.) In anderen Gegenden ruft man „Helau".

**Übungsablauf:**
Die Übungsleiterin erzählt zunächst über diesen Faschingsbrauch. Dann spielt die ganze Gruppe Fasching und jeder ruft dem anderen laut und fröhlich „Helau" zu.

**Variationsmöglichkeit:**
Die Gruppe spielt: „Das Faschingsprinzenpaar kommt". Zwei Kinder dürfen hereinschreiten und die übrigen jubeln: „Helau" und werfen evtl. mit Konfetti und Bonbons. (Das empfiehlt sich insbesondere in der Faschingszeit.)

| h II | 13 | Zeit: 7 Min. | Gruppengröße: 5–10 Kinder |
|---|---|---|---|

**Übungsvorlage:**
Geschichte: Kurt möchte einen schweren Ast zu seiner Spielecke ziehen. Aber er schafft es nicht. Der Ast ist zu schwer. Da kommt seine Freundin Inge. „Kannst Du mir helfen?" ruft Kurt. „Natürlich", sagt Inge. Sie fängt an zu ziehen und sagt dazu: „Hau-ruck! Hau-ruck!" Und tatsächlich, sie schaffen es, den Ast zu ihrem Spielplatz zu schleppen.

**Übungsablauf:**
Die Übungsleiterin erzählt die Geschichte. „Wir wollen alle einmal Kurt und Inge ziehen helfen: Hau-ruck, …"

**Variationsmöglichkeiten:**
1. Das Ziehen eines schweren Gegenstandes als Pantomime darstellen. Dazu „Hau-ruck" rufen.
2. Die Gruppe wird halbiert. Jede Gruppe zieht nun an einem Ende eines Seils und ruft dabei kräftig: „Hau-ruck!"

| h II | 14 | Zeit: 10 Min. | Gruppengröße: 5–10 Kinder |
|---|---|---|---|

**Benötigtes Material:**
Tonbandbeispiel: Beispiel einer Rede, die jemandem zu Ehren gehalten wird. Wichtig ist, daß die Rede von „Hoch"-Rufen unterbrochen ist.

**Übungsvorlage:**
Beispieltonband.

**Übungsablauf:**
Die Übungsleiterin spielt das Beispieltonband vor. Anschließend erklärt sie den Kindern, warum man jemanden „hochleben" läßt. Das Tonbandbeispiel wird dann nochmals vorgespielt. Diesmal sollen die Kinde mit „Hoch" rufen.

**Variationsmöglichkeiten:**
1. Die Übungsleiterin hält vor der Gruppe eine Rede, in der sie eine Person hochleben läßt, die den Kindern bekannt ist.
2. Diese Rede wird auch auf Tonband aufgenommen.
3. Die Gruppe läßt einzelne Gruppenteilnehmer „hoch"-leben. („Hoch soll sie (er) leben, hoch soll sie (er) leben, dreimal hoch – hoch, hoch, hoch.")

h II **15** Zeit: 3 Min. Gruppengröße: 2–5 Kinder

**Übungsvorlage:**
Geschichte: Die Eltern haben Besuch bekommen. Bernd liegt schon im Bett. Durch die geschlossene Tür hört er seltsame Geräusche. Die Erwachsenen unterhalten sich, und von Zeit zu Zeit hört man ein Klopfen. Bernd fällt auf, daß da immer wieder „Herz" gerufen wird.

**Übungsablauf:**
Übungsleiterin erzählt die Geschichte. Zunächst raten die Kinder, was die Erwachsenen tun. (Wenn die Kinder selbst nicht erkennen, daß hier Karten gespielt wird, so erläutert es die Übungsleiterin.) Die Geschichte wird gespielt. Spieler sind: 1. der lauschende Bernd, 2. ein Kind, das sich versteckt und das Klopfen und den häufigen Ausruf „Herz" ausführt.

**Variationsmöglichkeit:**
Die Kinder sitzen um einen Tisch und haben ein Kartenspiel. Jedes Kind darf reihum eine Spielkarte auf den Tisch „klopfen". Das Kind, das eine Herz-Karte hat, darf dann „Herz" rufen.

h II **16** Zeit: 5–10 Min. Gruppengröße: 2–10 Kinder

**Übungsablauf:**
Übungsleiterin: „Der Bäcker sagt zum Lehrling: ‚Hol mir Mehl!' Er sagt zum Lehrling: ‚Hol mir Butter!' Wie sagt er noch?" Die Kinder erfinden weitere Befehle. Wichtig ist, daß der Auftrag jeweils mit „Hol mir ..." beginnt.

**Variationsmöglichkeit:**
Der Metzger sagt zum Lehrling ...

h II **17** Zeit: 10 Min. Gruppengröße: 3–7 Kinder

**Übungsvorlage:**
Lied: Liedtext: Hopp, hopp, hopp, Pferdchen lauf Galopp.
Über Stock und über Steine,
aber brich dir nicht die Beine.
Immer im Galopp, hopp, hopp, hopp, hopp, hopp.

**Übungsablauf:**
Die Übungsleiterin übt das Lied ein.

**Variationsmöglichkeiten:**
1. Wenn das Lied beherrscht wird, dürfen die Kinder während des Singens im Zimmer „galoppieren".
2. Eine Hälfte der Gruppe singt das Lied. Die anderen Kinder rufen dazu leise „ho, ho" oder „hopp, hopp" oder „hott, hott" usw.

h II **18** Zeit: 3–4 Min. Gruppengröße: 2–6 Kinder

**Übungsvorlage:**
Geschichte: Mutter sucht Wilhelm.
Sie sucht ihn in seinem Zimmer und ruft: „Wilhelm!". Sie sucht ihn in der Küche: „Wilhelm!". Sie sucht ihn im Bad: „Wilhelm!". Sie läuft auf die Straße und ruft: „Wilhelm!" usw.

**Übungsablauf:**
Übungsleiterin erzählt die Geschichte. Beim zweiten Ruf fordert sie die Kinder auf, mitzurufen.

**Variationsmöglichkeit:**
In die Geschichte können verschiedene Namen eingesetzt werden: Berthold, Mechthild, Hermann, Hans usw.

| h II | 19 | Zeit: 10 Min. | Gruppengröße: 2–6 Kinder |
|---|---|---|---|

**Übungsvorlage:**
Vers: Heididelitt, ... soll leben,
Heididelitt, wir wünschen Glück!
Heididelitt, ein Kuchenstück.

**Übungsablauf:**
Die Gruppe lernt den Vers auswendig. Anschließend wird „Geburtstag" gespielt. Jedem Kind wird der Geburtstagsvers einmal aufgesagt.

**Variationsmöglichkeit:**
Die Gruppe versucht, aus dem Geburtstagsvers ein Geburtstagslied zu machen.

| h II | 20 | Zeit: 5–10 Min. | Gruppengröße: 3–6 Kinder |
|---|---|---|---|

**Übungsvorlage:**
Geschichte: Nicole stellt immer etwas an. „Auf Nicole muß man immer aufpassen", sagt Vater, „sie stellt immerzu etwas an". Eines Tages ist Nicole in der Küche. „He", ruft die Mutter, „laß die Schokolade stehen!" Nicole ist im Nachbarsgarten. „He", ruft die Nachbarin, „reiß mir nicht alle Blumen ab!" Nicole ist im Werkstattkeller. „He", ruft der Vater, „laß mir mein Werkzeug in Ordnung ...!"

**Übungsablauf:**
Übungsleiterin erzählt die Geschichte möglichst lebhaft. Dabei fordert sie bereits im Verlauf der Erzählung die Kinder auf, das „Hee!" lautstark mitzurufen. Anschließend rufen die Kinder nochmals, was man Nicole alles zugerufen hat.

**Variationsmöglichkeiten:**
1. Die Geschichte läßt sich recht gut als Rollenspiel verwenden.
2. Der Refrain des Liedes „Der Fuhrmann" (He, Fuhrmann, he he he, holla, he) kann mit der Gruppe erlernt werden.

| h II | 21 | Zeit: 5–8 Min. | Gruppengröße: 2–10 Kinder |
|---|---|---|---|

**Übungsvorlage:**
Vers: Hoppsassa, tirallalla,
heute bin ich froh,
hoppsassa, tirallalalla,
hüpfe wie ein Floh,
hoppsassa, tirallalla,
einfach so.

**Übungsablauf:**
Die Gruppe spricht den Vers mehrfach.

**Variationsmöglichkeit:**
Vers: Hoppsassa, heidideldum,
hoppsassa, nun zieh'n wir um,
hoppsassa, heidideldei,
hoppsassa, heut sind wir frei.

| h II | 22 | Zeit: 5–10 Min. | Gruppengröße: 2–4 Kinder |
|---|---|---|---|

**Übungsablauf:**
Übungsleiterin: „Wißt Ihr, was die Mutter oder der Vater machen, wenn das Baby schreit? Sie schaukeln es und reden leise mit ihm ..." Übungsleiterin nimmt eine Puppe in den Arm, wiegt sie in den Armen und sagt wiederholt leise: „Ruhig!" zur Puppe. Die Gruppe wird aufgefordert, „das Kind" ebenfalls zu beruhigen.

**Variationsmöglichkeiten:**
1. Rollenspiel: Die ganze Familie tröstet das weinende Baby.
2. Die Kinder dürfen „Beruhigungslieder" erfinden, indem sie einfache Sätzchen, wie z.B. „Ruhig, liebes Baby, ruhig" auf einfache Weise vertonen. Der Phantasie sind dabei keine Grenzen gesetzt.

## 9. Übungen zum Laut ch

ch I **1** Zeit: 2–4 Min. Gruppengröße: 2–10 Kinder

**Übungsablauf:**
Spielleiterin: „Wißt ihr, wie es sich anhört, wenn jemand schnarcht? Bei Onkel Rudi klingt es so: ‚Chchch!'" Die Kinder schnarchen wie Onkel Rudi.

**Variationsmöglichkeit:**
Die Gruppe veranstaltet ein Schnarchkonzert.

ch I **2** Zeit: 3–5 Min. Gruppengröße: 2–10 Kinder

**Übungsablauf:**
Spielleiter: „Wenn man einer Katze Angst einjagt, dann faucht sie: ‚Chchch!'" Alle Kinder ahmen das Fauchen einer Katze nach.

**Variationsmöglichkeit:**
Die Kinder ahmen das Fauchen von Raubkatzen (Löwen, Tigern etc.) nach.

ch I **3** Zeit: 10–15 Min. Gruppengröße: 2–10 Kinder

**Übungsvorlage:**
Vers: Himpelchen und Pimpelchen klettern auf den Berg.
Himpelchen war ein Heinzelmann und Pimpelchen ein Zwerg.
Und nach 27 Wochen sind sie in den Berg gekrochen –
schlafen dort in guter Ruh!
Sei ganz still und höre zu,
ch, ch, ch, ch, ch (usw.)!

**Übungsablauf:**
Der Vers soll von der Gruppe eingeübt werden.

**Variationsmöglichkeit:**
Mit Hilfe des Verses kann auch ein Fingerspiel durchgeführt werden.

ch I **4** Zeit: 3–5 Min. Gruppengröße: 2–10 Kinder

**Benötigte Materialien:**
Möglichst eine Ernie-Puppe.

**Übungsablauf:**
Die Gruppe übt „Lachen wie Ernie – die Puppe aus der Sesamstraße" („chchchch!").

**Variationsmöglichkeit:**
Kleine Spiele mit den Puppen „Ernie" und „Bert" können eingeübt werden. Wichtig ist, daß es immer damit endet, daß „Ernie" ausgiebig lacht, weil er „Bert" 'reingelegt hat.

ch I **5** Zeit: 5–10 Min. Gruppengröße: 2–6 Kinder

**Übungsvorlage:**
Geschichte: Der beleidigte Detlef.
Detlef ist beleidigt. Er hat sich über seinen Freund schrecklich geärgert. Deshalb läuft er durch die Straßen, kickt ärgerlich einen Stein vor sich her und schimpft wütend: „Och!"

**Übungsablauf:**
Spielleiterin: „Wer kann uns einmal vormachen, wie der Detlef gemacht hat?" Die Kinder ahmen den Detlef nach.

**Variationsmöglichkeit:**
Neckspiel: Zwei Kinder ärgern sich gegenseitig. Dazu sagen sie dann: „Ach, hör doch auf!" usw.

| ch I | 6 | Zeit: 5 Min. | Gruppengröße: 2–8 Kinder |
|---|---|---|---|

**Übungsvorlage:**
Geschichte: Jörg.
Jörg möchte immer bei allem dabei sein und alles haben. Wenn jemand fragt: „Wer möchte mit in die Stadt gehen?“ so ruft Jörg: „Ich!“ Wenn jemand fragt ..., so ruft Jörg: ...

**Übungsablauf:**
Die Geschichte wird erzählt. Dabei ergänzen die Kinder immer das „Ich!“

**Variationsmöglichkeit:**
Die Geschichte wird gespielt.

| ch I | 7 | Zeit: 5–7 Min. | Gruppengröße: 2–10 Kinder |
|---|---|---|---|

**Übungsvorlage:**
Geschichte: Die verwunderte Sybille.
Sybille wundert sich immer über alles. Wenn jemand etwas Neues erzählt, ruft Sybille verwundert: „Ach!“

**Übungsablauf:**
Alle Kinder rufen wie Sybille. Anschließend erzählt die Spielleiterin lauter erstaunliche Neuigkeiten. Die Gruppe ruft jeweils: „Ach!“

**Variationsmöglichkeit:**
Wanda drückt sich gern vor der Arbeit. Wenn ihr jemand etwas zu arbeiten aufgibt, dann sagt sie: „Och nee!“

| ch I | 8 | Zeit: 10 Min. | Gruppengröße: 2–5 Kinder |
|---|---|---|---|

**Übungsvorlage:**
Geschichte: Claudia schmollt.
Claudia ist sehr verwöhnt. Immer möchte sie alles haben, was sie sieht. Wenn ihre Eltern ihr dann etwas verbieten, schmollt sie: „Och, Vati!“ oder „Och, Mutti!“

**Übungsablauf:**
Die Spielleiterin erzählt die Geschichte. Anschließend wird ein Rollenspiel vorbereitet. „Claudia geht mit ihren Eltern einkaufen“. Dabei schmollt Claudia unentwegt, weil sie etwas möchte, aber nicht bekommt.

**Variationsmöglichkeit:**
Spiel: Sabine geht spazieren. Dabei begegnen ihr viele Kinder, die sie fragen, wie sie heiße. Sabine sagt dann immer freundlich: „Sabine Koch!“

| ch I | 9 | Zeit: 5 Min. | Gruppengröße: 2–10 Kinder |
|---|---|---|---|

**Übungsvorlage:**
Reim: Hannaschätzchen
trägt ein Lätzchen,
denn sie macht beim Essen Mätzchen.

**Übungsablauf:**
Die Gruppe spricht den Reim mehrmals.

**Variationsmöglichkeit:**
Die Kinder können versuchen, den Reim als Kanon zu sprechen.

ch I **10** Zeit: 5–7 Min. Gruppengröße: 2–6 Kinder

**Übungsvorlage:**
Geschichte: Der kleine Bruder.
Kerstin und Jürgen können nie ungestört spielen. Immer kommt der kleine Bruder Mike und ruft: „Ich auch!"

**Übungsablauf:**
Die Szene wird gespielt. Dabei darf jedes Kind der Gruppe mindestens einmal den störenden Bruder Mike spielen.

**Variationsmöglichkeit:**
Jeanettes kleine Schwester Lilo sagt bei jedem Spielzeug, mit dem Jeanette spielt: „Lilo auch haben!"

ch II **11** Zeit: 5–8 Min. Gruppengröße: 2–10 Kinder

**Übungsablauf:**
Spielleiterin: Wenn sich die Leute über jemanden freuen, dann rufen sie manchmal: „Hoch soll er (sie) leben, hoch soll sie (er) leben, dreimal hoch. Hoch, hoch, hoch!"
Die Kinder lassen jeden in der Gruppe einmal hochleben.

**Variationsmöglichkeit:**
Man kann auch hochleben lassen mit den Worten: „Sie (er) lebe hoch, hoch, hoch!"

ch II **12** Zeit: 3–7 Min. Gruppengröße: 2–10 Kinder

**Übungsvorlage:**
Vers: Manche machen Sachen, da kann man nur noch lachen.
Sachen – lachen!
Sachen – lachen!

**Übungsablauf:**
Die Gruppe spricht den Vers mehrfach.

**Variationsmöglichkeit:**
Zu dem Vers soll eine Melodie gefunden werden.

ch II **13** Zeit: 2–4 Min. Gruppengröße: 2–10 Kinder

**Übungsablauf:**
Spielleiterin: „Wenn Menschen erschrecken, so rufen sie manchmal: ‚Huch!'" Alle Kinder spielen „Erschrecken!"

**Variationsmöglichkeit:**
Spiel: Alle sitzen im Kreis. Ein Kind beginnt: „Ich möchte den Peter (Ilse usw.) erschrecken!" Das angesprochene Kind ruft: „Huch!" Anschließend darf dieses Kind ein anderes „erschrecken".

ch II **14** Zeit: 5–10 Min. Gruppengröße: 2–6 Kinder

**Übungsvorlage:**
Spiel: Peter der Frühaufsteher.
Peter wacht immer als erster auf. Deshalb weckt er alle anderen. Die Kinder sitzen mit geschlossenen Augen im Kreis. Ein Kind ist der Peter. Peter geht zu diesem Kind, berührt es und sagt: „Wach auf!" Nun darf dieses Kind der Peter sein.

**Übungsablauf:**
Das Spiel wird mehrfach gespielt.

**Variationsmöglichkeit:**
Die Gruppe sitzt im Kreis. Der Spielleiter darf zu einem Kind hingehen und sagen: „Hoch mit dir!" Das angesprochene Kind muß dann aufstehen und ist nun der Spielleiter.

ch II **15** Zeit: 10–15 Min. Gruppengröße: 2–8 Kinder

**Übungsvorlage:**
Spiel: Wer muß lachen?
Die Gruppe steht im Kreis. Ein Kind stellt sich abwechselnd vor jedes andere Kind im Kreis und versucht, es zum Lachen zu bringen, indem es immer wieder bittet: „Lach doch mal!“ Das Kind, das zuletzt lachen muß, hat gewonnen.

**Übungsablauf:**
Das Spiel wird so lange durchgeführt, bis jedes Kind der Gruppe einmal Spielleiter war.

**Variationsmöglichkeit:**
Ein ähnliches Spiel kann man auch durchführen, indem man den Spielleiter (ein Kind) bitten läßt: „Fauch doch mal!“

ch II **16** Zeit: 10 Min. Gruppengröße: 2–10 Kinder

**Übungsvorlage:**
Spiel: Kannst du das auch!
Die Gruppe sitzt im Kreis. Ein Kind geht zu einem anderen und sagt: „Mach mal nach!“ und macht eine Bewegung vor. Das angesprochene Kind muß die Bewegung nachahmen. Anschließend darf dieses Kind zu einem anderen gehen und es zum Nachahmen auffordern.

**Übungsablauf:**
Das Spiel wird mehrmals durchgeführt.

**Variationsmöglichkeit:**
Die Kinder stehen in einer Reihe hintereinander. Das erste Kind ruft: „Macht das nach!“ und gibt ein Geräusch von sich. Die Reihe ahmt es nach. Anschließend läuft das erste Kind an das Ende der Reihe. Nun darf das nächste Kind ein Geräusch vormachen. Wichtig ist, daß immer zuerst: „Macht das nach!“ gerufen wird.

ch II **17** Zeit: 5–10 Min. Gruppengröße: 2–10 Kinder

**Übungsablauf:**
Spielleiterin: „Stellt euch vor, wir stünden hier direkt vor einem Hochhaus. Wir schauen an dem Hochhaus hoch, immer höher. ‚Oh, ist das hoch!‘ rufen wir.“ Jedes Kind schaut anschließend langsam an ‚dem Hochhaus‘ hoch und ruft: „Ist das hoch!“

**Variationsmöglichkeit:**
Alle Kinder befühlen Watte und rufen: „Ist das weich!“

ch II **18** Zeit: 5 Min. Gruppengröße: 3–8 Kinder

**Übungsablauf:**
Übungsleiterin: „Wir wollen ein Spiel spielen. Es heißt ‚Wer acht gibt‘. Ich fange an; wer möchte, kann weitermachen. Wer acht gibt, fällt nicht hin!“ 1. Kind: „Wer acht gibt, beißt sich nicht auf die Zunge“ usw.

**Variationsmöglichkeit:**
Die Gruppe sitzt im Kreis. Wer fertig ist, berührt seinen Nachbarn (oder darf aufstehen und sich jemanden aussuchen). Der Berührte macht weiter.

ch II **19** Zeit: 3–5 Min. Gruppengröße: 2–6 Kinder

**Übungsvorlage:**
Geschichte: Die aufsässige Claudia.
Claudia ist oft schlecht gelaunt. Wenn man sie dann um etwas bittet, dann stampft sie mit den Füßen und ruft laut: „Ich mag nicht!“

**Übungsablauf:**
Jedes Kind darf die wütende Claudia spielen.

**Variationsmöglichkeit:**
Andreas will nicht in den Kindergarten. Er weint und sagt: „Ich will nicht!“ (Die Gruppe spielt zunächst den Andreas und spricht anschließend darüber, warum Andreas nicht in den Kindergarten gehen will.)

**Übungsvorlage:**

Vers: Schlaf, Püppchen, schlaf!
Da draußen geh'n die Schaf',
die schwarzen und die weißen,
die woll'n mein Püppchen beißen,
die braunen und die gehlen,
die woll'n mein Püppchen stehlen,
die grünen und die schwarzen,
die woll'n mein Püppchen kratzen.
Schlaf, Püppchen, schlaf!

**Übungsablauf:**

Die Gruppe erlernt den Vers.

**Variationsmöglichkeit:**

Vers: Schlaf, Kindchen, schlaf!
Da draußen ist ein Schaf,
da draußen ist ein Lämmelein
auf einem grünen Tännelein.
Schlaf, Kindchen, schlaf!

## 10. Übungen zum Laut s

| s I | 1 | Zeit: 5 Min. | Gruppengröße: 2–10 Kinder |
|---|---|---|---|

**Übungsablauf:**
Die Gruppe ahmt das Summen der Biene (zweier Bienen, eines Bienenschwarmes, eines Bienenhauses) nach.

**Variationsmöglichkeiten:**
1. Summen der Fliege.
2. Summen des Maikäfers.
3. Zwischen den verschiedenen Summgeräuschen differenzieren.

| s I | 2 | Zeit: 3–5 Min. | Gruppengröße: 2–10 Kinder |
|---|---|---|---|

**Übungsablauf:**
Übungsleiterin: „Wißt ihr, wie es sich anhört, wenn man einen Propeller am Flugzeug anwirft?“ – Alle Kinder werfen den Propeller an ihrem Flugzeug an („Sssss!“).

**Variationsmöglichkeit:**
Der Ventilator brummt.

| s I | 3 | Zeit: 3–5 Min. | Gruppengröße: 2–10 Kinder |
|---|---|---|---|

**Übungsablauf:**
Die Gruppe spielt Schlange. Jedes Kind zischt deshalb wie eine Schlange („sss“). Später zischen alle Schlangen zusammen. (Als Anlaß eignet sich z. B. die Angabe, daß viele Schlangen gefangen und in einen Sack zusammengesteckt wurden. So werden die Kinder angeregt, besonders intensiv zu zischen.)

**Variationsmöglichkeit:**
Zwei Schlangen kämpfen miteinander und zischen sich dabei gefährlich an.

| s I | 4 | Zeit: 3–5 Min. | Gruppengröße: 2–8 Kinder |
|---|---|---|---|

**Übungsvorlage:**
Geschichte: Der griesgrämige Nachbar.
Peter und Anika haben einen Nachbarn, der immer schlecht gelaunt ist. Egal, was sie machen, er ärgert sich immer darüber, schüttelt den Kopf und macht: „Ssssss!“

**Übungsablauf:**
Die Gruppe ahmt den griesgrämigen Nachbarn nach.

**Variationsmöglichkeit:**
Man kann das Ganze auch als Rollenspiel ausbauen.

| s I | 5 | Zeit: 5 Min. | Gruppengröße: 2–10 Kinder |
|---|---|---|---|

**Übungsablauf:**
Die Gruppe imitiert einen an- und abschwellenden Sirenenton.

**Variationsmöglichkeiten:**
1. Verschiedene Alarmsignale werden nachgeahmt.
2. Neue Sirenensignale werden erfunden.

s I **6** Zeit: 5 Min. Gruppengröße: 2–10 Kinder

**Übungsablauf:**
Übungsleiterin: „Habt Ihr schon einmal gehört, wie es sich anhört, wenn man einen Baumstamm zersägt?“ Die Gruppe ahmt das Geräusch einer Handsäge nach („s-s-s-s-“). Anschließend kann auch das Geräusch einer Kreissäge nachgeahmt werden („ssss“).

**Variationsmöglichkeiten:**
1. Geräusch beim Entweichen der Luft aus einem Fahrradventil.
2. Geräusch des Windes.

---

s I **7** Zeit: 5–10 Min. Gruppengröße: 3–5 Kinder

**Übungsvorlage:**
Geschichte: Der strenge Herr Meister.
Herr Meister ist Bahnbeamter. Er muß immer aufpassen, daß nichts auf dem Bahnsteig passiert. Wenn jemand etwas anstellt, schimpft er: „Soso!“

**Übungsablauf:**
Die Geschichte wird erzählt. Anschließend „stellt“ die Übungsleiterin alles mögliche an und erklärt es dann Herrn Meister (wechselnde Kinder!). Herr Meister sagt dann immer ärgerlich: „Soso! Soso!“

**Variationsmöglichkeit:**
Spiel: Peter und Meike waren heimlich weg. Nun flunkern sie die Mutter an. Mutter sagt nur: „Soso!“ zu allem.

---

s I **8** Zeit: 2–6 Min. Gruppengröße: 2–10 Kinder

**Übungsvorlage:**
Geschichte: In der Schule.
In der Schule ist es manchmal laut. Dann möchte der Lehrer, daß die Kinder wieder ruhig sind. Deshalb sagt er: „Pssst!“

**Übungsablauf:**
Jedes Kind darf Lehrer spielen und die Gruppe zur Ruhe mahnen.

**Variationsmöglichkeiten:**
1. Der Vater schläft. Mutter ermahnt die Kinder, ruhig zu sein.
2. Meisters waren lange aus und sind sehr vergnügt. Nun laufen sie nach Hause und singen laut. Die anderen Leute aber wollen alle schlafen. Sie machen deshalb die Fenster auf und rufen: „Psssst!“

---

s I **9** Zeit: 10 Min. Gruppengröße: 2–5 Kinder

**Übungsablauf:**
Die Gruppe singt auf eine beliebige Liedmelodie die Silben: „Sassa, sassa!“ (Falls das entsprechende „Faschingslied“ bekannt ist, kann auch diese Melodie gewählt werden.)

**Variationsmöglichkeit:**
Lied: Suse, liebe Suse, was raschelt im Stroh.

---

s I **10** Zeit: 5–7 Min. Gruppengröße: 3–5 Kinder

**Übungsvorlage:**
Geschichte: Tante Inge.
Wenn Tante Inge zu Besuch kommt, freut sie sich immer, Jürgen und Rosi zu sehen. Sie findet alles süß, was die beiden machen. Deshalb ruft sie ständig: „Süß!“

**Übungsablauf:**
Die Kinder setzen diese Geschichte in ein Rollenspiel oder ein Kasperlespiel um.

**Variationsmöglichkeit:**
Spiel: Was ist alles süß?
Die Kindergärtnerin ruft: „Was ist alles süß? Schokolade ist ...? (Kinder: „Süß!“) Bonbons sind ...? (Kinder: „Süß!“) Fleisch ist ...? (Kinder: „Nicht süß!“)

s II **11** Zeit: 5 Min. Gruppengröße: 2–5 Kinder

**Übungsablauf:**
Spiel: Kasperl sucht die Suse. Die Übungsleiterin läßt den Kasperl überall herumsuchen und nach der Suse rufen. Dabei fordert er ständig die Kinder auf, beim Suchen mitzuhelfen.

**Variationsmöglichkeit:**
Kasperl ruft auch den Sascha, die Sabine, den Hasso, den Torsten, die Kirstin usw.

s II **12** Zeit: 10 Min. Gruppengröße: 3–5 Kinder

**Übungsvorlage:**
Geschichte: Claudia ißt für ihr Leben gern Sahne. Wenn jemand sie fragt, was er ihr mitbringen solle, so sagt sie immer nur: „Sahne!"

**Übungsablauf:**
Jedes Kind darf einmal Claudia spielen. Die Übungsleiterin schlüpft nun in ganz verschiedene Rollen und fragt die Mutter, Vater, Oma usw., was Claudia mitgebracht haben möchte.

**Variationsmöglichkeit:**
Geschichte: Ullrich ißt für sein Leben gern Spaghetti. Wer auch immer ihn fragt, was er essen möchte, dem antwortet er: „Spaghetti!"

s II **13** Zeit: 5 Min. Gruppengröße: 4–8 Kinder

**Übungsvorlage:**
Geschichte: Peter hat eine große Hündin. Er geht gern mit ihr spazieren. Sie läuft dann immer ein Stück weg. Wenn er aber „Lassie!" ruft, kommt sie sofort zurück.

**Übungsablauf:**
Die Übungsleiterin erzählt die Geschichte. Anschließend spielt die Gruppe jeweils paarweise „Mit Lassie spazierengehen". Dabei darf „Lassie" immer weglaufen; wenn aber „Lassies Frauchen bzw. Herrchen" ruft, muß „Lassie" zurück.

s II **14** Zeit: 2–4 Min. Gruppengröße: 5 Kinder

**Übungsablauf:**
Spiel: Alle suchen Liese.
Alle Kinder suchen Liese und rufen sie laut.

**Variationsmöglichkeit:**
Spiel: Alle suchen Lisa, Sissi, Susi, Suse, Hans, Horst usw.

s II **15** Zeit: 5–10 Min. Gruppengröße: 3–8 Kinder

**Übungsvorlage:**
Fortsetzungsgeschichte: Peter hat viele Geschwister. Wenn ihn jemand fragt, wieviel Kinder sie zu Hause seien, ruft er: „Sieben." Wenn ihn jemand fragt, wieviel Kinderbetten sie zu Hause hätten, ruft er: „Sieben" usw.

**Übungsablauf:**
Die Übungsleiterin erzählt die Geschichte. Sie erfindet ständig neue Sätze. Das Wort „sieben" wird jeweils von den Kindern genannt.

**Variationsmöglichkeit:**
Die gleiche oder eine ähnliche Fortsetzungsgeschichte läßt sich auch mit „sechs" erfinden.

s II **16** Zeit: 5–7 Min. Gruppengröße: 2–6 Kinder

**Übungsvorlage:**
Geschichte: Kleine Kinder müssen noch viel lernen. So wissen sie noch nicht, daß man sich am Ofen verbrennen kann. Tims Mutter paßt deshalb gut auf. Wenn Tim in die Nähe des Ofens kommt, ruft sie laut: „Heiß!"

**Übungsablauf:**
Die Übungsleiterin erzählt die Geschichte. Anschließend dürfen jeweils 2 Kinder Mutter und Kind spielen. Wenn das „Kind" in die Nähe einer vorher vereinbarten Stelle kommt, ruft die Mutter laut: „Heiß!"

**Variationsmöglichkeit:**
Die Familie sitzt beim Essen. Es gibt Suppe. Aber die Suppe ist noch sehr heiß. Alle probieren und rufen aus: „Heiß!"

s II **17** Zeit: 5 Min. Gruppengröße: 3–6 Kinder

**Übungsvorlage:**
Geschichte: Kurt ist in die Schule gekommen. Er lernt jetzt schreiben. Er kann schon „Sieb" schreiben. Jetzt sitzt er da und schreibt den ganzen Morgen: „Sieb."

**Übungsablauf:**
Die Kinder ahmen Schreibbewegungen nach und sprechen dazu: „Sieb, Sieb, Sieb" usw.

**Variationsmöglichkeit:**
Der Vorgang läßt sich auch mit anderen Worten durchführen (z.B. Hose, Rose, Rasen, Soße usw.).

s II **18** Zeit: 3–5 Min. Gruppengröße: 2–6 Kinder

**Benötigtes Material:**
Evtl. einen Zylinderhut und einen Zauberstock.

**Übungsablauf:**
Übungsleiterin: „Habt Ihr schon einmal zugesehen, wie ein Zauberer zaubert?" Die Kinder berichten von ihren Erlebnissen. Anschließend „zaubern" alle Kinder aus dem Zauberhut „Simsalabim", was ihnen gefällt.

**Variationsmöglichkeit:**
Jedes Kind darf eine Puppe oder ein Stofftier in etwas verzaubern.

s II **19** Zeit: 5–10 Min. Gruppengröße: 3–6 Kinder

**Übungsablauf:**
Die Gruppe spielt „Eisverkäufer". Der Eisverkäufer preist laut sein Eis an: „Eis, lecker, lecker, Eis!"

**Variationsmöglichkeit:**
Spiel: In der Eisdiele.
Jedes Kind kauft in der Eisdiele sein Lieblingseis ein (z.B. „Erdbeereis, bitte!" „Schokoladeneis bitte!" usw.).

s II **20** Zeit: 10 Min. Gruppengröße: 3–6 Kinder

**Benötigtes Material:**
Handpuppen.

**Übungsvorlage:**
Spiel: Die neugierige Großmutter. Großmutter und Kasperl unterhalten sich. Immerzu drängt die Großmutter dabei den Kasperl, ihr alles zu verraten. So sagt sie ständig: „Sag doch!"

**Übungsablauf:**
Die Übungsleiterin spielt eine kurze Szene vor. Dann spielt sie mit den Kindern weiter. Ein Kind darf immer die Großmutter spielen, die ständig „Sag doch!" ruft. Die Übungsleiterin übernimmt weiter die Rolle des Kasperl.

**Variationsmöglichkeit:**
Das gleiche Spiel kann auch als Rollenspiel durchgeführt werden.

s II **21** Zeit: 5–7 Min. Gruppengröße: 3–5 Kinder

**Benötigtes Material:**
Verschiedene Siebarten (Teesieb, Kaffeesieb, Mehlsieb).

**Übungsablauf:**
Die Gruppe betrachtet sich verschiedene Siebarten, z.B. ein Teesieb, ein Kaffeesieb und ein Mehlsieb und sprechen darüber.

**Variationsmöglichkeit:**
Jedes Kind darf sich ein Sieb aussuchen und erzählt dann über das Sieb, z.B. „Mit meinem Sieb kann man Kaffee sieben …" usw.

s II **22** Zeit: 7 Min. Gruppengröße: 4–6 Kinder

**Übungsvorlage:**
Geschichte: Manche Polizisten haben einen Hund. So ein Polizeihund kann seinem Herrchen dadurch besonders gut helfen, daß er sehr gut riechen kann. Wenn ein Polizist also etwas sucht, so kann ihm sein Hund dabei helfen. Er schnüffelt dann so lange, bis er das, was sein Herrchen sucht, riecht.

**Übungsablauf:**
Die Übungsleiterin erzählt die Geschichte. Danach erklärt sie den Kindern, daß man dem Hund immer sagen muß, wenn er etwas suchen solle. Übungsleiterin: „So ruft man z.B., wenn der Hund Hasso heißt: Such, Hasso, such!" Jedes Kind darf nun einmal Polizist und einmal Hasso sein.

**Variationsmöglichkeit:**
Nachdem Hasso etwas gefunden hat, wird er auch immer belohnt. Dann sagt das Herrchen von Hasso: „Gut Hasso, gut" oder „Brav, Hasso, brav."

s II **23** Zeit: 5–10 Min. Gruppengröße: 2–5 Kinder

**Übungsvorlage:**
Geschichte: Uwe traut sich nie!
Uwe hat immer Angst. Wenn jemand sagt: „Tu das bitte!" sagt er: „Soll ich?" Wenn er einkaufen gehen soll, fragt er: „Soll ich?" Wenn er nach draußen zum Spielen gehen soll, fragt er: , Soll ich?" usw.

**Übungsablauf:**
Die Gruppe spielt die Geschichte. Dabei erteilt die Übungsleiterin immer die Aufträge, während „Uwe" (ein Kind der Gruppe) jeweils nachfragt: „Soll ich?"

**Variationsmöglichkeit:**
Geschichte: Oma ist ängstlich. Immerzu sagt sie: „Das sollst du nicht!", weil sie Angst hat, es passiert etwas.

s II **24** Zeit: 5–10 Min. Gruppengröße: 3–5 Kinder

**Übungsablauf:**
Die Spielleiterin fragt: „Was ist alles weiß?" Die Kinder antworten: „Schnee ist weiß, Papier ist weiß, die Wand ist weiß" usw.

**Variationsmöglichkeit:**
Lied: Weiß, weiß, weiß sind alle meine Kleider …

s II **25** Zeit: 5 Min. Gruppengröße: 2–4 Kinder

**Übungsvorlage:**
Situation: Mutter ruft Susi zum Essen.

**Übungsablauf:**
Jeweils zwei Kinder bilden ein („Mutter/Susi") Paar. Die „Mutter" ruft immer: „Susi essen!" Susi hat sich aber versteckt. Nach einer Weile werden die Rollen vertauscht.

**Variationsmöglichkeit:**
Vers: Susi ißt Südzucker.

s II **26** Zeit: 5–10 Min. Gruppengröße: ca. 5 Kinder

**Übungsvorlage:**
Lied: Summ summ summ, Bienchen summ herum.

**Übungsablauf:**
Die Gruppe erlernt das Lied.

**Variationsmöglichkeit:**
Eine Gruppe von Kindern summt als Begleitchor zum Lied.

---

s II **27** Zeit: 5–8 Min. Gruppengröße: 2–6 Kinder

**Übungsablauf:**
Übungsleiterin zur Gruppe: „Manchmal necken sich die Kinder gegenseitig. Gestern habe ich z.B. gehört, wie ein kleiner Junge einem Mädchen zurief: ‚Du bist dumm!' Aber das Mädchen war nicht dumm. Sie hat gleich zurückgerufen: ‚Selber dumm!' Ihr seid auch nicht dumm. Wenn ich zum Beispiel zum (zur) ... sage: ‚Du bist faul', sagt er bestimmt zu mir: ‚Selber faul.'" (Nun werden verschiedene Kinder angesprochen und anschließend aufgefordert, sich zu wehren.)

**Variationsmöglichkeit:**
Ein faules Kind möchte immer andere dazu bringen, die Arbeit für es zu tun. Aber die sind nicht dumm, und jeder sagt zu ihm: „Mach es doch selber!"

---

s II **28** Zeit: 5–10 Min. Gruppengröße: 2–5 Kinder

**Übungsvorlage:**
Fragespiel: Ist das heiß?

| | |
|---|---|
| Übungsleiterin: | Kinder: |
| Wie ist Schokolade? | nicht heiß! |
| Wie ist Kaffee? | heiß! |
| Wie ist Tee? | heiß! usw. |

**Übungsablauf:**
Die Übungsleiterin erklärt das Spiel (z.B. „Ihr sollt jetzt immer sagen, ob es heiß ist oder nicht heiß!").

**Variationsmöglichkeit:**
Wenn die Kinder das Spiel gut beherrschen, kann jeweils ein Kind aus der Gruppe die Spielleitung übernehmen.

---

s II **29** Zeit: 10 Min. Gruppengröße: 5–10 Kinder

**Übungsvorlage:**
Liedtext: Auf der grünen Wiese hab' ich sie gefragt,
ob sie mich noch liebe, ja hat sie gesagt.

**Übungsablauf:**
Einüben des Liedes (evtl. Melodie dazu erfinden!).

---

s II **30** Zeit: 5–10 Min. Gruppengröße: 2–8 Kinder

**Übungsvorlage:**
Liedtext: Suse, liebe Suse, was raschelt im Stroh?

**Übungsablauf:**
Zu diesem Text wird eine beliebige Melodie erfunden. Das Lied wird eingeübt.

**Variationsmöglichkeit:**
Man kann versuchen, die Kinder das einfache Lied als Kanon singen zu lassen!

s II **31** Zeit: 5–10 Min. Gruppengröße: 2–4 Kinder

**Übungsablauf:**
Die Gruppe spielt „Beim Apotheker". Ein Kind stellt den Apotheker dar. Jedes Kind kommt nun zum Apotheker und verlangt etwas gegen Fußschmerzen, Zahnweh, Bauchweh usw. Der Apotheker aber sagt zu jedem: „Da hilft Salbe."

**Variationsmöglichkeit:**
Ein Vertreter für eine „Wundersalbe" preist seine Salbe an.

---

s II **32** Zeit: 5 Min. Gruppengröße: 3–5 Kinder

**Übungsablauf:**
Die Gruppe erfindet unter Anleitung der Übungsleiterin Vergleiche, z. B. etwas ist weiß wie Schnee oder weiß wie ein Blatt Papier oder weiß wie ein Wölkchen oder weiß wie Mehl usw.

**Variationsmöglichkeit:**
Das Gleiche läßt sich auch bei der Farbe „Rosa" durchführen, z. B. rosa wie ein Ferkel, rosa wie ein Bonbon, rosa wie eine Blume usw.

---

s II **33** Zeit: 7 Min. Gruppengröße: 3–8 Kinder

**Übungsvorlage:**
Geschichte: Der kleine Angeber.
Herbert ist ein kleiner Angeber. Er übertreibt immer. So sagt er z. B. „Ich bin sooo groß" (mit der Hand in die Luft zeigen). Oder er sagt: „Ich bin sooo dick" usw.

**Übungsablauf:**
Die Übungsleiterin erzählt die Geschichte. Die „Sooo"-Sätze werden jeweils von der ganzen Gruppe wiederholt.

**Variationsmöglichkeit:**
Geschichte: Mika hat ständig neue Wünsche. Wenn sie wieder einmal etwas Neues möchte, sagt Mutter nur zu ihr: „Soso!"

---

s II **34** Zeit: 5–10 Min. Gruppengröße: 3–5 Kinder

**Übungsvorlage:**
Erläuterung: Im Geschäft hat ein neuer Verkäufer angefangen zu arbeiten. Viele neue Pakete Waschpulver („Großer Riese") sind angekommen. Der Verkäufer preist nun seine Ware an.

**Übungsablauf:**
Die Übungsleiterin erläutert kurz die Spielhandlung. Anschließend übernimmt sie die Rolle des Verkäufers. Danach spielen die Kinder abwechselnd „Waschmittelverkäufer".

**Variationsmöglichkeit:**
Werbespot im Fernsehen zum Waschmittel „Großer Riese".

---

s II **35** Zeit: 10 Min. Gruppengröße: 8 Kinder

**Übungsablauf:**
Die Gruppe sitzt im Kreis und spielt „telefonieren". Die Übungsleiterin flüstert dazu dem neben ihr sitzenden Kind den Satz „Die Liese sitzt auf der Wiese" ins Ohr. Dieses Kind flüstert den Satz dem neben ihm sitzenden Kind ins Ohr usw., bis der Satz wieder bei der Übungsleiterin angekommen ist.

**Variationsmöglichkeit:**
Als „Telefoniersätze" eignen sich auch „Die Suppe ist heiß", „Eis am Stiel", „Die Sahne ist süß" usw.

## 11. Übungen zur Lautverbindung st

| st I | 1 | Zeit: 5 Min. | Gruppengröße: 2–10 Kinder |
|---|---|---|---|

**Übungsablauf:**
Übungsleiterin: „Was sagen Erwachsene oft, wenn es laut ist?“ (Antwort: „Pssst!“).

**Variationsmöglichkeit:**
Zwei Freunde möchten sich an jemanden heranschleichen. Damit er nichts merkt, mahnen sie sich gegenseitig immer wieder zur Ruhe: „Pssst!“

| st I | 2 | Zeit: 2–3 Min. | Gruppengröße: 2–10 Kinder |
|---|---|---|---|

**Übungsablauf:**
Spielleiterin: „Wenn Erwachsene abends zusammensitzen und sich erholen, dann stoßen sie manchmal mit ihren Gläsern an und rufen sich ‚Prost‘ zu.“ Die Kinder prosten sich gegenseitig zu.

| st I | 3 | Zeit: 2–3 Min. | Gruppengröße: 2–8 Kinder |
|---|---|---|---|

**Übungsablauf:**
Übungsleiterin: „Wißt ihr, wie die Engländer zu einem Mann sagen? Sie sagen: ‚Mister!‘“ Alle Kinder rufen: „Mister!“

**Variationsmöglichkeit:**
Zu einem großen Auto, das Lasten fahren kann, sagt man Lastwagen oder Laster.

| st I | 4 | Zeit: 2–4 Min. | Gruppengröße: 2–10 Kinder |
|---|---|---|---|

**Übungsablauf:**
Übungsleiterin: „Wenn es an der Tür klopft, rufen manche Leute: ‚Wer ist da!‘“ Alle Kinder rufen mehrfach: „Wer ist da!“

**Variationsmöglichkeit:**
Karl ist in die Schule gekommen. Nach der Schule macht er seine Hausaufgaben. Wenn er fertig ist, fragt er die Mutter: „Ist es richtig?“

| st I | 5 | Zeit: ca. 10 Min. | Gruppengröße: 2–6 Kinder |
|---|---|---|---|

**Übungsablauf:**
Übungsleiterin: „Heinz und Moni streiten sich, ‚Du bist böse‘, ruft Moni. Ruft alle wie Moni!“ (Anschließend überlegt sich die Gruppe, warum Moni wohl so gerufen hat.)

**Variationsmöglichkeit:**
Peter fragt Susi: „Bist du mir böse?“

| st I | 6 | Zeit: 5–7 Min. | Gruppengröße: 2–10 Kinder |
|---|---|---|---|

**Übungsvorlage:**
Geschichte: Der Geist.
Gudrun und Hans wollen ihre kleine Schwester erschrecken. Eine Abends, als es schon dunkel ist, hängen sich beide Kinder ein weißes Tuch über den Kopf, laufen zu ihrer Schwester ins Schlafzimmer und rufen: „Huh, wir sind Geister!“

**Übungsablauf:**
Alle Kinder spielen Geister. Dazu hängt jeder sich etwas über den Kopf und ruft mehrfach: „Huh, ich bin ein Geist!“

**Variationsmöglichkeit:**
Die kleine Schwester ist sehr erschrocken, läuft zu ihren Eltern und ruft: „Mama, Papa, bei mir im Zimmer ist ein Geist!“ Diese Szene läßt sich mehrfach spielen.

| st I | 7 | Zeit: 2–4 Min. | Gruppengröße: 2–6 Kinder |
|---|---|---|---|

**Übungsvorlage:**
Vers: Wer rastet, der rostet.

**Übungsablauf:**
Die Gruppe spricht den Vers mehrfach. Anschließend unterhalten sich alle über den Sinn dieses Verses.

**Variationsmöglichkeit:**
Vers: Es ist noch kein Meister vom Himmel gefallen.

| st I | 8 | Zeit: 2–3 Min. | Gruppengröße: 2–8 Kinder |
|---|---|---|---|

**Übungsvorlage:**
Vers: Der Meister, der Meister rührt den Kleister.

**Übungsablauf:**
Die Kinder sprechen den Vers mehrfach.

**Variationsmöglichkeit:**
Vers: Die Nester, die Nester sind in den Ästen.

| st I | 9 | Zeit: 2–4 Min. | Gruppengröße: 2–6 Kinder |
|---|---|---|---|

**Übungsvorlage:**
Geschichte: Das kleine Biest.
Nanni kann ganz schön frech sein. Dann schimpft der Vater mit ihr und sagt: „Du bist ein kleines Biest!“

**Übungsablauf:**
Die Gruppe spielt die kleine Szene.

**Variationsmöglichkeit:**
Nanni wehrt sich: „Ich bin kein Biest!“

| st I | 10 | Zeit: 5–8 Min. | Gruppengröße: 2–8 Kinder |
|---|---|---|---|

**Übungsvorlage:**
Vers: Die Vögel im Nest
feiern ein Fest
ohne Rast und Ruh',
komm, geh'n wir auch dazu!

**Übungsablauf:**
Die Gruppe spricht den Vers mehrfach.

**Variationsmöglichkeit:**
Der Vers kann zu einem Singspiel ausgearbeitet werden.

| st II | 11 | Zeit: 2–3 Min. | Gruppengröße: 2–8 Kinder |
|---|---|---|---|

**Übungsablauf:**
Übungsleiterin: „Wenn Mutter ihr Auto in die Werkstatt bringt, um es reparieren zu lassen, sagt sie zum Automechaniker: ‚Guten Morgen, Meister!‘“ Alle Kinder begrüßen den Automechaniker (Übungsleiterin).

**Variationsmöglichkeit:**
Wenn die Lehrjungen und Lehrmädchen zur Arbeit kommen, rufen sie laut: „Morgen, Meister!“

st II **12** Zeit: 5–10 Min. Gruppengröße: 2–6 Kinder

**Übungsvorlage:**
Geschichte: Im Spielwarengeschäft.
Jan und Klaus stehen vor dem Spielwarengeschäft. Sie betrachten sich alle Spielsachen im Schaufenster. „Schau mal", ruft Jan, „das ist das Beste!" „Nein", ruft Klaus, „das ist das Beste!" Und so streiten sie sich lange hin und her.

**Übungsablauf:**
Die Gruppe spielt die Geschichte. Jedes Kind soll einmal den Jan oder den Klaus spielen.

**Variationsmöglichkeit:**
Zwei Kinder stehen vor dem Schaufenster einer Konditorei. Sie streiten sich: „Das schmeckt am besten!"

---

st II **13** Zeit: 4–8 Min. Gruppengröße: 2–6 Kinder

**Übungsvorlage:**
Geschichte: Der Dackel.
Frau Rot geht mit ihrem Dackel spazieren. Es laufen viele Kinder vorbei. Manche Kinder haben Angst vor dem Dackel. Dann sagt Frau Rot immer: „Der beißt nicht!"

**Übungsablauf:**
Ein Kind darf jeweils Frau Rot spielen. Die übrigen Gruppenmitglieder schleichen ängstlich an „Frau Rot" vorbei. Deshalb ruft „Frau Rot" jedem Kind zu: „Der beißt nicht!"

**Variationsmöglichkeit:**
Die Kinder fragen: „Beißt er?"

---

st II **14** Zeit: 5–7 Min. Gruppengröße: 2–6 Kinder

**Übungsvorlage:**
Geschichte: Immer unterwegs!
Torsten ist immer unterwegs. Wenn er abends nach Hause kommt, seufzt die Mutter und fragt: „Wo bist du denn gewesen?"

**Übungsablauf:**
Die kleine Szene wird mehrfach spielerisch dargestellt.

**Variationsmöglichkeit:**
Der Vater ruft: „Ilse, bist du da?"

---

st II **15** Zeit: 3–5 Min. Gruppengröße: 2–6 Kinder

**Übungsvorlage:**
Wortliste: Gästezimmer, Gästebett, Gästehandtücher, Gästeklo.

**Übungsablauf:**
Die Gruppe spricht über Gäste.

**Variationsmöglichkeit:**
Die Kinder haben Stoffreste mitgebracht und sprechen darüber.

---

st II **16** Zeit: 7–10 Min. Gruppengröße: 2–6 Kinder

**Übungsvorlage:**
Geschichte: Das alte Auto.
Vaters Auto ist schon ziemlich alt. Beim Waschen entdeckt Vater plötzlich viele Rostflecken. „Ojeh, Rost!" ruft er.

**Übungsablauf:**
Die Übungsleiterin erzählt die Geschichte. Anschließend spielen die Kinder in mehreren Szenen, wie Vater mit Mutter, dem Tankwart, dem Automechaniker usw. über die Rostflecken spricht.

**Variationsmöglichkeit:**
Gesprächsthema: Warum ist es schlimm, wenn ein Auto Rostflecken hat?

st II **17** Zeit: 10 Min. Gruppengröße: 2–5 Kinder

**Übungsablauf:**
Einüben des Liedes „Weißt du, wieviel Sternlein stehen?“ (Die erste Strophe ist besonders wichtig, und deshalb sollte sie betont deutlich gesungen werden.)

**Variationsmöglichkeit:**
Fragespiel: Ein Kind darf jeweils die Gruppe fragen. Die erste Frage lautet immer „Weißt du, wieviel Sternlein stehen?“ Anschließend darf das Kind all die Fragen stellen, die ihm wichtig erscheinen. Es soll nur darauf geachtet werden, daß die Frage mit „Weißt du ...“ beginnt.

---

st II **18** Zeit: 5–10 Min. Gruppengröße: 2–4 Kinder

**Übungsvorlage:**
Geschichte: Die Geschwister.
Der kleine Heinz ist sehr neugierig. Immer möchte er alles genau wissen. Deshalb fragt er seinen älteren Bruder Roland, der viel mehr weiß als er selbst, z.B. fragt er: „Weißt du, warum die Blätter grün sind? Weißt du, warum es hell ist? usw.

**Übungsablauf:**
Die Übungsleiterin ist der ältere Bruder. Die Kinder dürfen nun wie der „neugierige Heinz“ Fragen stellen. (Wichtig ist, daß die Fragen mit „Weißt du ... eingeleitet werden.)

**Variationsmöglichkeit:**
Geschichte: Uschi hört genau hin.
Uschi paßt immer gut auf, was sie draußen hört. Sie macht oft die Augen zu und fragt: „Hörst du das Auto?“ usw.
(Die Kinder machen die Augen zu und fragen die anderen, ob sie auch bestimmte Geräusche hören.)

---

st II **19** Zeit: 5–7 Min. Gruppengröße: 3–6 Kinder

**Übungsvorlage:**
Situation: Nach dem Kindergarten.

**Übungsablauf:**
Die Gruppe sitzt im Gesprächskreis. Die Kinder berichten, wie das ist, wenn sie nach Hause kommen, z.B. fragt dann häufig die Mutter oder der Vater, wie es im Kindergarten gewesen sei. (Hast du alles gegessen? Hat du schön gespielt? usw.)

**Variationsmöglichkeit:**
Die Situation wird zum Rollenspiel ausgebaut.

---

st II **20** Zeit: 5–7 Min. Gruppengröße: 2–8 Kinder

**Übungsvorlage:**
Vers: Eine Kuh, die saß im Schwalbennest
mit sieben jungen Ziegen,
die feierten ihr Jubelfest
und fingen an zu fliegen.
Der Esel zog Pantoffeln an,
ist über's Haus geflogen,
und wenn das nicht die Wahrheit ist,
so ist es doch gelogen.

**Übungsablauf:**
Die Kinder sprechen den Reim mehrfach.

**Variationsmöglichkeit:**
Die Kinder sprechen über Vogelnester.

## 12. Übungen zum Laut sch

| sch I | 1 | Zeit: 5 Min. | Gruppengröße: 2–8 Kinder |
|---|---|---|---|

**Übungsablauf:**
Die Gruppe ahmt das Rauschen des Wassers auf „schschsch" nach. (Wasser rauscht in den Leitungen; Wasser rauscht aus dem Wasserhahn; Wasser rauscht am Wasserfall.)

**Variationsmöglichkeit:**
Die Gruppe ahmt das Rauschen der Brandung am Meer nach.

| sch I | 2 | Zeit: 5 Min. | Gruppengröße: 2–10 Kinder |
|---|---|---|---|

**Übungsablauf:**
Die Gruppe ahmt das Geräusch einer fahrenden Eisenbahn nach: „Schschschsch!"

**Variationsmöglichkeiten:**
1. Es wird unterschieden zwischen kleinen und großen, schnellen und langsamen, alten und neuen Loks.
2. Jedes Kind darf einmal Lokomotive spielen.
3. Jeweils zwei Kinder spielen zusammen. Ein Kind macht das Fahrgeräusch: Schschsch!, während das andere entsprechend (schnell, langsam usw.) fahren muß. Anschließend werden die Rollen vertauscht.

| sch I | 3 | Zeit: 3 Min. | Gruppengröße: 2–8 Kinder |
|---|---|---|---|

**Übungsablauf:**
Die Gruppe verscheucht Vögel mit „schschsch".

**Variationsmöglichkeit:**
Die Kinder bringen abwechselnd die Gruppe zur Ruhe mit „schsch".

| sch I | 4 | Zeit: 5 Min. | Gruppengröße: 4–8 Kinder |
|---|---|---|---|

**Übungsablauf:**
Beliebige Kinderlieder, die der Gruppe bereits vertraut sind, werden auf „schi", „scho", „schu" usw. gesungen.

**Variationsmöglichkeiten:**
1. Man kann die Lieder durch Kinder mit Musikinstrumenten begleiten lassen.
2. Ein Lied wird auf „schsch..." gesungen. Dabei beginnt man sehr leise und steigert die Lautstärke allmählich.

| sch I | 5 | Zeit: 5 Min. | Gruppengröße: 5–10 Kinder |
|---|---|---|---|

**Übungsvorlage:**
Spiel: Auf dem Hühnerhof.
Ein Kind darf die Hühner, die aus dem Hühnerhof weglaufen wollen, zurückscheuchen, indem es die Arme weit ausbreitet und die Restgruppe unter „Husch, husch!"-Rufen in einen vorher als Hühnerhof festgelegten Bereich treibt.

**Übungsablauf:**
Das Spiel wird mit wechselnden Rollen durchgeführt. Jedes Kind sollte sowohl „Huhn" als auch „Kind" spielen.

**Variationsmöglichkeit:**
Ein ähnliches Spiel läßt sich auch gestalten, indem man z. B. lästige Tauben wegscheucht, um ungehindert laufen zu können. Dabei können die Kinder „husch!" oder auch einfach „sch!" rufen.

sch I **6** Zeit: 3–5 Min. Gruppengröße: 2–4 Kinder

**Übungsablauf:**
Die Gruppe wischt mit dem Tuch über den Tisch und ahmt das Geräusch nach, das dabei entsteht: „wisch, wisch!“

**Variationsmöglichkeit:**
Geschichte: „Wuschl“ ist ein kleiner Hund. Ständig ist er verschwunden, und man muß ihn immer suchen und rufen. (Alle helfen rufen.)

sch I **7** Zeit: 5 Min. Gruppengröße: 2–10 Kinder

**Übungsablauf:**
Die Kinder ärgern sich gegenseitig und rufen: „Ätsch!“

**Variationsmöglichkeit:**
Zu dem „Ätsch“-Ausruf können entsprechende Armbewegungen gemacht werden bzw. die Mimik wird entsprechend gestaltet.

sch I **8** Zeit: 5 Min. Gruppengröße: 2–8 Kinder

**Übungsvorlage:**
Vers: Schusche, schusche, schusche!
Uns're Katz' heißt Pusche,
unser Hund heißt Kunterbunt,
schlaf, mein Kind, schlaf dich gesund.

**Übungsablauf:**
Die Gruppe spricht den Vers mehrfach.

**Variationsmöglichkeit:**
Die Kinder erfinden eine Melodie zu dem Vers.

sch I **9** Zeit: 5–7 Min. Gruppengröße: 3 Kinder

**Übungsvorlage:**
Text: Die Mutter sucht ihre zwei Kinder, die Uschi und den Schorsch. Sie läuft laut rufend durch die Straßen. Als sie die Kinder endlich gefunden hat, merkt sie, daß die Katze Muschi weg ist. Nun suchen alle drei die Muschi und rufen sie.

**Übungsablauf:**
Die Gruppe spielt die Geschichte.

**Variationsmöglichkeit:**
Peter sucht seine Katze. Er ruft: „Musch! Musch! Musch! Musch!“

sch II **10** Zeit: 5–10 Min. Gruppengröße: 3–7 Kinder

**Übungsvorlage:**
Geschichte: Es geht nicht immer alles.
Kurt möchte immer am liebsten alles machen und haben. Wenn er ein Auto im Spielzeugladen sieht, möchte er es haben; und wenn er es nicht bekommt, ruft er enttäuscht: „Schade!“ Wenn er Rollschuhe laufen möchte, und er merkt, daß es draußen regnet, ruft er laut: „Schade!“ usw.

**Übungsablauf:**
Die Übungsleiterin erzählt die (möglichst lange fortgesetzte) Geschichte. Sie animiert die Kinder dann immer bei dem Ausruf: „Schade!“, möglichst laut und deutlich mitzurufen.

**Variationsmöglichkeit:**
Die Kinder dürfen selbst eine Geschichte von einem Kind erfinden, das immer „Schade!“ ruft.

sch II **11** Zeit: 5 Min. Gruppengröße: 4–8 Kinder

**Übungsvorlage:**
Text: Die Mutter und der Vater bringen die Kinder zu Bett. Sie sagen: „Jetzt aber husch, husch ins Körbchen!"

**Übungsablauf:**
Die Übungsleiterin erzählt die Geschichte. Anschließend bringen sich die Kinder gegenseitig „ins Körbchen".

**Variationsmöglichkeit:**
Die Kinder sind faul und wollen nicht an die frische Luft. Die „Kindergärtnerin" jagt sie: „Husch, husch!" nach draußen.

sch II **12** Zeit: 3 Min. Gruppengröße: 2–4 Kinder

**Übungsvorlage:**
Geschichte: Gestern habe ich dem Willi zugesehen. Er saß auf einer Schaukel und schaukelte hin und her. Dabei sang er immer leise vor sich hin: „Schaukel, schaukel, hin und her."

**Übungsablauf:**
Die Kinder ahmen den Willi nach. Sie stellen sich vor, sie schaukeln (evtl. mit den Armen Schaukelbewegungen ausführen) und singen dabei nach selbsterfundenen Melodien „Schaukel, schaukel, hin und her."

**Variationsmöglichkeit:**
Wenn eine Schaukel auf dem Kindergartenspielplatz vorhanden ist, kann das Spiel auch im Freien ausgeführt werden.

sch II **13** Zeit: 10 Min. Gruppengröße: 5–7 Kinder

**Übungsvorlage:**
Geschichte: Heike ist zum erstenmal in einem großen Zoo. Es gefällt ihr sehr gut. Sie läuft von Tier zu Tier und sagt immer zu ihrem Bruder: „Schau doch!"

**Übungsablauf:**
Die Übungsleiterin erzählt die Geschichte. Anschließend wird sie nachgespielt. Dabei darf jedes Kind ein Tier darstellen, „Heike" läuft nun von Tier zu Tier und ruft: „Schau!"

**Variationsmöglichkeit:**
Die gleiche Geschichte läßt sich auch im Spielwarengeschäft spielen.

sch II **14** Zeit: 5–7 Min. Gruppengröße: 2–4 Kinder

**Übungsvorlage:**
Geschichte: Ulli lebt auf einem Bauernhof.
Zu seinem Geburtstag hat er ein Schaf geschenkt bekommen. Darauf ist er sehr stolz. Immer, wenn er weggeht, nimmt er das Schaf mit. Dann ruft er: „Komm, Schaf!"

**Übungsablauf:**
Die Gruppe spielt „Ulli geht mit seinem Schaf spazieren".

**Variationsmöglichkeit:**
Geschichte: Mike hat eine Hündin. Er nennt sie „Schuscha". Immer, wenn er spazierengeht, nimmt er seine Schuscha mit. Er ruft sie dann.

sch II **15** Zeit: 10 Min. Gruppengröße: ca. 5 Kinder

**Übungsvorlage:**
Liedtext: Husch, husch, husch die Eisenbahn,
wer wil mit nach ... fahr'n?
... ist 'ne schöne Stadt,
die auch viele Kinder hat.
Kinderlein, Kinderlein hängt euch an,
jetzt geht's mit der Eisenbahn.
Sch, sch, sch, sch, sch, sch, sch!

**Übungsablauf:**
Einüben des Liedes. Falls die Melodie unbekannt ist, kann der Text auch als „Sprechgesang“ eingeübt oder mit einer beliebigen Melodie unterlegt werden.

**Variationsmöglichkeit:**
Ein Kind untermalt das gesamte Lied mit „Schschsch ...“.

sch II **16** Zeit: 5–10 Min. Gruppengröße: 2–10 Kinder

**Übungsvorlage:**
Geschichte: Schischischaschaschoschoschuschu!
Claudia feiert Fasching. Alles ist verrückt und fröhlich. Da denkt sich Claudia: „Eigentlich muß an Fasching doch auch die Sprache verrückt sein!“ und sie spricht nur noch: „Schischischaschaschoschoschuschu!“ Egal, was die anderen sagen, sie sagt nur noch: „Schischischaschaschoschoschuschu!“

**Übungsablauf:**
Die Spielleiterin erzählt die Geschichte. Anschließend sprechen alle in Claudias „Faschingssprache“ miteinander. Wer will, darf natürlich auch seine eigene „Faschingssprache“ erfinden.

**Variationsmöglichkeit:**
Die Spielleiterin sagt zu jedem Kind einen „Satz“ in der „Faschingssprache“. Das Kind versucht, diesen Satz ebenfalls in der „Faschingssprache“ zu beantworten.

sch II **17** Zeit: 5–7 Min. Gruppengröße: 3–7 Kinder

**Übungsablauf:**
Die Gruppe unterhält sich über verschiedene Buscharten (z.B. Fliederbüsche, Holunderbüsche, Forsythienbüsche, Goldregenbüsche, große Büsche, zarte Büsche usw.). Wichtig ist, daß von den Kindern häufig das Wort „Büsche“ verwendet wird.

sch II **18** Zeit: 5 Min. Gruppengröße: 2–7 Kinder

**Übungsvorlage:**
Spiel: Zurufspiel.
Die Übungsleiterin sagt: „Es gibt viele, verschiedene Flaschen.“ Die Kinder rufen ihr nun all die verschiedenen Flascharten zu, die ihnen einfallen (z.B. Sprudelflasche, Weinflasche, Dickbauchflasche usw.).

**Übungsablauf:**
Das Spiel wird erklärt und in der Gruppe durchgeführt.

**Variationsmöglichkeit:**
Dasselbe Spiel läßt sich auch mit dem Reizwort „Tasche“ durchführen (z.B. Ledertasche, Handtasche, Einkaufstasche usw.).

sch II **19** Zeit: 5–10 Min. Gruppengröße: 2–6 Kinder

**Übungsvorlage:**
Geschichte: Petra freut sich so. Sie hat neue Schuhe bekommen. Deshalb läuft sie zu jedem und sagt: „Schau mal, ich habe neue Schuhe."

**Übungsablauf:**
Die kleine Szene wird von den Kindern nachgespielt.

**Variationsmöglichkeit:**
Spiel: Das kleine Mädchen bietet allen Schokolade an. („Möchtest Du Schokolade?")

---

sch II **20** Zeit: 10 Min. Gruppengröße: 3–5 Kinder

**Übungsvorlage:**
Liedtext: Auf der Eisenbahn
steht ein schwarzer Mann,
zündet das Feuerlein an,
daß die Eisenbahn fahren kann.
Kinderlein, Kinderlein hängt euch an,
jetzt geht's mit der Eisenbahn,
sch sch sch sch sch sch sch.

**Übungsablauf:**
Einüben des Liedes. Falls die Melodie nicht bekannt ist, kann eine beliebige Melodie gewählt werden.

**Variationsmöglichkeit:**
Das Lied wird zu einem Singspiel ausgebaut (z.B. schürt der Heizer deutlich sichtbar das Feuer usw.).

## 13. Übungen zur Lautverbindung scht

| scht I | 1 | Zeit: 5 Min. | Gruppengröße: 2–10 Kinder |
|---|---|---|---|

**Übungsvorlage:**
Gesprächsanlaß: Wenn Stefan mit seinen neuen Stiefeln auf der Straße geht, dann macht es: Stapf, stapf, stapf.

**Übungsablauf:**
Alle Kinder stapfen wie Stefan („Stapf! Stapf!").

**Variationsmöglichkeit:**
Mutter ruft: „Stefan, stapf' nicht so!"

| scht I | 2 | Zeit: 1–3 Min. | Gruppengröße: 2–10 Kinder |
|---|---|---|---|

**Übungsablauf:**
Jeweils zwei Kinder stehen voreinander. Abwechselnd berührt jeder mit seiner Stirn die Stirn des anderen Kindes und ruft dazu: „Stutzböckel!"

| scht I | 3 | Zeit: 3–5 Min. | Gruppengröße: 2–10 Kinder |
|---|---|---|---|

**Übungsablauf:**
Spielleiterin: Morgen, wenn der Wecker geläutet hat, rufen die Eltern: „Aufstehen!" Alle Kinder wecken sich gegenseitig.

**Variationsmöglichkeit:**
Nach dem Mittagessen, wenn die Eltern etwas schlafen wollen, sagen sie zu den Kindern: „Seid still!"

| scht I | 4 | Zeit: 5–10 Min. | Gruppengröße: 2–8 Kinder |
|---|---|---|---|

**Übungsablauf:**
Jeweils zwei Kinder bilden ein Reiterpaar. Der „Reiter" galoppiert mit dem „Pferdchen" durch den Raum und ruft dazu: „Über Stock und über Stein!" Nach einer Weile werden die Rollen getauscht.

**Variationsmöglichkeit:**
Der „Reiter" ruft dem „Pferdchen" zu: „Streng dich an!"

| scht I | 5 | Zeit: 10 Min. | Gruppengröße: 2–5 Kinder |
|---|---|---|---|

**Übungsvorlage:**
Spielszene: Im Warenhaus.
Der Verkäufer preist seine Stoffe an. Er ruft sie laut aus: „Schöne Stoffe! Billige Stoffe! Bunte Stoffe!" usw.

**Übungsablauf:**
Jedes Kind der Gruppe darf einmal Stoffverkäufer spielen. Die Gruppe überlegt anschließend, bei welchem „Verkäufer" die Kunden wohl am häufigsten Stoffe kaufen würden und warum das so ist.

**Variationsmöglichkeit:**
Die Kinder haben Stoffreste mitgebracht. Es wird ein richtiger Verkaufstisch aufgebaut. Die (wechselnden) „Verkäufer" müssen nun die vorhandenen Stoffe ausrufen.

scht I **6** Zeit: 5–8 Min. Gruppengröße: 2–8 Kinder

**Übungsvorlage:**
Geschichte: Der Stier.
In Spanien gibt es sehr wilde Stiere. Einmal hat sich ein Stier losgerissen und ist durch die Straßen gerannt. Da waren die Menschen sehr erschrocken. „Der Stier ist los!" haben sie sich zugerufen und sind schnell weggerannt.

**Übungsablauf:**
Die Spielleiterin stellt den Stier dar. Die Kinder laufen „erschrocken" im Zimmer umher und rufen sich laut zu: „Der Stier ist los!"

**Variationsmöglichkeit:**
Die Kinder unterhalten sich über Stiere.

scht I **7** Zeit: 5–10 Min. Gruppengröße: 2–8 Kinder

**Benötigtes Material:**
Verschiedene Steine.

**Übungsablauf:**
Die Übungsleiterin hat Steine mitgebracht. Die Gruppe spricht über die verschiedenartigen Steine.

**Variationsmöglichkeit:**
Die Kinder legen Bilder aus Kieselsteinen und erzählen dazu.

scht I **8** Zeit: ca. 5 Min. Gruppengröße: 2–6 Kinder

**Übungsvorlage:**
Vers: A b c,
die Katze lief im Schnee.
Als sie wieder 'raus kam,
hat' sie weiße Stiefel an.
A b c,
die Katze lief im Schnee.

**Übungsablauf:**
Die Gruppe spricht den Vers mehrfach.

**Variationsmöglichkeit:**
Vers: Ich und du und dem Müller sein' Kuh
und dem Müller sein Stier,
sind unser' vier.

scht I **9** Zeit: 5–7 Min. Gruppengröße: 2–10 Kinder

**Übungsvorlage:**
Vers: Der Stier läuft über Stock und Stein.

**Übungsablauf:**
Die Gruppe spricht den Vers mehrfach.

**Variationsmöglichkeit:**
Vers: Stripp, strapp, stroll, ist der Eimer noch nicht voll?

scht I **10** Zeit: 5–7 Min. Gruppengröße: 2–8 Kinder

**Übungsvorlage:**
Vers: Storch, Storch, Schnibelschnabel,
setz mich auf mein Stöckli,
gib mir Milch und Bröckli.

**Übungsablauf:**
Die Gruppe spricht den Reim mehrfach.

**Variationsmöglichkeit:**
Vers: Seht den alten Hampelmann,
wie der hampeln, strampeln kann.
Alle Damen, alle Herr'n,
alle hampeln, strampeln gern.

---

scht II **11** Zeit: 5–10 Min. Gruppengröße: 2–6 Kinder

**Übungsvorlage:**
Vers: Wir reiten über Stock und Stein
und seh'n dabei die Sternelein.

**Übungsablauf:**
Die Gruppe lernt den Vers auswendig.

**Variationsmöglichkeit:**
Die Kinder hüpfen „wie Pferde" durch das Zimmer und sagen oder singen dazu den Vers.

---

scht II **12** Zeit: 2–4 Min. Gruppengröße: 2–10 Kinder

**Übungsvorlage:**
Vers: Seht einmal, da steht er, garst'ger Schwarzer Peter!

**Übungsablauf:**
Übungsleiterin: „Die Familie Braun spielt gerne das Kartenspiel ‚Schwarzer Peter'. Wenn das Spiel zu Ende ist, rufen immer alle: ‚Seht einmal, da steht er, garst'ger Schwarzer Peter!' Ruft einmal alle mit!"

**Variationsmöglichkeit:**
Wenn zu Hause viel Arbeit ist, ruft Vater Susanne zu: „Was stehst du da herum? Hilf lieber mit!"

---

scht II **13** Zeit: 10 Min. Gruppengröße: ca. 5 Kinder

**Übungsablauf:**
Die Gruppe spielt „Rätselkreis". Alle Kinder sitzen im Kreis. Die Spielleiterin stellt jeweils ein Rätsel. Die Kinder versuchen, das gesuchte Wort zu finden. Spielleiterin: „Wie heißt das ‚Kleine' davon?" (Stein – Steinchen; Stock – Stöckchen; Stamm – Stämmchen; Stall – Ställchen usw.)

**Variationsmöglichkeit:**
Ein ähnlicher „Rätselkreis" läßt sich auch veranstalten zum Thema „Wie heißen mehrere davon?" (Stein – Steine; Storch – Störche usw.)

---

scht II **14** Zeit: 1–4 Min. Gruppengröße: 2–10 Kinder

**Übungsvorlage:**
Vers: Stefan steckt seinen Stock in den Staub.

**Übungsablauf:**
Die Gruppe spricht den Vers mehrfach.

**Variationsmöglichkeit:**
Mutter ruft: „Steig nicht auf den Stein, Stefan!" Alle Kinder helfen ihr beim Rufen!

scht II **15** Zeit: 5–10 Min. Gruppengröße: 2–6 Kinder

**Übungsvorlage:**
Wortliste: Sterne, Sternbilder, Sternschnuppen, Abendstern, Morgenstern, Sternhaufen, Sternenhimmel usw.

**Übungsablauf:**
Die Gruppe unterhält sich über Sterne.

**Variationsmöglichkeit:**
Die Gruppe unterhält sich über Stühle (Holz-, Plastik-, Metall-, Klapp-, Liege-, Küchen- und Kinderstühle usw.).

---

scht II **16** Zeit: ca. 10 Min. Gruppengröße: 2–6 Kinder

**Übungsvorlage:**
Geschichte: Die Wespe.
Uwe hat im Sankasten gespielt. Plötzlich kommt eine Wespe angeflogen. Sie sticht ihn. Das tut sehr weh. Uwe läuft weinend ins Haus. „Was ist denn los?“ fragt der Vater erschrocken. Was erzählt Uwe wohl?

**Übungsablauf:**
Die Gruppe spielt die Szene. Wichtig ist, daß die Geschichte fortgeführt wird.

**Variationsmöglichkeit:**
Welches Tier kann stechen? (Biene, Fliege, Hund, Elefant, Hummel, Katze, Wespe usw.)

---

scht II **17** Zeit: ca. 5 Min. Gruppengröße: 2–8 Kinder

**Übungsvorlage:**
Vers: Stork, Stork, Steine,
mit de lange Beine,
mit de kurze Knie!
Stork, Stork, Steine.

**Übungsablauf:**
Die Kinder sprechen den Reim mehrfach.

**Variationsmöglichkeit:**
Vers: Storch, Storch, Hopfenbein,
trag’ mich auf dem Rücken heim!
Storch, Storch, Hopfenbein.

---

scht II **18** Zeit: 5–7 Min. Gruppengröße: 2–6 Kinder

**Übungsvorlage:**
Geschichte: Die Treppe.
„Ach“, sagt Mutter zur Nachbarin, „jetzt habe ich die Treppe schon zweimal gewischt, und sie ist immer noch fleckig!“

**Übungsablauf:**
Die Kinder spielen die kleine Szene.

**Variationsmöglichkeit:**
Mutter und Vater lösen sich ab beim Treppenwischen. „Wischst du heute?“ fragen sie sich immer gegenseitig.

---

scht II **19** Zeit: 5–7 Min. Gruppengröße: 2–10 Kinder

**Übungsvorlage:**
Vers: Ein Student mit Stulpenstiefeln stolpert über’n spitzen Stein.

**Übungsablauf:**
Die Gruppe spricht den Vers mehrfach.

**Variationsmöglichkeit:**
Vers: Auf einem starken Ast saßen zwei stolze Stare.
Zwei stolze Stare saßen auf einem starken Ast.

**Übungsvorlage:**
Geschichte: Die Geschwister.
Ulli ist wütend auf ihre große Schwester. „Immer kommandierst du mich herum“, mault sie. „Ständig sagst du: ‚Steh auf!‘ ‚Stell dich!‘ oder ‚Steck das weg!‘ Mich ärgert das.“

**Übungsablauf:**
Die Gruppe spielt mit wechselnden Kindern die beiden Geschwisterrollen. Anschließend wird darüber gesprochen, was „Ulli“ am Verhalten der älteren Schwester wohl auszusetzen hat.

**Variationsmöglichkeit:**
Szene: Jeden Morgen weckt Mutter uns: „Steht auf!“

## 14. Übungen zum Laut pf

pf I **1** Zeit: 5–10 Min. Gruppengröße: 2–10 Kinder

**Übungsvorlage:**
Geschichte: Der kleine Trotzkopf.
Andreas ist ein kleiner Trotzkopf. Was die Eltern auch sagen, Andreas sagt nur: „Pfff!"

**Übungsablauf:**

| Spiel: Eltern: | Andreas: |
|---|---|
| Du wirst dich erkälten! | Pfff! |
| Du mußt neue Wäsche anziehen! | Pfff! |
| Du mußt netter zu Anni sein! | Pfff! |

Die Gruppe spielt das Spiel so oft, daß jeder einmal den ‚Andreas' spielen kann.

pf I **2** Zeit: 2–3 Min. Gruppengröße: 2–10 Kinder

**Übungsablauf:**
Spielleiterin: „Wenn ein Loch im Fahrradschlauch ist, strömt die Luft heraus. Das hört sich dann so an: ‚Pfff!'" Alle Kinder ahmen das Geräusch nach.

**Variationsmöglichkeit:**
Die Luft strömt aus dem Schlauch des Kinderrades, des Erwachsenenrades, des Autos, des Busses, des Lastwagens. Jedesmal hört es sich anders an.

pf I **3** Zeit: 2–4 Min. Gruppengröße: 2–10 Kinder

**Übungsablauf:**
Spielleiterin: „Wenn Anna beleidigt ist, macht sie immer ‚Pfff!'" Alle Kinder spielen die „beleidigte Anna".

**Variationsmöglichkeiten:**
1. Die Kinder ärgern sich gegenseitig. Das jeweils angesprochene Kind macht nur „Pfff!"
2. Die Spielleiterin ärgert (nach vorheriger Absprache) die Kinder. Diese machen immer nur: „Pfff!"

pf I **4** Zeit: 2–5 Min. Gruppengröße: 2–10 Kinder

**Übungsablauf:**
Spielleiterin: „Wenn ein Hund etwas tut, was er nicht tun soll, rufen sein Frauchen oder Herrchen gleich: „Pfui!" Alle Kinder rufen mehrfach: „Pfui!"

**Variationsmöglichkeit:**
Alle Kinder gehen mit ihren „Hunden" (Stofftiere o. ä.) spazieren und rufen häufig: „Pfui!"

pf I **5** Zeit: 5 Min. Gruppengröße: 2–10 Kinder

**Benötigtes Material:**
Bild von einem Pfau.

**Übungsablauf:**
Spielleiterin: „Wenn ein Kind sehr eitel ist, immer in den Spiegel schaut und nie mitspielt, weil es Angst hat, es könnte sich schmutzig machen, so rufen manche Kinder: ‚Pfau!'" Ein Kind stolziert sehr aufgeblasen im Raum umher. Die anderen Kinder rufen: „Pfau! Pfau!"

**Variationsmöglichkeit:**
Die Gruppe spricht über den Pfau.

pf I **6** Zeit: 5 Min. Gruppengröße: 2–10 Kinder

**Übungsvorlage:**
Geschichte: Utes kleiner Hund.
Ute hat einen Hund bekommen. Der Hund ist noch sehr jung, und Ute möchte ihm ein paar Kunststückchen beibringen. Deshalb kniet sie immer vor ihm und ruft: „Gib Pfötchen!“

**Übungsablauf:**
Jedes Kind versucht seinem „Hund“ (z. B. Puppe, Teddy o. ä.) auch das Pfötchengeben beizubringen und spricht dazu: „Gib Pfötchen!“

**Variationsmöglichkeit:**
Nachdem Ute es geschafft hat, daß ihr Hund Pfötchen gibt, läuft sie zu jedem und ruft: „Mein Hund gibt schon Pfötchen!“

---

pf I **7** Zeit: 5–10 Min. Gruppengröße: 2–6 Kinder

**Übungsablauf:**
Spielleiterin: „Hussein's Lieblingsgetränk ist Apfelsaft. Wenn die Mutter (der Vater, die Oma, der Opa, die Tante usw.) ihn fragt, was er trinken möchte, so ruft er: „Apfelsaft!“ Die Kinder ergänzen immer: „Apfelsaft!“

**Variationsmöglichkeit:**
„Hussein“ sitzt auf einem Stuhl. Jedes Kind der Gruppe geht zu ihm und fragt: „Was möchtest du trinken?“ „Hussein“ antwortet immer: „Apfelsaft!“ Jedes Kind darf einmal den „Hussein“ spielen.

---

pf I **8** Zeit: 10–15 Min. Gruppengröße: 2–6 Kinder

**Benötigtes Material:**
Spielzeugeisenbahn.

**Übungsvorlage:**
Spiel: Das Bahnhofsspiel.
Die Gruppe spielt „Auf dem Bahnhof“. Ein Kind ist der Stationsvorsteher. Ein anderes Kind spielt den Zugführer. Die übrigen Kinder hängen sich als Zug an den Zugführer. Der Zug fährt durch das „Land“. Immer, wenn er an einen „Bahnhof“ kommt, bleibt er stehen. Nach einer Weile ruft der Zugführer dem Stationsvorsteher zu: „Pfeifen!“ Dieser pfeift dann, und der Zug fährt zum nächsten Bahnhof.

**Übungsablauf:**
Das Spiel wird durchgeführt. Wichtig ist, daß jedes Kind einmal Zugführer und einmal Stationsvorsteher war.

**Variationsmöglichkeit:**
Die Gruppe spielt mit einer Spielzeugeisenbahn. Der „Bahnhofsvorsteher“ gibt immer den Befehl zu pfeifen.

---

pf I **9** Zeit: 5 Min. Gruppengröße: 2–10 Kinder

**Übungsvorlage:**
Vers: Regen-, Regentröpfchen
fallen auf mein Köpfchen.

**Übungsablauf:**
Die Gruppe spricht den Vers mehrfach.

**Variationsmöglichkeit:**
Vers: Tropf, tropf, Regentröpfchen,
hab' ein Lockenköpfchen,
da fall'n die Tröpfchen drauf.

| pf I | 10 | Zeit: 5–8 Min. | Gruppengröße: 2–10 Kinder |
|---|---|---|---|

**Übungsvorlage:**
Geschichte: Ingolf.
Ingolf kann es nicht leiden, wenn Pfeffer am Essen ist. Dann ist es ihm zu scharf. Deshalb fragt er jedesmal, wenn es Essen gibt: „Ist da Pfeffer dran?"

**Übungsablauf:**
Die Spielleiterin (Mutter) bietet jedem Kind ein Essen an. Die Kinder fragen dann sofort: „Ist da Pfeffer dran?" Anschließend bieten die Kinder sich gegenseitig Essen an.

**Variationsmöglichkeit:**
Der Kellner fragt alle Gäste, die ins Restaurant kommen: „Möchten Sie Salz und Pfeffer?"

| pf II | 11 | Zeit: 10–20 Min. | Gruppengröße: 2–10 Kinder |
|---|---|---|---|

**Übungsvorlage:**
Märchen: Aschenputtel.

**Übungsablauf:**
Die Spielleiterin erzählt das Märchen. Anschließend wiederholen die Kinder den Reim: „Die guten ins Töpfchen, die schlechten ins Kröpfchen" mehrfach.

**Variationsmöglichkeit:**
Die „Tauben" (Kinder) singen sich diesen Reim fröhlich zu. Dazwischen picken sie immer ein paar Erbsen.

| pf II | 12 | Zeit: 3 Min. | Gruppengröße: 2–10 Kinder |
|---|---|---|---|

**Übungsablauf:**
Spielleiterin: „Wenn Karla immer alles gleich mit den Händen anfassen muß, schimpft der Vater: „Pfoten weg, kleines Fräulein!" Alle Kinder schimpfen wie der Vater.

**Variationsmöglichkeit:**
Die Gruppe bewegt sich frei im Raum. Die Spielleiterin faßt von Zeit zu Zeit etwas sehr schnell und unauffällig an. Aufgabe der Gruppe ist es aufzupassen, wenn sie etwas anfaßt, sofort „Pfoten weg!" zu rufen.

| pf II | 13 | Zeit: 5–8 Min. | Gruppengröße: 2–10 Kinder |
|---|---|---|---|

**Übungsvorlage:**
Vers: Wir rupfen und zupfen das Unkraut aus.

**Übungsablauf:**
Die Gruppe hockt sich auf den Boden, führt pantomimische Bewegungen aus, als wollte sie Unkraut zupfen und spricht dazu: „Wir rupfen und zupfen das Unkraut aus!"

**Variationsmöglichkeit:**
Vers: Wir binden den Hopfen an den Pfosten.

pf II **14** Zeit: ca. 5 Min. Gruppengröße: 2–8 Kinder

**Übungsvorlage:**
Vers: A b c,
die Katz' lief über den See,
die Katz' lief über den Sack,
bringt dir ein Pfund Schnupftabak.

**Übungsablauf:**
Die Kinder sprechen den Reim mehrfach.

**Variationsmöglichkeit:**
Vers: Eins zwei drei,
bicke backe bei,
bicke backe Pfannenstiel,
sitzt ein Männchen auf der Mühl.
Eins zwei drei
bicke backe bei.

pf II **15** Zeit: 5 Min. Gruppengröße: 2–10 Kinder

**Übungsvorlage:**
Geschichte: Ursula pfeift.
Ursula kann toll pfeifen. Alle beneiden sie darum. Jeder sagt darum immer zu ihr: „Pfeif doch mal!" Ursula freut sich dann darüber und pfeift nach Herzenslust.

**Übungsablauf:**
Die Spielleiterin erzählt die Geschichte. Anschließend darf jedes Kind der Gruppe die Spielleiterin (Ursula) zum Pfeifen auffordern. Die Spielleiterin pfeift dann jeweils kurz.

**Variationsmöglichkeit:**
Ein Kind fragt jedes der anderen Gruppenmitglieder: „Kannst du pfeifen?"

pf II **16** Zeit: 5–10 Min. Gruppengröße: 2–8 Kinder

**Übungsvorlage:**
Vers: Hüpf, hüpft, Bällchen,
hüpf ins Näpfchen,
hüpf wieder 'raus
und du bist aus.

**Übungsablauf:**
Die Gruppe spricht den Vers mehrfach. Man kann mit Hilfe des Verses auch abzählen lassen.

**Variationsmöglichkeit:**
Vers: Das Töpfchen für's Kind,
das Näpfchen für's Tier,
die Äpfel gehören mir.

pf II **17** Zeit: 10–15 Min. Gruppengröße: 2–6 Kinder

**Übungsvorlage:**
Geschichte: Mareike und Jürgen.
Herr Knaus hat Mareike und Jürgen erlaubt, auf seinen Apfelbaum zu klettern. Dort sitzen sie und pflücken Äpfel. Jeder, der vorbeigeht, ruft: „Was macht ihr denn da?" „Äpfel pflücken!" rufen Mareike und Jürgen zurück.

**Übungsablauf:**
Die Geschichte wird spielerisch dargestellt. Jedes Kind sollte mindestens einmal ‚Mareike' oder ‚Jürgen' spielen dürfen.

**Variationsmöglichkeit:**
Heinz und Moni pflücken Pfirsiche.

| pf II | **18** | Zeit: 2–4 Min. | Gruppengröße: 2–10 Kinder |
|---|---|---|---|

**Übungsvorlage:**
Vers: Der Topf, der Topf, der kleine Topf,
und dieser Topf, der qualmt.

**Übungsablauf:**
Die Gruppe spricht den Vers mehrfach.

**Variationsmöglichkeit:**
Vers: Der Knopf, der Knopf, der große Knopf,
und dieser Knopf, der knallt.

| pf II | **19** | Zeit: 5–8 Min. | Gruppengröße: 2–10 Kinder |
|---|---|---|---|

**Übungsvorlage:**
Geschichte: Jörg im Obstgarten.
Jörg ißt gern Obst. Seine Eltern haben ja auch einen großen Obstgarten. Aber Jörg kann nie abwarten, bis das Obst reif ist. „Ach, wenn die Äpfel doch schon reif wären! Ach, wenn die Pfirsiche nur schon reif wären! Ach, wenn die Pflaumen nur schon reif wären!" stöhnt er immer.

**Übungsablauf:**
Die Spielleiterin erzählt die Geschichte. Alle Kinder stöhnen anschließend wie Jörg.

**Variationsmöglichkeit:**
Jeweils ein Kind der Gruppe darf den Jörg spielen, der immer wieder in den Obstgarten läuft und traurig jammert, wenn Äpfel, Pfirsiche und Pflaumen noch nicht reif sind.

| pf II | **20** | Zeit: 5–10 Min. | Gruppengröße: 2–6 Kinder |
|---|---|---|---|

**Übungsvorlage:**
Übungssituation: Auf dem Markt.
Die Kinder stellen sich vor, daß sie auf dem Markt sind. Jedes Kind darf am Obststand einkaufen.

**Übungsablauf:**
Die Spielleiterin spielt die Verkäuferin am Obststand. Die Kinder kaufen ein oder mehrere Pfund von dem Obst, das sie besonders gerne mögen. Wichtig ist, daß jedes Kind „ein, zwei ... Pfund ...!" verlangt.

**Variationsmöglichkeit:**
Die Kinder kaufen im Lebensmittelgeschäft: Zucker, Mehl, Salz, Reis, Nudeln, Kartoffeln usw. ein.

## 15. Übungen zum Laut z

| z I | 1 | Zeit: 5–15 Min. | Gruppengröße: 2–6 Kinder |
|---|---|---|---|

**Übungsvorlage:**
Geschichte: Frau Stemmle ärgert sich.
Wenn Frau Stemmle sich ärgert, dann sieht man ihr das gleich an. Sie macht ein böses Gesicht, schüttelt den Kopf und sagt dazu: „Tzz! Tzz! Tzz!"

**Übungsablauf:**
Die Kinder ahmen die verärgerte Frau Stemmle nach.

**Variationsmöglichkeit:**
Die Wundergeschichte: Die Kinder sitzen im Kreis. Eines fängt an, seinem Nachbarn etwas ins Ohr zu flüstern. Dieser schüttelt den Kopf, macht: „tzz, tzz, tzz!" und flüstert nun selbst seinem Nachbarn etwas ins Ohr. Das Spiel geht reihum.

| z I | 2 | Zeit: 2–4 Min. | Gruppengröße: 2–10 Kinder |
|---|---|---|---|

**Übungsablauf:**
Die ganze Gruppe hat fürchterlichen Schnupfen und niest laut: „Hazzi! Hazzi!"

**Variationsmöglichkeit:**
Die Gruppe sitzt im Kreis. Die Spielleiterin ruft: „... hat Schnupfen, er muß laut niesen!" Das angesprochene Kind macht dann: „Hazzi!" Anschließend darf es das nächste Kind ansprechen usw.

| z I | 3 | Zeit: 5–7 Min. | Gruppengröße: 2–10 Kinder |
|---|---|---|---|

**Übungsablauf:**
Spielleiterin: „Wißt ihr, wie es sich anhört, wenn ein Wassertropfen auf einen heißen Ofen fällt? Der Wassertropfen verzischt dann. Das hört sich so an: ‚Zisch!'" Die Kinder ahmen das Geräusch des verdampfenden Wassertropfens nach.

**Variationsmöglichkeit:**
Die „Blitzhexe" macht „zirrr!"

| z I | 4 | Zeit: 5–10 Min. | Gruppengröße: 2–6 Kinder |
|---|---|---|---|

**Benötigtes Material:**
Vorbereitete Witze, die für Vorschulkinder geeignet sind.

**Übungsvorlage:**
Vers: Des Bäckers Fritz erzählt 'nen Witz.

**Übungsablauf:**
Alle Kinder üben den Vers. Anschließend soll der Vers von allen sehr leise geflüstert werden, so daß der Zischlaut „z" besonders gut zischt.

**Variationsmöglichkeit:**
Spiel: Die Kinder stehen im Kreis um die Spielleiterin. Wenn ein Kind sagt: „Des Bäckers Fritz erzählt 'nen Witz und dabei auf die Spielleiterin zeigt, muß diese einen Witz erzählen.

| z I | 5 | Zeit: 5–10 Min. | Gruppengröße: 2–10 Kinder |
|---|---|---|---|

**Übungsvorlage:**
Spielleiterin: Wenn man an langen Sommerabenden draußen sitzt, dann hört man ganz deutlich die Grillen. Sie machen: „Zirp, zirp, zirp!“

**Übungsablauf:**
Die Kinder ahmen die Grillen nach.

**Variationsmöglichkeit:**
Die Gruppe führt ein „Grillenkonzert“ auf. (Es soll in verschiedenen Tonlagen gezirpt werden.)

| z I | 6 | Zeit: 5–7 Min. | Gruppengröße: 2–5 Kinder |
|---|---|---|---|

**Übungsvorlage:**
Vers: Fritz und Fratz spielen mit der Katz’.

**Übungsablauf:**
Spielleiterin spricht mit den Kindern mehrmals den Vers. Dann sagt sie: „Jetzt habe ich fast alles wieder vergessen. Wie hieß das noch? Fritz und Fratz spielen mit der ...? Fritz und ...?“ Die Kinder ergänzen jeweils.

**Variationsmöglichkeit:**
Alle Kinder rufen nach Fritz und Fratz.

| z I | 7 | Zeit: 5–7 Min. | Gruppengröße: 2–5 Kinder |
|---|---|---|---|

**Übungsvorlage:**
Vers: Der Blitz schlägt einen Ritz.

**Übungsablauf:**
Die Gruppe spricht über das Gewitter und insbesondere über den Blitz. Anschließend wird mehrfach der Vers gesprochen.

**Variationsmöglichkeit:**
Das Blitzspiel:

| Spielleiterin: | Kinder: |
|---|---|
| So macht der Blitz! | Zickzack! |

(Dieser Satz wird mehrfach wiederholt!)

| z I | 8 | Zeit: 2–4 Min. | Gruppengröße: 2–10 Kinder |
|---|---|---|---|

**Übungsablauf:**
Spielleiterin: „Morgens ruft die Mutter Andreas zu: ‚Putz’ die Zähne!‘“ Alle Kinder helfen der Mutter rufen.

**Variationsmöglichkeit:**
Die Mutter ruft: „Zieh’ dich an!“

| z I | 9 | Zeit: 5–7 Min. | Gruppengröße: 2–6 Kinder |
|---|---|---|---|

**Übungsvorlage:**
Vers: Die Mütze von Fritze fällt in die Pfütze.

**Übungsablauf:**
Spielleiterin: „Wer kann diesen Vers am schnellsten auswendig sprechen? Die Mütze ...“ Alle Kinder sagen um die Wette den Vers auf.

**Variationsmöglichkeit:**
Die Spielleiterin fragt die Kinder: „Wie heißt der Junge? Wohin fällt die Mütze? Was fällt in die Pfütze?“

z I **10** Zeit: 2–5 Min. Gruppengröße: 2–8 Kinder

**Übungsablauf:**
Spielleiterin: „Herr Knopf arbeitet im Büro. Wenn jemand zu ihm kommt, um mit ihm zu sprechen, sagt er: ‚Setzen Sie sich bitte!'" Jeweils zwei Kinder spielen Herrn Knopf und einen Besucher.

**Variationsmöglichkeit:**
Der Lehrer kommt morgens in die Klasse und sagt zu den Schülern: „Setzt euch!"

z II **11** Zeit: 5–10 Min. Gruppengröße: 2–6 Kinder

**Übungsvorlage:**
Vers: Atzes Katzen kratzen.

**Übungsablauf:**
Die Gruppe spricht den Vers mehrfach.

**Variationsmöglichkeit:**
Geschichte: Bettina ist ängstlich. Besonders große Angst hat sie vor Katzen. Wenn sie bei Leuten zu Besuch ist, die eine Katze haben, so fragt sie sofort: „Kratzt die Katze?"

z II **12** Zeit: 5–8 Min. Gruppengröße: 2–6 Kinder

**Übungsvorlage:**
Vers: Izzen dizzen Silberschnizzen
izzen dizzen daus
und du bist 'raus.

**Übungsablauf:**
Die Kinder stehen im Kreis. Die Übungsleiterin zählt mit Hilfe des Verses aus. Die Kinder sprechen dabei in zunehmendem Maße mit. Später kann jeweils ein Kind der Gruppe auszählen.

**Variationsmöglichkeit:**
Vers: Ene mene minzen
wer backt Plinzen?

z II **13** Zeit: 5 Min. Gruppengröße: 2–10 Kinder

**Übungsvorlage:**
Vers: Die Ziege Zick, Zick, Zick,
rupft Zweige zwick, zwick, zwick!

**Übungsablauf:**
Die Gruppe lernt den Vers auswendig.

**Variationsmöglichkeit:**
Die Gruppe erfindet eine Melodie zu dem Vers.

z II **14** Zeit: ca. 10 Min. Gruppengröße: 2–6 Kinder

**Übungsvorlage:**
Vers: Eni beni subtraheni
divi davi domi neni
ecca brocca casa nocca
zingele zangele dus.

**Übungsablauf:**
Die Gruppe erlernt den Vers.

**Variationsmöglichkeit:**
Vers: Enn endenn endid endad
zeba die beba die buffanat
zeba die beba die buff.

z II **15** Zeit: 10 Min. Gruppengröße: 2–6 Kinder

**Übungsvorlage:**
Vers: Ebberte bebberte zibberte za,
ibberte bibberte bon,
knabberte babberte zabberte za,
knubberte bubberte knon.

**Übungsablauf:**
Die Kinder lernen den Vers.

**Variationsmöglichkeit:**
Der Vers wird als Schnellsprechübung durchgeführt.

z II **16** Zeit: 10 Min. Gruppengröße: 2–8 Kinder

**Übungsvorlage:**
Spiel: Das Tratschspiel.
Der Blitz ist zickzack, blitzschnell in einen Baum eingeschlagen und alle Leute laufen zusammen, weil es so laut war. Jeder fragt: „Ja, was war denn los?“ und jeder erzählt dem anderen: „Der Blitz ist zickzack, blitzschnell in einen Baum eingeschlagen.“

**Übungsablauf:**
Die Übungsleiterin bespricht mit den Kindern, daß die meisten Leute gerne Neuigkeiten weitererzählen. Sie erklärt, daß man dazu auch „tratschen“ sagt. Dann wird unter ihrer Anleitung das „Tratschspiel“ durchgeführt.

**Variationsmöglichkeit:**
Nachrichtenspiel: Neuigkeiten werden schon bald im Radio, im Fernsehen und in den Zeitungen gebracht. Zeitungsreporter, Fernseh- und Radioansager bringen die Nachricht vom Blitz, der zickzack, blitzschnell in einen Baum eingeschlagen ist.

z II **17** Zeit: 5 Min. Gruppengröße: 2–10 Kinder

**Übungsvorlage:**
Zungenbrecher: Der Metzger wetzt das Metzgermesser.

**Übungsablauf:**
Die Gruppe spricht den Vers mehrfach.

**Variationsmöglichkeit:**
Zungenbrecher: Der Wetzstein wetzt die Schere,
die Schere wetzt der Wetzstein.

z II **18** Zeit: 5–10 Min. Gruppengröße: 2–6 Kinder

**Übungsvorlage:**
Rätsel: Was ist das?
Es sieht aus wie eine Katze und miaut wie eine Katze, es hat einen Kopf wie eine Katze und einen Schwanz wie eine Katze und ist doch keine Katze! Was ist das? (Lösung: ein Kater.)

**Übungsablauf:**
Die Spielleiterin trägt das Rätsel vor. Die Gruppe löst das Rätsel. Anschließend spricht die Gruppe das Rätsel mehrfach.

**Variationsmöglichkeit:**
Rätsel: Es sieht aus wie ein Spatz und pickt wie ein Spatz, es hat einen Schnabel wie ein Spatz und Federn wie ein Spatz und ist doch kein Spatz! Was ist das? (Lösung: eine Spätzin.)

z II **19** Zeit: 3–5 Min. Gruppengröße: 2–6 Kinder

**Übungsablauf:**
Die Kinder malen auf große Zeitungsbogen oder auf Tapetenreste mit Wachsmalkreide großzügige Zickzacklinien. Dazu sprechen sie laut: „Zickzack! Zickzack!“ usw.

**Variationsmöglichkeit:**
Die Kinder malen mit den Händen Zickzacklinien in die Luft und sprechen dazu: „Zickzack!“

z II **20** Zeit: 5–8 Min. Gruppengröße: 2–8 Kinder

**Übungsvorlage:**

Vers: In unserem Häuschen
sind schrecklich viel Mäuschen.
Sie trippeln und trappeln,
sie zippeln und zappeln,
sie stehlen und naschen,
und will man sie haschen –
husch, sind sie weg!

**Übungsablauf:**

Die Gruppe spricht den Vers mehrfach.

**Variationsmöglichkeit:**

Die Gruppe begleitet den Versvortrag mit entsprechenden Bewegungen und Geräuschen.

## 16. Übungen zum Laut l

| l l | 1 | Zeit: 5–10 Min. | Gruppengröße: 3–7 Kinder |
|---|---|---|---|

**Übungsablauf:**
Den Kindern bekannte Liedmelodien werden auf „lalala" geträllert.

**Variationsmöglichkeit:**
Melodien werden auch auf „lululu" oder „lololo" geträllert.

| l l | 2 | Zeit: 2–4 Min. | Gruppengröße: 2–10 Kinder |
|---|---|---|---|

**Übungsvorlage:**
Geschichte: Die Franzosen.
Die Leute, die in Frankreich wohnen, heißen Franzosen. Wenn den Franzosen etwas gefällt, rufen sie: „O lala!"

**Übungsablauf:**
Alle Kinder rufen „O lala!"

**Variationsmöglichkeit:**
Wenn es Herrn Müller nicht so gut geht, und jemand fragt ihn danach, wie es ihm gehe, so sagt er: „So lala!"

| l l | 3 | Zeit: 4 Min. | Gruppengröße: 2–10 Kinder |
|---|---|---|---|

**Übungsvorlage:**
Geschichte: In Spanien.
Kinder, die schon Urlaub in Spanien gemacht haben, wissen vielleicht, daß dort manchmal Männer mit Stieren kämpfen. Zu solch einem Stierkampf kommen immer viele Leute, die zusehen. Dazu rufen sie dann immer: „Olé!"

**Übungsablauf:**
Alle Kinder rufen mehrfach den Anfeuerungsruf „Olé!"

**Variationsmöglichkeit:**
Wenn Franzosen sich wundern, rufen sie „O, lala!"

| l l | 4 | Zeit: 5–10 Min. | Gruppengröße: 2–10 Kinder |
|---|---|---|---|

**Übungsablauf:**
Die Gruppe singt ein Lied, das ihr gut bekannt ist. Anschließend wird der Liedtext durch „Trallala" ersetzt.

**Variationsmöglichkeit:**
Weitere Lieder werden gesungen, indem an Stelle des Liedtextes „trallali, trallala" verwendet wird.

| l l | 5 | Zeit: 5 Min. | Gruppengröße: 2–10 Kinder |
|---|---|---|---|

**Übungsvorlage:**
Vers: Der Ball macht einen Knall.

**Übungsablauf:**
Die Gruppe übt den Vers.

**Variationsmöglichkeit:**
Vers: Der Ball zerplatzt mit einem Knall.

| I **6** Zeit: 5 Min. Gruppengröße: 2–6 Kinder

**Übungsvorlage:**
Spiel: Wer weiß es?

| Spielleiterin: | Kinder: |
|---|---|
| Wenn ein kleines Kind schläft, dann ist man ... | leise |
| Wenn der Vater müde ist, dann ist man ... | leise |
| Wenn die Mutter krank ist, dann ist man ... | leise usw. |

**Übungsablauf:**
Die Spielleiterin führt das Spiel durch.

**Variationsmöglichkeit:**
Vers: Leise, Linda, leise,
der Mond geht auf die Reise,
leise, Linda, leise,
das Pferdchen läuft im Kreise,
leise, Linda, leise,
im Baum pfeift eine Meise.

| I **7** Zeit: 2–6 Min. Gruppengröße: 3–9 Kinder

**Übungsvorlage:**
Geschichte: Kerstin lernt laufen.
Kerstin fängt gerade an zu laufen. Am liebsten möchte sie nun den ganzen Tag laufen. Sie stellt sich an die Tür und ruft: „Da da!“ Wenn Kerstin draußen läuft, paßt sie aber noch nicht gut auf. Deshalb müssen die Mutter oder der Vater ständig rufen: „Fall' nicht!“

**Übungsablauf:**
Jeweils drei Kinder spielen ‚Vater, Mutter und Kerstin beim Spazierengehen‘. Vater und Mutter rufen häufig: „Fall' nicht!“ Die Rollen sollten häufig getauscht werden.

**Variationsmöglichkeit:**
Kerstin bleibt überall lange stehen. Mutter und Vater rufen deshalb häufig: „Lauf weiter!“

| I **8** Zeit: 5 Min. Gruppengröße: 2–10 Kinder

**Übungsvorlage:**
Vers: Ele, mele, mu, weg bist du!

**Übungsablauf:**
Die Gruppe spricht den Vers mehrfach.

**Variationsmöglichkeit:**
Vers: Lirum, larum, Löffelstiel, kleine Kinder essen viel!

| I **9** Zeit: 4–8 Min. Gruppengröße: 2–8 Kinder

**Übungsvorlage:**
Geschichte: Bettina.
Bettina stört alle Kinder beim Spielen. Die Kinder ärgern sich darüber und schreien sie an: „Laß uns in Ruhe!“

**Übungsablauf:**
Die Spielleiterin erzählt die Geschichte. Anschließend laufen die Kinder durch den Raum. „Bettina“ (Spielleiterin) versucht nun, die Kinder zu stören. Die Kinder rufen dann aber immer: „Laß uns in Ruhe!“

**Variationsmöglichkeit:**
Urban will allen Kindern das Essen wegnehmen. Die Kinder rufen dann laut: „Laß uns essen!“

I II **10** Zeit: 5 Min. Gruppengröße: 2–10 Kinder

**Übungsvorlage:**
Vers: Elleri selleri sibberi sarr –
sellerie elleri sabbei knull!

**Übungsablauf:**
Die Kinder lernen den Vers auswendig.

**Variationsmöglichkeit:**
Vers: Sausele brausele, Himmel,
klausele sausele bimmel!

I II **11** Zeit: 3–5 Min. Gruppengröße: 2–8 Kinder

**Übungsvorlage:**
Geschichte: Sven ist traurig.
Wenn Sven traurig ist, versucht Dirk ihn wieder zum Lachen zu bringen. „Lach doch!" ruft er dann so lange, bis Sven lachen muß.

**Übungsablauf:**
Alle Kinder der Gruppe versuchen, den „Sven" (Spielleiterin) zum Lachen zu bringen, indem sie ständig „Lach doch!" rufen.

**Variationsmöglichkeit:**
Spiel: Wer lacht denn da?
Die Gruppe sitzt im Kreis. (Jedes Kind darf einmal Spielleiter sein.) Der Spielleiter stellt sich vor jedes Kind und bittet dreimal: „Lach doch bitte!" Wenn das angesprochene Kind nicht lachen muß, dann hat es gewonnen.

I II **12** Zeit: 2–4 Min. Gruppengröße: 2–10 Kinder

**Übungsvorlage:**
Vers: Lilli und Lola lieben Lila.

**Übungsablauf:**
Die Kinder sprechen den Vers mehrfach.

**Variationsmöglichkeit:**
Vers: Laß Lina laufen!

I II **13** Zeit: 2–4 Min. Gruppengröße: 2–10 Kinder

**Übungsablauf:**
Spielleiterin: „Das Glöckchen der kleinen Kirche macht: ‚Bimmel, bammel! Bimmel, bammel!'" Alle Kinder ahmen dieses Geräusch nach.

**Variationsmöglichkeit:**
Ein noch kleineres Glöckchen macht: „Bimbel-bimbel-bimbel!"

I II **14** Zeit: 2–4 Min. Gruppengröße: 2–8 Kinder

**Übungsvorlage:**
Vers: Heile, heile Segen,
drei Tage Regen,
drei Tage Schnee,
tut's dem Kind schon nimmer weh'.

**Übungsablauf:**
Die Gruppe erlernt den Vers.

**Variationsmöglichkeit:**
Vers: Heile, heile Kätzchen!
's Kätzchen hat vier Tätzchen
und einen langen Schwanz –
morgen ist alles wieder ganz.

I II **15** Zeit: 5–10 Min. Gruppengröße: 2–6 Kinder

**Übungsvorlage:**
Geschichte: Inge's Roller.
Inge hat einen neuen Roller bekommen. Der Roller ist toll. Alle Kinder staunen, wenn sie Inge mit ihrem neuen Roller sehen. „Ein toller Roller!" rufen sie dann.

**Übungsablauf:**
Die Spielleiterin erzählt die Geschichte. Anschließend darf jedes Kind einmal die Inge spielen, die ihren „Roller" (z. B. ein Stöckchen) durch den Raum „schiebt". Die anderen Kinder gehen an Inge vorbei und rufen ihr zu: „Ein toller Roller!"

**Variationsmöglichkeit:**
Jedes Kind erzählt, was für einen Roller es gern hätte.

I II **16** Zeit: 10 Min. Gruppengröße: 2–10 Kinder

**Übungsvorlage:**
Vers: Liebe Lene Lumm, die Kinder sind nicht dumm;
liebe Lene Loh, die Kinder sind recht froh;
liebe Lene Lein, die Kinder spielen fein!

**Übungsablauf:**
Die Gruppe lernt den Vers auswendig.

**Variationsmöglichkeit:**
Petra bittet Lene um irgend etwas. „Liebe, liebe Lene!" ruft sie immer wieder.

I II **17** Zeit: 5–10 Min. Gruppengröße: 2–4 Kinder

**Übungsvorlage:**
Geschichte: Martin malt.
Martin sitzt in der Küche. Vater trocknet das Geschirr ab. Martin malt. Jedesmal, wenn er ein Bild fertig hat, fragt er: „Vater, was soll ich malen?" Vater sagt dann: „Mal' doch Mutter (Oma, unser Auto usw.)!"

**Übungsablauf:**
Die Szene in der Küche wird von der Gruppe nachgespielt.

**Variationsmöglichkeit:**
Jedes Kind der Gruppe wird gefragt, was es malen möchte.

I II **18** Zeit: 2–4 Min. Gruppengröße: 2–8 Kinder

**Übungsvorlage:**
Vers: Halt dich an den Weiden,
daß du nicht ins Wasser fällst,
denn ich mag dich leiden,
weil du mir gefällst.

**Übungsablauf:**
Die Gruppe spricht den Vers mehrfach.

**Variationsmöglichkeit:**
Vers: Lirum larum leier,
die Butter, die ist teuer,
lirum larum Löffelstiel,
für zwei Kreuzer gibt's nicht viel.

I II **19** Zeit: 5–7 Min. Gruppengröße: 2–6 Kinder

**Übungsablauf:**
Spielleiterin: „Wißt ihr, wie die Schwaben sprechen? Sie sagen nicht Schrank, sondern Schränkle. Sie sagen nicht Apfel, sondern Äpfle" usw. (Die Kinder sollen jeweils das „schwäbische Wort" ergänzen.)

**Variationsmöglichkeit:**
Die Gruppe führt ein Gespräch in „Schwäbisch".

| I II | **20** | Zeit: 8–10 Min. | Gruppengröße: 2–6 Kinder |
|---|---|---|---|

**Übungsvorlage:**
Kinderreim: Vom Mäuslein
Das Mäuslein Hans, will, will, still, still,
hat einen Schwanz, will, will, still, still.
Doch ist es acht, will, will, still, still,
ja, ja, dann lacht's, will, will, still, still.

**Übungsablauf:**
Die Gruppe erlernt den Reim.

**Variationsmöglichkeit:**
Die Kinder fordern sich gegenseitig auf, still zu sein („Sei jetzt bitte still!" oder „Still jetzt!" usw.).

## 17. Übungen zum Laut r

| r I | 1 | Zeit: 1 Min. | Gruppengröße: 1 Kind |
|---|---|---|---|

**Übungsablauf:**
Das Kind spricht den r-Laut gegen eine Kerzenflamme. Auf diese Weise werden ihm die Schwingungen verdeutlicht.

**Variationsmöglichkeit:**
Das Kind legt eine Hand noch zusätzlich auf den Brustkorb. Die Schwingungen werden so noch deutlicher.

| r I | 2 | Zeit: 5 Min. | Gruppengröße: 2–10 Kinder |
|---|---|---|---|

**Übungsablauf:**
Spielleiterin: „Ihr habt sicher schon alle gehört, wie es klingt, wenn es an der Tür läutet!" Kinder: „Rrrr!" (Die Gruppe läßt möglichst häufig die Türglocke läuten.)

**Variationsmöglichkeit:**
Es läutet das Telefon oder die Fahrradklingel.

| r I | 3 | Zeit: 5–7 Min. | Gruppengröße: 2–10 Kinder |
|---|---|---|---|

**Übungsvorlage:**
Geschichte: Das Klingelkonzert.
Gestern klingelte es ständig bei Müllers. Schon morgens ging es los. Plötzlich äutete das Telefon („Rrrrr!"). Kurz darauf kam der Milchmann an die Tür („Rrrrr!"). Dann kam der Briefträger („Rrrrr!") usw.

**Übungsablauf:**
Die Übungsleiterin erzählt diese Endlosgeschichte. Die Kinder werden jeweils an miert, das Klingeln („Rrrr!") laut und anhaltend nachzumachen.

**Variationsmöglichkeit:**
Eine ähnliche Endlosgeschichte wird erzählt. Einige Kinder haben richtige Klingeln (Glocken usw.), mit denen sie an der entsprechenden Stelle klingeln.

| r I | 4 | Zeit: 5 Min. | Gruppengröße: 2–10 Kinder |
|---|---|---|---|

**Übungsvorlage:**
Geschichte: Die Raben.
Wenn es Herbst wird, und draußen versammeln sich die Raben auf den Feldern, dann kann man sie laut krächzen hören.

**Übungsablauf:**
Die Kinder krächzen wie die Raben („Rab-rab-rab"). Das soll möglichst ausdrucksstark und laut geschehen.

**Variationsmöglichkeit:**
Anstatt „Rab rab" kann auch „Krah krah" gekrächzt werden.

| r I | 5 | Zeit: 3–5 Min. | Gruppengröße: 2–6 Kinder |
|---|---|---|---|

**Übungsablauf:**
Spielleiterin: „Wißt ihr, wie es sich anhört, wenn man Papier zerreißt?" Kinder: „Ratsch!"
Alle Kinder „zerreißen" Papier. (Es werden pantomimische Bewegungen ausgeführt. Dazu wird laut „ratsch!" gerufen.)

**Variationsmöglichkeit:**
Die Gruppe zerreißt dünnes, dickes, viel, wenig usw. Papier. Die Geräusche, die dabei entstehen, unterscheiden sich deutlich.

r I 6 Zeit: 2–5 Min. Gruppengröße: 3–5 Kinder

**Übungsvorlage:**
Situation: Es ist Abend. Die Sonne geht unter. Die Mutter ruft ihre vier Kinder.

**Übungsablauf:**
Die Kinder helfen der Mutter, nach den Kindern zu rufen (Rolf, Rudi, Erwin, Erika).

**Variationsmöglichkeit:**
Die Kinder laufen suchend durch den Kindergarten und rufen: „Rolf, Rudi, Erwin, Erika!"

---

r I 7 Zeit: 5–10 Min. Gruppengröße: 2–6 Kinder

**Übungsvorlage:**
Geschichte: Herr Gärtner.
Herr Gärtner ärgert sich manchmal. Dann sagt er immer: „Das ist doch alles Larifari!"

**Übungsablauf:**
Alle Kinder ärgern sich wie Herr Gärtner. Die Spielleiterin nennt immer neue Situationen, über die man sich ärgern kann. Die Kinder rufen dann: „Das ist doch alles Larifari!" oder einfach nur „Larifari!"

**Variationsmöglichkeit:**
Wenn alles drunter und drüber geht, ruft Frau Winter: „Das ist wieder ein Trara!"

---

r I 8 Zeit: 5 Min. Gruppengröße: 2–8 Kinder

**Übungsvorlage:**
Geschichte: Annette und Jörg.
Annette hat einen kleinen Bruder. Er heißt Jörg. Jörg ist immer neugierig und fragt ständig: „Ei warum?" Manchmal wird Annette ungeduldig und sagt dann: „Ei darum!"

**Übungsablauf:**
Zwei Kindergruppen ärgern sich gegenseitig, indem die eine ruft: „Ei warum?" und die andere mit „Ei, darum!" antwortet.

**Variationsmöglichkeit:**
Spiel: Löcher in den Bauch fragen!
Die Kinder dürfen der Spielleiterin „Löcher in den Bauch" fragen. (Die Fragen sollten alle mit „warum" beginnen.)

---

r I 9 Zeit: 5–15 Min. Gruppengröße: 4–10 Kinder

**Übungsvorlage:**
Situation: Zwei Raben unterhalten sich in der Rabensprache.

**Übungsablauf:**
Spielleiterin: „Raben können sich auch unterhalten. Aber nur in ihrer eigenen Sprache. – Wie hört es sich wohl an, wenn sich zwei Raben unterhalten? Wir wollen das mal spielen!" Zum Beispiel: 1. Rabe: „Rah rah rah rah!" 2. Rabe: „Raaah!" 1. Rabe: „Rahaarahha! Raa! Ra ra ra!" 2. Rabe: „Rah! Rah! Rah!" usw. usw.

**Variationsmöglichkeit:**
Zwei Raben singen zusammen!

r II **10** Zeit: 5 Min. Gruppengröße: 2–10 Kinder

**Übungsvorlage:**
Vers: Ringel, rangel, Reihen, wir sind der Kinder dreien.

**Übungsablauf:**
Die Kinder sprechen den Vers mehrfach.

**Variationsmöglichkeit:**
Vers: Ringel, rangel, Rosen,
schöne Aprikosen,
Veilchen und Vergißmeinnicht,
alle Kinder setzen sich.
Gute Nacht, Mama, gute Nacht, Papa,
alle Kinder hoppsassa!

---

r II **11** Zeit: 3–5 Min. Gruppengröße: 2–10 Kinder

**Übungsvorlage:**
Geschichte: Rudi.
Rudi ißt am liebsten rote Rüben. Wenn die Mutter ihn fragt, was er essen möchte, ruft Rudi: „Rote Rüben!“ Der Vater nennt ihn deshalb manchmal im Spaß den „Rote-Rüben-Rudi“.

**Übungsablauf:**
Die Spielleiterin erzählt die Geschichte. Anschließend nennen alle Kinder den Rudi mehrmals mit seinem Spitznamen.

**Variationsmöglichkeit:**
Rollenspiel: Rudi kommt zum Essen nach Hause.

---

r II **12** Zeit: 2–4 Min. Gruppengröße: 2–10 Kinder

**Übungsablauf:**
Spielleiterin: „Wenn die Jäger[1] zur Jagd gehen, blasen sie in ihre Jagdhörner: „Traritrara! Traritrara!“ Alle Kinder blasen in ihre Jagdhörner. (Die Jagdhörner werden mit einer Hand angedeutet.)

**Variationsmöglichkeit:**
Eine ganze Jagdgesellschaft reitet in den Wald un bläst auf ihren Jagdhörnern.

1 Falls die Spielleiterin annehmen muß, daß die Kinder nichts über Jäger und Jagd wissen, muß zunächst darüber gesprochen werden.

---

r II **13** Zeit: 10 Min. Gruppengröße: 2–6 Kinder

**Übungsvorlage:**
Liedtext: Mädel, ruck ruck ruck an meine grüne Seite.
Ich hab dich gar so gern, ich kann dich leiden.

**Übungsablauf:**
Das Lied wird von der Gruppe eingeübt. Falls die Liedmelodie nicht bekannt ist, kann eine andere Melodie erfunden werden.

**Variationsmöglichkeit:**
Vers: Rick, rack, rück, wir geh’n über die Brück’.

r II **14** Zeit: 10 Min. Gruppengröße: 2–6 Kinder

**Übungsvorlage:**
Liedtext: Rot, rot, rot sind alle meine Kleider,
rot, rot, rot ist alles, was ich hab'.
Darum lieb ich alles, was so rot ist,
weil mein Schatz ein Rothusare ist.

**Übungsablauf:**
Besprechen des Begriffs „Rothusar". Einüben des Liedes. (Falls die Liedmelodie nicht bekannt ist, kann eine beliebige Melodie verwendet werden.)

**Variationsmöglichkeit:**
Der Liedtext kann variiert werden, insbesondere der Teil „... weil mein Schatz ein ..." sollte verändert werden.

r II **15** Zeit: 3–5 Min. Gruppengröße: 2–10 Kinder

**Übungsvorlage:**
Vers: Der rote Rudi hört gern Radio.

**Übungsablauf:**
Die Gruppe spricht den Vers möglichst häufig und deutlich.

**Variationsmöglichkeit:**
Neue Verse werden erfunden. (Ein richtiges Radio spielt ruhig. Rote Rüben reichen lang usw.)

r II **16** Zeit: 10 Min. Gruppengröße: 2–6 Kinder

**Übungsvorlage:**
Liedtext: Ri-Ra-Rutsch, wir fahren mit der Kutsch',
die Kutsche hat ein Loch,
wir fahren aber doch,
Ri-Ra-Rutsch, wir fahren mit der Kutsch'!

**Übungsablauf:**
Einüben des Liedes. (Falls die Liedmelodie nicht bekannt ist, kann eine beliebige Melodie gewählt werden.)

**Variationsmöglichkeit:**
Das Lied kann zu einem Singspiel ausgebaut werden.

r II **17** Zeit: 5–8 Min. Gruppengröße: 2–10 Kinder

**Übungsvorlage:**
Vers: Morgen, morgen, nur nicht heute,
sagen alle faulen Leute.

**Übungsablauf:**
Die Kinder sprechen den Vers mehrfach. Anschließend unterhält sich die Gruppe über den Sinn dieses Sprichwortes.

**Variationsmöglichkeit:**
Vers: Gloria, Viktoria, der erste kleine Zahn ist da!

r II **18** Zeit: 5–10 Min. Gruppengröße: 2–5 Kinder

**Übungsvorlage:**
Liedtext: Ri-Ra-Ra, der Sommertag ist da,
Herbst und Winter sind vergangen,
Sommer, der hat angefangen,
Ri-Ra-Ra, der Sommertag ist da.

**Übungsablauf:**
Falls das Fest „Sommertag" der Übungsleiterin vertraut ist, kann kurz darüber gesprochen werden. Anschließend wird das Lied eingeübt. Wenn die Melodie nicht bekannt ist, kann es auch als einfacher Kinderreim verwendet werden.

**Variationsmöglichkeit:**
Die Gruppe erfindet kleine Verse: Ri-ri-ra, jetzt sind wir alle da; ro-ra-ri, das machen wir nie usw.

---

r II **19** Zeit: 2–10 Min. Gruppengröße: 2–10 Kinder

**Übungsvorlage:**
Verse: Roland kauft rote Rosen für Renate.
Roby malt rosa Rollschuhe für Rita.
Ronnie fährt Roller mit Rosmarie.

**Übungsablauf:**
Die Gruppe spricht die Verse mehrfach.

---

r II **20** Zeit: 2–4 Min. Gruppengröße: 2–10 Kinder

**Übungsvorlage:**
Geschichte: Peter hört Radio.
Peter hört Radio. Da ist gerade Werbung. Ein Mann preist Hustenbonbons an. Er singt: „Kauft Ra-Ra-Ra-Ra-Rachengold, Rachengold, Ra-Ra-Ra-Ra-Rachengold."

**Übungsablauf:**
Die Gruppe singt auch wie der Mann im Radio.

**Variationsmöglichkeit:**
Die Kinder machen Werbung für andere Produkte („Rotmütze", Rauhhand", „Rosenfutter" usw.).

## 18. Übungen zur Lautverbindung bl

| bl I | 1 | Zeit: 2–3 Min. | Gruppengröße: 2–10 Kinder |
|---|---|---|---|

**Übungsablauf:**
Übungsleiterin: „Wenn Blasen aus dem Wasser aufsteigen, macht es ‚blubb'." Die Kinder lassen „Blasen blubbern".

**Variationsmöglichkeit:**
Das Wasser blubbert (alle Kinder rufen möglichst schnell und kräftig: „Blubb, blubb, blubb!").

| bl I | 2 | Zeit: 5–7 Min. | Gruppengröße: 2–10 Kinder |
|---|---|---|---|

**Übungsvorlage:**
Spielleiterin: Wenn ein Stein in's Wasser fällt, macht es: „Blubb, blubb, blubb!" Wenn ein Stock in's Wasser fällt, macht es: „Blubb, blubb, blubb!" Wenn ein Taucher in's Wasser geht, macht es „Blubb, blubb, blubb!" usw.

**Übungsablauf:**
Die Spielleiterin spricht die Sätze, und die Kinder sprechen das „blubb, blubb, blubb" dazu.

**Variationsmöglichkeit:**
Die Kinder erfinden weitere Situationen, in denen ein „blubb, blubb"-Geräusch entsteht.

| bl I | 3 | Zeit: 5 Min. | Gruppengröße: 2–10 Kinder |
|---|---|---|---|

**Übungsablauf:**
Spielleiterin: „Die Harfe ist ein sehr großes Musikinstrument. Wenn man die Harfe zupft, dann klingt das so: ‚Blom, blom, blom, blom!'" Alle Kinder spielen Harfe.

**Variationsmöglichkeit:**
Die Gruppe „spielt" bekannte Liedmelodien „auf der Harfe". Dazu immer „blom, blom" singen.

| bl I | 4 | Zeit: 2–3 Min. | Gruppengröße: 2–8 Kinder |
|---|---|---|---|

**Übungsvorlage:**
Situation: Eckhard ärgert sich manchmal. Dann schimpft er sehr. Er ruft: „Blech!"

**Übungsablauf:**
Alle Kinder schimpfen laut und nach Herzenslust, wie der Eckhard.

**Variationsmöglichkeit:**
Wenn Herr Menger sich ärgert, schimpft er: „So'n Blödsinn!"

| bl I | 5 | Zeit: 2–3 Min. | Gruppengröße: 2–10 Kinder |
|---|---|---|---|

**Übungsvorlage:**
Vers: Blauer, blauer Fingerhut,
stehst der Liesel gar so gut.

**Übungsablauf:**
Die Kinder sprechen den Vers mehrfach.

**Variationsmöglichkeit:**
Zungenbrecher: Blitzeblank blinkt der Blecheimer.

bl I **6** Zeit: ca. 3–7 Min. Gruppengröße: 2–5 Kinder

**Übungsablauf:**
Die Gruppe unterhält sich über verschiedene Haarfarben. Die Übungsleiterin sollte das Gespräch so lenken, daß der Begriff „blond“ häufig auftaucht.

**Variationsmöglichkeit:**
Bettina hat ein Brüderchen bekommen. Es heißt Marco und hat blonde Haare und blaue Augen. Begeistert erzählt sie jedem: „Er hat blonde Haare und blaue Augen und ist sehr süß!“

---

bl I **7** Zeit: 2–3 Min. Gruppengröße: 2–10 Kinder

**Übungsvorlage:**
Geschichte: Das Gewitter.
Draußen ist ein starkes Gewitter. Bernhard sitzt im Zimmer und schaut nach draußen. Jedesmal, wenn es blitzt, ruft er: „Es blitzt!“

**Übungsablauf:**
Die Übungsleiterin erzeugt, z. B. mit Hilfe einer Lampe, einen blitzartigen Lichteffekt. Die Kinder rufen dann jedesmal wie Bernhard.

**Variationsmöglichkeit:**
Vers: Hui wie das blitzt,
ui, wie das kracht,
Gewitter ist heut'.

---

bl I **8** Zeit: 2–3 Min. Gruppengröße: 2–6 Kinder

**Übungsvorlage:**
Der verbrannte Finger.
Renate hat sich am heißen Herd die Finger verbrannt. Die Mutter tröstet sie. „Komm ich blas'“, sagt sie.

**Übungsablauf:**
Die Spielleiterin hat sich „die Finger verbrannt“. Jedes Kind darf sie einmal trösten. ( ‚Komm, ich blas'!“)

**Variationsmöglichkeit:**
Die Suppe ist noch sehr heiß. „Du mußt blasen!“ sagt der kleine Heinz zum Urban.

---

bl I **9** Zeit: 2–4 Min. Gruppengröße: 2–10 Kinder

**Übungsvorlage:**
Vers: Im Wasser blubbern blaue Bläschen.

**Übungsablauf:**
Die Gruppe spricht den Vers mehrfach.

**Variationsmöglichkeit:**
Alle Kinder blubbern als Chor: „Blubb, blubb, blaue Bläschen!“

---

bl II **10** Zeit: 2–4 Min. Gruppengröße: 2–6 Kinder

**Übungsvorlage:**
Geschichte: Die Freunde.
Jan und Klaus sind dicke Freunde. Abends wollen sie sich gar nicht voneinander trennen. „Bleib' doch noch!“

**Übungsablauf:**
Jeweils zwei Kinder spielen „die Freunde“. Sie nehmen sich in den Arm und fordern sich gegenseitig auf: „Bleib' doch noch!“

**Variationsmöglichkeit:**
Spiel: Alle Kinder laufen im Raum umher. Auf den Zuruf des Spielleiters „bleib stehen!“ bleiben alle sofort stehen. Jedes Kind darf einmal Spielleiter sein.

bl II **11** Zeit: 2–4 Min. Gruppengröße: 2–10 Kinder

**Übungsvorlage:**
Vers: Der bunte Pfau, Pfau, Pfau,
trägt gerne blau, blau, blau.

**Übungsablauf:**
Die Kinder sprechen den Vers mehrfach. Es empfiehlt sich, beim Sprechen des Verses rhythmische Begleitgeräusche zu erzeugen.

**Variationsmöglichkeit:**
Lied: Blau, blau, blau sind alle meine Kleider,
blau, blau, blau ist alles, was ich hab.
Darum lieb ich alles, was so blau ist,
weil meine Puppe blaue Augen hat.

bl II **12** Zeit: ca. 10 Min. Gruppengröße: 2–5 Kinder

**Übungsvorlage:**
Geschichte: Streit!
Ulli und Janka haben Streit. „Du bis ja blöd!" ruft einer dem anderen zu.

**Übungsablauf:**
Die Kinder spielen die Geschichte. Anschließend unterhält sich die Gruppe über den Streit und versucht bessere Möglichkeiten der Auseinandersetzung zu finden.

**Variationsmöglichkeit:**
Geschichte: Ein Mann ist betrunken. Die Kinder tanzen um ihn herum und schreien und johlen: „Der ist ja blau!" Die Gruppe sollte über diese Geschichte reden!

bl II **13** Zeit: 2–3 Min. Gruppengröße: 2–10 Kinder

**Übungsvorlage:**
Vers: Blonde Mädchen lieben
blaue Blusen, blaue Blusen, blaue Blusen.

**Übungsablauf:**
Die Kinder sprechen den Vers mehrfach.

**Variationsmöglichkeit:**
Blonde Mädchen lieben auch blaue Hosen, Röcke usw.

bl II **14** Zeit: ca. 5 Min. Gruppengröße: 2–8 Kinder

**Benötigtes Arbeitsmaterial:**
Buntes Herbstlaub.

**Übungsvorlage:**
Situation: Die Übungsleiterin hat viele bunte Blätter mitgebracht und breitet sie auf dem Tisch aus.

**Übungsablauf:**
Die Gruppe spricht über die Blätter. Die Übungsleiterin sollte darauf achten, daß häufig das Wort „Blätter" gesprochen wird.

**Variationsmöglichkeit:**
Jedes Kind darf sich sein Lieblingsblatt aussuchen und darüber berichten.

bl II **15** Zeit: ca. 5 Min. Gruppengröße: 2–6 Kinder

**Übungsvorlage:**
Geschichte: Peter malt.
Peter malt sehr gerne. Wenn Mutter am Schreibtisch arbeitet, setzt er sich daneben und malt. Wenn er ein Bild fertig gemalt hat, sagt er zur Mutter: „Noch ein Blatt, bitte!"

**Übungsablauf:**
Jeweils zwei Kinder spielen „Mutter und Peter". Nach einer Weile werden die Rollen getauscht.

**Variationsmöglichkeit:**
Kinder sammeln Blätter im Herbstwald. „Ich hab' schon wieder ein Blatt gefunden!" rufen sie sich begeistert zu.

| bl II | 16 | Zeit: 2–4 Min. | Gruppengröße: 2–10 Kinder |
|---|---|---|---|

**Übungsvorlage:**
Vers: Eins, keins, Zuckerbrüh',
wenn der Baum blüht,
hammer Brüh.

**Übungsablauf:**
Die Kinder sprechen den Vers mehrfach.

**Variationsmöglichkeit:**
Vers: Eine blaßblaue Blume,
zwei blaßblaue Blumen,
drei blaßblaue Blumen usw.

| bl II | 17 | Zeit: 2–4 Min. | Gruppengröße: 2–6 Kinder |
|---|---|---|---|

**Übungsvorlage:**
Geschichte: Blondies Puppe.
Blondie soll eine neue Puppe bekommen. „Blond muß sie unbedingt sein", bettelt sie immer. Erzählt, wie es im Puppenladen war!

**Übungsablauf:**
Die Gruppe spricht darüber, was Blondie wohl im Puppenladen zur Verkäuferin gesagt hat.

**Variationsmöglichkeit:**
Blondies Vater hat eine schöne Puppe gefunden. Er möchte sie Blondie kaufen. Aber die Puppe ist nicht blond. Da stampft Blondie mit den Füßen auf und ruft: „Die Puppe muß blond sein!"

| bl II | 18 | Zeit: 2–4 Min. | Gruppengröße: 2–10 Kinder |
|---|---|---|---|

**Übungsvorlage:**
Vers: Blitzeblankgeputztes Blech blinkt in der Sonne.

**Übungsablauf:**
Die Gruppe spricht den Vers mehrfach.

**Variationsmöglichkeit:**
Kinder machen Putzbewegungen und singen (nach einer selbsterfundenen Melodie) leise vor sich hin: „Wir putzen das Blech blitzeblank!"

| bl II | 19 | Zeit: 5–10 Min. | Gruppengröße: 2–10 Kinder |
|---|---|---|---|

**Übungsvorlage:**
Situation: Im Stoffgeschäft.
Frau Heuer kauft Stoff ein. Sie sagt zur Verkäuferin: „Bitte einen Blusenstoff mit Blümchen!"

**Übungsablauf:**
Die Gruppe spielt die Szene nach. Jedes Kind darf einmal „Frau Heuer" spielen.

**Variationsmöglichkeit:**
Vers: Blondie liebt die Blusen mit blauen Blümchen,
die Blusen mit blauen Blümchen liebt Blondie.

| bl II | 20 | Zeit: 2–3 Min. | Gruppengröße: 2–6 Kinder |
|---|---|---|---|

**Übungsvorlage:**
Geschichte: Klaus hilft der Mutter.
Mutter räumt die Wohnung auf. Sie ist sehr müde. „Klaus", ruft sie, „kannst du mir nicht helfen?" Klaus geht in sein Zimmer und räumt es auf. Nach einer Weile ruft er: „Mein Zimmer ist blitzblank, Mutti!"

**Übungsablauf:**
Alle Kinder rufen wie Klaus. (Der Ruf solle mehrfach wiederholt werden.)

**Variationsmöglichkeit:**
Vater hat sein Auto poliert. „Blitzblank ist es wieder geworden", strahlt er.

## 19. Übungen zur Lautverbindung br

| br I | 1 | Zeit: 3–5 Min. | Gruppengröße: 2–10 Kinder |
|---|---|---|---|

**Übungsablauf:**
Spielleiterin: „Wenn wir sehr stark frieren, dann schüttelt es uns oft so richtig. ‚Brrrrr! Brrrrr!'" Die ganze Gruppe spielt „Wir frieren".

| br I | 2 | Zeit: 2 Min. | Gruppengröße: 3–6 Kinder |
|---|---|---|---|

**Übungsablauf:**
Ein Bauer hat mit seinem Pferd auf dem Feld gearbeitet. Jedesmal, wenn er möchte, daß das Pferd anhält, sagt er laut und energisch: „Brrrr". (Jeweils zwei Kinder spielen zusammen Bauer und Pferd. Wenn der Bauer „brrrr" sagt, muß das Pferd anhalten.)

**Variationsmöglichkeit:**
Die Kinder sollen mit den Lippen brummen „brrr".

| br I | 3 | Zeit: 3–5 Min. | Gruppengröße: 2–10 Kinder |
|---|---|---|---|

**Übungsablauf:**
Jedes Kind brummt wie ein Bär: „Brumm, brumm!"

**Variationsmöglichkeit:**
Spiel: Teddybär brumm!
Je zwei Kinder spielen zusammen. Ein Kind ist der Teddybär. Das andere Kind darf dem Teddy immer leicht (!) in den Bauch drücken. Der Teddybär brummt dann. Die Rollen sollen häufig getauscht werden.

| br I | 4 | Zeit: 5–8 Min. | Gruppengröße: 2–10 Kinder |
|---|---|---|---|

**Übungsablauf:**
Die Gruppe spielt auf dem Brummbaß. (Dabei dient ein Stock als Baß und ein Stäbchen als Bogen.) Die Kinder streichen ihren Brummbaß und singen dazu: „Br, br, br, brumm, brumm, brummebrumm, brumm, brumm!"

**Variationsmöglichkeit:**
Die Gruppe bildet ein „Baßorchester" usw.

| br I | 5 | Zeit: 10 Min. | Gruppengröße: 2–10 Kinder |
|---|---|---|---|

**Übungsvorlage:**
Situation: Im Theater.
Die Kinder berichten, wann sie schon im Theater (z. B. Kasperletheater) waren. Besonderer Wert wird darauf gelegt, was die Kinder am Schluß eines Theaterstücks beobachtet haben (lautes Klatschen, Bravo-Rufe).

**Übungsablauf:**
Die Gruppe spielt „Publikum". Das Theaterstück hat dem Publikum gut gefallen, deshalb bedanken sich alle durch lautes Klatschen und „Bravo"-Rufe.

**Variationsmöglichkeit:**
Szene: „Bei den Artisten". Der Ansager sagt nach jeder Darbietung: „Bravo, bravissimo!"

| | | | |
|---|---|---|---|
| br I | **6** | Zeit: 5 Min. | Gruppengröße: 2–10 Kinder |

**Übungsvorlage:**
Vers: Bri, bra, brumm,
jetzt hau' ich alle um.

**Übungsablauf:**
Alle Kinder haken sich unter, laufen durch den Raum und rufen laut den Vers.

**Variationsmöglichkeit:**
Die Kinder erfinden Variationen zu dem Vers, z. B. „Bri, bra, brumm, jetzt gucken wir alle dumm" usw.

| | | | |
|---|---|---|---|
| br I | **7** | Zeit: 2–5 Min. | Gruppengröße: 2–10 Kinder |

**Übungsvorlage:**
Situation: Heiko ruft seine Freunde: „Albrecht, Brigitte, Bruno!"

**Übungsablauf:**
Alle Kinder helfen Heiko. Sie rufen laut mit.

**Variationsmöglichkeit:**
Situation: Sabine ruft: „Frau Brecht! Herr Braun!, Herr Bremer!" usw.

| | | | |
|---|---|---|---|
| br I | **8** | Zeit: 10 Min. | Gruppengröße: 2–6 Kinder |

**Übungsvorlage:**
Geschichte: Das Brezelfest.
Es gibt eine Stadt, in der wird jedes Jahr ein Brezelfest gefeiert. Dort gibt es viele Brezeln: Große Brezeln, kleine Brezeln, dicke Brezeln, dünne Brezeln, harte Brezeln, zarte Brezeln usw.

**Übungsablauf:**
Spielleiterin: „Erzählt mir, was für Brezeln es auf dem Brezelfest zu kaufen gibt!"

**Variationsmöglichkeit:**
Verkäufer(in) am Brezelstand bietet seine (ihre) Waren an.

| | | | |
|---|---|---|---|
| br I | **9** | Zeit: 3–7 Min. | Gruppengröße: 2–10 Kinder |

**Übungsvorlage:**
Vers: Brummbär, Brummbär, brauner Gesell.
Hol dir den Honig, jetzt auf der Stell!

**Übungsablauf:**
Die Gruppe spricht den Vers mehrfach.

**Variationsmöglichkeit:**
Lied: Braun, braun, braun sind alle meine Kleider,
braun, braun, braun ist alles, was ich hab'.
Darum lieb' ich alles, was so braun ist,
weil mein Schatz gern braune Kleider mag.

| | | | |
|---|---|---|---|
| br I | **10** | Zeit: 5 Min. | Gruppengröße: 2–10 Kinder |

**Übungsvorlage:**
Vers: Bruno braucht eine Brille.

**Übungsablauf:**
Die Gruppe spricht den Vers mehrfach.

**Variationsmöglichkeit:**
Vers: Brigitte bringt Brot.

| br II | 11 | Zeit: 10 Min. | Gruppengröße: 2–5 Kinder |
|---|---|---|---|

**Übungsvorlage:**
Geschichte: Im Zoo.
Der Sohn des Löwenwärters geht an den Löwenkäfig. Der Löwe brüllt fürchterlich. Da läuft er zu seiner Mutter und ruft: „Der Löwe brüllt." Die Mutter läuft zu ihrem Mann und ruft: „Der Löwe brüllt." ...

**Übungsablauf:**
Die Übungsleiterin erzählt die Geschichte und fordert die Kinder auf, sich auszudenken, wie sie weitergeht.

**Variationsmöglichkeit:**
Die Geschichte wird in eine Spielszene umgesetzt.

| br II | 12 | Zeit: 7–10 Min. | Gruppengröße: 2–8 Kinder |
|---|---|---|---|

**Übungsvorlage:**
Spiel: Was alles breit ist

| Spielleiterin: | Kinder: |
|---|---|
| „Wer sagt mir, was alles breit ist?" | „Die Tür ist breit!<br>Der Wagen ist breit!<br>Die Straße ist breit!" |

**Übungsablauf:**
Das Spiel wird durchgeführt. (Die Spielleiterin kann durch eigene Beiträge die Kinder zu neuen Beiträgen anregen.)

**Variationsmöglichkeit:**
Spiel: Was alles braun ist.

| br II | 13 | Zeit: 10–20 Min. | Gruppengröße: 2–6 Kinder |
|---|---|---|---|

**Übungsvorlage:**
Geschichte: Die Bettlerin.
Es gibt Menschen, denen es nicht so gut geht wie uns. Manchmal sehen wir sie irgendwo sitzen. Man nennt sie Bettler, weil sie andere Leute um Geld oder Essen bitten müssen. Bei uns wollen die Bettler meist Geld. In anderen Ländern bitten sie um Brot.

**Übungsablauf:**
Mit der Gruppe wird eine Szene gespielt. Ein Kind spielt eine sehr hungrige Frau, die am Boden hockt und um Brot bettelt: „Brot, Brot, Brot!" Die übrigen Kinder sollen sich zunächst nach Belieben verhalten. Es ist wichtig, anschließend über die Reaktionen zu sprechen.

**Variationsmöglichkeit:**
Szene: Im Bäckerladen. (Kinder kommen in den Laden und verlangen verschiedene Brotsorten.)

| br II | 14 | Zeit: 10 Min. | Gruppengröße: 2–6 Kinder |
|---|---|---|---|

**Übungsvorlage:**
Liedtext: Braun, braun, braun sind alle meine Kleider.
Braun, braun, braun ist alles, was ich hab'.
Darum lieb ich alles, was so braun ist,
weil mein Schatz gern Schokolade ißt.

**Übungsablauf:**
Einüben des Liedes (evtl. Melodie erfinden).

**Variationsmöglichkeit:**
Gespräch: Was alles braun ist.

br II **15** Zeit: 10 Min. Gruppengröße: 2–4 Kinder

**Benötigte Materialien:**
Evtl. Kartons, in denen sich Brei befunden hat.

**Übungsablauf:**
Eine „Frau“ (Kind) betritt eine „Drogerie“ und verlangt Brei für ihr Baby. Die „Verkäuferin“ (zunächst Spielleiterin, später Kinder) erzählt nun, was für verschiedene Breie sie hat (Schokoladenbrei, Nußbrei, Apfelbrei usw.). Schließlich kauft die „Mutter“ einen Brei und geht wieder.

**Variationsmöglichkeit:**
Mutter schreibt einen Einkaufszettel für den nächsten Monat. Für das Baby möchte sie Brei kaufen. Sie überlegt, welche Breisorten sie möchte. Dann schreibt sie alles auf.

---

br II **16** Zeit: 10 Min. Gruppengröße: ca. 5 Kinder

**Übungsvorlage:**
Spiel: Jeder darf den anderen einmal Anweisungen geben. Dabei sollen die Hände langsam auseinanderbewegt werden. Der „Spielführer“ sagt so lange: „breiter!“, bis ihm die Hände weit genug auseinander sind. Dann sagt er: „Stop!“

**Übungsablauf:**
Die Spielleiterin führt das Spiel vor. Anschließend darf jedes Kind einmal „Spielführer“ sein.

**Variationsmöglichkeit:**
Die Spielleiterin malt verschieden breite Fenster und fragt die Kinder abwechselnd: „Welches Fenster ist breiter?“ (Wichtig ist es, die Kinder zu veranlassen, in ihren Antworten das Wort „breiter“ zu verwenden.)

---

br II **17** Zeit: 5–10 Min. Gruppengröße: 2–6 Kinder

**Übungsvorlage:**
Gesprächsanlaß: Brücken.

**Übungsablauf:**
Die Gruppe unterhält sich über Brücken.
Spielleiterin: „Jede Brücke hat einen anderen Namen. Kennt ihr Brückennamen?“ (Die Kinder berichten. Falls die Gruppe keine Brückennamen kennt, soll sie Namen für Brücken erfinden.)

**Variationsmöglichkeit:**
Spiel: „Ich gehe über die Brücke …, wie soll die Brücke heißen?“

---

br II **18** Zeit: 10 Min. Gruppengröße: ca. 5 Kinder

**Benötigte Materialien:**
Kleine Stöcke.

**Übungsvorlage:**
Gesprächsanlaß: Der Zauberer.

**Übungsablauf:**
Die Gruppe berichtet vom Zauberer. Wichtig ist, daß die Kinder beschreiben, was der Zauberer tut und sagt. Anschließend spielen alle „Zauberer“. Sie berühren alles Mögliche mit ihren „Zauberstäben“ und sprechen dazu „Abrakadabra.“

**Variationsmöglichkeit:**
Zauberspiel: Es laufen alle Kinder im Raum umher. Wenn der Zauberer „Abrakadabra!“ ruft, müssen alle sofort stehen bleiben. Jedes Kind darf den „Zauberer“ mindestens einmal spielen.

br II **19** Zeit: 5–10 Min. Gruppengröße: 2–4 Kinder

**Übungsvorlage:**
Geschichte: Onkel Gerd.
Onkel Gerd schaut häufig böse. Sabine geht dann einfach hin, kitzelt ihn und sagt: „Ach, du alter Brummbär!“

**Übungsablauf:**
Diese Geschichte wird jeweils von zwei Kindern der Gruppe dargestellt. Die Rollen „Onkel“/„Sabine“ sollten jedesmal vertauscht werden.

**Variationsmöglichkeit:**
Vers: Brummkreisel, Brummkreisel,
brumm, brumm, brumm,
brumm ganz fest im Kreis herum.

br II **20** Zeit: 10 Min. Gruppengröße: 2–6 Kinder

**Übungsvorlage:**
Geschichte: Die Hochzeit.
Claudia und Kurt haben Hochzeit. Am Hochzeitstag kommen viele Leute. Sie geben kleine Geschenke ab und sagen dazu: „Das ist für Braut und Bräutigam!“

**Übungsablauf:**
Die Geschichte wird spielerisch dargestellt. Jedes Kind bringt ein Geschenk und sagt dazu: „Für Braut und Bräutigam.“

**Variationsmöglichkeiten:**
Gespräche:
1. Wie die Braut am Hochzeitstag aussieht.
2. Wie der Bräutigam am Hochzeitstag aussieht.

br II **21** Zeit: 10–15 Min. Gruppengröße: 2–6 Kinder

**Übungsvorlage:**
Situation: Verkäuferin steht am Schmuckstand im Warenhaus. An dem Vormittag kommen viele Kunden, die eine Brosche haben wollen. Jeder Kunde erklärt der Verkäuferin, wie die Brosche aussehen solle.

**Übungsablauf:**
Die Kinder kaufen am „Schmuckstand“. Ein Kind ist Verkäuferin. Die Spielleiterin kauft selbst auch Broschen ein und kurbelt das Spiel dadurch immer wieder an.

**Variationsmöglichkeit:**
Jedes Kind erzählt, was für eine Brosche es seiner Mutter kaufen würde, wenn es genügend Geld hätte.

br II **22** Zeit: 10 Min. Gruppengröße: 2–6 Kinder

**Übungsvorlage:**
Geschichte: Die laute Sigrid.
Sigrid ist immer schrecklich laut. Wenn sie spricht, dann brüllt sie gleich. Jeder sagt deshalb zu ihr: „Brüll doch nicht so!“

**Übungsablauf:**
Die Geschichte soll spielerisch dargestellt werden. Dabei dürfen die verschiedenen Kinder der „Sigrid“ (Spielleiterin) häufig zurufen: „Brüll doch nicht so!“

**Variationsmöglichkeit:**
Geschichte: Herrn Kuntzes Ochsen.
Herr Kuntze hat einen großen Bauernhof. Er hat auch Ochsen im Stall stehen, die manchmal laut brüllen. Jeder, der zu ihm zu Besuch kommt, sagt dann: „Die brüllen aber laut!“

## 20. Übungen zur Lautverbindung fl

---

fl I **1** Zeit: 5–8 Min. Gruppengröße: 2–4 Kinder

---

**Benötigtes Material:**
Evtl. Drachen oder Papierflieger u. ä.

**Übungsablauf:**
Übungsleiterin: „Heute spiele ich euch etwas vor, und ihr sollt es erraten." Die Übungsleiterin stellt ein Kind dar, das seinen Drachen steigen lassen will. Sie ruft dazu: „Flieg! Flieg!" Die Gruppe errät, was dargestellt wurde und ahmt dann das Spiel nach.

**Variationsmöglichkeiten:**
1. Das gleiche Spiel kann im Freien mit einem richtigen Drachen ausgeführt werden.
2. Ein ganz ähnliches Spiel läßt sich mit selbstgefalteten Papierflügeln durchführen.

---

fl I **2** Zeit: 5–10 Min. Gruppengröße: 2–6 Kinder

---

**Übungsablauf:**
Spielleiterin: „Habt ihr schon einmal zugesehen und zugehört, wenn andere Tischtennis spielen?" (Die Gruppe erzählt.) „Das hört sich dann so an: Flop, flop, flop ..." Die Gruppe arbeitet eine Pantomime aus. Zwei Kinder stehen sich gegenüber und tun, als ob sie sich einen Ball zuspielen würden. Die Gruppe spricht dazu: „Flop, flop, flop ..."

**Variationsmöglichkeit:**
Eine ähnliche Pantomime läßt sich auch zum Federballspiel gestalten. Das dabei entstehende Geräusch kann auch als „flab, flab ..." gesprochen werden.

---

fl I **3** Zeit: 5 Min. Gruppengröße: 2–10 Kinder

---

**Übungsvorlage:**
Reim: Fli, fla, flo, jetzt geh'n wir in den Zoo.

**Übungsablauf:**
Der Reim wird wiederholt sehr deutlich gesprochen.

**Variationsmöglichkeiten:**
Reim: 1. Fli, fla, flippe, wir sitzen auf der Wippe.
2. Fla, flu, flau, ich hab' 'ne gute Frau.

---

fl I **4** Zeit: 5–10 Min. Gruppengröße: 4–8 Kinder

---

**Übungsvorlage:**
Geschichte: Der Wettlauf.
Die Freunde Peter, Gerd, Erich und Klaus wollen um die Wette laufen. Margarete und Urban schauen zu. Sie feuern die Freunde an, damit sie möglichst schnell laufen: „Flitz, flitz, flitz!"

**Übungsablauf:**
Die Kinder veranstalten einen Wettlauf. Eines der Kinder schaut dabei immer zu und ruft: „Flitz ...!"

**Variationsmöglichkeit:**
Telefonspiel: Gruppe sitzt im Kreis. Ein Spruch geht reihum, indem jedes Kind seinem Nachbarn das, was es selbst gehört hat, ins Ohr flüstert. (Spruch: Er ist gespannt wie ein Flitzebogen.)

fl I **5** Zeit: 2–4 Min. Gruppengröße: 2–10 Kinder

**Übungsablauf:**
Spielleiterin: „Gestern habe ich (meine Kinder/einen kleinen Jungen/ein kleines Mädchen usw.) gebadet. Da war viel Spielzeug in der Badewanne. Im Wasser war aber alles so glatt, daß das Kind nichts richtig festhalten konnte. Aber es hat sich nicht geärgert, sondern immer nur „flutsch" gerufen und gelacht. (Die Gruppe ruft „flutsch!")

**Variationsmöglichkeit:**
Etwas fällt auf den Boden. Das klingt wie „flatsch".

---

fl I **6** Zeit: 2–4 Min. Gruppengröße: 2–10 Kinder

**Übungsvorlage:**
Vers: Türkenmännchen flieg' hinweg,
fliege in den Himmel!

**Übungsablauf:**
Die Gruppe spricht den Vers mehrfach.

**Variationsmöglichkeit:**
Vers: Wer will fleißige Handwerker seh'n?
Der muß zu uns Kindern geh'n.
Flusch, flusch, flusch,
flusch, flusch, flusch,
der Musikus spielt einen Tusch.

---

fl I **7** Zeit: 10 Min. Gruppengröße: 2–6 Kinder

**Übungsvorlage:**
Geschichte: Die wilde Ulli.
Ulli ist ein wildes Mädchen. Wenn sie auf der Straße rennt, dann achtet sie oft nicht darauf, ob sie andere Leute stößt und ärgert. Manche rufen dann ärgerlich: „Flegel!"

**Übungsablauf:**
Eine Szene wird von der Gruppe dargestellt: „Ulli" rempelt beim Rennen verschiedene „Leute" an. Diese drehen sich um und rufen ihr „Flegel" nach.

**Variationsmöglichkeit:**
Eine Freundesgruppe ist unterwegs. Eines der Kinder stolpert und fällt hin. Zum Glück hat es sich nicht weh getan. Da lachen die anderen und sagen: „Ja, fliegen kannst du noch nicht. Du hast ja keine Flügel!"

---

fl I **8** Zeit: 10 Min. Gruppengröße: 2–6 Kinder

**Übungsvorlage:**
Geschichte: Der kleine Spatz.
Max hat einen jungen Spatz auf dem Weg gefunden. Der Spatz kann nicht fliegen, darum nimmt ihn Max mit nach Hause und füttert ihn zu Hause. Nach einer Weile sagt der Vater: „Jetzt ist er groß genug. Jetzt mußt du ihn fliegen lassen, denn ein Vogel braucht seine Freiheit." Darum nimmt Max ihn mit in den Garten, streckt den Arm aus und ruft: „Flieg, kleiner Spatz, flieg!"

**Übungsablauf:**
Entweder die ganze Geschichte oder die Szene, wie Max den Vogel wieder aussetzt, wird von der Gruppe spielerisch dargestellt. Wichtig ist, daß „flieg" möglichst ausdrucksstark gerufen wird.

**Variationsmöglichkeit:**
Petra hat ein Marienkäferchen gefunden. Sie haucht es vorsichtig an und ruft immer wieder: „Flieg!", bis der Käfer wirklich die Flügel ausbreitet und wegfliegt.

fl I **9** Zeit: 10 Min. Gruppengröße: 2–5 Kinder

**Übungsvorlage:**
Lied: Flieg, Maikäfer, flieg,
dein Vater ist im Krieg,
dein' Mutter ist in Pommernland,
Pommernland ist abgebrannt,
flieg, Maikäfer, flieg!

**Übungsablauf:**
Einüben des Liedes.

**Variationsmöglichkeit:**
Vers: Flieg, Vogel, flieg,
damit dich keiner kriegt.

---

fl I **10** Zeit: 10 Min. Gruppengröße: 2–6 Kinder

**Übungsvorlage:**
Geschichte: Irmgard hilft ihrer Mutter.
Irmgard hilft ihrer Mutter. Die Mutter bastelt ein Holzkästchen. Das ist sehr schwierig, und deshalb freut sie sich, daß Irmgard ihr hilft. „Fleißig, fleißig!" lobt sie deshalb Irmgard immer wieder.

**Übungsablauf:**
Jeweils zwei Kinder gestalten die Geschichte spielerisch. Die „Mutter" lobt dabei häufig „Irmgard". (Nach einer Weile sollten die Rollen getauscht werden.)

**Variationsmöglichkeit:**
Geschichte: Jeder bewundert das neue Fahrrad von Torsten. „Flott!" sagen alle.

---

fl II **11** Zeit: 5–8 Min. Gruppengröße: 2–6 Kinder

**Übungsvorlage:**
Vers: Goldkäfer flieg,
auf deine hohe Tanne,
zu deiner Mutter Anne,
Goldkäfer flieg!

**Übungsablauf:**
Die Gruppe erlernt den Vers.

---

fl II **12** Zeit: 5–10 Min. Gruppengröße: 2–5 Kinder

**Übungsvorlage:**
Geschichte: Im Zoo.
Bei den Raubtieren gibt es Futter. Es ist nämlich Futterzeit. Der Raubtierwärter geht an den Käfigen vorbei, schiebt große Fleischbrocken in die Käfige und ruft: „Kommt! Fleisch!"

**Übungsablauf:**
Die Geschichte wird von der Gruppe gespielt.

**Variationsmöglichkeit:**
Szene: Auf dem Jahrmarkt. In einer Bude werden die Fleischspieße ausgerufen.

---

fl II **13** Zeit: 5–10 Min. Gruppengröße: 2–6 Kinder

**Übungsablauf:**
Die Gruppe erzählt alles, was ihr zu Flaschen einfällt. (Es gibt verschiedene Flaschen: Sprudelflaschen, Weinflaschen, Bierflaschen usw.)

**Variationsmöglichkeit:**
Die Kinder erzählen alles, was ihnen zu „Flugzeug" einfällt.

fl II **14** Zeit: 2–4 Min. Gruppengröße: 2–10 Kinder

**Übungsvorlage:**
Vers: Hänschen saß im Schornstein
und flickte seine Schuh',
da kam ein schönes Mädchen
und sah ihm dabei zu.

**Übungsablauf:**
Die Kinder erlernen den Vers.

**Variationsmöglichkeit:**
Erzähle eine Geschichte vom Floh mit den Flatterhosen.

fl II **15** Zeit: 10 Min. Gruppengröße: 2–6 Kinder

**Übungsablauf:**
Die Gruppe erfindet zusammen eine (möglichst lange und ausführliche) Geschichte vom Floh „Augustin".

**Variationsmöglichkeit:**
Eine ähnliche Geschichte läßt sich auch zur Fliege „Eusebie" erfinden.

fl II **16** Zeit: 2–5 Min. Gruppengröße: 2–10 Kinder

**Übungsvorlage:**
Vers: Säcke flicken, Säcke flicken,
haben keine Nadel,
müssen wir den Schneider holen,
flick, flack, fluck.

**Übungsablauf:**
Die Gruppe erlernt den Vers.

**Variationsmöglichkeit:**
Heinz füllt fleißig die Flaschen,
fleißig füllt Heinz die Flaschen.

fl II **17** Zeit: 10 Min. Gruppengröße: 2–6 Kinder

**Übungsvorlage:**
Spiel: Was alles in der Flasche ist.
Der Spielleiter nennt Dinge, die in der Flasche sein können, z. B. „Wasser ist in der Flasche." usw. Wenn es zutrifft, wiederholt die Gruppe den Satz, wenn es nicht zutrifft, muß sie schweigen (z. B. „Sonne ist in der Flasche.").

**Übungsablauf:**
Das Spiel wird durchgeführt.

**Variationsmöglichkeit:**
Spiel: Was alles mit dem Flugzeug fliegen kann (z. B. Menschen fliegen im Flugzeug, oder Wolken fliegen mit dem Flugzeug usw.).

fl II **18** Zeit: ca. 5–8 Min. Gruppengröße: 2–8 Kinder

**Übungsvorlage:**
Vers: Käfer, flieg ins Bäckerhaus,
hol' ein' Korb mit Kuchen 'raus.
Mir ein', dir ein',
und du sollst der Käfer sein.

**Übungsablauf:**
Die Kinder erlernen den Vers.

**Variationsmöglichkeit:**
Die Kinder erfinden eine Melodie zu dem Vers.

fl II **19** Zeit: 10 Min. Gruppengröße: 2–6 Kinder

**Übungsvorlage:**
Quatschgedicht: Das einsame Hemmed.
Kennst Du das einsame Hemmed? Flatteratata, flatteratata.
Es flattert in dem Winned, flatteratata, flatteratata, flatteratata.

**Übungsablauf:**
Spielleiterin: „Heute habe ich euch ein sehr lustiges Gedicht mitgebracht: ein Quatschgedicht. Ich will es euch einmal vortragen.“ Das Gedicht wird von der Gruppe häufig gesprochen.

**Variationsmöglichkeit:**
Die Gruppe erfindet selbst Quatschgedichte.

fl II **20** Zeit: 10 Min. Gruppengröße: 4–8 Kinder

**Übungsvorlage:**
Geschichte: Das Flugzeug.
Maria findet Flugzeuge toll. Deshalb sagt sie zu allen Leuten, die sie fragen, was sie sich zum Geburtstag wünsche: „Ein Flugzeug!“

**Übungsablauf:**
Spiel: Wer ist Maria?
Die Gruppe sitzt im Kreis. Ein Kind geht nach draußen. Die Gruppe bestimmt nun, wer „Maria“ ist. Das Kind, das nach draußen ging, wird wieder ’reingerufen und muß nun durch Fragen herausfinden, wer „Maria“ ist, z. B. „Was wünschst du dir zu Weihnachten?“ usw.

**Variationsmöglichkeit:**
Die Gruppe spricht über das Segelfliegen.

## 21. Übungen zur Lautverbindung fr

| fr I | 1 | Zeit: 10–20 Min. | Gruppengröße: 2–10 Kinder |
|---|---|---|---|

**Übungsvorlage:**
Spiel: Frei.
Die Kinder spielen Nachlaufen. Der Fänger muß ein Kind berühren und dazu „frei!" rufen, damit er wieder frei ist. Nun muß das berührte Kind den Fänger spielen.

**Übungsablauf:**
Die Spielleiterin erklärt die Spielregeln. Anschließend wird das Spiel so lange durchgeführt, wie es den Kindern Freude bereitet.

**Variationsmöglichkeit:**
Spiel: Freimal.
Ein ‚gefangenes Kind' steht an einem Freimal (Stuhl etc.). Ein Kind bewacht den Gefangenen. Die übrigen Kinder müssen versuchen, das gefangene Kind zu befreien, indem sie es berühren. Sie dürfen sich dabei aber nicht vom Bewacher fangen lassen, denn sonst müssen sie das Bewachen übernehmen. Der ‚Gefangene' ruft immer wieder: „Wer macht mich frei?"

| fr I | 2 | Zeit: 2–4 Min. | Gruppengröße: 2–10 Kinder |
|---|---|---|---|

**Übungsablauf:**
Die Mutter ruft ihre beiden Söhne: Fritz und Franz. Die Gruppe hilft ihr beim Rufen.

**Variationsmöglichkeit:**
Die Mutter sucht ihre Tochter Frieda.

| fr I | 3 | Zeit: 2–3 Min. | Gruppengröße: 2–10 Kinder |
|---|---|---|---|

**Übungsvorlage:**
Vers: Fritze Grütze Haberschnitze.

**Übungsablauf:**
Die Gruppe spricht das Verschen mehrfach. Der Vers eignet sich auch als Schnellsprechübung.

**Variationsmöglichkeit:**
Vers: Frau von Hagen, darf ich's wagen, Sie zu fragen, wieviel Kragen Sie getragen, als Sie lagen, krank am Magen, im Spital zu Kopenhagen?

| fr I | 4 | Zeit: 5–8 Min. | Gruppengröße: 2–10 Kinder |
|---|---|---|---|

**Übungsvorlage:**
Geschichte: Herbert.
Herbert ist ein Wildfang. Manchmal treibt er es zu toll. Dann mahnen ihn die Eltern: „Sei nicht so frech!"

**Übungsablauf:**
Die Spielleiterin erzählt die Geschichte. Anschließend spielen jeweils drei Kinder „Eltern und Kind". Jedes Kind sollte mindestens einmal einen Elternteil spielen.

**Variationsmöglichkeit:**
Mutter schimpft mit Heiner: „Du bist ein richtiger Frechdachs!"

| fr I | 5 | Zeit: 5–10 Min. | Gruppengröße: 2–6 Kinder |
|---|---|---|---|

**Übungsvorlage:**
Situation: Auf dem Markt verkauft eine Marktfrau Eier. „Frische Eier!" ruft sie, „frische Eier!"

**Übungsablauf:**
Die Kinder spielen „Auf dem Markt". Jedes Kind darf einmal die Marktfrau spielen.

**Variationsmöglichkeit:**
Auf dem Jahrmarkt werden gebrannte Mandeln verkauft. Der Verkäufer ruft: „Frische Mandeln!"

| | | | |
|---|---|---|---|
| fr I | **6** | Zeit: 1–3 Min. | Gruppengröße: 2–10 Kinder |

**Übungsvorlage:**
Vers: „Frißgeschwind" heißt mein Rind.

**Übungsablauf:**
Die Kinder sprechen den Vers mehrfach.

**Variationsmöglichkeit:**
Vers: „Frohgemut" heißt mein Hut,
„Frischgetan" heißt mein Hahn,
„Fröhlichu" heißt mein' Kuh.

| | | | |
|---|---|---|---|
| fr I | **7** | Zeit: 5 Min. | Gruppengröße: 2–10 Kinder |

**Übungsablauf:**
Übungsleiterin: Wenn man möchte, daß ein anderer mitspielt, dann sagt man manchmal: „Sei kein Frosch!" Die Kinder wiederholen diesen Ausruf mehrfach.

**Variationsmöglichkeit:**
Die Kinder unterhalten sich über den Frosch.

| | | | |
|---|---|---|---|
| fr I | **8** | Zeit: 7–10 Min. | Gruppengröße: 2–10 Kinder |

**Übungsvorlage:**
Spiel: Der Fischverkäufer.
Der Fischverkäufer steht an seinem Verkaufsstand und preist seine Fische an. „Frische Fische! Frische Fische!" ruft er.

**Übungsablauf:**
Jedes Kind darf einmal den Fischverkäufer spielen.

**Variationsmöglichkeit:**
Die Gemüsehändlerin verkauft frische Tomaten.

| | | | |
|---|---|---|---|
| fr I | **9** | Zeit: 3–5 Min. | Gruppengröße: 2–10 Kinder |

**Übungsvorlage:**
Vers: Fahr, fahr, fahr auf die Post.
Frag, frag, frag nicht, was's kost't.

**Übungsablauf:**
Die Kinder erlernen den Reim und sprechen ihn anschließend betont rhythmisch.

**Variationsmöglichkeit:**
Vers: Eins, zwei, drei, vier, fünf, sechs, sieben,
eine alte Frau kocht Rüben,
eine alte Frau kocht Speck,
und du bist weg.

| | | | |
|---|---|---|---|
| fr I | **10** | Zeit: 10 Min. | Gruppengröße: 2–10 Kinder |

**Übungsvorlage:**
Spielsituation: In der Bäckerei.
Die Bäckerin verkauft verschiedene Brotsorten am Brotstand. Jeder Käufer fragt sie: „Ist das Brot auch frisch?"

**Übungsablauf:**
Die Gruppe spielt „In der Bäckerei". Jedes Kind darf mehrmals Brot und Brötchen einkaufen.

**Variationsmöglichkeit:**
Auch im Gemüsegeschäft fragen die Kinder, ob das Gemüse frisch sei.

fr II **11** Zeit: 5 Min. Gruppengröße: 2–10 Kinder

**Übungsvorlage:**
Vers: Tante Friedel bringt dem Franz frische Frikadellen.

**Übungsablauf:**
Die Gruppe spricht den Vers mehrfach.

**Variationsmöglichkeit:**
Fragespiel: Jeweils ein Kind fragt: „Wo ist Tante Friedel?“ Die Gruppe antwortet: „Tante Friedel bringt dem Franz frische Frikadellen!“

fr II **12** Zeit: 5–8 Min. Gruppengröße: 2–6 Kinder

**Übungsvorlage:**
Geschichte: Nicoles neuer Freund.
In Nicoles Nachbarschaft ist ein kleiner Junge neu zugezogen. Der Junge gefällt Nicole gut. Deshalb geht sie zu ihm hin und fragt: „Willst du mein Freund sein?“ „Ja“, sagt der Junge und lacht.

**Übungsablauf:**
Die Gruppe spielt die Szene mehrfach nach.

**Variationsmöglichkeit:**
Jedes Kind spricht ein anderes Kind in der Gruppe an und bietet ihm seine Freundschaft an.

fr II **13** Zeit: 5 Min. Gruppengröße: 2–6 Kinder

**Übungsvorlage:**
Abzählreim: Fribel, difrabel, difru, frei bist du!

**Übungsablauf:**
Die Gruppe zählt mit Hilfe des Abzählreims aus.

**Variationsmöglichkeit:**
Abzählreim: Fribel, difrabel, difro, das Spiel geht so.
Fribel, difrabel, difrei, das Spiel ist vorbei.

fr II **14** Zeit: 5–10 Min. Gruppengröße: 2–8 Kinder

**Übungsvorlage:**
Geschichte: Jeanettes Mutter.
Jeanettes Mutter muß schon sehr früh zur Arbeit gehen. Eines Tages geht Jeanette mit der Mutter mit. Unterwegs treffen sie viele andere Leute. „So früh schon auf?“ fragen alle und lachen freundlich.

**Übungsablauf:**
Die Übungsleiterin erzählt die Geschichte. Anschließend darf jeweils ein Kind der Gruppe die Jeanette spielen. Die anderen Kinder laufen an der Jeanette vorbei und rufen: „So früh schon auf?“

**Variationsmöglichkeit:**
Tom kommt immer zu spät zur Schule. „Du mußt früher aufstehen!“ mahnt die Lehrerin.

fr II **15** Zeit: 5 Min. Gruppengröße: 2–10 Kinder

**Übungsvorlage:**
Vers: Frau Fried und Frau Frei fragen Frau Franze, wo Frau Frick sei.

**Übungsablauf:**
Die Gruppe spricht den Vers mehrfach.

**Variationsmöglichkeit:**
Vers: Frau Franze und Frau Frick fragen Frau Frei, wo Frau Fried sei.

fr II **16** Zeit: 10–15 Min. Gruppengröße: 2–6 Kinder

**Übungsvorlage:**
Liedtext: Kuckuck, Kuckuck, ruft's aus dem Wald. Lasset uns singen, tanzen und springen. Frühling, Frühling, wird es nun bald.

**Übungsablauf:**
Das Lied wird eingeübt. (Falls die Melodie nicht vertraut ist, eine beliebige Melodie verwenden.)

**Variationsmöglichkeit:**
Liedtext: Jetzt fängt das schöne Frühjahr an, und alles fängt zu blühen an, auf grüner Heid' und überall.

---

fr II **17** Zeit: 2–4 Min. Gruppengröße: 2–10 Kinder

**Übungsvorlage:**
Vers: Liebe Sonne, komm gekrochen,
denn mich friert's an allen Knochen.
Liebe Sonne, komm gerannt,
denn mich friert's an meiner Hand.

**Übungsablauf:**
Die Kinder erlernen den Vers.

**Variationsmöglichkeit:**
Die Gruppe erfindet eine Melodie zu dem Vers.

---

fr II **18** Zeit: 5 Min. Gruppengröße: 2–10 Kinder

**Übungsvorlage:**
Geschichte: Petra langweilt sich. Petra langweilt sich immer. Wenn die Kinder etwas spielen, sagt sie meist schon nach kurzer Zeit: „Das macht mir keine Freude!"

**Übungsablauf:**
Jedes Kind darf ein oder mehrere Male die gelangweilte Petra spielen.

**Variationsmöglichkeit:**
Petras Freundin versucht immer, ihr eine Freude zu machen. Sie denkt sich immer wieder etwas Neues aus und fragt: „Macht dir das Freude?"

---

fr II **19** Zeit: 10–15 Min. Gruppengröße: 2–4 Kinder

**Übungsvorlage:**
Geschichte: Der Besuch.
Familie Huber erwartet Besuch. Es läutet an der Tür. „Machst du bitte auf, Claudia?" ruft Frau Huber. Claudia öffnet die Tür. Da stehen ein Mann und eine Frau. „Guten Tag", sagt die Frau freundlich. „Ich bin Frau Maier. Wie heißt du denn?" „Claudia", sagt Claudia und lacht.

**Übungsablauf:**
Die Spielleiterin erzählt die Geschichte. Anschließend spricht die Gruppe darüber, daß man sich vorstellen muß, wenn man sich nicht kennt. Abschließend wird die Geschichte gespielt.

**Variationsmöglichkeit:**
Die Kinder stellen sich einander vor, als wären sie Erwachsene.

---

fr II **20** Zeit: 5–8 Min. Gruppengröße: 2–10 Kinder

**Übungsvorlage:**
Geschichte: Sven ist neugierig.
Sven möchte immer alles ganz genau wissen. Deshalb fragt und fragt er. Manchmal wird es den Eltern zu viel. „Ach, Sven", sagt dann der Vater, „du fragst mir Löcher in den Bauch".

**Übungsablauf:**
Die Spielleiterin erzählt die Geschichte. Anschließend stöhnen alle wie der Vater.

**Variationsmöglichkeit:**
Wenn Vater eine Frage nicht beantworten kann, schickt er Sabine zur Mutter. „Frag Mutti!" sagt er dann.

## 22. Übungen zur Lautverbindung pfl

pfl I **1** Zeit: 3–5 Min. Gruppengröße: 2–10 Kinder

**Übungsvorlage:**
Geschichte: Hanni.
Wenn Hanni sich über jemanden ärgert, schimpft sie immer ganz laut. „Du Pflaume!“ ruft sie dann.

**Übungsablauf:**
Alle Kinder schimpfen wie die Hanni ganz laut vor sich hin.

**Variationsmöglichkeit:**
Spiel: „Quatschstreit“.
Jeweils zwei Kinder streiten sich, indem sie sich zurufen: „Du Pflaume!“ – „Selber eine Pflaume!“ „Du bist die Pflaume!“ „Nein, du bist eine Pflaume!“ usw. Am Schluß des ‚Quatschstreits‘ versöhnen sich alle wieder.

pfl I **2** Zeit: 5 Min. Gruppengröße: 2–10 Kinder

**Übungsvorlage:**
Reim: Das ist der Daumen,
der schüttelt die Pflaumen,
der hebt sie auf,
der trägt sie nach Haus',
und der Allerkleinste ißt sie alle, alle auf.

**Übungsablauf:**
Die Kinder sprechen den Reim mehrfach.

**Variationsmöglichkeit:**
Der Reim wird als Fingerspielreim eingeübt.

pfl I **3** Zeit: 5–7 Min. Gruppengröße: 2–6 Kinder

**Übungsvorlage:**
Geschichte: Beim Gärtner.
Ullas Nachbar ist ein Gärtner. Manchmal geht sie zu ihm und sieht ihm bei der Arbeit zu. Dann fragt sie immer: „Was machst du?“ „Ich pflanze“, sagt der Gärtner.

**Übungsablauf:**
Die Gruppe spielt Ullas Besuch beim Gärtner. Jedes Kind darf den Gärtner einmal spielen.

**Variationsmöglichkeit:**
Was Gärtner alles anpflanzen können.

pfl I **4** Zeit: 5–10 Min. Gruppengröße: 2–6 Kinder

**Übungsvorlage:**
Geschichte: Kurt hat sich verletzt.
Kurt hat sich draußen im Sand verletzt. Plötzlich merkt er, daß er sich an der Schaufel geschnitten hat. Schon läuft das Blut an seiner Hand herunter. „Ein Pflaster!“ schreit er und läuft in die Wohnung.

**Übungsablauf:**
Die Gruppe spielt diese Szene so häufig, daß jedes Kind Gelegenheit hat, den Kurt darzustellen.

**Variationsmöglichkeit:**
Gesprächsanlaß: Wozu braucht man Pflaster?

pfl I **5** Zeit: ca. 3 Min. Gruppengröße: 2–10 Kinder

**Übungsvorlage:**
Vers: Pflanzen muß man pflegen.

**Übungsablauf:**
Die Kinder sprechen den Vers mehrfach.

**Variationsmöglichkeit:**
Jörg hat einen Kaktus geschenkt bekommen. Er gießt ihn aber nie. Deshalb schimpft die Mutter: „Pflanzen muß man pflegen!“ Die Kinder spielen diese kleine Szene.

---

pfl I **6** Zeit: 10 Min. Gruppengröße: 2–10 Kinder

**Übungsvorlage:**
Geschichte: Onkel Ernst.
Im Herbst, wenn das Obst reif ist, steigt Onkel Ernst mit der Leiter auf seine Obstbäume. Wenn Helga das sieht, kommt sie schnell in den Garten gelaufen und bettelt: „Pflück mir einen Apfel!“

**Übungsablauf:**
Die Geschichte wird von der Gruppe gespielt. Jedes Kind der Gruppe darf einmal die Helga sein.

**Variationsmöglichkeit:**
Holger besucht manchmal Herrn Weiß. Im Herbst, wenn das Obst im Garten reif ist, bittet er dann: „Darf ich mir etwas pflücken?“

---

pfl I **7** Zeit: 5–10 Min. Gruppengröße: 2–6 Kinder

**Übungsvorlage:**
Gesprächsanlaß: Was man mit Pflaumen alles machen kann. Wortliste: Pflaumenkompott, Pflaumenpudding, Pflaumenkuchen, Pflaumentorte, Pflaumenknödel, Pflaumen roh essen … usw.

**Übungsablauf:**
Die Gruppe unterhält sich über Pflaumen.

**Variationsmöglichkeit:**
Gesprächsanlaß: Welche Pflanzen kennen wir?

---

pfl I **8** Zeit: 10 Min. Gruppengröße: 2–8 Kinder

**Übungsvorlage:**
Spielsituation: Bei Tante Grete.
Die Kinder sind bei Tante Grete zu Kakao und Kuchen eingeladen. Tante Grete hat herrliche Pflaumenküchlein gebacken. „Möchtest du ein Pflaumenküchlein haben?“ fragt sie jedes Kind. Die Kinder sagen: „Danke, sehr gern!“

**Übungsablauf:**
Die Gruppe spielt „Kakao und Pflaumenküchlein bei Tante Grete“. Jedes Kind darf einmal die Tante Grete sein.

**Variationsmöglichkeit:**
Mutter macht Brote zurecht. Sie hat herrliches Pflaumenmus und fragt jedes Kind: „Möchtest du Pflaumenmus auf’s Brot?“

pfl I **9** Zeit: 5–8 Min. Gruppengröße: 2–8 Kinder

**Übungsvorlage:**
Vers: Pflaumenbäumchen, ich pfleg dich gut,
eß ich die Pfläumchen, macht's mir Mut.

**Übungsablauf:**
Die Kinder lernen den Vers.

**Variationsmöglichkeit:**
Vers: Steig' ich auf's Pflaumenbäumchen, dann geht's mir gut,
dort eß ich mein Pfläumchen mit frischem Mut.

---

pfl I **10** Zeit: 5–10 Min. Gruppengröße: 2–6 Kinder

**Benötigtes Material:**
Abbildung eines Pfluges.

**Übungsvorlage:**
Gesprächsanlaß: Der Pflug.

**Übungsablauf:**
Die Übungsleiterin spricht mit der Gruppe über den Pflug.

**Variationsmöglichkeit:**
In Abwandlung des Liedes: „Wer will fleißige Waschfrauen sehen ..." läßt sich auch singen: „Wer will fleißige Bauern sehen ... sie pflügen, sie pflügen, sie pflügen den ganzen Tag".

---

pfl II **11** Zeit: ca. 3 Min. Gruppengröße: 2–10 Kinder

**Übungsvorlage:**
Vers: Pflaumen werden im Herbst gepflückt,
im Herbst werden Pflaumen gepflückt.

**Übungsablauf:**
Die Kinder sprechen den Vers mehrfach.

**Variationsmöglichkeit:**
Die Kinder unterhalten sich über Pflaumen.

---

pfl II **12** Zeit: 10 Min. Gruppengröße: 2–10 Kinder

**Übungsvorlage:**
Gesprächsanlaß: Blumenpflege.

**Übungsablauf:**
Die Gruppe unterhält sich darüber, daß man Blumen pflegen muß.

**Variationsmöglichkeit:**
Gesprächsanlaß: Auch die Pflanzen im Garten brauchen Pflege.

---

pfl II **13** Zeit: 5 Min. Gruppengröße: 2–10 Kinder

**Übungsvorlage:**
Vers: Wer die Pflanze pflegt, kann die Pflaumen pflücken.

**Übungsablauf:**
Die Gruppe spricht den Vers mehrfach.

**Variationsmöglichkeit:**
Der Vers läßt sich auch variieren, z.B. wer die Pflanzen pflegt, kann die Äpfel (Birnen, Erdbeeren usw.) pflücken.

pfl II **14** Zeit: 5–15 Min. Gruppengröße: 2–6 Kinder

**Benötigtes Material:**
Tesakrepp als Pflasterersatz bzw. Pflaster.

**Übungsvorlage:**
Spiel: Beim Doktor.
Die Kinder spielen „Doktor". Jedes Kind darf zum Doktor gehen und ihm von seiner Krankheit erzählen. Der Doktor hat Pflaster, mit dem er die Patienten versorgt.

**Übungsablauf:**
Die Gruppe spielt „Doktor". Wichtig ist, daß der „Arzt" jedesmal, wenn er mit Pflaster einen Verband anlegt, spricht: „Hier haben Sie ein Pflaster!" oder ähnliches.

**Variationsmöglichkeit:**
Die Krankenschwester versorgt verletzte Patienten.

---

pfl II **15** Zeit: 3–5 Min. Gruppengröße: 2–10 Kinder

**Übungsvorlage:**
Vers: In der Pfalz pflegt und pflückt man die Pflaumen.

**Übungsablauf:**
Die Kinder sprechen den Vers mehrfach.

**Variationsmöglichkeit:**
Vers: Pflisch, pflasch, pflusch,
jetzt spiel'n wir einen Tusch.

---

pfl II **16** Zeit: 10–20 Min. Gruppengröße: 2–10 Kinder

**Übungsvorlage:**
Geschichte: Der schöne, runde Pflaumenkuchen.
Es war einmal eine Frau, die hatte einen wunderschönen Pflaumenkuchen gebacken. Als der Kuchen aber fertig war, hatte er keine Lust, aufgegessen zu werden. Er sprang deshalb aus der Kuchenform und rollte in die Welt hinaus. Die Frau aber rannte hinterher und rief: „Schöner, runder Pflaumenkuchen, bleib stehen, ich will dich essen!" „Keine Lust!" brummte der Pflaumenkuchen und rollte weiter. Da begegnete er dem Häschen (Hund, Katze usw.). Dieses rief: „Wo willst du hin? Bleib steh'n, schöner runder Pflaumenkuchen, ich will dich fressen!" Aber der Pflaumenkuchen rief: „Keine Lust!" Aber als ein kleines Kind kam und rief: „Ich bin so hungrig, bleib steh'n, schöner runder Pflaumenkuchen!" Da blieb er ganz still stehen und ließ sich aufessen.

**Übungsablauf:**
Die Spielleiterin erzählt die Geschichte. Anschließend dürfen die Kinder sie nochmals erzählen.

**Variationsmöglichkeit:**
Die Geschichte wird von der Gruppe gespielt.

---

pfl II **17** Zeit: 2–5 Min. Gruppengröße: 2–10 Kinder

**Übungsvorlage:**
Vers: Platsch, da fällt die Pflaume auf das Pflaster.

**Übungsablauf:**
Die Gruppe spricht den Vers mehrfach.

**Variationsmöglichkeit:**
Beim Sprechen des Verses werden pantomimische Bewegungen ausgeführt.

pfl II **18** Zeit: 10–20 Min. Gruppengröße: 2–10 Kinder

**Übungsvorlage:**
Geschichte: Das Pflänzchen.
Es war einmal ein Mädchen, das hatte ein Pflänzchen, das es immer goß und pflegte, denn es hatte sein Pflänzchen lieb. Eines Tages wachte das Kind auf und sah, daß sein Pflänzchen nicht mehr am Fenster stand. Da zog es in die Welt, um sein Pflänzchen zu suchen. Unterwegs traf es viele Menschen und Tiere und es fragte immer: „Hast du nicht mein Pflänzchen gesehen?“ Aber niemand hatte es gesehen. Und dann kam das Kind an einen wunderschönen Garten und plötzlich sah es, daß sein Pflänzchen in diesem Garten stand. Da freute sich das Kind, daß es sein Pflänzchen wiedergefunden hatte.

**Übungsablauf:**
Die Spielleiterin erzählt die Geschichte. Anschließend dürfen die Kinder sich gegenseitig das Gehörte erzählen.

**Variationsmöglichkeit:**
Die Gruppe spielt die Geschichte.

pfl II **19** Zeit: 5–8 Min. Gruppengröße: 2–4 Kinder

**Übungsablauf:**
Übungsleiterin: „Petra hat sich am Finger verletzt. Es ist aber kein Pflaster im Haus. Der Vater schickt Agnes in die Apotheke. Was macht sie dort?“ Die Kinder spielen Agnes, die in der Apotheke Pflaster verlangt.

**Variationsmöglichkeit:**
Agnes kommt nach Hause. Der Vater läuft ihr entgegen und ruft: „Hast du das Pflaster?“

pfl II **20** Zeit: ca. 5 Min. Gruppengröße: 2–4 Kinder

**Übungsvorlage:**
Geschichte: Der Besuch.
Mutter hat eine Freundin zu Besuch. Diese bewundert Mutters Zimmerlinde sehr. „Ja“, sagt Mutter, „die hab’ ich auch gehegt und gepflegt!“

**Übungsablauf:**
Die Kinder spielen die Szene.

**Variationsmöglichkeit:**
Die Nachbarin fragt die Mutter: „Wie pflegen Sie Ihren Boden?“

## 23. Übungen zur Lautverbindung tr

| tr I | 1 | Zeit: 5 Min. | Gruppengröße: 2–10 Kinder |
|---|---|---|---|

**Übungsablauf:**
Spielleiterin pfeift auf einer Trillerpfeife. Spielleiterin: „Wer kann einmal ohne Trillerpfeife so pfeifen, daß es sich anhört wie eben?“ Die Kinder: „Trrrrr!“

**Variationsmöglichkeit:**
Viele „Trillerpfeifen“ trillern um die Wette.

| tr I | 2 | Zeit: 5–10 Min. | Gruppengröße: 2–6 Kinder |
|---|---|---|---|

**Übungsvorlage:**
Geschichte: Die kleine Maus.
Mäuse sind sehr klein und zart. Wenn sie über den Boden trippeln, dann hört man nur ein leises „Trip, trip, trip“.

**Übungsablauf:**
Alle Kinder sind Mäuse und trippeln leise über den Boden.

**Variationsmöglichkeit:**
Alle Kinder machen die Augen zu. Die „Maus“ schleicht durch den Raum und sagt leise: „Trip! trip!“ Die Gruppe muß dorthin zeigen, wo die Maus gerade ist.

| tr I | 3 | Zeit: 5–10 Min. | Gruppengröße: 2–6 Kinder |
|---|---|---|---|

**Übungsablauf:**
Spielleiterin: „Ich habe ein Rätsel für euch. Was ist das? ‚Trapp-trapp-trapp!‘“ Kinder: „Das sind Pferde.“ (Alle Kinder machen wie die Pferde: „Trapp, trapp, trapp!“)

**Variationsmöglichkeit:**
Vers: Trab! Mein Pferdchen, trabe,
trapp, trapp, trapp.

| tr I | 4 | Zeit: 3–5 Min. | Gruppengröße: 2–10 Kinder |
|---|---|---|---|

**Übungsablauf:**
Spielleiterin: „Wenn Kinder sehr fröhlich sind, dann hüpfen sie oft durch die Gegend und singen dazu: ‚tralala‘. Heute wollen wir alle fröhliche Kinder sein.“ (Die Gruppe hüpft durch den Raum und singt oder ruft: „tralala!“)

**Variationsmöglichkeit:**
Spiel: Zwei Clowns unterhalten sich. Sie können aber nur „tralali“ und „tralala“ sagen. Trotzdem können sie sich sehr viel erzählen.

| tr I | 5 | Zeit: 5–10 Min. | Gruppengröße: 2–10 Kinder |
|---|---|---|---|

**Übungsvorlage:**
Geschichte: Das Kasperletheater.
Vor ein paar Tagen war ich in einem Kasperletheater. Das war sehr spannend. Da ging der Vorhang auf und plötzlich hörte man eine Melodie. (Die Spielleiterin singt vor: „Tri, tra, trullalla! Tri, tra, trullala! Tri, tra, trullala! Tri, tra, trullala! Seid ihr alle da, Kinder?“)

**Übungsablauf:**
Die Gruppe singt „wie Kasperle“.

**Variationsmöglichkeit:**
Die Kinder spielen mit Kasperlepuppen und singen dabei die „Kasperlemelodie“.

tr I **6** Zeit: 5 Min. Gruppengröße: 2–10 Kinder

**Übungsvorlage:**
Vers: Tralala, tralala, morgen ist die Fastnacht (etc.) da!

**Übungsablauf:**
Wiederholtes Sprechen des Verses.

**Variationsmöglichkeit:**
Vers: Tri, tra, troll, die Schüssel ist bald voll.

tr I **7** Zeit: 5 Min. Gruppengröße: 2–10 Kinder

**Übungsvorlage:**
Spiel: Wett-Trippeln!
Alle Kinder trippeln um die Wette durch das Zimmer. Jedes Kind spricht dazu: „Tripp, tripp, tripp, tripp!"

**Übungsablauf:**
Die Übung wird wie oben beschrieben durchgeführt.

**Variationsmöglichkeit:**
Jeweils zwei Kinder trippeln um die Wette. Die übrigen Kinder versuchen, die beiden Wettkämpfer durch „tripp, tripp, tripp, tripp"-Rufe anzufeuern.

tr I **8** Zeit: 5–10 Min. Gruppengröße: 2–6 Kinder

**Übungsvorlage:**
Situation: Das Baby möchte nicht seine Flasche trinken. Die Mutter versucht nun, es dazu zu überreden. „Trink schön", sagt sie immer wieder zärtlich zu ihm.

**Übungsablauf:**
Die Spielleiterin erläutert die Situation. Anschließend wird die Szene nachgespielt.

**Variationsmöglichkeit:**
Situation: Der kleine Mike wirft immer sein Glas um beim Trinken. „Trink doch bitte vorsichtiger!" ermahnt ihn deshalb die Mutter.

tr I **9** Zeit: 5–10 Min. Gruppengröße: 2–10 Kinder

**Übungsvorlage:**
Vers: Regentröpfchen, tropf, tropf, tropf,
tropf mir nicht auf meinen Kopf!

**Übungsablauf:**
Der Vers soll häufig gesprochen werden.

**Variationsmöglichkeit:**
Vers: Trip, trip, Regentröpfchen,
fall' nicht auf mein Köpfchen.

tr I **10** Zeit: 5–7 Min. Gruppengröße: 2–10 Kinder

**Übungsablauf:**
Spielleiterin: „Wißt ihr, wie es sich anhört, wenn kleine Zwergenfüße über den Boden laufen? Dann hört man nur ein leises ‚Trippel, trippel!'" Die Kinder ahmen das Geräusch nach.

**Variationsmöglichkeit:**
Spielleiterin: „Wißt ihr, wie es sich anhört, wenn große Riesenfüße über den Boden dröhnen? Dann hört man ein lautes ‚Trom, trom!'"

tr II **11** Zeit: 3–7 Min. Gruppengröße: 2–10 Kinder

**Übungsvorlage:**
Vers: Trommeln trommeln laut und leise.

**Übungsablauf:**
Die Gruppe spricht den Vers häufig. Es empfiehlt sich, den Vers, nachdem er einige Male gesprochen wurde, durch rhythmisches Klatschen, Stampfen usw. zu unterstützen.

**Variationsmöglichkeit:**
Vers: Trompeten trompeten laut und leise.

tr II **12** Zeit: 5 Min. Gruppengröße: 2–10 Kinder

**Benötigte Materialien:**
Vorbereitete Tonbandspule.

**Übungsablauf:**
Spielleiterin: „Ich spiele euch etwas vor. Findet ihr heraus, was es ist?“ (Auf das Tonband ist gesprochen: Tropf, tropf, tropf – Wassertropfen, trip, trip trip – kleines Wassertröpfchen.) Alle Kinder ahmen das Geräusch nach, das fallende Wassertropfen verursachen.

**Variationsmöglichkeit:**
Die Kinder erteilen sich gegenseitig Arbeitsaufträge, z. B. „Mache, wie ein ganz kleiner Wassertropfen!“ usw.

tr II **13** Zeit: 5–10 Min. Gruppengröße: 2–5 Kinder

**Übungsvorlage:**
Liedtext: Trink, trink, Brüderlein trink,
laß doch die Sorgen zu Haus.

**Übungsablauf:**
Einüben des Liedes. (Falls die Melodie unbekannt ist, kann das Lied auch als Vers verwendet werden.)

**Variationsmöglichkeit:**
Vers: Trickele, treckele,
schickele, scheckele,
kleines Schneckele.

tr II **14** Zeit: 5–10 Min. Gruppengröße: 2–6 Kinder

**Übungsvorlage:**
Vers: Tropf, tropf, Regentröpfchen,
fall’ nicht auf mein Köpfchen.

**Übungsablauf:**
Die Gruppe erlernt den Vers durch Vor- und Nachsprechen.

**Variationsmöglichkeit:**
Vers: Trip, trip, Mäuselchen,
geh’ ins Häuselchen.

tr II **15** Zeit: 5–7 Min. Gruppengröße: 2–6 Kinder

**Übungsvorlage:**
Vers: Trampel traut sich nicht. Traust du dich?

**Übungsablauf:**
Die Gruppe sitzt im Kreis. Spielleiterin: „Heute wollen wir mal wieder tratschen. Ich erzähle dem (der) ... was ins Ohr. Und ... erzählt es seinem(r) Nachbar(n-in) weiter. Ich bin gespannt, was am Schluß wieder bei mir ankommt.“ Spielleiterin flüstert dem neben ihr sitzenden Kind den Vers ins Ohr. Es sollte sehr deutlich gesprochen werden.

**Variationsmöglichkeiten:**
Verse: 1. Trag du die Tragetasche.
2. Trude sieht traurig aus.
3. Tritt nicht nach Traudel usw.

tr II **16** Zeit: 5–10 Min. Gruppengröße: 2–10 Kinder

**Übungsablauf:**
Die Kinder unterhalten sich in der „Trallalli-trallalla-trallalorum-Sprache".
Jeder darf das, was er ausdrücken möchte, nur mit Hilfe der drei Silbengebilde „trallalli", „trallalla" und „trallallorum" ausdrücken.

tr II **17** Zeit: 5–10 Min. Gruppengröße: 2–10 Kinder

**Übungsvorlage:**
Übungsleiterin: Manchmal ist man traurig. Dann ist man froh, wenn jemand da ist, der einen tröstet. Dann ist es schön, wenn einen die Eltern in den Arm nehmen und sagen: „Sei nicht traurig!"

**Übungsablauf:**
Die Kinder der Gruppe nehmen sich gegenseitig in den Arm, streicheln sich und sagen: „Sei nicht traurig!"

**Variationsmöglichkeit:**
Die Eltern versuchen, das trotzige Kind zu besänftigen: „Sei nicht trotzig!"

tr II **18** Zeit: 10 Min. Gruppengröße: 2–6 Kinder

**Übungsvorlage:**
Gesprächsanlaß: Wie man sich verhält, wenn man trotzig ist.

**Übungsablauf:**
Die Gruppe läuft im Zimmer umher und spielt „trotzige Kinder". Ein Kind der Gruppe ist die Mutter, die immer wieder ruft: „Seid nicht so trotzig!" Es ist wichtig, daß jedes Kind einmal die Mutter spielt.

**Variationsmöglichkeit:**
Die Mutter ruft den Kindern zu: „Seid nicht solche Trotzköpfe!"

tr II **19** Zeit: 8–10 Min. Gruppengröße: 2–10 Kinder

**Übungsvorlage:**
Vers: Gerda ist traurig, Gerda braucht Trost, Gerda weint dicke Tränen. Komm, liebe Gerda, hier hast eine Traube, iß sie und alles ist gut.

**Übungsablauf:**
Die Gruppe lernt den Vers auswendig.

**Variationsmöglichkeit:**
Die Gruppe macht aus dem Vers ein Singspiel.

tr II **20** Zeit: 10–15 Min. Gruppengröße: 2–5 Kinder

**Übungsvorlage:**
Geschichte: Peters Oma.
Peter hat seine Oma sehr lieb. Immer, wenn er sich weh getan hat oder traurig ist, nimmt sie ihn in den Arm, tröstet ihn und sagt: „Hier hast du ein Trostpflaster!" und schenkt ihm etwas Schönes.

**Übungsablauf:**
Die Gruppe spielt „Bei Peters Oma". Jedes Kind darf einmal die ‚Oma' spielen. Die übrigen Kinder lassen sich von der ‚Oma' trösten. Wichtig ist, daß die Oma bei jedem Kind den Satz: „Hier hast du ein Trostpflaster!" spricht.

**Variationsmöglichkeit:**
Der Opa tröstet seine Enkel, indem er sagt: „Hier hast du ein Trösterle!"

## 24. Übungen zur Lautverbindung zw

| zw I | 1 | Zeit: 10 Min. | Gruppengröße: 2–6 Kinder |
|---|---|---|---|

**Übungsvorlage:**
Geschichte: Der Gartenzwerg.
Holgers Vater hat einen schönen Gartenzwerg. Holger ist sehr stolz darauf. Wenn seine Freunde zu Besuch kommen, führt er sie in den Garten und ruft: „Schaut mal, unser Zwerg!"

**Übungsablauf:**
Jedes Kind der Gruppe darf einmal den Holger spielen. Die übrigen Kinder besuchen den jeweiligen „Holger" alle einmal. „Holger" zeigt jedem Kind seinen Zwerg und ruft: „Schau mal, unser Zwerg!" oder „Da, der Zwerg!"

**Variationsmöglichkeit:**
Annette ist sehr stolz auf die Zwiebeln, die in ihrem Gärtchen wachsen. Sie zeigt sie deshalb jedem Kind und sagt: „Das sind meine Zwiebeln."

| zw I | 2 | Zeit: 2–4 Min. | Gruppengröße: 2–10 Kinder |
|---|---|---|---|

**Übungsvorlage:**
Vers: Herr Zwing zwinkert mit zwei Augen.

**Übungsablauf:**
Die Gruppe spricht den Vers mehrfach.

**Variationsmöglichkeit:**
Die Kinder erfinden Variationen (Frau Zwing zwinkert ..., Erika Zwing zwinkert ... usw.).

| zw I | 3 | Zeit: 5 Min. | Gruppengröße: 2–10 Kinder |
|---|---|---|---|

**Übungsvorlage:**
Telefonspiel.
Die Gruppe sitzt im Kreis. Die Spielleiterin flüstert dem neben ihr sitzenden Kind das Wort „Zwistler" ins Ohr. Das Kind flüstert das Gehörte wiederum seinem Nachbarn ins Ohr. Das geht so lange, bis das Wort bei der Spielleiterin wieder angekommen ist. Diese sagt nun laut, welches Wort sie losgeschickt hat und was angekommen ist.

**Übungsablauf:**
Die Gruppe führt das Spiel durch.

**Variationsmöglichkeit:**
Das gleiche Spiel läßt sich auch mit den Worten „Zwecker, zweimal, Zwaufel, Zwerbel" usw. durchführen.

| zw I | 4 | Zeit: 5–8 Min. | Gruppengröße: 2–10 Kinder |
|---|---|---|---|

**Übungsvorlage:**
Vers: Zwick, zwack, zwick ihn ab, zwick ihn ab, den Zweig!

**Übungsablauf:**
Die Gruppe spricht den Vers häufig.

**Variationsmöglichkeit:**
Die Gruppe erfindet eine Melodie zu dem Vers.

zw I **5** Zeit: 10 Min. Gruppengröße: 2–8 Kinder

**Übungsvorlage:**
Geschichte: Die zwölf Zwerge.
In einem ganz einsamen Tal lebten zwölf Zwerge. Sie lebten in einem kleinen Haus. In diesem Haus waren zwölf Bettchen, zwölf Stühlchen, zwölf Tellerchen, zwölf Gäbelchen, zwölf Löffelchen und zwölf Messerchen. Wer weiß, was noch alles in dem kleinen Häuschen war?

**Übungsablauf:**
Die Übungsleiterin erzählt die Geschichte. Anschließend erzählt die Gruppe die Geschichte weiter.

**Variationsmöglichkeit:**
Die Geschichte wird einem Teil der Gruppe erzählt. Anschließend kommen die übrigen Kinder hinzu. Die Kinder, die die Geschichte gehört haben, erzählen sie nun den hinzugekommenen.

---

zw I **6** Zeit: 3–5 Min. Gruppengröße: 2–10 Kinder

**Übungsvorlage:**
Vers: Zwischen den Zweigen zwitschert der Zeisig.

**Übungsablauf:**
Die Gruppe spricht den Vers mehrfach.

**Variationsmöglichkeit:**
Vers: Zwei Zwillinge holen Zweige.

---

zw I **7** Zeit: 5–8 Min. Gruppengröße: 2–8 Kinder

**Übungsablauf:**
Übungsleiterin: „Ein Paar sind immer zwei. Ein Paar Schuhe sind zwei Schuhe. Ein Paar Handschuhe (Pantoffel, Ohrringe, Hausschuhe, Sandalen, Fingerhandschuhe, Socken, Strümpfe, Kniestrümpfe, Schwimmärmel, Stiefel, Fausthandschuhe usw.) sind immer ...?“ (Die Gruppe ergänzt jeweils die Aussage.)

**Variationsmöglichkeiten:**
1. Vers: Zwei Schuhe, zwei Strümpf', zwei Handschuh' dazu, mehr brauch' ich nicht!
2. Ratespiel: Ist es ein Paar? Zwei Socken. Zwei Rosen. Zwei Stöcke. Zwei Schuhe usw. Die Kinder dürfen die Vorschläge machen. Die Übungsleiterin sagt: „Ja, es ist ein Paar“ bzw. „Nein, es ist kein Paar.“

---

zw I **8** Zeit: 5–8 Min. Gruppengröße: 2–6 Kinder

**Übungsablauf:**
Die Gruppe unterhält sich über Zwillinge.

**Variationsmöglichkeit:**
Gespräch: Zwillinge haben's gut. Zwillinge können immer die gleichen Hosen tragen. Zwillinge können immer das gleiche Hemd tragen usw.

---

zw I **9** Zeit: 5 Min. Gruppengröße: 2–10 Kinder

**Übungsvorlage:**
Vers: Auf einem Zwetschgenzweig sitzen zwei Zwerge,
zwei Zwerge sitzen auf einem Zwetschgenzweig.

**Übungsablauf:**
Die Gruppe spricht den Vers häufig mit steigender Geschwindigkeit.

**Variationsmöglichkeit:**
Gesprächsanlaß: Was man mit Zwetschgen alles machen kann.

zw I **10** Zeit: 7–10 Min. Gruppengröße: 2–6 Kinder

**Übungsvorlage:**
Spiel: Wünschstunde.
Jedes Kind darf sich von Dingen, die es besonders liebt, „zwei“ Exemplare wünschen. (Die Gruppe sitzt bei diesem Spiel im Kreis.)

**Übungsablauf:**
Spielleiterin: „Heute machen wir eine Wünschstunde. Wir wollen uns einmal nach Herzenslust alles, was uns einfällt, zusammen wünschen. Ich wünsche mir zwei schöne rote Fahrräder…, wovon wünschst du dir ‚zwei‘?“

**Variationsmöglichkeit:**
Die Übungsleiterin fragt die Kinder: „Wovon habt ihr zwei? – Habt ihr zwei Schuhe? – Wovon habt ihr noch zwei?“

---

zw II **11** Zeit: 5–7 Min. Gruppengröße: 2–10 Kinder

**Übungsvorlage:**
Zungenbrecher: Zwischen zwei grünen Zweigen sitzen zwei lustige Zwerge.

**Übungsablauf:**
Die Gruppe spricht den Zungenbrecher mehrfach.

**Variationsmöglichkeit:**
Die Gruppe spricht den Zungenbrecher häufig und achtet darauf, daß die Geschwindigkeit beim Sprechen gesteigert wird.

---

zw II **12** Zeit: 10 Min. Gruppengröße: 2–6 Kinder

**Benötigtes Material:**
Verschiedene Zwiebelarten.

**Übungsvorlage:**
Gespräch: Die Zwiebel.
Die Gruppe unterhält sich über Zwiebeln. Wortliste: Küchenzwiebel, Blumenzwiebel, Steckzwiebel, kleine Zwiebel, große Zwiebel, scharfe Zwiebel, milde Zwiebel, junge Zwiebel, alte Zwiebel.

**Übungsablauf:**
Übungsleiterin: „Es gibt viele verschiedene Zwiebeln.“ Sie zeigt den Kindern mitgebrachte Zwiebeln verschiedenster Art. Beim anschließenden Gespräch über Zwiebeln ist es wichtig, daß jedes Kind der Gruppe mehrfach das Wort „Zwiebel“ spricht.

**Variationsmöglichkeit:**
Gespräch: Was man mit Zwiebeln alles machen kann: Zwiebeln zum Salat, Zwiebeln im Gemüse, Zwiebelkuchen usw.

---

zw II **13** Zeit: 5–7 Min. Gruppengröße: 2–10 Kinder

**Übungsvorlage:**
Vers: Zwanzig Zwitschervögel zwitschern in den Zweigen.

**Übungsablauf:**
Die Gruppe spricht den Vers mehrfach.

**Variationsmöglichkeit:**
Vers: Zwölf Zwerge zwicken und zwacken die Zwillinge.

zw II **14** Zeit: 10–15 Min. Gruppengröße: 2–6 Kinder

**Übungsvorlage:**
Spiel: Vogelversammlung.
Die Kinder sitzen im Kreis. Die Spielleiterin beginnt: „Ich kann zwitschern." Sie ahmt das Zwitschern von Vögeln nach (z.B. piep, piep, piep). Anschließend wendet sie sich an ein Kind: „..., kannst du auch zwitschern?" Das angesprochene Kind fährt fort: „Ich kann ..." usw.

**Übungsablauf:**
Das Spiel wird so lange durchgeführt, bis es den Kindern langweilig wird.

**Variationsmöglichkeit:**
Spiel: Wer kann zwitschern?
Die Spielleiterin ruft in die Gruppe: Vögel (Menschen, Ameisen, Spatzen, Elefanten, Amseln usw.) können zwitschern. Wenn die Aussage zutrifft, „zwitschert" die ganze Gruppe. Bei Tieren, die nicht zwitschern, bleibt die Gruppe still.

zw II **15** Zeit: 5–7 Min. Gruppengröße: 2–10 Kinder

**Übungsvorlage:**
Zungenbrecher: Zwölf Zwerge zwicken mit zwei Zweigen.

**Übungsablauf:**
Die Gruppe spricht den Vers mehrfach mit steigender Geschwindigkeit.

**Variationsmöglichkeit:**
Zungenbrecher: Zwölf Zwillinge sitzen auf Zweigen und zwicken und zwacken.

zw II **16** Zeit: 5 Min. Gruppengröße: 5 Kinder

**Übungsablauf:**
Die Gruppe stellt sich vor, einem Fußballspiel zuzusehen. Die Reporterin (Übungsleiterin) sagt immer, wie das Torverhältnis stehe (zwei zu eins; zwei zu zwei; zwei zu drei). Die Kinder sind die Lautsprecher (Hände als Lautsprecher vor den Mund halten) und verkünden das Ergebnis laut, damit die Zuschauer es verstehen können.

**Variationsmöglichkeit:**
Die Kinder „schreiben" über das Fußballspiel in der Zeitung. Jeder „Reporter" darf seinen Text sagen.

zw II **17** Zeit: 10–15 Min. Gruppengröße: 2–6 Kinder

**Übungsvorlage:**
Geschichte: Uschi mag keine Röcke.
Uschi zieht am liebsten Hosen an. Manchmal möchte ihr die Mutter aber lieber einen Rock anziehen. Dann schimpft Uschi immer und sagt: „Ach, der zwickt so!"

**Übungsablauf:**
Die Gruppe gestaltet ein Rollenspiel zur Geschichte. Wichtig ist, daß jedes Kind mindestens einmal die Uschi spielt.

**Variationsmöglichkeit:**
Geschichte: Urban mag keine Schals.
Urban wehrt sich immer dagegen, einen Schal anzuziehen. Wenn er einen anziehen muß, dann jammert er immer: „Ach, das zwickt und zwackt so!"

zw II **18** Zeit: 10 Min. Gruppengröße: 3–6 Kinder

**Übungsvorlage:**
Geschichte: Herberts großer Bruder.
Herbert hat einen großen Bruder. Der will Herbert immer zu allem zwingen. Wenn die Mutter das merkt, schimpft sie: „Zwing Herbert nicht! Man darf niemanden zwingen!"

**Übungsablauf:**
Jeweils drei Kinder spielen Mutter, Herbert und den großen Bruder. Jedes Kind soll mindestens einmal die Mutter spielen.

**Variationsmöglichkeit:**
Spiel: Die Gruppe läuft im Zimmer umher. Die Spielleiterin tritt von Zeit zu Zeit auf ein Kind zu und gibt unsinnige Anweisungen (z.B. „Du muß jetzt 5 Schüsseln Kirschen essen!"). Das angesprochene Kind antwortet jeweils: „Man darf niemanden zwingen!" oder „Ich laß mich nicht zwingen!"

zw II **19** Zeit: 2–4 Min. Gruppengröße: 2–10 Kinder

**Übungsvorlage:**
Vers: Zwiebeldizwab, wie geht es dir?
Zwiebeldizwab, gehst fort von hier?
Zwiebeldizwab, ach bleib' doch da!
Zwiebeldizwab, noch über's Jahr.

**Übungsablauf:**
Die Gruppe spricht den Vers mehrfach.

**Variationsmöglichkeit:**
Die Gruppe erfindet eine Geschichte von einem Kind, das gerne Zwieback essen wollte.

zw II **20** Zeit: 5–10 Min. Gruppengröße: 2–10 Kinder

**Übungsvorlage:**
Vers: Zwiebelsupp', Zwiebelsupp',
Zwiebeln sind im Garten,
laß mich net das Leben lang
auf Zwiebelsuppe warten.

**Übungsablauf:**
Die Gruppe spricht den Reim mehrfach.

**Variationsmöglichkeit:**
Gespräch: Wie kocht man Zwiebelsuppe.

## 25. Übungen zur Lautverbindung dr

| dr I | 1 | Zeit: 2–4 Min. | Gruppengröße: 2–10 Kinder |
|---|---|---|---|

**Übungsablauf:**
Das Telefon läutet. Die Gruppe ahmt das Geräusch nach: „drrr! drrr!"

**Variationsmöglichkeit:**
Die Haustürglocke läutet.

| dr I | 2 | Zeit: 5 Min. | Gruppengröße: 2–8 Kinder |
|---|---|---|---|

**Übungsvorlage:**
Geschichte: Der kleine Bruder.
Klara hat einen kleinen Bruder. Er kann noch nicht viel sprechen. Aber wenn man ihn fragt: „Wie alt bist du denn?", dann hebt er drei Finger in die Höhe und sagt stolz: „Drei!"

**Übungsablauf:**
Jedes Kind darf einmal den kleinen Bruder spielen. Die Gruppe darf den kleinen Bruder fragen, wie alt er sei.

**Variationsmöglichkeit:**
Mutter fragt ihre Freundin: „Wie alt bist du eigentlich?" „Dreißig", antwortet diese.

| dr I | 3 | Zeit: 10 Min. | Gruppengröße: 2–6 Kinder |
|---|---|---|---|

**Übungsvorlage:**
Geschichte: Im Büro.
Herr Senf arbeitet im Büro. Die Tür zu seinem Zimmer klemmt. Immer, wenn jemand zu ihm will, muß er deshalb laut rufen: „Drücken!" Wenn nun ein Herr kommt, um ein Formular zu holen, ruft er ...? (Kinder: „Drücken!"). Wenn ... usw.

**Übungsablauf:**
Spielleiter erzählt die „Endlosgeschichte". Wichtig ist, daß die Kinder jedesmal sehr energisch „drücken" rufen.

**Variationsmöglichkeit:**
In der Metzgerei: Frau Kuhn kauft für die ganze Familie ein. Sie verlangt also drei Becher Wurstsalat, drei Schnitzel, drei Bratwürste usw.

| dr I | 4 | Zeit: 5 Min. | Gruppengröße: 2–10 Kinder |
|---|---|---|---|

**Übungsvorlage:**
Geschichte: Die lustige Sabine.
Sabine ist ein lustiges Mädchen. Sie freut sich immer über alles. Als sie einmal das Wort „dreiunddreißig" hört, muß sie sehr lachen. „Das Wort ist lustig, das soll mein Lieblingswort sein." Deshalb sagt sie so oft wie möglich: „dreiunddreißig."

**Übungsablauf:**
Alle sprechen möglichst häufig das Lieblingswort von Sabine.

**Variationsmöglichkeit:**
Das Lieblingswort von Peter ist: „Drehdraht".

| dr I | 5 | Zeit: 5–10 Min. | Gruppengröße: 2–8 Kinder |
|---|---|---|---|

**Übungsvorlage:**
Vers: Drei bunte Luftballone schaukeln hin und her.
Drei bunten Luftballonen fällt das gar nicht schwer.

**Übungsablauf:**
Einüben des Verses.

**Variationsmöglichkeit:**
Der Vers läßt sich auch gut vertonen.

| dr I | 6 | Zeit: 3–5 Min. | Gruppengröße: 2–10 Kinder |
|---|---|---|---|

**Übungsvorlage:**
Geschichte: Peter.
Peter spielt gerne am Wasserhahn herum. Wenn er das Wasser aufdreht, spritzt das so lustig, und Peter freut sich. Aber wenn die Mutter in die Küche kommt, dann wird sie ärgerlich und ruft: „Dreh sofort das Wasser ab!"

**Übungsablauf:**
Jedes Kind darf die wütende Mutter spielen und rufen: „Dreh sofort das Wasser ab "

**Variationsmöglichkeit:**
Vater hat den Garten mit dem Gartenschlauch gespritzt und ruft Sieglinde zu: „Drehst du bitte ab?"

| dr I | 7 | Zeit: 5 Min. | Gruppengröße: 2–10 Kinder |
|---|---|---|---|

**Übungsvorlage:**
Reim: Drei Tage war der Spatz so krank,
jetzt pfeift er wieder, Gott sei Dank!

**Übungsablauf:**
Die Gruppe spricht den Reim mehrfach.

**Variationsmöglichkeit:**
Vers: Dreiunddreißig Tafeln Schokolade
für drei Kinder – das wäre fein.

| dr I | 8 | Zeit: 5–8 Min. | Gruppengröße: 2–6 Kinder |
|---|---|---|---|

**Übungsvorlage:**
Geschichte: Die neuen Schuhe.
Mia hat neue Schuhe bekommen, aber sie zieht sie nicht an. „Warum ziehst Du Deine neuen Schuhe nicht an?" fragt Mutter. „Die drücken!" schmollt Mia.

**Übungsablauf:**
Die Kinder spielen die Szene mehrfach.

**Variationsmöglichkeit:**
Vater möchte den schweren Schrank verrücken. „Bitte hilf mir beim Drücken!" sagt er zu Heinz.

| dr I | 9 | Zeit: 5 Min. | Gruppengröße: 2–10 Kinder |
|---|---|---|---|

**Übungsvorlage:**
Vers: Dreiunddreißig Drosseln pfeifen dreiunddreißig Lieder.

**Übungsablauf:**
Die Gruppe spricht den Vers mehrfach.

**Variationsmöglichkeit:**
Vers: Drei Drachen haben drei Drachenschwänze.

dr I **10** Zeit: 10–12 Min. Gruppengröße: 2–10 Kinder

**Übungsvorlage:**
Text: Dreh dich nicht um, der Fuchs geht um,
zieht seinen langen Schwanz herum.
Wer sich umdreht oder lacht,
kriegt den Buckel vollgemacht.

**Spielablauf:**
Die Gruppe steht im Kreis. Der Rücken ist nach außen gewendet. Ein Kind (Fuchs) trägt versteckt in der Hand ein Tuch. Dieses Tuch muß der Fuchs möglichst geschickt hinter dem Rücken eines anderen Kindes fallen lassen. Wenn das Kind das Tuch nicht bemerkt, bis der Fuchs einmal um den Kreis gelaufen ist, so bekommt es einen Klapps auf den Rücken und spielt nun selbst den Fuchs. Wenn das Kind aber das Tuch bemerkt, muß es dieses schnell aufheben und versuchen, um den Kreis zu laufen, um vor dem Fuchs seinen Platz wieder zu erreichen.

**Übungsablauf:**
Die Spielleiterin erläutert das Spiel. Während des Spiels singt die Gruppe ununterbrochen: „Dreh dich nicht um …“. Falls die Melodie nicht bekannt ist, kann eine beliebige Melodie verwendet werden.

**Variationsmöglichkeit:**
Liedtext: Dreh dich, dreh dich, Rädchen,
spinne mir ein Fädchen,
viele hunderttausend Ellen lang.
Einmal 'rauf und einmal 'runter,
Mütterchen braucht frischen Plunder,
deshalb Rädchen ohne Ruh,
dreh dich, dreh dich immerzu!

dr II **11** Zeit: 5–7 Min. Gruppengröße: 2–6 Kinder

**Übungsvorlage:**
Geschichte: Der Wettlauf.
Karin und Ute gehen spazieren. Sie kommen an einen Berg. Da ruft Ute plötzlich: „Los, wir wollen sehen, wer zuerst auf den Berg gerannt ist!“, und beide rennen los. Karin ist zuerst angekommen und ruft laut: „Ich bin droben, ich bin droben!“

**Übungsablauf:**
Die Szene wird von jeweils zwei Kindern nachgespielt.

**Variationsmöglichkeit:**
Die Kinder spielen auf dem Speicher. Oma sucht sie und ruft: „Seid ihr droben?“

dr II **12** Zeit: 5–7 Min. Gruppengröße: 2–10 Kinder

**Übungsvorlage:**
Sprichtwort: Aller guten Dinge sind drei.

**Übungsablauf:**
Die Kinder sprechen den Vers mehrfach.

**Variationsmöglichkeit:**
Vers: Drei mal drei,
hicke, hacke, hei,
drei mal dreißig,
bist du immer fleißig?

dr II **13** Zeit: 10 Min. Gruppengröße: 2–5 Kinder

**Übungsablauf:**
Die Gruppe erzählt über den Drachen.

**Variationsmöglichkeit:**
Ein Kind läßt einen Drachen steigen. Er ist schon ganz hoch am Himmel. Da winkt das Kind und ruft: „Flieg, Drachen, flieg!“

| dr II | **14** | Zeit: 5 Min. | Gruppengröße: 2–6 Kinder |
|---|---|---|---|

**Übungsvorlage:**
Vers: Der Drechsler drechselt dreißig Holzbeine.

**Übungsablauf:**
Der Vers wird eingeübt.

**Variationsmöglichkeit:**
Vers: Dreh' dich, dreh' dich, Rädchen,
dreh' dich rundherum!

| dr II | **15** | Zeit: 5–7 Min. | Gruppengröße: 2–6 Kinder |
|---|---|---|---|

**Übungsvorlage:**
Geschichte: Vater sucht die Kinder.
Leonhard spielt in der Wohnung. Der Vater kommt ins Zimmer und fragt: „Wo ist denn dein Bruder?" „Der ist draußen!" antwortet Leonhard.

**Übungsablauf:**
Die Kinder spielen die Szene nach.

**Variationsmöglichkeit:**
Mutter sitzt am Tisch und strickt. Vater kommt zur Tür herein. „Wie ist das Wetter draußen?" fragt ihn die Mutter.

| dr II | **16** | Zeit: 2–4 Min. | Gruppengröße: 2–10 Kinder |
|---|---|---|---|

**Übungsvorlage:**
Sprichwort: Dreck macht Speck!

**Übungsablauf:**
Die Gruppe spricht den Vers mehrfach. Die Kinder unterhalten sich über das Sprichwort.

**Variationsmöglichkeit:**
Sprichwort: Es hat einer Dreck am Stecken.

| dr II | **17** | Zeit: 3–5 Min. | Gruppengröße: 2–10 Kinder |
|---|---|---|---|

**Übungsablauf:**
Spielleiterin: „Mutter sucht die Kinder im ganzen Haus. Nirgends sind sie zu finden! ‚Seid ihr drunten', ruft sie in den Keller. Wir wollen der Mutter rufen helfen." Alle Kinder rufen laut: „Seid ihr drunten?"

**Variationsmöglichkeit:**
Vater fragt: „Haben wir noch Sprudel?" „Er ist drunten im Keller", antwortet die Mutter.

| dr II | **18** | Zeit: 5–10 Min. | Gruppengröße: 2–8 Kinder |
|---|---|---|---|

**Übungsvorlage:**
Ratespiel: Ist es drunten oder droben?

| | | |
|---|---|---|
| Wenn ich in den Keller will. | | |
| Muß ich da nach drunten oder nach droben? | drunten | |
| Wenn ich auf den Speicher will. | | |
| … | droben | usw. |

**Übungsablauf:**
Das Ratespiel wird durchgeführt. Dabei eignen sich folgende Worte: Keller, Speicher, Berg, Tal, Loch, Hügel, Flugzeug, Unterseeboot usw.

**Variationsmöglichkeit:**
Ratespiel: Ist es draußen oder drinnen? (Sonne, Baum, Buch, Tisch, Vorhang, Erde, Bett, Dach usw.)

dr II **19** Zeit: 5–8 Min. Gruppengröße: 3–7 Kinder

**Übungsvorlage:**
Vers: Ich bin nicht dran,
du bist nicht dran,
der dritte aber, der muß 'ran.

**Übungsablauf:**
Die Gruppe übt den Vers ein.

**Variationsmöglichkeit:**
Die Kinder stehen im Kreis. Ein Kind zählt mit dem Vers (Abzählreim) ab. Das Kind, das übrig bleibt, versucht, die anderen zu fangen.

dr II **20** Zeit: 10 Min. Gruppengröße: 2–5 Kinder

**Übungsvorlage:**
Spiel: Wie es draußen ist.

| Spielleiterin: | Kinder: |
|---|---|
| Draußen ist es heute … | kalt |
| Draußen ist es heute … | hell |
| Draußen ist es heute … | windig usw. |

**Übungsablauf:**
Das Spiel wird durchgeführt. Anschließend werden die Rollen vertauscht. Die Kinder sprechen jetzt: „Draußen ist es heute …", und die Leiterin ergänzt.

**Variationsmöglichkeit:**
Spiel: Darf ich nach draußen?

| Kind: | Mutter: |
|---|---|
| Mutti, darf ich nach draußen? | Hast du Schuhe an? |
| Ja. Darf ich jetzt nach draußen? | Hast du Hosen an? |
| … | |
| Darf ich jetzt nach draußen? | Ja, geh' nur! |

## 26. Übungen zur Lautverbindung nk

| nk I | **1** | Zeit: 2–3 Min. | Gruppengröße: 2–10 Kinder |
|---|---|---|---|

**Übungsablauf:**
Übungsleiterin: „Wißt ihr, wie ganz kleine Kinder ‚auf Wiederseh'n' sagen? Sie machen ‚winke, winke!'" Alle Kinder winken und sprechen dazu: „Winke, winke!"

**Variationsmöglichkeit:**
„Wißt ihr, wie manche Leute zu Geld sagen? Sie nennen es: ‚Pinke-Pinke'."

| nk I | **2** | Zeit: 1–3 Min. | Gruppengröße: 2–10 Kinder |
|---|---|---|---|

**Übungsablauf:**
Übungsleiterin: „Sicher wißt ihr, was man sagt, wenn man etwas geschenkt bekommt!" Kinder: „Danke!" bzw. „Dankeschön!"

**Variationsmöglichkeiten:**
1. Die Übungsleiterin bringt jedem Kind etwas (z.B. Spielzeug oder etwas zu essen usw.). Die Kinder bedanken sich jeweils.
2. Die Kinder sollen etwas geschenkt bekommen, das ihnen gar nicht gefällt oder das sie nicht brauchen. „Nein, danke!" sagen die Kinder dann.

| nk I | **3** | Zeit: 2–4 Min. | Gruppengröße: 2–10 Kinder |
|---|---|---|---|

**Übungsvorlage:**
Vers: Unk, unk, unk,
vor Zeiten war ich jung.

**Übungsablauf:**
Die Kinder sprechen den Vers mehrfach.

**Variationsmöglichkeit:**
Vers: Eins, zwei, drei,
alt ist nicht neu,
g'sund ist nicht krank,
dick ist nicht schlank.

| nk I | **4** | Zeit: 2–3 Min. | Gruppengröße: 2–10 Kinder |
|---|---|---|---|

**Übungsvorlage:**
Geschichte: Besuch.
Christian und Evi lieben ihren Onkel sehr. Wenn Vater ihnen erzählt, daß der Onkel zu Besuch komme, dann jubeln sie laut: „Onkel kommt! Onkel kommt! Onkel kommt!"

**Übungsablauf:**
Alle Kinder jubeln wie Christian und Evi.

**Variationsmöglichkeit:**
Die Kinder betteln ständig: „Onkel, gehst du mit uns spazieren?"

nk I **5** Zeit: ca. 3 Min. Gruppengröße: 2–10 Kinder

**Übungsvorlage:**
Vers: Hörst du den Fink, pink, pink?

**Übungsablauf:**
Die Kinder sprechen den Vers mehrfach.

**Variationsmöglichkeit:**
Vers: Pinke, panke,
auf der Banke,
saß die Emma
mit dem Onkel.

nk I **6** Zeit: 2–4 Min. Gruppengröße: 2–10 Kinder

**Übungsvorlage:**
Vers: Pink, pank,
der Schmied ist krank,
der Schmied ist krank,
pink, pank.

**Übungsablauf:**
Die Gruppe erlernt den Vers.

**Variationsmöglichkeit:**
Vers: Ene mene minke tinke,
wade rade rollke tollke,
wiggel waggel weg.

nk I **7** Zeit: 2 Min. Gruppengröße: 2–10 Kinder

**Übungsvorlage:**
Geschichte: Autofahren!
Jörg mag gerne Autofahren. Am liebsten würde er selbst das Auto fahren. „Laß mich wenigstens mal lenken!" bettelt er immer. Aber Vater sagt: „Nein!"

**Übungsablauf:**
Alle betteln wie Jörg.

**Variationsmöglichkeit:**
Heiner möchte ein Fahrrad mit einem ganz besonderen Lenker haben. „Den Lenker, Vati!" sagt er immer, wenn sie am Schaufenster des Fahrradgeschäfts vorbeikommen.

nk I **8** Zeit: 2–4 Min. Gruppengröße: 2–10 Kinder

**Übungsvorlage:**
Vers: Ich bin ein kleiner Pinkel
und stehe hier im Winkel.

**Übungsablauf:**
Die Kinder sprechen den Vers mehrfach.

**Variationsmöglichkeit:**
Vers: Günther Frank,
rank und schlank,
sitzt auf der Bank.

nk I **9** Zeit: 2 Min. Gruppengröße: 2–10 Kinder

**Übungsvorlage:**
Geschichte: Im Schwimmbad.
Emmi kann noch nicht schwimmen. Aber sie geht gern ins Schwimmbad. Ihr älterer Bruder Boris geht auch immer mit. Er ärgert seine Schwester gern. „Bitte, nicht tunken!“ sagt seine Schwester deshalb immer gleich, wenn sie ins Schwimmbad gehen.

**Übungsablauf:**
Alle bitten wie Emmi.

**Variationsmöglichkeit:**
„Den Tank bitte voll!“ verlangt Mutter beim Tanken an der Tankstelle.

---

nk II **10** Zeit: 5–7 Min. Gruppengröße: 2–10 Kinder

**Übungsvorlage:**
Vers: Wie macht der kleine Fink?
Pink-pink, pink-pink,
pink-pink, pink-pink.

**Übungsablauf:**
Die Gruppe spricht den Vers mehrfach.

**Variationsmöglichkeit:**
Die Gruppe spielt eine Schar von Finken, die auf den Bäumen sitzt und fröhlich „pink-pink!“ ruft.

---

nk II **11** Zeit: 2–3 Min. Gruppengröße: 2–10 Kinder

**Übungsvorlage:**
Geschichte: Nacht!
Otto freut sich auf jeden neuen Tag. Wenn es dann wieder Abend wird, ist er traurig. „Es ist ja schon wieder dunkel!“ ruft er dann enttäuscht.

**Übungsablauf:**
Alle Kinder rufen wie Otto.

**Variationsmöglichkeit:**
Mutter ruft: „Mach das Licht an, wenn du dir das Bilderbuch betrachtest. Es ist schon dunkel!“

---

nk II **12** Zeit: 3–5 Min. Gruppengröße: 2–8 Kinder

**Übungsvorlage:**
Reim: Der Frank ist krank und Dr. Blank holt Medizin aus dem Schrank.

**Übungsablauf:**
Die Gruppe lernt den Reim.

**Variationsmöglichkeit:**
Die Kinder unterhalten sich über Krankheiten.

---

nk II **13** Zeit: ca. 5 Min. Gruppengröße: 2–6 Kinder

**Übungsvorlage:**
Geschichte: Die Schlittenfahrt.
Kurt und Klaus fahren mit dem Schlitten den steilen Abhang hinunter. Der Schlitten kommt immer mehr vom Weg ab. „Du mußt lenken!“ schreit Kurt voller Sorge.

**Übungsablauf:**
Die Kinder spielen die Szene mehrfach. Es empfiehlt sich, zwei Stühle als „Schlitten“ zusammenzurükken.

**Variationsmöglichkeit:**
Jochen fährt für sein Leben gern Auto. „Vater, laß mich lenken!“ bettelt er dann manchmal. Wenn Vater gut gelaunt ist, setzt er ihn auf den Schoß, und sie fahren das Auto gemeinsam in die Garage.

nk II **14** Zeit: 5–7 Min. Gruppengröße: 2–6 Kinder

**Übungsvorlage:**
Vers: Du bist so krank,
wie 'ne alte Bank.
Du bist so krank wie ein Huhn,
magst gern essen und nichts tun.

**Übungsablauf:**
Die Gruppe erlernt den Vers.

**Variationsmöglichkeit:**
Vers: Pank, pank, pank,
pank, pank, pank,
der Tischler klopft zurecht die Bank.

nk II **15** Zeit: 5–10 Min. Gruppengröße: 2–6 Kinder

**Übungsvorlage:**
Geschichte: Ilse hat Geburtstag.
Ilse durfte zu ihrem Geburtstag ihre Freunde einladen. Darüber freut sie sich sehr. Sie kommen auch alle. Ilse macht ihnen die Tür auf und ruft dann jedesmal zur Mutter: „Schon wieder ein Geschenk!"

**Übungsablauf:**
Die Gruppe spielt „Ilse's Geburtstag". Jedes Kind kommt mit einem Geschenk und „Ilse" ruft: „Schon wieder ein Geschenk!" (Jedes Kind soll einmal die Ilse spielen dürfen.)

**Variationsmöglichkeit:**
Die Kinder an der Tür sagen zu Ilse: „Hier hast du mein Geschenk."

nk II **16** Zeit: ca. 10 Min. Gruppengröße: 2–10 Kinder

**Übungsvorlage:**
Vers: Mein Hinkelchen, mein Hinkelchen,
was machst in unserem Garten?
Pflückst uns all' die Blumen ab,
die Mutter wird dich jagen.

**Übungsablauf:**
Die Gruppe erlernt den Vers. Es ist auch möglich, den Vers zu einem Sprechspiel auszugestalten (z. B. alle Kinder stehen im Kreis. Innerhalb des Kreises bewegt sich die Spielleiterin dem Versinhalt entsprechend, während die Gruppe den Vers spricht).

**Variationsmöglichkeit:**
Vers: Ach, Herr Lehrer, wir sind krank,
hüpft der Lehrer über die Bank.

nk II **17** Zeit: 10 Min. Gruppengröße: 3–5 Kinder

**Übungsvorlage:**
Geschichte: Der nette Onkel.
Susanne hat einen besonders netten Onkel. Immer, wenn sie ein Problem hat, geht sie zu ihm und sagt: „Onkel, kannst du mir helfen?" Auch wenn sie Kummer hat, sagt sie: „Onkel, kannst du mir helfen?" Die Übungsleiterin sagt im Anschluß an diese Geschichte: „Stellt euch nun vor, ihr habt so einen Onkel. Wann geht ihr zu ihm?"

**Übungsablauf:**
Die Kinder erzählen, wann sie zu einem solchen Onkel gehen würden. Diese Vorschläge werden spielerisch umgesetzt. Wichtig ist dabei, daß die Kinder häufig das Wort „Onkel" sprechen.

**Variationsmöglichkeit:**
Die Kinder rufen den Onkel, der sich immer irgendwie versteckt hält: „Onkel, Onkel, kannst du mir helfen?"

| nk II | 18 | Zeit: 3–5 Min. | Gruppengröße: 2–6 Kinder |
|---|---|---|---|

**Übungsvorlage:**
Reim: Die Ranke zankt sich mit der Schranke.
Da kommt die Banke, und Schluß ist's mit der Zanke.

**Übungsablauf:**
Die Gruppe lernt den Reim.

**Variationsmöglichkeit:**
Aus dem Reim wird ein Sprechspiel gemacht. (Die Kinder führen beim Sprechen pantomimische Bewegungen aus.)

| nk II | 19 | Zeit: 5–10 Min. | Gruppengröße: 5 Kinder |
|---|---|---|---|

**Übungsvorlage:**
Geschichte: Die Schallplatte hat einen Sprung.
Peter hört eine Märchenschallplatte. Plötzlich erschrickt er, denn er hört nur noch: „krank, krank, krank, krank ...". Der Märchenerzähler sagt nur noch dieses Wort. Peter läuft deshalb schnell zur Mutter und erzählt ihr das. „Ach", sagt die Mutter, „da hat die Schallplatte einen Sprung".

**Übungsablauf:**
Die Gruppe tauscht eigene Erfahrungen zu diesem Thema aus. Anschließend wird nachgeahmt, wie es sich angehört hat, als Peters Schallplatte einen Sprung hatte.

**Variationsmöglichkeit:**
Bei anderen Schallplatten war der Sprung bei den Wörtern: Schrank, Bank, trank, schlank usw.

| nk II | 20 | Zeit: 7–15 Min. | Gruppengröße: 2–6 Kinder |
|---|---|---|---|

**Übungsvorlage:**
Vers: Hier ist ein Schlüssel zu dem Garten,
in dem drei schöne Mädchen warten.
Die eine heißt Blink,
die zweite heißt Blinkerink,
die dritte heißt Blinkerinkinkink.

**Übungsablauf:**
Die Gruppe spricht den Vers mehrfach. (Es soll versucht werden, den Vers immer schneller zu sprechen.)

**Variationsmöglichkeit:**
Der Vers läßt sich verändern, z. B. „... in dem zehn schöne Mädchen warten ... die vierte heißt: ..."

## 27. Übungen zur Lautverbindung kl

| kl I | 1 | Zeit: 2–4 Min. | Gruppengröße: 2–10 Kinder |
|---|---|---|---|

**Übungsvorlage:**
Geschichte: Der Sicherheitsgurt.
Wenn Norbert im Auto fährt, schnallt er sich immer mit dem Sicherheitsgurt an. Das macht dann jedesmal: „Klick!“

**Übungsablauf:**
Die Kinder führen Bewegungen aus, als würden sie sich mit Sicherheitsgurten anschnallen. Dazu sprechen alle: „klick!“

**Variationsmöglichkeit:**
Dier Fotograf macht Bilder. „Bitte recht freundlich!“ sagt er dann. „Klick!“ macht der Fotoapparat.

| kl I | 2 | Zeit: 2–4 Min. | Gruppengröße: 2–10 Kinder |
|---|---|---|---|

**Benötigte Materialien:**
Evtl. Gläser.

**Übungsablauf:**
Wenn Glas auf den Boden fällt und zerspringt, dann gibt es ein lautes Geräusch. Das klingt ungefähr so: „Klirr!“ (Die Gruppe imitiert das Geräusch.)

**Variationsmöglichkeit:**
Glas kann auch ganz leise klirren, z.B. wenn man Gläser vorsichtig aneinanderstößt.

| kl I | 3 | Zeit: 2–4 Min. | Gruppengröße: 2–10 Kinder |
|---|---|---|---|

**Übungsablauf:**
Alle Kinder klopfen irgendwo an und sagen dazu: „Klopf! Klopf!“

**Variationsmöglichkeit:**
Die Kinder erfinden eine Klopfsprache.

| kl I | 4 | Zeit: 5–7 Min. | Gruppengröße: 2–10 Kinder |
|---|---|---|---|

**Übungsvorlage:**
Geschichte: Petras Schuhe.
Petra hat neue Schuhe. Es sind ganz sommerliche Schuhe mit Lederriemen und Holzsohlen. Wenn man damit über einen Steinboden läuft, dann macht es ganz laut: „Klapp, klapp, klapp!“

**Übungsablauf:**
Alle Kinder ahmen das Geräusch der klappernden Schuhe nach.

**Variationsmöglichkeit:**
Die Kinder suchen nach anderen Dingen, die ebenso „klapp, klapp“ machen.

| kl I | 5 | Zeit: 2–3 Min. | Gruppengröße: 2–10 Kinder |
|---|---|---|---|

**Übungsablauf:**
Übungsleiterin: „Wißt ihr, wie es sich anhört, wenn etwas ins Wasser fällt? ‚Klatsch!‘ macht es da!“
Die Kinder bewegen sich so, als würden sie Steine ins Wasser werfen. Dazu rufen sie: „Klatsch!“

**Variationsmöglichkeit:**
Petra und Claudia sind im Kasperletheater. Claudia gefällt es gut und sie klatscht ganz begeistert. Petra sitzt nur still da. „Mensch, klatsch doch!“ ruft da Claudia.

kl I **6** Zeit: 5–7 Min. Gruppengröße: 2–10 Kinder

**Übungsvorlage:**
Geschichte: Die Mühlen.
Früher gab es viele Mühlen. Sie standen an Flüssen und Bächen, und wenn der Wind kräftig genug wehte, dann bewegten sich die Windmühlenflügel und es klapperte: „Klipp, klapp!"

**Übungsablauf:**
Alle Kinder ahmen das Klappern der Mühle nach: „Klipp-klapp, klipp-klapp!"

**Variationsmöglichkeit:**
Jedes Kind darf eine Mühle spielen. Die Arme werden wie Windmühlenflügel bewegt, und das Klappern wird mit Hilfe der Stimme („klipp, klapp!") nachgeahmt.

kl I **7** Zeit: 2–3 Min. Gruppengröße: 2–10 Kinder

**Übungsvorlage:**
Übungsleiterin: „Wißt ihr, wie die Fahrradklingel macht? ‚Klingelingeling! Klingelingeling!'"

**Übungsablauf:**
Alle Kinder ahmen das Geräusch, das eine Fahrradklingel erzeugt, nach.

**Variationsmöglichkeit:**
Vers: Klingklang, Glockenklang klingt durch's Tal.

kl I **8** Zeit: 5–8 Min. Gruppengröße: 2–6 Kinder

**Übungsvorlage:**
Vers: Kling, klang Gloria, wir sind alle morgen da.

**Übungsablauf:**
Die Gruppe spricht den Vers mehrfach. Abschließend ziehen alle durch den Kindergarten und rufen laut: „Kling ..."

**Variationsmöglichkeit:**
Vers: Ocke, docke, Silberglocke, kling klang aus!

kl I **9** Zeit: 2–4 Min. Gruppengröße: 2–10 Kinder

**Übungsvorlage:**
Vers: Kleine Klaviere klimpern leise.

**Übungsablauf:**
Die Kinder sprechen den Vers mehrfach.

**Variationsmöglichkeit:**
Vers: Kling, klang, klung, heut' sind wir alle jung.

kl I **10** Zeit: 1–3 Min. Gruppengröße: 2–10 Kinder

**Übungsvorlage:**
Vers: Kleines Mädele,
back mir ein Flädele,
dann geht's mir gut.

**Übungsablauf:**
Die Kinder sprechen den Vers mehrfach.

**Variationsmöglichkeit:**
Spruch: Ich hab' es dem Kleinen klipp und klar gesagt.

| kl II | 11 | Zeit: ca. 5 Min. | Gruppengröße: 2–5 Kinder |
|---|---|---|---|

**Übungsvorlage:**
Vers: Kleine Kleider kleiden kleine Kinder gut.

**Übungsablauf:**
Die Gruppe führt mit dem Vers Schnellsprechübungen durch.

**Variationsmöglichkeit:**
Kleinkinder kleckern und klecksen.

| kl II | 12 | Zeit: 2–3 Min. | Gruppengröße: 2–10 Kinder |
|---|---|---|---|

**Übungsvorlage:**
Vers: Kling, klang, gloria,
wer sitzt in diesem Toria?

**Übungsablauf:**
Die Kinder sprechen den Vers einige Male.

**Variationsmöglichkeit:**
Vers: Klipperdiklapp,
schnipp und schnapp,
kling und klang,
Vogelsang.

| kl II | 13 | Zeit: 3–5 Min. | Gruppengröße: 2–10 Kinder |
|---|---|---|---|

**Übungsvorlage:**
Vers: Da kommt die Maus,
da kommt die Maus.
Klingelingeling,
ist der Herr zu Haus'?

**Übungsablauf:**
Die Kinder erlernen den Vers. Wenn der Vers beherrscht wird, kann ein kleines Fingerspiel gestaltet werden (mit den Fingern vom Bauch ausgehend zum Ohr laufen, bei „Klingeling!" am Ohr ziehen).

**Variationsmöglichkeit:**
Vers: Das ist der Daumen,
der schüttelt die Pflaumen,
der liest sie auf,
der bringt sie nach Haus',
und der Klitzekleine ißt sie alle auf.

| kl II | 14 | Zeit: 5–7 Min. | Gruppengröße: 2–6 Kinder |
|---|---|---|---|

**Übungsvorlage:**
Vers: Es klappert die Mühle am rauschenden Bach, klipp klapp.
Bei Tag und bei Nacht hält der Müller dort Wacht, klipp, klapp.

**Übungsablauf:**
Die Gruppe erlernt den Vers (Liedanfang!). – Es ist auch möglich, den Vers zu singen.

**Variationsmöglichkeit:**
Die Kinder ahmen das Geräusch einer klappernden Mühle nach („klipp, klapp! Klipp, klapp!").

| kl II | **15** | Zeit: 5–10 Min. | Gruppengröße: 2–10 Kinder |
|---|---|---|---|

**Übungsvorlage:**
Vers: Was haben wir Gänse für Kleider an?
Gi ga gack!
Wir gehen im weißen Federkleid.
Gi ga gack!
So haben wir Gänse Kleider an!

**Übungsablauf:**
Die Kinder erlernen den Vers.

**Variationsmöglichkeit:**
Wenn Mutter mit ihren Stöckelschuhen auf dem Bürgersteig läuft, dann macht es: „Klipp, klapp!“

| kl II | **16** | Zeit: ca. 5 Min. | Gruppengröße: 2–6 Kinder |
|---|---|---|---|

**Übungsvorlage:**
Geschichte: Klein-Ludwig.
Ludwig ist noch sehr klein. Immer, wenn er etwas tun möchte, sagen alle: „Du bist noch zu klein.“

**Übungsablauf:**
Die Übungsleiterin spielt „Klein-Ludwig“. Sie bittet nun der Reihe nach jedes Kind der Gruppe darum, etwas tun zu dürfen. Das angesprochene Kind antwortet jeweils: „Du bist noch zu klein!“

**Variationsmöglichkeit:**
Vers: Klein, klein, klein sind alle meine Kleider.
Klein, klein, klein ist alles, was ich hab'.
Darum lieb' ich alles, was so klein ist,
weil ich selbst ein kleines Knirpschen bin.

| kl II | **17** | Zeit: 5–10 Min. | Gruppengröße: 2–10 Kinder |
|---|---|---|---|

**Übungsvorlage:**
Fortsetzungsvers: Es klappert die Mühle, klipp, klapp,
es klappert das Rad, klipp, klapp!

**Übungsablauf:**
Die Gruppe spricht den Vers und erfindet ständig neue Zeiten. (Der Vers soll jeweils von Anfang an gesungen werden.)

**Variationsmöglichkeit:**
Die Gruppe versucht, den Vers zu vertonen.

| kl II | **18** | Zeit: 2–5 Min. | Gruppengröße: 2–10 Kinder |
|---|---|---|---|

**Übungsvorlage:**
Vers: Kling, klang, der Hans ist krank,
er liegt im Bett, hat Bauchweh;
kling, klang, der Hans ist krank.

**Übungsablauf:**
Die Gruppe erlernt den Vers.

**Variationsmöglichkeit:**
Es werden verschiedene Namen (z. B. die Namen der Kinder dieser Gruppe) in den Vers eingesetzt.

kl II **19** Zeit: 5–10 Min. Gruppengröße: 2–10 Kinder

**Übungsvorlage:**
Geschichte: Die erste Klasse.
Klaus ist in die Schule gekommen. Er freut sich darüber und erzählt jedem: „Ich gehe in die erste Klasse!“

**Übungsablauf:**
Jedes Kind darf eine Weile als „Klaus“ durch die Gruppe rennen und rufen: „Ich gehe in die erste Klasse!“

**Variationsmöglichkeit:**
Klaus fragt alle Kinder auf dem Schulhof: „In die wievielte Klasse gehst du?“

kl II **20** Zeit: 2–3 Min. Gruppengröße: 2–10 Kinder

**Übungsvorlage:**
Vers: Kling, klang, gloria,
mit Glocken und Bimboria
kommen wir daher.

**Übungsablauf:**
Die Gruppe spricht den Vers mehrfach.

**Variationsmöglichkeit:**
Vers: Klaus ist klein, aber klug.

kl II **21** Zeit: 2–3 Min. Gruppengröße: 2–8 Kinder

**Übungsvorlage:**
Geschichte: Das Klavier.
Familie Meister hat ein Klavier. Klaus, der jüngste Sohn, klimpert den ganzen Tag darauf herum. Da reißt der Mutter der Geduldsfaden. „Hör auf zu klimpern!“ ruft sie wütend.

**Übungsablauf:**
Alle Kinder „schimpfen“ wie die Mutter.

**Variationsmöglichkeit:**
Streitgespräch:

| Mutter: | Klaus: |
|---|---|
| Hör auf zu klimpern! | Ich klimpere nicht! |
| Natürlich hast du geklimpert! | Ich hab' gar nicht geklimpert! |
| usw. | |

kl II **22** Zeit: 5–8 Min. Gruppengröße: 2–5 Kinder

**Übungsvorlage:**
Das neue Klappmesser.
Jan zeigt jedem sein neues Klappmesser. „Klipp, klapp, und das Klappmesser ist wieder zusammengeklappt!“ erklärt er jedem.

**Übungsablauf:**
Jedes Kind darf einmal den Jan spielen und der Gruppe „erklären“, wie sein Klappmesser funktioniert.

**Variationsmöglichkeit:**
Mutter überwacht Hans beim Schreiben der Hausaufgaben. „Klappt auch alles?“ fragt sie immer wieder.

## 28. Übungen zur Lautverbindung kn

| kn I | 1 | Zeit: 2–3 Min. | Gruppengröße: 2–10 Kinder |
|---|---|---|---|

**Übungsablauf:**
Übungsleiterin: „Wenn etwas explodiert, dann gibt es einen lauten Knall. Wer weiß, wie sich das dann anhört?" Die Kinder rufen mehrfach laut: „Knall!"

**Variationsmöglichkeit:**
Die Eltern schimpfen mit Horst: „Knall doch die Tür nicht so zu!"

| kn I | 2 | Zeit: 2–3 Min. | Gruppengröße: 2–10 Kinder |
|---|---|---|---|

**Übungsablauf:**
Übungsleiterin: „Wißt ihr, wie es sich anhört, wenn man eine Nuß aufknackt? Dann macht es: ‚Knack!'" Die Kinder führen Bewegungen aus, als würden sie Nüsse aufknacken. Dazu sprechen sie jeweils: „Knack!"

**Variationsmöglichkeit:**
Wenn man Schokoladenpapier in der Hand zerknüllt, dann knistert es: „Knister, knister."

| kn I | 3 | Zeit: 2–3 Min. | Gruppengröße: 2–10 Kinder |
|---|---|---|---|

**Übungsablauf:**
Übungsleiterin: „Wer von euch weiß, wie man knickst?" Alle Kinder knicksen (oder probieren es zumindest) und sprechen dazu jeweils: „Knicks!"

**Variationsmöglichkeit:**
„Wer von euch kann mit der Peitsche knallen?"

| kn I | 4 | Zeit: ca. 5 Min. | Gruppengröße: 2–6 Kinder |
|---|---|---|---|

**Übungsablauf:**
Übungsleiterin: „Alle nennen die kleine Anna ‚Knirps'! ‚Na, du kleiner Knirps!' sagen alle und lachen freundlich, wenn sie Anna sehen."
Die Kinder sagen zur Übungsleiterin: „Kleiner Knirps!" Anschließend lachen alle darüber.

**Variationsmöglichkeit:**
Mutter möchte einen Schirm einkaufen. „Am liebsten wäre mir ein Knirps", sagt sie im Geschäft.

| kn I | 5 | Zeit: 5 Min. | Gruppengröße: 2–10 Kinder |
|---|---|---|---|

**Übungsvorlage:**
Vers: Die Knaben knabbern Knäckebrot.

**Übungsablauf:**
Die Gruppe spricht den Vers mehrfach.

**Variationsmöglichkeit:**
Vers: Die Knie knicken ein.
Die Knaller knallen.

| kn I | 6 | Zeit: 5–7 Min. | Gruppengröße: 2–8 Kinder |
|---|---|---|---|

**Übungsablauf:**
Spielleiterin: „Die Hexe im Märchen ‚Hänsel und Gretel' spricht ‚Knusper, knusper, knäuschen, wer knuspert an meinem Häuschen?'" Alle Kinder sprechen diesen Ausspruch nach.

**Variationsmöglichkeit:**
Der Verkäufer preist die Schokolade „Knusperleicht" an.

kn I **7** Zeit: 5 Min. Gruppengröße: 2–8 Kinder

**Übungsvorlage:**
Geschichte: Die Gruppe.
Die Gruppe von Frau Heiß im Kindergarten knetet so gern. Wenn Frau Heiß fragt: „Was wollen wir heute spielen?", dann rufen alle laut: „Kneten! Bitte Kneten!"

**Übungsablauf:**
Frau Heiß (Spielleiterin) fragt die Gruppe: „Was sollen wir heute spielen?" Alle Kinder rufen dann: „Kneten! Bitte Kneten!"

**Variationsmöglichkeit:**
Die Gruppe sitzt zusammen und knetet. Nach einer Weile soll jedes Kind berichten, was es knete (z. B. „Ich knete eine Schüssel." usw.).

kn I **8** Zeit: 5 Min. Gruppengröße: 2–10 Kinder

**Übungsvorlage:**
Vers: Der Knopf, der Knopf, der Hosenknopf,
und dieser Knopf, der knallt.

**Übungsablauf:**
Die Gruppe spricht den Vers mehrfach.

**Variationsmöglichkeit:**
Vers: Knallend knallt der Knall.

kn I **9** Zeit: 5–7 Min. Gruppengröße: 2–6 Kinder

**Übungsvorlage:**
Geschichte: Das Licht.
Mutter näht oft an der Nähmaschine. Wenn es dann dunkel wird, ruft sie Vater zu: „Knips doch mal bitte das Licht an!"

**Übungsablauf:**
Jedes Kind darf einmal die Mutter sein und sich einen Vater aus der Gruppe aussuchen. Diesem ruft es dann zu: „Knips das Licht an!"

**Variationsmöglichkeit:**
Wenn Henriette in ihrem Bett liegt, bittet sie den Vater: „Knips bitte das Licht aus!"

kn I **10** Zeit: 2–4 Min. Gruppengröße: 2–10 Kinder

**Übungsvorlage:**
Vers: Anege hanege
serege sirige
ripeti pipeti knoll.

**Übungsablauf:**
Die Kinder sprechen den Reim mehrfach.

kn II **11** Zeit: 2–3 Min. Gruppengröße: 2–10 Kinder

**Übungsvorlage:**
Geschichte: Einkauf.
Wenn die Eltern einkaufen gehen, ruft Ines ihnen immer nach: „Bringt mir bitte etwas zu knabbern mit!"

**Übungsablauf:**
Die Kinder rufen wie Ines.

**Variationsmöglichkeit:**
Vater fragt Bruno: „Was knabberst du denn da?"

kn II **12** Zeit: 2–4 Min. Gruppengröße: 2–10 Kinder

**Übungsvorlage:**
Vers: Kuckucksknecht,
sag mir's recht,
wie lang'; daß ich noch lebe.

**Übungsablauf:**
Die Kinder sprechen den Vers mehrfach.

**Variationsmöglichkeit:**
Vers: Knitter, knatter, knutter,
die Katze liebt ihr Futter.

kn II **13** Zeit: 5–10 Min. Gruppengröße: 2–5 Kinder

**Übungsvorlage:**
Geschichte: Die Kaninchen.
Jule hat zwei Kaninchen bekommen. Stolz zeig sie sie ihren Freunden. „Sie knabbern gerne Karotten“, erklärt sie ihnen.

**Übungsablauf:**
Die Gruppe spielt die Szene mehrfach. Nach Möglichkeit sollte jedes Kind einmal die „Jule“ gespielt haben.

**Variationsmöglichkeit:**
Ojeh! Die Mäuse haben alle Vorräte angeknabbert! (Was haben sie angeknabbert?)

kn II **14** Zeit: ca. 5 Min. Gruppengröße: 2–10 Kinder

**Übungsvorlage:**
Vers: Schickele, Scheckele,
Bohnensteckele,
Schnellebelle,
Trillebille,
Gruppe, Knolle, Knopf.

**Übungsablauf:**
Die Kinder erlernen den Vers.

**Variationsmöglichkeit:**
Schnellsprechvers: Knochen sind knochenhart!

kn II **15** Zeit: 2–4 Min. Gruppengröße: 2–6 Kinder

**Übungsvorlage:**
Geschichte: Der Dackel.
Hermanns Dackel knurrt jeden an. „Knurr doch nicht so!“ schimpft dann Hermann.

**Übungsablauf:**
Ein Stofftier spielt Hermanns Dackel. Jedes Kind schimpft nun mit dem Stofftier: „Knurr doch nicht so!“

**Variationsmöglichkeit:**
Zwei Hunde knurren sich böse an: „Knurr, knurr!“ „Knurr, knurr!“ usw.

kn II **16** Zeit: 3–5 Min. Gruppengröße: 2–6 Kinder

**Übungsvorlage:**
Vers: Knick, knick, knack!
Immer im Takt
läuft der kleine Knopf.
Knick, knick, knock!

**Übungsablauf:**
Die Gruppe spricht den Vers mehrfach. Es sollte auf ein ausgeprägtes rhythmisches Sprechen geachtet werden.

**Variationsmöglichkeit:**
Susanne wünscht sich einen „knallroten“ Ball.

kn II **17** Zeit: ca. 5 Min. Gruppengröße: 2–5 Kinder

**Übungsvorlage:**
Geschichte: Die Motorräder.
Wenn die Jugendlichen am Haus vorbeifahren, dann ärgern sich die Eltern immer. „Da knattern sie wieder!" schimpfen sie dann. „Müssen sie immer so knattern?"

**Übungsablauf:**
Alle Kinder schimpfen um die Wette wegen der knatternden Motorräder.

**Variationsmöglichkeit:**
Vers: Das knistert und knattert und knallt und knurrt.

kn II **18** Zeit: ca. 10 Min. Gruppengröße: 2–5 Kinder

**Übungsvorlage:**
Geschichte: Nina und die Tante.
Nina hat ihre Tante sehr gern. Immer, wenn sie zu Besuch kommt, ruft sie gleich: „Laß mich auf deinen Knien reiten!"

**Übungsablauf:**
Alle Kinder rufen der Übungsleiterin zu: „Laß mich auf deinen Knien reiten!" Zur Belohnung wird jedes Kind einmal auf dem Knie hin- und hergeschaukelt.

**Variationsmöglichkeit:**
Wir kaufen Kniestrümpfe ein.

kn II **19** Zeit: 10–15 Min. Gruppengröße: 2–5 Kinder

**Übungsvorlage:**
Geschichte: Angst.
Die Eltern von Heike gehen manchmal abends weg. Dann liegt Heike oft im Dunkeln und hört überall ein leises „Knack!" Dann fürchtet sie sich und ist froh, wenn die Eltern wieder zurückkommen.

**Übungsablauf:**
Die Spielleiterin erzählt die Geschichte. Anschließend spielt sie selbst die Heike, die im Bett liegt. Die Kinder sagen immer wieder leise: „Knack!" (Um die Situation realistischer zu gestalten, empfiehlt es sich, den Raum zu verdunkeln.)

**Variationsmöglichkeit:**
Gespräch: Warum knackt es eigentlich?

kn II **20** Zeit: 2–4 Min. Gruppengröße: 2–8 Kinder

**Übungsvorlage:**
Rätselstunde.
Wenn Tante Sabine zu Besuch kommt, dann dürfen die Kinder immer Rätsel raten. Das macht ihnen Spaß. „Wer knackt die Nuß?" ruft Tante Sabine und gibt ein Rätsel auf.

**Übungsablauf:**
Alle Kinder rufen wie Tante Sabine.

**Variationsmöglichkeit:**
Mit Hilfe eines Nußknackers knacken die Kinder richtige Nüsse.

## 29. Übungen zur Lautverbindung kr

| kr I | 1 | Zeit: 5–10 Min. | Gruppengröße: 2–6 Kinder |
|---|---|---|---|

**Übungsablauf:**
Die Gruppe „sägt" gemeinsam „Holz". Dabei imitiert sie lautstark das Geräusch, das dabei entsteht: „Kr, kr, kr, kr, kr."

**Variationsmöglichkeit:**
Die Gruppe führt einen Sägewettstreit durch. Jeweils zwei Kinder zersägen einen Baumstamm. Welche Gruppen kann ihren Baumstamm am schnellsten und lautesten zersägen?

| kr I | 2 | Zeit: 5 Min. | Gruppengröße: 2–10 Kinder |
|---|---|---|---|

**Übungsablauf:**
Spielleiterin: „Wenn Tiere wütend sind, dann hört man das manchmal, z.B. Hunde knurren dann. Vielleicht habt ihr das schon einmal gehört. ‚Krrrr! Krrrr!'" Alle Kinder knurren wie sehr wütende Hunde.

**Variationsmöglichkeit:**
Zwei Hunde knurren sich sehr böse an.

| kr I | 3 | Zeit: 5 Min. | Gruppengröße: 2–10 Kinder |
|---|---|---|---|

**Übungsvorlage:**
Gesprächsanlaß: Raben versammeln sich zu großen Scharen und fliegen mit lautem „Kra, kra, kra ..." über die Felder.

**Übungsablauf:**
Die Gruppe spielt eine Rabenschar: Alle Kinder breiten die Arme aus und „fliegen" durch den Raum. Dabei rufen alle laut: „Kra, kra, kra ...!" durcheinander.

**Variationsmöglichkeit:**
Rabeneltern kommen zum Rabennest geflogen. Die Jungen erwarten sie mit lauten „Kra-kra-kra"-Rufen.

| kr I | 4 | Zeit: 10 Min. | Gruppengröße: 2–6 Kinder |
|---|---|---|---|

**Übungsablauf:**
Zwei Raben (jeweils zwei Kinder) unterhalten sich in der Rabensprache.

**Variationsmöglichkeiten:**
1. Eine ganze Gruppe unterhält sich in der Rabensprache.
2. Jedes Kind darf einen Vortrag in der Rabensprache halten.

| kr I | 5 | Zeit: 2–4 Min. | Gruppengröße: 2–10 Kinder |
|---|---|---|---|

**Übungsvorlage:**
Geschichte: Die große Schwester.
Claudia geht in den Kindergarten. Ihre Schwester Kristine ist aber schon älter. Sie geht zur Schule. Mittags macht Kristine Hausaufgaben. Als eines Tages die Mutter die Hausaufgaben nachsieht, schimpft sie mit Kristine, weil sie so schlecht geschrieben hat. „Was ist das denn für ein ‚Krickel-Krackel'", meint sie. Darüber muß Claudia lachen, denn das Wort gefällt ihr so gut. Darum spricht sie es auch immer wieder vor sich hin.

**Übungsablauf:**
Die Gruppe spricht das Wort mehrere Male.

**Variationsmöglichkeit:**
Die ganze Szene, wie Mutter sich die Hausaufgaben ansieht, kann gespielt werden.

| | | | |
|---|---|---|---|
| kr I | **6** | Zeit: 3–5 Min. | Gruppengröße: 2–10 Kinder |

**Übungsvorlage:**
Gesprächsanlaß: Immer wieder passiert es, daß etwas auf den Boden fällt und dabei in Stücke zerspringt. Das hört sich dann an wie „kracks!“

**Übungsablauf:**
Jedes Kind darf pantomimisch etwas fallen lassen. Die Gruppe erzeugt das Geräusch dazu („kracks!“).

**Variationsmöglichkeit:**
Wenn man Stöcke entzweibricht, dann hört man auch ein „Kracks“-Geräusch.

| | | | |
|---|---|---|---|
| kr I | **7** | Zeit: 5 Min. | Gruppengröße: 2–10 Kinder |

**Übungsvorlage:**
Gesprächsanlaß: Sabine ist krank. Alles, was sie sagt, klingt wie „krächz“.

**Übungsablauf:**
Die Gruppe spielt „heiser“-sein. Alle unterhalten sich mit „Krächzstimme“.

**Variationsmöglichkeit:**
Auch Raben krächzen.

| | | | |
|---|---|---|---|
| kr I | **8** | Zeit: 5 Min. | Gruppengröße: 2–5 Kinder |

**Übungsvorlage:**
Vers: Krokodile machen keinen Krach.

**Übungsablauf:**
Sprechen des Verses.

**Variationsmöglichkeit:**
Vers: Kri, kra, Krokodil, friß doch nicht so viel!

| | | | |
|---|---|---|---|
| kr I | **9** | Zeit: 3–5 Min. | Gruppengröße: 2–10 Kinder |

**Übungsvorlage:**
Vers: Kritze, kratze, kratzt die Katze.

**Übungsablauf:**
Die Kinder sprechen den Vers mehrfach.

**Variationsmöglichkeit:**
Vers: Die Kri-Kra-Kreide kratzt.

| | | | |
|---|---|---|---|
| kr I | **10** | Zeit: 5–10 Min. | Gruppengröße: 2–6 Kinder |

**Übungsvorlage:**
Geschichte: Krank.
Im Kindergarten in Tupfingen sind viele Kinder krank. Uwe ist krank. Peter …

**Übungsablauf:**
Die Übungsleiterin beginnt die Geschichte und fordert die Kinder dann auf: „Wer ist noch krank?“ Die Gruppe nennt nun viele Kinder. Wichtig ist, daß immer wieder das Wort „krank“ gesprochen wird.

**Variationsmöglichkeit:**
Gespräch: Wer von den Kindern war schon krank?

| kr II | **11** | Zeit: 10 Min. | Gruppengröße: 2–4 Kinder |
|---|---|---|---|

**Übungsvorlage:**
Vers: Der Rabe Ralf
Der Rabe Ralf, krah, krah,
dem niemand half, krah, krah,
der krächzte laut: krah, krah,
dort in dem Wald, krah, krah.

**Übungsablauf:**
Die Gruppe spricht den Vers mehrfach.

**Variationsmöglichkeit:**
Die Kinder dürfen der Gruppe ihren Vers vorsprechen.

| kr II | **12** | Zeit: 5–10 Min. | Gruppengröße: 2–6 Kinder |
|---|---|---|---|

**Übungsvorlage:**
Geschichte: Der Kleine.
Peter ist der Kleinste in der Gruppe. Er muß sich deshalb immer gegen die Großen wehren. Wenn ihm einer 'was tun will, ruft er deshalb sofort wütend: „Ich kratz' dich!"

**Übungsablauf:**
Jedes Kind darf einmal den Peter spielen.

**Variationsmöglichkeit:**
Geschichte: Annette ist immer unfreundlich. Deshalb wird sie von allen „Kratzbürste" genannt. Wenn sie irgendwo läuft, ruft jeder: „Kratzbürste, Kratzbürste!"
(Diese Szene kann gespielt werden. Es ist aber unbedingt notwendig, sie anschließend zu problematisieren und zu besprechen.)

| kr II | **13** | Zeit: 3–5 Min. | Gruppengröße: 2–10 Kinder |
|---|---|---|---|

**Übungsvorlage:**
Vers: Sälzchen,
Schmälzchen,
Butterchen,
Kribbelkrabbelkrötchen.

**Übungsablauf:**
Die Gruppe spricht den Vers mehrfach.

**Variationsmöglichkeit:**
Vers: Widewidewenne heißt meine Puthenne,
Krickelbein heißt mein Schwein,
Krankenkuhn heißt mein Huhn,
Widewidewenne heißt meine Puthenne.

| kr II | **14** | Zeit: 5 Min. | Gruppengröße: 2–10 Kinder |
|---|---|---|---|

**Übungsvorlage:**
Reim: Eine kleine Dickmadam
fuhr mit einer Eisenbahn.
Eisenbahn, die krachte,
Dickmadam, die lachte.

**Übungsablauf:**
Die Gruppe spricht den Vers mehrfach.

**Variationsmöglichkeit:**
Die Kinder ahmen das Geräusch nach, das entstanden ist, als sie Eisenbahn krachte („Krach!").

| kr II | **15** | Zeit: 5 Min. | Gruppengröße: 2–10 Kinder |
|---|---|---|---|

**Übungsvorlage:**
Vers: Die Krebse krabbeln im Korb; im Korb krabbeln die Krebse.

**Übungsablauf:**
Die Kinder sprechen den Vers mehrfach.

kr II **16** Zeit: 5–10 Min. Gruppengröße: 2–6 Kinder

**Übungsablauf:**
Die Gruppe erzählt über Baukräne.

**Variationsmöglichkeit:**
Die Gruppe erzählt über Kränze (Adventskränze, Blumenkränze, Strohkränze usw.).

kr II **17** Zeit: 2–4 Min. Gruppengröße: 2–10 Kinder

**Übungsvorlage:**
Vers: Daheim ist die Maus
auf den Ofen gekrochen.
Dort hat sie sich ihren Zeh gebrochen,
au weh!

**Übungsablauf:**
Die Gruppe spricht den Vers mehrfach.

**Variationsmöglichkeit:**
Vers: Krabb', Krabb', gräm' dich,
Krabb', Krabb', schäm' dich!
Kannst dir keine Schuhe kaufen,
mußt im Winter barfuß laufen.
Krabb', Krabb', gräm' dich,
Krabb', Krabb', schäm' dich.

kr II **18** Zeit: 2–4 Min. Gruppengröße: 2–10 Kinder

**Übungsvorlage:**
Vers: Kreideweiße Haare, schwarzgewichste Schuh',
bin ein feiner Bu'.

**Übungsablauf:**
Die Kinder sprechen den Vers mehrfach.

**Variationsmöglichkeit:**
Endlosgeschichte: Auf einem Kri-Kra-Kran,
da saß ein Kri-Kra-Mann,
der Kri-Kra-Mann hat
eine Kri-Kra-Frau ....

kr II **19** Zeit: 5–10 Min. Gruppengröße: 2–8 Kinder

**Übungsablauf:**
Die Gruppe erzählt über den Adventskranz.

**Variationsmöglichkeit:**
Als Erzählanlaß eignet sich auch das Krokodil.

## 30. Übungen zur Lautverbindung gl

| gl I | 1 | Zeit: 2–3 Min. | Gruppengröße: 2–10 Kinder |
|---|---|---|---|

**Übungsablauf:**
Übungsleiterin: „Bei den Hühnern lockt die Glucke ihre Küken ununterbrochen, damit sie sich nicht verlaufen. Sie lockt leise: ‚Gluck, gluck, gluck!' Nun gluckt alle wie die Glucke!"

**Variationsmöglichkeit:**
Vers: Hörst du, wie die Glucke gluckt?: „Gluck-gluck-gluck!"

| gl I | 2 | Zeit: 2–3 Min. | Gruppengröße: 2–10 Kinder |
|---|---|---|---|

**Übungsablauf:**
Übungsleiterin: „Wißt ihr, wie es sich anhört, wenn man trinkt? Gluck, gluck, gluck, gluck!" Die Kinder „trinken" alle.

**Variationsmöglichkeit:**
Das Bächlein gluckert: „Gluck, gluck."

| gl I | 3 | Zeit: 2–3 Min. | Gruppengröße: 2–10 Kinder |
|---|---|---|---|

**Übungsablauf:**
Übungsleiterin: „Wenn Bergleute zur Arbeit gehen, rufen sie sich gegenseitig zu: ‚Glück auf!'" Alle Kinder rufen wie die Bergleute.

**Variationsmöglichkeit:**
Peter hat zum Geburtstag sein heiß ersehntes Fahrrad bekommen. Er strahlt über das ganze Gesicht. „Du bist wohl glücklich!" lacht der Vater.

| gl I | 4 | Zeit: 3–5 Min. | Gruppengröße: 2–6 Kinder |
|---|---|---|---|

**Übungsvorlage:**
Vers: Glocken läuten bim, bam.
Glöckchen läuten bim, bim.
Bim, bam, bim, bim,
bim, bam, bim, bim.

**Übungsablauf:**
Die Gruppe erarbeitet den Vers.

**Variationsmöglichkeit:**
Der Vers läßt sich auch zu einem Lied ausgestalten.

| gl I | 5 | Zeit: 5–10 Min. | Gruppengröße: 2–6 Kinder |
|---|---|---|---|

**Übungsablauf:**
Die Gruppe erfindet die „Glipp-Glapp-Glupp-Phantasiesprache" und unterhält sich in dieser Sprache.

**Variationsmöglichkeit:**
Die Freunde Glipp, Glapp und Glupp treffen sich und unterhalten sich. Glipp spricht nur die Glipp-Sprache (Glipp-glipp-glipp), Glapp nur die Glapp-Sprache (Glapp-glapp-glapp) und Glupp nur die Glupp-Sprache (Glupp-glupp-glupp). Das hört sich dann lustig an.

| gl I | 6 | Zeit: 10 Min. | Gruppengröße: 2–6 Kinder |
|---|---|---|---|

**Übungsvorlage:**
Sprechvers: Glocken und Glöckchen, Glas und Gläser.

**Übungsablauf:**
Der Vers wird von allen mehrfach gesprochen. Anschließend versuchen die Kinder, den Reim zu singen.

**Variationsmöglichkeit:**
Reim: Glück und Glas, wie leicht bricht das.

| gl I | 7 | Zeit: 2–4 Min. | Gruppengröße: 2–10 Kinder |
|---|---|---|---|

**Übungsablauf:**
Übungsleiterin: „Wenn jemand etwas schwieriges tun muß, wünschen ihm seine Freunde viel Glück!" Alle Kinder wünschen sich gegenseitig „viel Glück!"

**Variationsmöglichkeit:**
Helen und Kurt haben geheiratet. Am Hochzeitstag kommen viele Freunde und Nachbarn. Sie wünschen dem Hochzeitspaar „viel Glück!"

| gl I | 8 | Zeit: 2–3 Min. | Gruppengröße: 2–10 Kinder |
|---|---|---|---|

**Übungsvorlage:**
Geschichte: Glücksklee.
Torsten hat ein vierblättriges Glückskleeblatt gefunden. Er freut sich sehr. „Glücksklee!" ruft er, „Glücksklee!" und hüpft vor Freude im Zimmer herum.

**Übungsablauf:**
Alle Kinder hüpfen wie Torsten im Zimmer umher und rufen: „Glücksklee!"

**Variationsmöglichkeit:**
Als Torsten der Mutter von seinem Fund berichtet, lächelt sie und sagt: „Du bist ja ein Glückskind!"

| gl I | 9 | Zeit: 2–4 Min. | Gruppengröße: 2–10 Kinder |
|---|---|---|---|

**Übungsvorlage:**
Vers: Roter Guggu, hinter'm Hag,
nimm mir's Glisei-Glusei ab.

**Übungsablauf:**
Die Gruppe spricht den Vers mehrfach.

**Variationsmöglichkeit:**
Vers: Glockenklang,
Kinderg'sang
hör' ich gern.

| gl I | 10 | Zeit: 3–5 Min. | Gruppengröße: 2–10 Kinder |
|---|---|---|---|

**Übungsvorlage:**
Geschichte: Tante Grete.
Das Lieblingswort von Tante Grete ist „glänzend". Immer, wenn ihr etwas gut gefallen hat, ruft sie: „Das war glänzend!"

**Übungsablauf:**
Alle Kinder rufen wie Tante Grete.

**Variationsmöglichkeit:**
Die Gruppe erfindet Geschirrspülmittelreklamesprüche, z. B. „Für glänzendes Geschirr und glänzende Gläser nehmen Sie ‚Glitzi'!" usw.

gl II **11** Zeit: 2–3 Min. Gruppengröße: 2–10 Kinder

**Übungsvorlage:**
Geschichte: Glatteis.
Vater will zur Arbeit gehen. Er macht die Haustür auf. „O jeh!“ ruft er, „Glatteis!“

**Übungsablauf:**
Die Kinder rufen alle wie der Vater.

**Variationsmöglichkeit:**
Mutter ruft: „Ich habe die Treppe frisch gewischt. Sie ist glatt!“

gl II **12** Zeit: 10 Min. Gruppengröße: 2–5 Kinder

**Übungsablauf:**
Spielleiterin: „Alles muß glänzen zu Weihnachten (Ostern usw.). Helft mir doch einmal; was glänzt alles?“ (Gläser, Scheiben, Tische, Schränke, Tassen usw.)

**Variationsmöglichkeit:**
Alles muß glitzern zu …

gl II **13** Zeit: ca. 4 Min. Gruppengröße: 2–10 Kinder

**Übungsvorlage:**
Geschichte: Frisch gebohnert.
Die Hausmeisterin hat die Halle frisch gebohnert. Damit alle Leute vorsichtig sind und nicht hinfallen, hängt sie ein Schild auf: ‚Vorsicht, glatt! Frisch gebohnert!‘

**Übungsablauf:**
Ein beschriebener Zettel wird aufgehängt. Jedes Kind stellt sich nun vor den Zettel und ‚liest‘ ihn laut.

**Variationsmöglichkeit:**
Der Radioansager verkündet: „Vorsicht Autofahrer! Schneeglätte!“

gl II **14** Zeit: 2 Min. Gruppengröße: 2–10 Kinder

**Übungsvorlage:**
Geschichte: Der Weihnachtsmann.
Jeanette freut sich immer auf das Weihnachtsfest. Besonders gut gefällt ihr der Weihnachtsbaum. „Sieh mal, wie der glitzert!“

**Übungsablauf:**
Alle Kinder rufen wie Jeanette.

**Variationsmöglichkeit:**
Andreas geht mit seinen Freunden am Weiher spazieren. Gerade geht die Sonne unter. „Seht, wie das Wasser glitzert!“ rufen alle.

gl II **15** Zeit: 2–4 Min. Gruppengröße: 2–10 Kinder

**Übungsvorlage:**
Geschichte: Die Glühwürmchen.
Bettina und Paul dürfen mit den Eltern zum Kinderfest im Park. Es wird immer später. Im Park ist es schon ganz dunkel. Plötzlich fliegen überall winzige Lichtchen durch die Luft. „Oh, Glühwürmchen! Sieh mal, Glühwürmchen! Glühwürmchen!“ jubeln Bettina und Paul.

**Übungsablauf:**
Alle Kinder rufen wie Bettina und Paul.

**Variationsmöglichkeit:**
Lied: Glühwürmchen, Glühwürmchen flimm're, flimm're,
Glühwürmchen, Glühwürmchen schimm're, schimm're!
Führe uns auf rechten Wegen,
führe uns dem Glück entgegen.

gl II **16** Zeit: 3–4 Min. Gruppengröße: 2–10 Kinder

**Übungsablauf:**
Übungsleiterin: „Wenn ein neues Jahr beginnt, dann wünschen sich die Menschen gegenseitig ‚ein glückliches neues Jahr'." Die Kinder rufen sich gegenseitig „ein glückliches neues Jahr" zu.

**Variationsmöglichkeit:**
Zu Neujahr schenken sich die Menschen häufig kleine „Glücksbringer", z. B. Schornsteinfeger, Hufeisen, Schweinchen, Glücksklee usw.

---

gl II **17** Zeit: ca. 10 Min. Gruppengröße: 2–6 Kinder

**Übungsvorlage:**
Geschichte: Onkel Gerd.
Onkel Gerd ist zu Besuch gekommen. Annette hat ihn noch nie gesehen. „Du hast ja eine Glatze", sagt Annette. „Aber Annette!" schimpft die Mutter.

**Übungsablauf:**
Die Gruppe unterhält sich über die Geschichte. Anschließend wird die Begrüßung des Onkels durch Mutter und Annette spielerisch dargestellt.

**Variationsmöglichkeit:**
Norbert nennt sein kleines Brüderchen, das Baby, immer scherzhaft „Glatzkopf".

---

gl II **18** Zeit: 10–15 Min. Gruppengröße: 2–5 Kinder

**Benötigte Materialien:**

**Übungsvorlage:**
Tonbandbeispiel: Ein Vertreter preist sein Geschirrspülmittel an: „Bei diesem Mittel werden die Tassen glänzend schön, die Teller glänzend schön, die Gläser glänzend schön. Ihr Geschirr bekommt viel Glanz. Wollen Sie Glanz, dann kaufen Sie!"

**Übungsablauf:**
Die Kinder hören dem Vertreter zu. Anschließend probieren sie selbst, das Geschirrspülmittel anzupreisen.

**Variationsmöglichkeit:**
Kinder preisen das Putzmittel „Glitzer" an.

---

gl II **19** Zeit: 10–15 Min. Gruppengröße: 2–4 Kinder

**Übungsablauf:**
Die Übungsleiterin erzählt eine Kurzform des Märchens vom „Hans im Glück". Anschließend erzählen die Kinder die Geschichte.

**Variationsmöglichkeit:**
Die Gruppe erfindet die Geschichte „Susi im Glück".

---

gl II **20** Zeit: 5–10 Min. Gruppengröße: 2–5 Kinder

**Übungsablauf:**
Die Gruppe unterhält sich über Glasmalerei.

**Variationsmöglichkeit:**
Die Gruppe unterhält sich über Glasbläserei.

## 31. Übungen zur Lautverbindung gr

---

gr I **1** Zeit: 5–7 Min. Gruppengröße: 2–10 Kinder

---

**Übungsablauf:**
Spielleiterin: „Wenn Hunde wütend sind, dann knurren sie sich oft an. Das klingt dann so: ‚Grrr! Grrr!'"
Alle Kinder knurren wie die Hunde.

**Variationsmöglichkeiten:**
1. Die Hunde (Kinder) knurren sich gegenseitig heftig an.
2. Jeweils zwei Kinder bilden ein „Herrchen-Hund-Paar". Diese „Paare" gehen im Zimmer spazieren. Wenn sich die „Hunde" begegnen, knurren sie sich nach Herzenslust an.

---

gr I **2** Zeit: 10–15 Min. Gruppengröße: 2–10 Kinder

---

**Übungsvorlage:**
Spiel: Aufgepaßt.
Alle Kinder sitzen im Kreis. Nacheinander nennt jedes Kind seinen Namen. In jeder neuen Runde ruft die Spielleiterin ein anderes Kind (z. B. Kerstin, paß auf!). In dieser Runde darf dann das angesprochene Kind nicht seinen Namen sagen. Statt dessen sagt es: „Grrr!"

**Übungsablauf:**
Das Spiel wird von der Spielleiterin erläutert und so lange durchgeführt, bis das Interesse der Kinder nachläßt.

**Variationsmöglichkeit:**
Die Spielleiterin kann auch rufen: „Mädchen, paßt auf!" oder „Alle Kinder mit langen Hosen, paßt auf!" oder „Alle Kinder mit roten Pullovern, paßt auf!" usw.

---

gr I **3** Zeit: 5 Min. Gruppengröße: 2–6 Kinder

---

**Übungsablauf:**
Spielleiterin: „Wenn ihr auf der Straße jemandem begegnet, den ihr kennt, dann grüßt ihr ihn: „Guten Tag!" In manchen Gegenden sagen die Leute dann: „Grüß Gott!" Die Kinder grüßen sich gegenseitig mit „Grüß Gott!"

**Variationsmöglichkeit:**
Herr Klein und Frau Kurz treffen sich. „Grüß Gott, Herr Klein!" „Grüß Gott, Frau Kurz!" usw.

---

gr I **4** Zeit: 3–5 Min. Gruppengröße: 2–10 Kinder

---

**Übungsvorlage:**
Vers: Griese, griese, grau,
Mieze, Mieze, mau.

**Übungsablauf:**
Die Kinder sprechen den Vers mehrfach.

**Variationsmöglichkeit:**
Vers: Grau, grau, griesegrau,
komm mein Kätzchen.

| gr I | **5** | Zeit: ca. 10–15 Min. | Gruppengröße: 2–6 Kinder |
|---|---|---|---|

**Übungsvorlage:**
Spiel: Ist es grau oder grün?

| Spielleiterin: | Kinder: | |
|---|---|---|
| Ist es grau oder grün? | | |
| Der Baum! | grün! | |
| Die Maus! | grau! | |
| Das Blatt! | grün! | usw. |

**Übungsablauf:**
Die Spielleiterin erläutert das Spiel. Anschließend führt die Gruppe das Spiel durch. Falls den Kindern das Spiel vertraut genug ist, können auch einzelne Kinder die Spielleiterfunktion übernehmen.

**Variationsmöglichkeit:**
Spiel: Ist es groß oder klein?

| gr I | **6** | Zeit: 5–7 Min. | Gruppengröße: 2–10 Kinder |
|---|---|---|---|

**Übungsvorlage:**
Vers: Gri, gra, gro, der Sommer, der ist do!
Der Sommer hat gewonnen, der Winter ist zerronnen,
gri, gra, gro, der Sommer, der ist do!

**Übungsablauf:**
Die Gruppe erlernt den Vers. Wenn der Vers beherrscht wird, klatschen die Kinder zusätzlich rhythmisch beim Sprechvortrag.

**Variationsmöglichkeit:**
Vers: Mio, grio, grau, grau, grau,
Mieze, Mieze, mau, mau, mau!

| gr I | **7** | Zeit: ca. 10 Min. | Gruppengröße: 2–5 Kinder |
|---|---|---|---|

**Übungsvorlage:**
Vers: Gretel, mein Mädel, was tuste?
Sitze hinter'm Ofen und huste.
Gretel, was gibt's zur Nacht?
Feuer, das donnert und kracht.

**Übungsablauf:**
Die Gruppe erlernt den Vers. Wenn das Sprechen des Verses keine Schwierigkeiten mehr bereitet, ist es möglich, ihn in Dialogform vortragen zu lassen.

**Variationsmöglichkeit:**
Die Kinder erfinden weitere Dialoge.

| gr I | **8** | Zeit: 5–8 Min. | Gruppengröße: 2–6 Kinder |
|---|---|---|---|

**Übungsvorlage:**
Fragespiel: Was ist alles grün?

| Spielleiterin: | Kinder: | |
|---|---|---|
| Wißt ihr das? | | |
| Was ist alles grün? | Gras ist grün! | |
| | Der Wald ist grün! | |
| | Blätter sind grün! | usw. |

**Übungsablauf:**
Die Übung wird durchgeführt.

**Variationsmöglichkeit:**
Fragespiel: Was ist alles grau?

gr I **9** Zeit: ca. 5 Min. Gruppengröße: 2–5 Kinder

**Übungsvorlage:**
Geschichte: Onkel Peter.
Onkel Peter besucht manchmal Mareike und Rosa. Dann schüttelt er ihnen immer die Hände und sagt: „Großartig seht ihr aus!"

**Übungsablauf:**
Jedes Kind darf einmal den Onkel Peter spielen und alle Kinder der Gruppe mit dem Ausruf „Großartig seht ihr aus!" begrüßen.

**Variationsmöglichkeit:**
Kleine Kinder krabbeln. – Große Kinder können laufen.
Kleine Kinder werden gefüttert. – Große Kinder essen selbst.
Kleine Kinder dürfen nicht alleine draußen spielen. – Große Kinder spielen allein usw.

---

gr II **10** Zeit: ca. 10 Min. Gruppengröße: 2–8 Kinder

**Übungsvorlage:**
Lied: Grün, grün, grün sind alle meine Kleider.
Grün, grün, grün ist alles, was ich hab'.
Darum lieb ich alles, was so grün ist,
weil mein Schatz ein Jägersmann ist.

**Übungsablauf:**
Die Gruppe singt das Lied mehrfach. Falls das Lied nicht bekannt ist, kann der Liedtext auch wie ein Sprechvers behandelt werden.

**Variationsmöglichkeit:**
Lied: Grau, grau, grau sind alle meine Kleider.
Grau, grau, grau ist alles, was ich hab'.
Darum lieb ich alles, was so grau ist,
weil mein Schatz gern graue Kleider hat.

---

gr II **11** Zeit: 3–5 Min. Gruppengröße: 2–10 Kinder

**Übungsvorlage:**
Vers: 's kummt e Mäusele
ins Kindels Häusele,
macht griwwes grawwes,
griwwes, grawwes.

**Übungsablauf:**
Die Gruppe erlernt den Vers. Anschließend wird der Vers nochmals gesprochen. Dabei krabbelt jedes Kind einem anderen Kind bei „griwwes grawwes" zärtlich die Handinnenseite.

**Variationsmöglichkeit:**
Vers: Eins, zwei, drei, vier,
saß ein Männchen vor der Tür,
hat ein rotes Hütchen auf,
sitzt ein großer Vogel drauf,
sooo groooß!

---

gr II **12** Zeit: ca. 10 Min. Gruppengröße: 2–6 Kinder

**Übungsvorlage:**
Kurzversion des Märchens „Hänsel und Gretel".

**Übungsablauf:**
Übungsleiterin: „Ihr kennt doch alle das Märchen von Hänsel und Gretel. Erzählt mir von der Gretel!"
Die Kinder berichten, was sie von der Gretel wissen. Falls das noch zu schwierig ist, stellt die Übungsleiterin Fragen. Es ist auch möglich, die Kinder einfach nach der Gretel rufen zu lassen.

**Variationsmöglichkeit:**
Vers: Gretel, liebe Gretel,
wo bist du, wo?
Gretel, liebe Gretel,
du fehlst mir so!

gr II **13** Zeit: 3–5 Min. Gruppengröße: 2–10 Kinder

**Übungsvorlage:**
Vers: Grüß Gott, grüß Gott,
was wollen Sie?
Zucker und Kaffee!
Da haben Sie's, da haben Sie's!
Ade! Ade! Ade!

**Übungsablauf:**
Die Gruppe erlernt den Vers. Später ist es möglich, die entsprechenden Bewegungen zum Vortrag auszuführen.

**Variationsmöglichkeit:**
Vers: Ix, ax, ux,
der rote Fuchs,
die graue Maus
und du bist aus!

gr II **14** Zeit: ca. 10 Min. Gruppengröße: 2–6 Kinder

**Übungsvorlage:**
Gesprächsanlaß: Die Großeltern.

**Übungsablauf:**
Die Übungsleiterin fordert die Kinder auf, von ihren Großeltern zu erzählen. Es ist wichtig, daß die Kinder häufig die Worte „Großvater", „Großmutter" bzw. „Großeltern" benutzen.

**Variationsmöglichkeit:**
Phantasiegeschichten: Was ich tue, wenn ich groß bin!
Jedes Kind darf berichten, was es tun möchte, wenn es groß ist. Wichtig ist, daß jedes Kind seine Geschichte mit dem Satz beginnt „Wenn ich groß bin ...".

gr II **15** Zeit: ca. 10 Min. Gruppengröße: 3–6 Kinder

**Übungsvorlage:**
Geschichte: Wer ist größer?
Anna, Mia und Roland spielen zusammen. Plötzlich fangen sie an zu streiten, wer wohl der Größte von ihnen ist. Spielt die Geschichte!

**Übungsablauf:**
Die Kinder spielen die Geschichte. Wichtig ist, daß ein lebhaftes Streitgespräch entsteht.

**Variationsmöglichkeit:**
Die Kinder streiten sich, wer das größte Auto (das größte Plüschtier, Spielzimmer usw.) hat.

gr II **16** Zeit: 2–3 Min. Gruppengröße: 2–10 Kinder

**Übungsvorlage:**
Geschichte: Geschwister.
Hans balgt manchmal mit seiner Schwester Rita. „Du bist immer so grob!" ruft Rita empört, wenn Hans zu fest zupackt.

**Übungsablauf:**
Alle rufen wie Rita.

**Variationsmöglichkeit:**
Mutter schimpft: „Ihr sollt nicht so grob miteinander umgehen!"

gr II **17** Zeit: 5–10 Min. Gruppengröße: 2–8 Kinder

**Übungsvorlage:**
Geschichte: Der Schluckauf.
Gerlinde hat Schluckauf. Sie kann gar nicht richtig reden. Wenn sie „groß“ sagen will, sagt sie „grick“, wenn sie „Großvater“ sagen will, sagt sie „Grickvater“ ... (grunzen, greifen, grau, Gras, Grieß, Grüße, Grille, Gretel usw.).

**Übungsablauf:**
Die Übungsleiterin liest die Geschichte vor. Die Kinder ergänzen jeweils das „Schluckaufwort“.

**Variationsmöglichkeit:**
Peter hat Schluckauf. Er sagt „grack“, meint aber „Gras“. Er sagt „grock“, meint aber „groß“ usw.

gr II **18** Zeit: 5–8 Min. Gruppengröße: 2–10 Kinder

**Übungsvorlage:**
Vers: Grüß Gott, du schöner Maien,
da bist du wieder hier.
Tust jung und alt erfreuen,
mit deiner Blumenzier.
(Liedanfang)

**Übungsablauf:**
Die Kinder sprechen den Vers (Liedanfang) häufig. Es ist natürlich auch möglich, die beiden Liedzeilen mit den Kindern zu singen.

**Variationsmöglichkeit:**
Kanon: Grüß euch Gott, alle miteinander ...

gr II **19** Zeit: 5–10 Min. Gruppengröße: 2–6 Kinder

**Übungsvorlage:**
Geschichte: Die Eisschleckerin.
Eva ißt gerne Eis. Immer, wenn sie einen Eisstand sieht, läuft sie hin und verlangt: „Ein riesengroßes Eis!“.

**Übungsablauf:**
Die Gruppe baut einen provisorischen Eisstand auf. Anschließend darf sich jedes Kind der Gruppe ein „riesengroßes Eis“ kaufen.

**Variationsmöglichkeit:**
Die Kinder streiten sich, wer größer sei.

gr II **20** Zeit: 5–8 Min. Gruppengröße: 2–8 Kinder

**Übungsvorlage:**
Lied: Die Vögel wollten Hochzeit halten in dem grünen Walde,
fideralala, fideralala, fideralalalala.

**Übungsablauf:**
Die Kinder singen das Lied. Sollte die Liedmelodie nicht bekannt sein, so ist es ohne weiteres möglich, eine Liedmelodie zu erfinden.

**Variationsmöglichkeit:**
Lied: Im Frühtau zu Berge wir geh’n, fallera,
es grünen die Wälder, die Höh’n, fallera.
Wir wandern ohne Sorgen singend in den Morgen
noch ehe im Tale die Hähne kräh’n.

## 32. Übungen zur Lautverbindung schtr

| schtr I | 1 | Zeit: 2–4 Min. | Gruppengröße: 2–10 Kinder |
|---|---|---|---|

**Übungsablauf:**
Übungsleiterin: „Struppi, der kleine Hund, läuft manchmal von zu Hause weg. Dann suchen ihn alle. Sie rufen laut: ‚Struppi!'" Die Kinder rufen mit.

**Variationsmöglichkeit:**
Susis Hund heißt Strolch. Manchmal muß Susi den Strolch auch suchen. Dann ruft sie laut: „Strolch!"

| schtr I | 2 | Zeit: 2–3 Min. | Gruppengröße: 2–10 Kinder |
|---|---|---|---|

**Übungsablauf:**
Übungsleiterin: „Die Mutter nennt ihre Tochter immer ‚Strickliesel', weil sie so gerne strickt. Wir wollen einmal alle die Tochter rufen." Die Gruppe ruft mehrfach: „Strickliesel!"

**Variationsmöglichkeit:**
Peter strickt sehr gerne. Darauf ist die ganze Familie stolz. Wenn jemand zu Besuch kommt, dann sagen alle: „Das ist unser Stricker!"

| schtr I | 3 | Zeit: 3–5 Min. | Gruppengröße: 2–10 Kinder |
|---|---|---|---|

**Übungsvorlage:**
Geschichte: Spiele!
Nach dem Kindergarten spielt Elfi noch ein bißchen. Wenn schönes Wetter ist, darf sie dann nach draußen gehen. „Lauf nicht auf die Straße!" mahnt der Vater immer.

**Übungsablauf:**
Alle ermahnen sich gegenseitig: „Lauf' nicht auf die Straße!"

**Variationsmöglichkeit:**
Wer ist schon einmal mit einer Straßenbahn gefahren?

| schtr I | 4 | Zeit: 3–5 Min. | Gruppengröße: 2–10 Kinder |
|---|---|---|---|

**Übungsvorlage:**
Vers: Eia popeia, was raschelt im Stroh?
's Kätzchen ist gestorben,
das Mäuschen ist froh.

**Übungsablauf:**
Die Kinder erlernen den Vers.

**Variationsmöglichkeit:**
Geschichte: Von der Müllerstochter, die Stroh zu Gold spinnen konnte!
(Hier sollte eine vereinfachte Form des Märchens „Rumpelstilzchen" erzählt werden.)

| schtr I | **5** | Zeit: 2–4 Min. | Gruppengröße: 2–10 Kinder |
|---|---|---|---|

**Benötigte Materialien:**
Babypuppe.

**Übungsvorlage:**
Geschichte: Das Baby.
Das Ehepaar Schneider hat ein Baby bekommen. Beide freuen sich sehr. Sie beugen sich über das Babykörbchen und rufen: „Strampelst du so schön!"

**Übungsablauf:**
Alle Kinder sprechen zu dem „Baby" (Babypuppe).

**Variationsmöglichkeit:**
Freunde haben dem Baby ein Strampelhöschen mitgebracht. Darüber freut sich Herr Schneider sehr. „So eine schöne Strampelhose!" ruft er und lacht.

| schtr I | **6** | Zeit: 3–5 Min. | Gruppengröße: 2–10 Kinder |
|---|---|---|---|

**Übungsvorlage:**
Vers: Oma strickt gern Strickstrümpfe,
Strickstrümpfe strickt Oma gern.

**Übungsablauf:**
Die Kinder sprechen den Vers häufig. Es ist auch möglich, Schnellsprechübungen durchzuführen.

**Variationsmöglichkeit:**
Vers: Strickstrumpfstricknadeln stricken besser Strümpfe als Stricknadeln.

| schtr I | **7** | Zeit: 2–3 Min. | Gruppengröße: 2–10 Kinder |
|---|---|---|---|

**Übungsvorlage:**
Geschichte: Bei Vater im Bett.
Heiner kriecht am liebsten sonntags in der Frühe zu Vater ins Bett. Dann brummt Vater nur gutmütig. Aber wenn Heiner nicht still liegt, dann schimpft er: „Strampel nicht so!"

**Übungsablauf:**
Alle schimpfen wie der Vater von Heiner.

**Variationsmöglichkeit:**
Beim Radfahren muß man ganz schön strampeln.

| schtr I | **8** | Zeit: 2–4 Min. | Gruppengröße: 2–10 Kinder |
|---|---|---|---|

**Übungsvorlage:**
Vers: Seht den alten Hampelmann,
wie der hampeln, strampeln kann.

**Übungsablauf:**
Die Kinder sprechen den Vers mehrere Male betont rhythmisch.

**Variationsmöglichkeit:**
Ausruf: Dieser Strolch hat nur Streiche im Sinn!

| schtr I | **9** | Zeit: ca. 5 Min. | Gruppengröße: 2–6 Kinder |
|---|---|---|---|

**Übungsvorlage:**
Geschichte: Der Katzenfreund.
Reno liebt Katzen sehr. Er streichelt sie für sein Leben gern. Immer, wenn er eine Katze sieht, fragt er seine Mutter: „Darf ich sie streicheln?"

**Übungsablauf:**
Jeweils zwei Kinder spielen „Reno" und „Mutter". Die Spielleiterin stellt die Katze dar. Jedesmal, wenn die „Katze" an „Reno" und „Mutter" vorbeischleicht, ruft „Reno": „Darf ich sie streicheln?" Nach ca. 2 Minuten werden die Rollen getauscht.

**Variationsmöglichkeit:**
Petra streichelt am liebsten kleine Hunde.

schtr I **10** Zeit: 2–4 Min. Gruppengröße: 2–10 Kinder

**Übungsvorlage:**
Vers: Mit Stricknadeln kann man Strümpfe stricken.
Strümpfe kann man mit Stricknadeln stricken.

**Übungsablauf:**
Die Gruppe spricht den Vers mehrfach.

**Variationsmöglichkeit:**
Quatschvers: Ich strumpfe einen Strick mit den Stracknideln.

---

schtr II **11** Zeit: ca. 10 Min. Gruppengröße: 2–6 Kinder

**Übungsvorlage:**
Geschichte: Paul und Gerda.
Paul und Gerda sind Freunde. Trotzdem streiten sie sich manchmal. „Müßt ihr euch immer streiten?" seufzt dann die Mutter.

**Übungsablauf:**
Jeweils zwei Kinder „streiten" sich. Ein drittes Kind tritt hinzu und sagt: „Streitet nicht!"

**Variationsmöglichkeit:**
Die Gruppe unterhält sich über das Streiten.

---

schtr II **12** Zeit: 3–7 Min. Gruppengröße: 2–4 Kinder

**Übungsvorlage:**
Geschichte: Muttertag.
Claudia möchte der Mutter am Muttertag etwas schenken. Sie freut sich selbst darüber. Deshalb ruft sie auch jedem zu: „Ich schenk' Mutti zum Muttertag einen Blumenstrauß!"

**Übungsablauf:**
Jedes Kind darf einmal die Claudia spielen, die jedem erzählt, daß sie der Mutter zum Muttertag einen Blumenstrauß schenke.

**Variationsmöglichkeit:**
Karl möchte Vater zum Geburtstag einen Strauß Margeriten schenken.

---

schtr II **13** Zeit: ca. 10 Min. Gruppengröße: 2–5 Kinder

**Übungsvorlage:**
Lied: Bim, bim, bim, die Straßenbahn,
wir fahr'n mit der Straßenbahn.
Kinder, wollt ihr mit uns fahr'n?
Fahrt doch mit der Straßenbahn!

**Übungsablauf:**
Die Gruppe erlernt den Liedtext und erfindet dann selbst eine Liedmelodie.

**Variationsmöglichkeit:**
Vers: Straßenbahn, Straßenbahn, bim, bim, bim.
Straßenbahn, Straßenbahn, klingeling.
Straßenbahn, Straßenbahn, nimm mich mit!

schtr II **14** Zeit: 5–10 Min. Gruppengröße: 2–6 Kinder

**Übungsvorlage:**
Geschichte: Der neue Anstrich.
Die Eltern streichen den Gartenzaun mit frischer Farbe. Alle Leute, die vorbeikommen, fragen neugierig: „Was machen Sie denn da?" „Wir streichen!" sagen Vater und Mutter.

**Übungsablauf:**
Jeweils zwei Kinder spielen „Vater" und „Mutter". Durch Handbewegungen deuten die Kinder an, daß sie einen Zaun streichen. Die Übungsleiterin spielt die neugierig fragenden Nachbarn. Jedes „Vater-Mutter"-Paar sollte mehrmals „Wir streichen!" antworten.

**Variationsmöglichkeit:**
Mutter bittet den Vater seit Tagen: „Streich doch den Müllkasten!"

schtr II **15** Zeit: 3–5 Min. Gruppengröße: 2–10 Kinder

**Übungsvorlage:**
Quatschvers: Der Strick ist dick,
der Strock ist dock,
der Struck ist duck,
der Strack ist dack!

**Übungsablauf:**
Die Gruppe spricht den Vers mehrfach. Zusätzlich ist es möglich, den Vers „weiterzuspinnen".

**Variationsmöglichkeit:**
Quatschvers: Mäuse lieben Blumensträuße.
Miese lieben Blumenstrieße.
Muse lieben Blumenstruße. usw.

schtr II **16** Zeit: ca. 10 Min. Gruppengröße: 2–6 Kinder

**Übungsvorlage:**
Geschichte: Der kesse Günther.
Günther ist immer lustig. Manchmal ist er auch übermütig. Dann geht er zu seinen Freunden, zerwühlt ihnen die Haare mit den Händen und ruft lachend: „Bist du aber struwwelig!"

**Übungsablauf:**
Jedes Kind darf für kurze Zeit den „Günther" spielen. Wichtig ist, daß der jeweilige ‚Günther" zu jedem Kind (nachdem er ihm die Haare zerwühlt hat) sagt: „Bist du aber struwwelig!"

**Variationsmöglichkeit:**
Die Mutter seufzt: „Du siehst schon wieder struwwelig aus!"

schtr II **17** Zeit: ca. 10 Min. Gruppengröße: 2–4 Kinder

**Übungsvorlage:**
Vers: Strubelimutz, mein Kind ist krank,
Strubelimutz, was fehlt ihm denn?
Strubelimutz, zum Doktor lauf'!
Strubelimutz, jetzt steht es auf.

**Übungsablauf:**
Die Gruppe erlernt den Reim. Zum Abschluß kann der Vortrag so gestaltet werden daß jedes Kind eine Verszeile spricht. Bei „Strubelimutz" klatschen dann jeweils alle Kinder in die Hände.

**Variationsmöglichkeit:**
Vers: Eins, zwei, drei, vier, fünf,
strick' mir ein Paar Strümpf',
nicht zu groß und nicht zu klein,
aber billig soll'n sie sein.

schtr II **18** Zeit: 2–3 Min. Gruppengröße: 2–10 Kinder

**Übungsablauf:**
Übungsleiterin: „Feuer ist sehr gefährlich. Deshalb sagt Mutter oft zu Willi: ‚Spiel nicht mit Streichhölzern!'" Alle Kinder wiederholen Mutters Anweisung mehrfach.

**Variationsmöglichkeit:**
Sabine soll Streichhölzer einkaufen.

schtr II **19** Zeit: 5–7 Min. Gruppengröße: 2–10 Kinder

**Übungsvorlage:**
Geschichte: Das neue Fahrrad.
Oliver hat ein neues Fahrrad bekommen. Er freut sich so. Jeder, der Oliver sieht, fragt: „Was ist los? Du strahlst ja so!"

**Übungsablauf:**
Die Übungsleiterin spielt den „Oliver". Alle Kinder laufen nun an „Oliver" vorbei und fragen: „Was ist los? Du strahlst ja so!"

**Variationsmöglichkeit:**
Vers: Die Sonne strahlt strahlend gelb.

schtr II **20** Zeit: 5–10 Min. Gruppengröße: 2–6 Kinder

**Übungsablauf:**
Übungsleiterin: „Nicole soll eine Packung Streichhölzer einkaufen. Wie macht sie das?" Die Kinder spielen die Einkaufsszene.

**Variationsmöglichkeit:**
Mutter möchte einen Strampelsack kaufen.

## 33. Übungen zur Lautverbindung schp

| schp I | 1 | Zeit: 3–4 Min. | Gruppengröße: 2–10 Kinder |
|---|---|---|---|

**Übungsvorlage:**
Geschichte: Der Spitz.
Herr Neu hat einen Hund. Er ruft ihn: „Spitz!" Wenn Herr Neu mit Spitz spazierengeht, hört man ihn oft rufen: „Spitz! Spitz! Komm her, Spitz!"

**Übungsablauf:**
Die Gruppe ruft den Hund: „Spitz! Spitz! Komm her, Spitz!" Das kann wiederholt werden, bis es den Kindern langweilig wird.

**Variationsmöglichkeit:**
Spitz hat sich aus Angst unter das Sofa verkrochen. Herr Neu versucht, ihn hervorzulocken. „Komm Spitz! Hab' keine Angst, Spitz!" sagt er leise.

| schp I | 2 | Zeit: 3–5 Min. | Gruppengröße: 2–4 Kinder |
|---|---|---|---|

**Übungsvorlage:**
Geschichte: Das Lieblingsfach von Heinz.
Heinz geht schon zur Schule. Wenn jemand ihn fragt, was er am liebsten in der Schule tue, so antwortet Heinz immer: „Sport!"

**Übungsablauf:**
Ein Kind spielt den Heinz. Die übrigen Kinder fragen den Heinz nacheinander, was er am liebsten in der Schule mache. Heinz antwortet jeweils: „Sport!" Es ist wichtig, daß jedes Kind einmal die Rolle von Heinz übernehmen darf.

**Variationsmöglichkeit:**
Susanne mag von allen Lehrern den Sportlehrer am liebsten.

| schp I | 3 | Zeit: 2–3 Min. | Gruppengröße: 2–10 Kinder |
|---|---|---|---|

**Übungsvorlage:**
Geschichte: Der Spuk!
Ulla wollte ihrer Schwester Marlies einen Schrecken einjagen. Sie hat sich als Gespenst verkleidet und „Huhu!" gerufen. Darüber ist Marlies sehr erschrocken. Sie ist laut schreiend davongerannt. „Ein Spuk! Ein Spuk!" hat sie gerufen.

**Übungsablauf:**
Die Kinder laufen „erschreckt" im Raum umher und rufen laut: „Ein Spuk! Ein Spuk!"

**Variationsmöglichkeit:**
Habt ihr schon einmal Geschichten von Spukschlössern erzählt bekommen? (Die Gruppe spricht über das Thema. Dabei soll darauf geachtet werden, daß solche Geschichten in Frage gestellt werden. Keineswegs sollte den Kindern Angst eingejagt werden.)

| schp I | 4 | Zeit: 2–3 Min. | Gruppengröße: 2–10 Kinder |
|---|---|---|---|

**Übungsablauf:**
Übungsleiterin: „Ein Bekannter von mir hat einen Hund, der heißt Sporti. Wenn der Hund kommen soll, dann ruft mein Bekannter laut: ‚Sporti'. Ruft einmal alle mit!"

**Variationsmöglichkeit:**
Mutter ist im Stoffgeschäft. Plötzlich entdeckt sie einen Stand mit lauter Spitzen. „Schau doch nur, die schönen Spitzen!" ruft sie.

schp I **5** Zeit: ca. 10–15 Min. Gruppengröße: 2–6 Kinder

**Übungsvorlage:**
Spiel: Spiel mit mir!
Die Gruppe wird halbiert. Die Kinder der einen Hälfte dürfen sich einen Spielpartner auswählen. Dazu geht jedes Kind auf ein Kind der anderen Gruppe zu und fragt: „Spielst du mit mir?“ Nach einiger Zeit werden die Rollen getauscht. Nun dürfen sich die passiven Spielpartner aktiv einen Spielpartner auswählen. Wichtig ist, daß auch hier der Satz „Spielst du mit mir?“ ausgesprochen wird.

**Übungsablauf:**
Das Spiel wird durchgeführt.

**Variationsmöglichkeit:**
Petra bettelt die Mutter und den Vater an: „Spielt doch mit mir!“

schp I **6** Zeit: 2–4 Min. Gruppengröße: 3–7 Kinder

**Übungsvorlage:**
Vers: Spieglein, Spieglein an der Wand,
wer ist die Schönste im ganzen Land?

**Übungsablauf:**
Die Gruppe spricht den Vers mehrfach.

**Variationsmöglichkeit:**
Spiel: Du hast den Spiegel!
Ein Kind wird vor die Tür geschickt. Die übrigen stehen mit dem Rücken zur Wand in einer Reihe. Eines der Kinder hat einen kleinen Taschenspiegel in der Hand versteckt. Das Kind, das vor der Tür war, muß nun sagen: „Du hast den Spiegel!“ und zeigt auf ein Kind. Falls es zutrifft, muß nun dieses Kind vor die Tür.

schp I **7** Zeit: 1–3 Min. Gruppengröße: 2–10 Kinder

**Übungsablauf:**
Übungsleiterin: „Ich trinke am liebsten Sprudel. Was trinkt ihr denn gern?“ (Falls nicht die Mehrzahl der Kinder ebenfalls „Sprudel“ ruft, sollte die Übungsleiterin fragen: „Wer trinkt auch am liebsten Sprudel?“)

**Variationsmöglichkeit:**
Zungenbrecher: Sprudelnd sprudelt der Sprudel.

schp I **8** Zeit: 5–8 Min. Gruppengröße: 2–6 Kinder

**Übungsvorlage:**
Rätsel: Es spinnt ein Tierlein ohne Faden. Kannst du es erraten?

**Übungsablauf:**
Die Übungsleiterin läßt die Kinder das Rätsel erraten. Anschließend dürfen die Kinder sich gegenseitig das Rätsel vortragen.

**Variationsmöglichkeit:**
Vers: Spinne, Spinne, spinn’ dein Netz!

schp I **9** Zeit: ca. 10 Min. Gruppengröße: 2–6 Kinder

**Übungsvorlage:**
Geschichte: Der Besuch.
Onkel Horst ist zu Besuch gekommen. Zum ersten Male sieht er den kleinen Gerd. „Na, du kleiner Spatz“, sagt er und wiegt ihn auf den Knien.

**Übungsablauf:**
Die Spielleiterin nimmt jedes Kind auf die Knie und schaukelt es hin und her. Die übrigen Kinder rufen dazu: „Na, du kleiner Spatz!“

**Variationsmöglichkeit:**
Die Kinder beobachten die Spatzen im Vogelhäuschen.

schp I **10** Zeit: 2–4 Min. Gruppengröße: 2–10 Kinder

**Übungsvorlage:**
Vers: Ein Spatz, der ging spazieren
an einem Sommertag;
er tat sich nicht rasieren,
weil er im Grase lag.

**Übungsablauf:**
Die Gruppe spricht den Vers mehrfach.

**Variationsmöglichkeit:**
Vers: Hans ist früh und spät
zu Sport und Spiel
auf dem Sportplatz.

schp II **11** Zeit: 2–4 Min. Gruppengröße: 2–6 Kinder

**Übungsvorlage:**
Situation: Nadine ißt immer sehr wenig. Deshalb schimpft die Mutter: „Iß etwas, du Spatzenesser!"

**Übungsablauf:**
Die Übungsleiterin spielt die Nadine, die nichts essen möchte. Die Kinder (Väter und Mütter) versuchen nun, Nadine zum Essen zu ermuntern („Iß, du Spatzenesser!").

**Variationsmöglichkeit:**
Sonja ist sehr vergeßlich. „Du hast wohl ein Spatzenhirn!" seufzt dann der Vater immer.

schp II **12** Zeit: 5–10 Min. Gruppengröße: 2–4 Kinder

**Benötigte Materialien:**
Sparschwein, Spardose.

**Übungsvorlage:**
Wortliste: Sparschwein, Spardose, Sparkasse, Sparbuch, Sparbüchse, sparsam usw.

**Übungsablauf:**
Die Gruppe unterhält sich über das Sparen. Dabei sollten möglichst viele Wörter aus der obenstehenden Wortliste erwähnt werden.

**Variationsmöglichkeit:**
Jasmin geht zur Sparkasse, um ihre Sparbüchse leeren zu lassen. Sie geht zum Schalter und sagt: „Bitte, leeren Sie meine Sparbüchse!"

schp II **13** Zeit: 2–3 Min. Gruppengröße: 2–10 Kinder

**Übungsablauf:**
Übungsleiterin: „Wenn Andreas auf dem Jahrmarkt Kettenkarussell fahren darf, dann juchzt er vor Vergnügen: ‚Das macht Spaß! Ist das ein Spaß!' Ruft alle wie Andreas!"

**Variationsmöglichkeit:**
Sabine spielt gerne mit Puppen. Alexandra spielt lieber mit Autos. Wenn Alexandra Sabine mit Puppen spielen sieht, fragt sie immer: „Macht dir das Spaß?"

schp II **14** Zeit: 3–5 Min. Gruppengröße: 2–10 Kinder

**Übungsvorlage:**
Geschichte: Kurz vor Ladenschluß.
Der Vater schaut auf die Uhr. Ojeh! Es ist kurz vor Ladenschluß. „Schnell", ruft Vater seiner Tochter Beril zu, „spring in den Laden und hol' uns Butter! Spring, Beril, spring!"

**Übungsablauf:**
Jedes Kind darf einmal den Vater spielen. Wenn der „Vater" ruft: „Spring, Beril, spring!", rennen alle Kinder im Zimmer umher.

**Variationsmöglichkeit:**
Gesprächsanlaß: Was ist eine Sprungfeder?

schp II **15** Zeit: 3–7 Min. Gruppengröße: 2–5 Kinder

**Übungsvorlage:**
Geschichte: Auf der Müllhalde.
Kerstin spielt auf der Müllhalde. Plötzlich sieht sie etwas in der Sonne blinken. Es ist ein Stück von einem zerbrochenen Spiegel, ein Spiegelsplitter. Sie nimmt den Spiegelsplitter mit nach Hause.

**Übungsablauf:**
Jedes Kind darf einmal die Kerstin spielen. „Kerstin" zeigt den übrigen Kindern ihren Spiegelsplitter. „Schaut mal, ein Spiegelsplitter!" ruft sie.

**Variationsmöglichkeit:**
Mutter möchte sich die Haare einrollen. „Holst du mir bitte den großen Spiegel?" ruft sie ihrem Sohn Markus zu.

schp II **16** Zeit: ca. 5 Min. Gruppengröße: 2–10 Kinder

**Übungsvorlage:**
Situation: Mutter hat viel Geschirr zu spülen. Da sieht sie Kurt in seinem Zimmer spielen. Sie denkt sich: „Eigentlich könnte Kurt mir beim Spülen helfen!"

**Übungsablauf:**
Übungsleiterin: „Was macht die Mutter jetzt wohl?" Kinder: „Die Mutter ruft: ‚Kurt, hilf mir, das Geschirr zu spülen!'"

**Variationsmöglichkeit:**
Die Familie ißt zu Mittag. „Wer spült heute das Geschirr?" fragt der Vater.

schp II **17** Zeit: 3–5 Min. Gruppengröße: 2–10 Kinder

**Übungsvorlage:**
Vers: Fidarizka fidaratz,
die Maus ist kein Spatz,
der Spatz ist keine Maus,
und du bist drauß'.

**Übungsablauf:**
Die Gruppe erlernt den Vers. Es ist auch möglich, mit Hilfe des Verses abzuzählen.

**Variationsmöglichkeit:**
Schnellsprechvers: Spielmann spiel mir ein Lied!

schp II **18** Zeit: 3–10 Min. Gruppengröße: 2–5 Kinder

**Übungsvorlage:**
Rätsel: Wer kennt das Tier?
Es hat Flügel und klopft so laut an Baumstämme, daß man es hören kann, wenn man im Wald spazieren geht. (Specht)

**Übungsablauf:**
Die Kinder versuchen, das Rätsel zu lösen. Anschließend unterhält sich die Gruppe über den Specht.

**Variationsmöglichkeit:**
Vater nennt seinen Sohn Roland im Spaß oft „kleiner Specht!" Komm „kleiner Specht!" ruft er oft. (Die Gruppe ruft wie der Vater.)

schp II **19** Zeit: 5–8 Min. Gruppengröße: 3–6 Kinder

**Übungsvorlage:**
Geschichte: Was schmeckt am besten?
Friedrich, Kurt und Ella streiten sich darüber, was am besten schmeckt. „Spargel schmeckt am besten", ruft Ella. „Nein, Spinat schmeckt gut!" sagt Friedrich, und Kurt findet: „Speck esse ich am liebsten."

**Übungsablauf:**
Die Gruppe führt ein Streitgespräch durch. Jedes Kind verteidigt sein Lieblingsessen.

**Variationsmöglichkeit:**
Jutta ißt gerne Speckpfannkuchen mit Spargel. Wenn die Mutter sagt: „Heute gibt es Speckpfannkuchen mit Spargel!", dann jubelt sie.

schp II **20** Zeit: ca. 5 Min. Gruppengröße: 2–10 Kinder

**Übungsvorlage:**
Geschichte: Im Gasthaus.
Wenn Ulli mit seinen Eltern ins Gasthaus gehen darf, dann freut er sich sehr. Dort darf er sich immer Sprudel bestellen, und den trinkt er ganz besonders gern.

**Übungsablauf:**
Jedes Kind darf mehrere Male den Ulli spielen und Sprudel im Gasthaus bestellen.

**Variationsmöglichkeit:**
Ella ißt gern Speisequark.

## 34. Übungen zur Lautverbindung schl

| schl I | 1 | Zeit: 8–10 Min. | Gruppengröße: 2–10 Kinder |
|---|---|---|---|

**Übungsvorlage:**
Geschichte: Erichs Pantoffel.
Erich hat neue, weiche Pantoffeln bekommen. Wenn er damit über den Boden läuft, dann macht es immer: „Schlipp, schlapp! Schlipp, schlapp!"

**Übungsablauf:**
Die Kinder stellen sich vor, daß sie Pantoffeln anhätten, und schlurfen über den Boden. Dazu sprechen sie: „Schlipp, schlapp!"

**Variationsmöglichkeit:**
Die Gruppe läuft sehr schnell mit den Pantoffeln. Dann klingt es: „Schlippedi, schlippedapp!"

| schl I | 2 | Zeit: 10 Min. | Gruppengröße: 2–6 Kinder |
|---|---|---|---|

**Übungsvorlage:**
Geschichte: Das Schloß.
Der Prinz war mit seinen Freunden auf der Jagd. Jetzt reiten sie alle zurück zum Schloß. Unterwegs treffen sie viele Leute. Jeder fragt: „Wo reitet ihr hin?" „Ins Schloß" antworten da der Prinz und seine Freunde.

**Übungsablauf:**
Die Geschichte wird gespielt. (Die Kinder galoppieren durch den Raum. Der Spielleiter ersetzt die „Leute" und fragt jedes Kind „Wo reitet ihr hin?")

**Variationsmöglichkeit:**
Der Prinz hat seinen Freunden verboten zu erzählen, daß er ins Schloß reitet. Sie flüstern es sich aber gegenseitig ins Ohr: „Er reitet ins Schloß!"

| schl I | 3 | Zeit: 2–3 Min. | Gruppengröße: 2–10 Kinder |
|---|---|---|---|

**Übungsvorlage:**
Vers: Schlümpfe schleichen leise.

**Übungsablauf:**
Die Kinder sprechen den Vers mehrfach.

**Variationsmöglichkeit:**
Vers: Die Katze schleckt gern Schlagsahne.

| schl I | 4 | Zeit: 5–10 Min. | Gruppengröße: 2–6 Kinder |
|---|---|---|---|

**Übungsvorlage:**
Fragespiel:

| Übungsleiterin: | Kinder: | |
|---|---|---|
| Wo bist du gewesen? | Im Schlampamperland! | |
| Wo hast du gegessen? | Im Schlampamperland! | |
| Wo hast du die Hose gekauft? | Im Schlampamperland! | usw. |

**Übungsablauf:**
Die Übungsleiterin erläutert das Spiel. Das Fragespiel wird so lange durchgeführt, bis das Interesse der Kinder erlahmt.

**Variationsmöglichkeit:**
Jasmin bewundert ihre ältere Schwester: „Wie schlau du bist!"

| schl I | **5** | Zeit: 5 Min. | Gruppengröße: 2–10 Kinder |
|---|---|---|---|

**Übungsvorlage:**
Vers: Die Schli-Schlo-Schle-Schlu-Schlange,
die macht mir wirklich bange.

**Übungsablauf:**
Häufiges Sprechen des Verses.

**Variationsmöglichkeit:**
Vers: Der Schli-Schla-Schle-Schlu-Schlauch,
hat einen Wasserbauch.

| schl I | **6** | Zeit: ca. 10 Min. | Gruppengröße: 2–10 Kinder |
|---|---|---|---|

**Übungsvorlage:**
Vers: Schlaf, Kindlein, schlaf!
Da draußen steht ein Schaf,
da draußen steht ein Lämmelein
auf einem großen Wackerstein.
Schlaf, Kindlein, schlaf!

**Übungsablauf:**
Die Gruppe erlernt den Vers.

**Variationsmöglichkeit:**
Vers: Schlaf, Röschen, schlafe gut.
Faß im Traume neuen Mut.

| schl I | **7** | Zeit: 2–4 Min. | Gruppengröße: 2–10 Kinder |
|---|---|---|---|

**Übungsvorlage:**
Vers: Schleckermäuler schlecken gerne Schlagsahne.

**Übungsablauf:**
Die Kinder führen Schnellsprechübungen durch.

**Variationsmöglichkeit:**
Vers: Ein Schlosser mit Schloß?
Ein Schleifer mit Schleife?

| schl I | **8** | Zeit: 2–4 Min. | Gruppengröße: 2–10 Kinder |
|---|---|---|---|

**Übungsvorlage:**
Vers: Schlaf, Kindlein, feste!
Wir kriegen fremde Gäste.
Schlaf, Kindlein, feste!

**Übungsablauf:**
Die Kinder sprechen den Vers mehrfach nach.

**Variationsmöglichkeit:**
Vers: Schläft mein Kindlein schön?
Hat's mein Kind bequem?
Schlaf, mein Kind, schlaf schön!

| schl I | **9** | Zeit: 3–5 Min. | Gruppengröße: 2–10 Kinder |
|---|---|---|---|

**Übungsvorlage:**
Vers: Reit', reit', Rößlein,
zu Basel steht ein Schlößlein,
wir schließen's auf.

**Übungsablauf:**
Die Gruppe spricht den Vers mehrfach.

**Variationsmöglichkeit:**
Lied: Schlafe mein Prinzchen, schlaf ein!

schl I **10** Zeit: 2–4 Min. Gruppengröße: 2–10 Kinder

**Übungsvorlage:**
Vers: Schlösser schließen manchmal schlecht.

**Übungsablauf:**
Die Kinder sprechen den Vers mehrfach.

**Variationsmöglichkeit:**
Schnellsprechvers: Der Schlaumeier schleicht wie eine Schlange.

---

schl II **11** Zeit: 20–25 Min. Gruppengröße: 2–10 Kinder

**Übungsvorlage:**
Das Märchen vom Schlaraffenland.

**Übungsablauf:**
Die Übungsleiterin liest das Märchen vor. Anschließend wird über das Schlaraffenland gesprochen.

**Variationsmöglichkeit:**
Fragespiel: Wer weiß es?
Wo hängen die Würste in den Bäumen? Wo hängen die Kleider an Bäumen? Wo fliegen die Tauben gebraten umher? usw.

---

schl II **12** Zeit: 5–7 Min. Gruppengröße: 2–6 Kinder

**Benötigte Materialien:**
Puppe, Plüschtier.

**Übungsvorlage:**
Geschichte: Schlummerle.
Claudius hat eine neue Puppe. Sie heißt Schlummerle. Er liebt sie sehr, weil sie mit ihm schlafen kann. Er nimmt sie mit in den Kindergarten und zeigt sie jedem Kind: „Schau, das ist meine neue Puppe. Sie heißt Schlummerle."

**Übungsablauf:**
„Claudius" zeigt jedem seine neue Puppe und sagt jedem, wie sie heiße. (Jedes Kind darf einmal „Claudius" sein.)

**Variationsmöglichkeit:**
Eva zeigt ihren Freunden ihr neues Plüschtier, den „Schlumpi".

---

schl II **13** Zeit: 2–4 Min. Gruppengröße: 2–10 Kinder

**Übungsvorlage:**
Vers: Es ist ein neuer Schleifer im Land,
der schleift die Messer, es ist keine Schand'.

**Übungsablauf:**
Die Kinder sprechen den Vers mehrfach.

**Variationsmöglichkeit:**
Vers: Schleck, schleck,
schmeck, schmeck,
gut ist das Eis!

| schl II | **14** | Zeit: 5–7 Min. | Gruppengröße: 2–6 Kinder |
|---|---|---|---|

**Übungsvorlage:**
Vers: Schlaf, Püppchen, schlaf!
Da draußen geh'n die Schaf',
die schwarzen und die weißen,
die woll'n mein Püppchen beißen.
Schlaf, Püppchen, schlaf!

**Übungsablauf:**
Die Gruppe erlernt den Reim.

**Variationsmöglichkeit:**
Vers: Schlaf', Kindchen schlaf',
dein Vater hüt' die Schaf',
dein' Mutter schüttelt's Bäumelein,
da fällt herab ein Träumelein,
schlaf', Kindchen, schlaf'!

| schl II | **15** | Zeit: 10 Min. | Gruppengröße: 2–8 Kinder |
|---|---|---|---|

**Übungsvorlage:**
Geschichte: Das Schleckermäulchen.
Brigitte ist ein Schleckermäulchen. Immer, wenn sie mit den Eltern einkaufen geht, bettelt sie: „Bitte, kauft mir etwas zum Schlecken!"

**Übungsablauf:**
Die Geschichte wird von der Gruppe gespielt. Jedes Kind sollte einmal „Brigitte" spielen.

**Variationsmöglichkeit:**
Petra schlägt andere Kinder. Die Eltern sind traurig darüber und sagen zu Petra oft: „Schlag' nicht andere Kinder!"

| schl II | **16** | Zeit: 5–8 Min. | Gruppengröße: 2–8 Kinder |
|---|---|---|---|

**Übungsvorlage:**
Vers: Panz, panz, Pulderjan,
die Mutter schlacht' 'ne Ent',
tut auch ein Stück Butter dran, daß sie nicht verbrennt.

**Übungsablauf:**
Die Kinder erlernen den Vers.

**Variationsmöglichkeit:**
Vers: Schleckermäulchen, hast den Zucker g'stohlen.
Schleckermäulchen, darfst dir wieder holen!

| schl II | **17** | Zeit: 10 Min. | Gruppengröße: 2–6 Kinder |
|---|---|---|---|

**Übungsvorlage:**
Reim: Der Schlüssel schließt das Schloß,
doch hängt er 'mal am Schlüsselbrett,
so hängt er eben bloß.

**Übungsablauf:**
Die Kinder sprechen den Reim so oft, daß sie ihn fließend sprechen können.

**Variationsmöglichkeit:**
Die Spielleiterin hat in jeder Hand eine Spielmarke. Eine Spielmarke bedeutet „Schlüssel", die andere „Schloß". Die Spielmarken werden nun hinter dem Rücken mehrfach ausgetauscht. Dann streckt die Spielleiterin einem Kind der Gruppe eine verschlossene Hand hin und fragt: „Schlüssel oder Schloß?" Das Kind entscheidet sich. Dann wird die Hand geöffnet. Wenn das Kind richtig geraten hat, darf es Spielleiter des nächsten Spiels sein.

schl II **18** Zeit: 10 Min. Gruppengröße: 4–6 Kinder

**Übungsablauf:**
Die Übungsleiterin spricht mit der Gruppe über das Werbefernsehen. Anschließend schlägt sie vor, gemeinsam Werbesprüche für die neue Schokolade „Schleckerli" zu machen. Jedes Kind darf dann hinter den „Fernsehapparat" und seine „Schleckerli"-Sprüche vortragen.

**Variationsmöglichkeit:**
Die Werbesprüche werden auf Tonband aufgezeichnet. Die Kinder bewegen nur noch den Mund dazu (playback) und achten auf entsprechende Gesten, z.B. den Bauch reiben, auf eine Tafel Schokolade zeigen usw.

---

schl II **19** Zeit: 10–15 Min. Gruppengröße: 2–6 Kinder

**Übungsvorlage:**
Fortsetzungsreim: Zehn kleine Negerlein, die schliefen in der Scheun'.
Einer ging im Heu verlor'n, da waren's nur noch neun.
Neun kleine Negerlein, die schliefen bei der Nacht.
Einer wurd' vom Wolf gepackt, da waren's nur noch acht. usw.

**Übungsablauf:**
Die Kinder erlernen den Reim. Anschließend versucht die Gruppe, den Reim „weiterzuspinnen".

**Variationsmöglichkeit:**
Die Gruppe unterhält sich über Schlüssel.

---

schl II **20** Zeit: 5–10 Min. Gruppengröße: 2–3 Kinder

**Übungsablauf:**
Übungsleiterin spricht mit den Kindern über Verkäuferinnen und Verkäufer. Dann erklärt sie, daß ein neuer Schlankheitsbrei „Schlank-Schlank" erschienen sei. Ein(e) Verkäufer(in) versucht, das neue „Schlank-Schlank" nun anzupreisen, so daß möglichst viele Kunden kaufen. Die Gruppe macht Vorschläge, was man da sagen könnte. Anschließend erfolgt das Rollenspiel.

**Variationsmöglichkeit:**
Rollenspiel: Vertreter stellt ein neues Gerät vor, mit dem man im Handumdrehen Schlagsahne herstellen kann.

## 35. Übungen zur Lautverbindung schm

| schm I **1** | Zeit: 5–10 Min. | Gruppengröße: 2–10 Kinder |
|---|---|---|

**Übungsvorlage:**
Reim: Schmi, schma, schmo,
die Katze liegt im Stroh.

**Übungsablauf:**
Die Gruppe übt den Reim.

**Variationsmöglichkeiten:**
1. Schmi, schma, schmei,
   die Henne legt ein Ei.
2. Schmi, schma, schmecker,
   das schmeckt ja wirklich lecker.

| schm I **2** | Zeit: 10 Min. | Gruppengröße: 2–6 Kinder |
|---|---|---|

**Übungsvorlage:**
Situation: Die Familie hat im Restaurant zu Mittag gegessen. Nun räumt der Kellner den Tisch ab. „Hat es geschmeckt?" fragt er höflich.

**Übungsablauf:**
Die Szene wird von den Kindern mehrfach dargestellt.

**Variationsmöglichkeit:**
Die Hausfrau bringt das Essen auf den Tisch. „Hoffentlich schmeckt es euch", sagt sie dazu.

| schm I **3** | Zeit: 7 Min. | Gruppengröße: 4–8 Kinder |
|---|---|---|

**Übungsvorlage:**
Spiel: Spiegelbild.
Jeweils zwei Kinder stehen oder sitzen sich gegenüber. Ein Kind ist „Spiegel" und ahmt nach, was das andere Kind spricht.

**Übungsablauf:**
Die Übungsleiterin erläutert das Spiel. Dann gibt sie folgende Worte vor: Schmetterling, schmusen, schmeicheln, Schmusekatze, schmusig usw. Die vorgesprochenen Wörter werden dann vom Kind und „Spiegelbild" gleichzeitig nachgesprochen.

**Variationsmöglichkeit:**
Zu den Wörtern, die vom Kind und „Spiegelbild" gleichzeitig gesprochen werden müssen, können auch noch Gesten hinzugefügt werden.

| schm I **4** | Zeit: 5–10 Min. | Gruppengröße: 2–6 Kinder |
|---|---|---|

**Übungsvorlage:**
Geschichte: Die beleidigte Lilian.
Lilian ist leicht beleidigt. Immer, wenn jemand mit ihr schimpft, schmollt sie. Wenn Mutter schimpft, was tut Lilian?" (Kind: Sie schmollt!) „Wenn Vater ...

**Übungsablauf:**
Die Geschichte wird von der Spielleiterin erzählt. Wichtig ist, daß die Kinder mitleben und jeweils „Sie schmollt!" rufen.

**Variationsmöglichkeit:**
Die Eltern necken Lilian. Sie rufen: „Schmollköpfchen!"

schm I **5** Zeit: 5–10 Min. Gruppengröße: ca. 5 Kinder

**Benötigte Materialien:**
Evtl. Puppe.

**Übungsvorlage:**
Geschichte: Beim Arzt.
Wenn man sich nicht gesund fühlt, geht man zum Arzt. Der Arzt versucht dann herauszufinden, welche Krankheit man hat. Er fragt deshalb: „Haben Sie Schmerzen? Wo haben Sie Schmerzen?“

**Übungsablauf:**
Die Kinder spielen „Beim Arzt“. Dabei darf jedes Kind einmal den Arzt spielen.

**Variationsmöglichkeit:**
Die „Mutter“ (ein Kind) bringt ihr Puppenkind zum Arzt und erklärt ihm genau, wo es Schmerzen habe und was für Schmerzen das seien.

---

schm I **6** Zeit: 2–4 Min. Gruppengröße: 2–10 Kinder

**Übungsvorlage:**
Vers: Der Schmied schließt die Schmiede;
die Schmiede hat der Schmied geschlossen.

**Übungsablauf:**
Die Gruppe spricht den Vers mehrfach.

**Variationsmöglichkeit:**
Vers: Schmalzbrot schmeckt Schmutzliese gut.
Schmutzliese schmeckt Schmalzbrot gut.

---

schm I **7** Zeit: 10 Min. Gruppengröße: 2–6 Kinder

**Übungsvorlage:**
Geschichte: Vom kleinen Zwerg Putzi.
Putzi ist klein und schmal. Alles für ihn ist klein und schmal. Sein Bett ist klein und ... (Kinder: schmal), sein Schrank usw. usw.

**Übungsablauf:**
Die Geschichte wird von der Spielleiterin erzählt. Die Kinder ergänzen jeweils „schmal“.

**Variationsmöglichkeit:**
Frage: Was ist schmaler als der Tisch? (Die Kinder suchen und benennen alles im Raum, was schmaler ist als der Tisch.)

---

schm I **8** Zeit: 10–15 Min. Gruppengröße: 2–6 Kinder

**Übungsvorlage:**
Spiel: Alle suchen Frau Schmidt.

| | |
|---|---|
| Spielleiterin:<br>Wo ist Frau Schmidt? | 1. Kind:<br>Ich weiß es nicht! |
| 1. Kind:<br>Wo ist Frau Schmidt? | 2. Kind:<br>Ich weiß es nicht. |
| 2. Kind:<br>Wo ist Frau Schmidt? ... | letztes Kind:<br>In der Küche (im Keller etc.). |

**Übungsablauf:**
Durchführung des Spiels.

**Variationsmöglichkeit:**
Familie Schmidt hat viele Dinge. Das Haus von Familie Schmidt ist Schmidt’s Haus. Der Koffer von Familie Schmidt ist Schmidt’s Koffer usw.

schm I **9** Zeit: 10 Min. Gruppengröße: 2–10 Kinder

**Übungsvorlage:**
Lied: Schmetterling, du kleines Ding,
such dir eine Tänzerin,
juchheirassa, juchheirassa,
o, wie lustig tanzt man da,
lustig, lustig, wie der Wind,
wie ein kleines Blumenkind,
lustig, lustig, wie der Wind,
wie ein Blumenkind.

**Übungsablauf:**
Das Lied wird eingeübt bzw. falls es bereits bekannt ist, wird es mehrfach gesungen.

**Variationsmöglichkeit:**
Die Gruppe spricht über Schmetterlinge.

schm I **10** Zeit: 5–10 Min. Gruppengröße: 2–10 Kinder

**Übungsablauf:**
Spielleiterin: „Im Werbefernsehen sprechen die Leute oft lustig. Gestern hat ein Mann gesagt: ‚Die neue Schokolade schm-schm-schmeckt, gut, gut, gut gut!'"

**Variationsmöglichkeit:**
Die Kinder erfinden ähnlich lustige Verse.

schm II **11** Zeit: 2–3 Min. Gruppengröße: 2–10 Kinder

**Übungsvorlage:**
Vers: Schmied, Schmied mit dem Hammer,
schaffst du in der Kammer?

**Übungsablauf:**
Die Kinder sprechen den Vers mehrfach.

**Variationsmöglichkeit:**
Sascha schmust gern. Erzähle, mit wem er besonders gerne schmust!

schm II **12** Zeit: 2 Min. Gruppengröße: 2–10 Kinder

**Übungsablauf:**
Übungsleiterin: Wenn Familie Krüger ißt, dann schimpft der Vater manchmal mit Maja: „Schmatz doch nicht so laut!" Alle Kinder schimpfen wie der Vater.

**Variationsmöglichkeit:**
„Schmeckt's?" fragt Mutter beim Essen.

schm II **13** Zeit: 2–3 Min. Gruppengröße: 2–10 Kinder

**Übungsvorlage:**
Vers: Anken, Beeren, Schmalz,
Hafer, Mehl und Salz.

**Übungsablauf:**
Die Gruppe spricht den Vers mehrfach.

**Variationsmöglichkeit:**
Kurt ruft: „Ich esse gern Schmalzbrot! Schmalz schmeckt gut!"

schm II **14** Zeit: 2–4 Min. Gruppengröße: 2–10 Kinder

**Übungsvorlage:**
Geschichte: Karola liebt Süßigkeiten. Wenn die Mutter ihr etwas Süßes zu essen gibt, dann reibt sie sich den Bauch und ruft: „Hmm! Das schmeckt! Das schmeckt!“

**Übungsablauf:**
Die Kinder ahmen die Karola nach.

**Variationsmöglichkeit:**
Jürgen soll bei Tante Hanna zu Mittag essen. Tante Hanna hat etwas gekocht, was Jürgen nicht kennt. „Schmeckt das gut?“ fragt er deshalb.

schm II **15** Zeit: 3–5 Min. Gruppengröße: 2–8 Kinder

**Übungsvorlage:**
Vers: Schmetterling, setz dich
auf meine Hand, auf meine Hand,
tu’ dir auch nichts zuleide.

**Übungsablauf:**
Die Gruppe erlernt den Vers.

**Variationsmöglichkeit:**
Vers: Schmetterling, setz dich
auf viele Blumen, grün und rot,
so wirst du niemals leiden Not.

schm II **16** Zeit: 5–10 Min. Gruppengröße: 2–6 Kinder

**Übungsvorlage:**
Fragespiel: Wer weiß, wann Eis schmilzt?

| Spielleiterin: | Kinder: |
|---|---|
| Wer weiß, wann Eis schmilzt? | |
| Eis schmilzt, wenn man es ins Zimmer holt! | Eis schmilzt … usw. |

**Übungsablauf:**
Das Spiel wird durchgeführt.

**Variationsmöglichkeit:**
Fragespiel: Wo schmilzt Eis nicht?

schm II **17** Zeit: 1–3 Min. Gruppengröße: 2–10 Kinder

**Übungsvorlage:**
Vers: Schmortöpflein heißt mein Schwein.

**Übungsablauf:**
Die Kinder sprechen den Vers mehrfach.

**Variationsmöglichkeit:**
Vers: Schmetterling, kleines Ding,
schenk’ dir einen hübschen Ring.

schm II **18** Zeit: 5–10 Min. Gruppengröße: 2–8 Kinder

**Übungsvorlage:**
Geschichte: Sandmännchen erzählt.
Der kleine Schmusebär war traurig. Alle seine Freunde waren weggezogen. Nun war er ganz allein. Da weinte der Schmusebär. Aber Mutter Schmusebär tröstete ihn und sagte: „Warum gehst du nicht hinaus und suchst dir neue Freunde. Es gibt so viele!“ Da ging Schmusebär auf die Wiese und bald hatte er neue Freunde gefunden.

**Übungsablauf:**
Die Kinder erzählen die Sandmännchengeschichte nochmals.

**Variationsmöglichkeiten:**
1. Die Kinder erzählen die Geschichte weiter.
2. Alle rufen den Schmusebär.

schm II **19** Zeit: 5–8 Min. Gruppengröße: 2–10 Kinder

**Übungsvorlage:**
Vers: Schmied, Schmied, Schmied,
nimm dein Hämmerle mit.
Wenn du willst ein Gaul beschlagen,
mußt dein Hämmerle bei dir tragen.
Schmied, Schmied, Schmied,
nimm dein Hämmerle mit.

**Übungsablauf:**
Die Gruppe erlernt den Vers.

**Variationsmöglichkeit:**
Endlosgeschichte: Dies ist Herr Schmitt,
dies ist die Frau von Herrn Schmitt,
dies ist das Kind von der Frau von Herrn Schmitt usw.

schm II **20** Zeit: 10 Min. Gruppengröße: 2–6 Kinder

**Übungsvorlage:**
Situation: Im Fernsehen soll eine neue Werbung für „schmuseweiche Wolle“ gemacht werden.

**Übungsablauf:**
Die Gruppe überlegt sich Werbesprüche für die „schmuseweiche Wolle“.

**Variationsmöglichkeit:**
Es werden Werbesprüche für die Schokolade „Schmeckerli“ gesucht.

## 36. Übungen zur Lautverbindung schn

| schn I | 1 | Zeit: 5–7 Min. | Gruppengröße: 2–10 Kinder |
|---|---|---|---|

**Übungsablauf:**
Die Gruppe ahmt das Geräusch einer schneidenden Schere nach: „Schnipp, schnapp!"

**Variationsmöglichkeit:**
Ein hungriges Tier, das gefüttert werden soll, schnappt nach dem Essen: „Schnapp!"

| schn I | 2 | Zeit: 5–10 Min. | Gruppengröße: 2–10 Kinder |
|---|---|---|---|

**Übungsablauf:**
Spielleiterin: „Wenn Gänse schnattern, dann hört man nur noch ‚schnatter, schnatter, schnatter ...!' Wir sind jetzt alle eine große Gänseschar und schnattern um die Wette!"

**Variationsmöglichkeiten:**
1. Die Gruppe schnauft wie eine Herde von Walrossen „schnauf – schnauf – schnauf."
2. Die Gruppe schnarrt wie eine Schar von Wildgänsen „schnarr, schnarr, schnarr."

| schn I | 3 | Zeit: 5 Min. | Gruppengröße: 2–6 Kinder |
|---|---|---|---|

**Übungsvorlage:**
Echospiel: Die Übungsleiterin oder ein Kind ruft ein Wort. Das „Echo" (ein anderes Kind) ruft das Wort jeweils zurück.

**Übungsablauf:**
Die Übungsleiterin erzählt zunächst vom „Echo". Anschließend wird das Spiel mit der folgenden Wortliste durchgeführt: schnell, Schnake, Schnauze, schnaufen, schnüffeln, Schnur, schneuzen, schnattern, schnurren usw.

**Variationsmöglichkeit:**
Echokette: Mehrere Kinder stehen in einer Reihe. Das erste Kind ruft in den Berg hinein. Das zweite Kind ruft das Echo zurück. Das dritte Kind ruft danach das zweite Echo zurück usw. Wichtig ist, daß das Echo immer schwächer wird.

| schn I | 4 | Zeit: 5–8 Min. | Gruppengröße: 2–10 Kinder |
|---|---|---|---|

**Übungsvorlage:**
Geschichte: Die Wanderung.
Die Familie steigt auf den Berg. Am Schluß sind alle außer Atem und man hört nur noch: „Schnauf, schnauf, schnauf!"

**Übungsablauf:**
Die Gruppe „schnauft" wie die Familie.

**Variationsmöglichkeit:**
Oma, Eltern und die Kinder schnaufen ganz unterschiedlich (Oma kräftig, die Kinder zart).

| schn I | 5 | Zeit: 10 Min. | Gruppengröße: 2–8 Kinder |
|---|---|---|---|

**Übungsablauf:**
Spielleiter: „Wenn Leute um die Wette laufen, dann stehen meist andere dabei und sehen zu. Sie feuern dann ihre Freunde an, damit sie besonders schnell laufen und rufen deshalb: ‚Schneller, schneller, schneller!' Wir wollen helfen!" (Alle Kinder rufen kräftig: „Schneller, schneller ...!")

**Variationsmöglichkeit:**
Ansager auf dem Jahrmarkt spricht zu einem ganz schnellen Karussell: „Und schneller und schneller geht es jetzt! Alles festhalten, es wird noch schneller!"

schn I **6** Zeit: 5–10 Min. Gruppengröße: 2–10 Kinder

**Übungsvorlage:**
Vers: Schneck, Schneck, komm heraus,
komm heraus aus deinem Haus.

**Übungsablauf:**
Häufiges Sprechen des Verses.

**Variationsmöglichkeiten:**
1. Schnick, schnack, schneck,
   hol mich weg!
2. Schnabel, schnebel, schnobel,
   der Schreiner braucht den Hobel.

---

schn I **7** Zeit: 5 Min. Gruppengröße: 2–8 Kinder

**Übungsablauf:**
Alle Kinder schnalzen mit den Fingern. Wenn es ihnen gelingt, darf abwechselnd jedes Kind die anderen zum Schnalzen auffordern. („Schnalz bitte!")

**Variationsmöglichkeit:**
Wo man überall Schnallen haben kann (Schuhe, Hosen, Röcke, Stiefel, Skischuhe, Blusen, Gürtel). Kinder: „An Schuhen sind Schnallen." usw.

---

schn I **8** Zeit: 5–10 Min. Gruppengröße: 2–10 Kinder

**Übungsvorlage:**
Vers: Vögel schnäbeln mit ihren Schnäbeln.

**Übungsablauf:**
Die Spielleiterin bespricht zunächst, was „schnäbeln" ist. Anschließend wird der Vers häufig gesprochen.

**Variationsmöglichkeit:**
Vers: Schnelle Schnaken stechen schneller als langsame Schnaken.

---

schn I **9** Zeit: 5–10 Min. Gruppengröße: 2–10 Kinder

**Übungsvorlage:**
Geschichte: Der erste Schnee.
Heiner ist aufgewacht. Er schaut aus dem Fenster und traut seinen Augen nicht. Überall ist es weiß. „Hurra! Der erste Schnee! Schnee! Schnee!" ruft er und zieht sich schnell an, um hinausgehen zu können.

**Übungsablauf:**
Alle Kinder stürmen in den Schnee und rufen begeistert: „Schnee! Schnee! Schnee!"

**Variationsmöglichkeit:**
Lied: Schneeflöckchen, Weißröckchen ...

---

schn I **10** Zeit: 10 Min. Gruppengröße: 2–6 Kinder

**Benötigte Materialien:**
Vorbereitete Tonbandspule.

**Übungsvorlage:**
Lied: Schneeflöckchen, Weißröckchen,
da kommst du geschneit,
du wohnst in den Wolken,
dein Weg ist so weit.

**Übungsablauf:**
Die Kinder hören sich das Lied vom Tonband an. Dann bilden sie einen Chor und singen immer leise: „Schneeflöckchen, Schneeflöckchen" zu dem Lied.

**Variationsmöglichkeit:**
Worte verzaubern: Aus dem Wort „Schneeflöckchen" kann man andere Wörter zaubern, z.B. Schneeröckchen, Schneestöckchen, Schneewölkchen, Schneepüppchen usw.

schn II **11** Zeit: 10–15 Min. Gruppengröße: 4–6 Kinder

**Übungsvorlage:**
Geschichte: Der Schnarcher.
Herr Kurz schnarcht nachts. Frau Kurz wird davon wach. „Du schnarchst!" ruft sie dann. „Hör bitte auf zu schnarchen!" und so ruft sie immer wieder. Aber meistens hilft es nichts.

**Übungsablauf:**
Die Geschichte wird in ein Rollenspiel umgesetzt. Die Rollen werden nach einer Weile vertauscht.

**Variationsmöglichkeit:**
Spiel: Ein Kind wird nach draußen geschickt. Die anderen Kinder sitzen alle mit dem Rücken zur Tür. Sie haben abgesprochen, welches der Kinder schnarchen soll. Das Kind, das vor der Tür war, muß nun raten, welches das Kind ist, das schnarcht. Es sagt: „Wer schnarcht? Bist du es ...?" Wenn es das richtige Kind genannt hat, muß dieses vor die Tür.

schn II **12** Zeit: 10 Min. Gruppengröße: 2–10 Kinder

**Übungsvorlage:**
Lied: A B C, die Katze lief im Schnee,
und als sie wieder 'raus kam,
da hat' sie weiße Stiefel an.
A B C, die Katze lief im Schnee.

**Übungsablauf:**
Einüben des Liedes. (Falls die Melodie nicht bekannt ist, kann eine beliebige Melodie verwendet werden.)

**Variationsmöglichkeit:**
Aufforderung an die Gruppe: „Erfindet ein Schneelied!"

schn II **13** Zeit: 5–10 Min. Gruppengröße: 2–6 Kinder

**Übungsvorlage:**
Geschichte: Evi ist krank. Evi hat Schnupfen. Man sieht es ihr an. Ihre Nase ist rot und geschwollen. Ihre Augen tränen. Immer muß sie sich die Nase putzen. „Was ist denn los?" fragen alle Leute. „Ich habe Schnupfen!" sagt Evi dann.

**Übungsablauf:**
Die Spielleiterin erzählt die Geschichte. Anschließend darf jedes Kind einmal Evi sein. (Die anderen Kinder fragen Evi, was los sei. Evi antwortet: „Ich habe Schnupfen!")

**Variationsmöglichkeit:**
Im Werbefernsehen wird das neue Schnupfenmittel „Schnupfi" angeboten.

schn II **14** Zeit: 10 Min. Gruppengröße: 2–6 Kinder

**Benötigte Materialien:**
Das Buch „Max und Moritz" von W. Busch.

**Übungsvorlage:**
Reim: Schneider, Schneider, meck meck meck!

**Übungsablauf:**
Den Kindern sollte die entsprechende Szene aus Wilhelm Buschs „Max und Moritz" vorgelesen werden. Die Szene, bei der Max und Moritz „Schneider, Schneider, meck, meck, meck!" rufen, soll dann gespielt werden.

**Variationsmöglichkeit:**
Wie meldet sich Herr Schneider am Telefon? (Herr Schneider wird häufig angerufen. Immer meldet er sich „Schneider!" Jedes Kind darf einmal „Herr Schneider" sein.)

schn II **15** Zeit: 10 Min. Gruppengröße: 2–6 Kinder

**Übungsablauf:**
Die Gruppe sammelt Schneewörter (z. B. Schneebälle, Schneemänner, Schneeschuhe, Schneeanzug usw.).

**Variationsmöglichkeit:**
Spiel: Hast du?

| Ein Kind: | Andere Kinder: |
|---|---|
| Ich geh' in den Schnee. | Hast du Schneeschuhe an? |
| Ich geh' in den Schnee. | Hast du eine Schneemütze auf? usw. |

schn II **16** Zeit: 10 Min. Gruppengröße: 2–6 Kinder

**Übungsvorlage:**
Reim: Es schneit, juchhe!
Es schneit, juchhe!
Überall liegt dicker Schnee!

**Übungsablauf:**
Die Gruppe spricht den Reim so oft, daß ihn jedes einzelne Kind beherrscht.

**Variationsmöglichkeit:**
Die Kinder erfinden Melodien zu dem Reim!

schn II **17** Zeit: 10–15 Min. Gruppengröße: 2–8 Kinder

**Übungsvorlage:**
Geschichte: Der Schnickschnack.
Elfriede hat bald Geburtstag. Ihr Mann möchte ihr eine Freude machen und fragt sie, was er ihr schenken solle. „Ach", sagt Elfriede, „schenk mir irgendwelchen Schnickschnack". Da geht ihr Mann einkaufen. Er geht in ein Gemüsegeschäft und sagt: „Ich hätte gerne Schnickschnack!" Aber die Verkäuferin schüttelt den Kopf: „Wir haben keinen Schnickschnack." Da geht er in das Lebensmittelgeschäft und sagt: „Ich hätte gerne Schnickschnack!" Aber auch die Verkäuferin im Lebensmittelgeschäft sagt: ... usw. usw.

**Übungsablauf:**
Die Geschichte soll von der Gruppe als Rollenspiel gestaltet werden.

**Variationsmöglichkeit:**
Aufforderung: „Erfindet andere Schnickschnackwörter!" (z. B. Schnamm-Pamm, Schnuckel-Puckel usw.)

schn II **18** Zeit: 5–8 Min. Gruppengröße: 2–6 Kinder

**Übungsvorlage:**
Vers: Ännchen Benchen Gänseschnabel,
wenn ich dich im Himmel habe,
reiß' ich dir ein Härchen aus,
mach' mir 'ne Perücke d'raus.
Ännchen Benchen Gänseschnabel.

**Übungsablauf:**
Die Gruppe erlernt den Vers.

**Variationsmöglichkeit:**
Vers: Schneider, Schneider, Schneck', Schneck', Schneck',
wenn ich dich erschreck', -schreck', -schreck',
läufst du weg!

schn II **19** Zeit: 5–10 Min. Gruppengröße: 2–10 Kinder

**Übungsvorlage:**

Vers: Schnacke, schnacke, Reiterpferd,
das Pferd ist keinen Taler wert,
schnacke, schnacke, schnuck.

**Übungsablauf:**

Die Gruppe erlernt den Vers. Anschließend „reiten“ alle durchs Zimmer und sprechen den Vers dabei laut vor sich hin.

**Variationsmöglichkeit:**

Vers: Ebberde bebberde zibberde zarr,
ribberde bibberde bon,
knabberde babberde zabberde zarr,
schnubberde knubberde knon.

schn II **20** Zeit: 3–5 Min. Gruppengröße: 2–8 Kinder

**Übungsvorlage:**

Vers: Eine schneeweiße Gans
mit einem schneeweißen Federschwanz
läuft durch den Schnee.

**Übungsablauf:**

Die Gruppe spricht den Vers mehrfach.

**Variationsmöglichkeit:**

Vers: Schnipp, schnapp, schnipp, schnapp,
Schneider schneid' den Daumen ab.

## 37. Übungen zur Lautverbindung schw

schw I **1** Zeit: 2–3 Min. Gruppengröße: 2–10 Kinder

**Übungsablauf:**
Übungsleiterin: „Wenn eine Schüssel mit Wasser überläuft, dann macht es ‚Schwapp!'. Macht einmal alle so!"

**Variationsmöglichkeit:**
Wenn Peter schaukelt, dann hört sich das immer so an: „Schwipp-schwapp! Schwipp-schwapp!"

schw I **2** Zeit: 5–8 Min. Gruppengröße: 2–6 Kinder

**Übungsvorlage:**
Lied: Alle meine Entchen schwimmen auf dem See,
Köpfchen in das Wasser, Schwänzchen in die Höh'!

**Übungsablauf:**
Übungsleiterin: „Ihr habt sicher schon alle Schallplatten gehört. Wißt ihr eigentlich, was passiert, wenn eine Schallplatte einen Sprung hat? Stellt euch vor, auf einer Schallplatte für Kinder ist das Lied ‚Alle meine Entchen'. Wenn diese Schallplatte einen Sprung hat, hört sich das dann so an: ‚Alle meine Entchen schwimmen auf dem See, Köpfchen in das Wasser, Schwänzchen in die, Schwänzchen in die, Schwänzchen in die ...!'" Die Kinder singen mit.

**Variationsmöglichkeit:**
Vers: Schwarzbraun ist die Haselnuß, schwarzbraun bin auch ich,
schwarzbraun muß mein Teddy sein, gerade so wie ich.

schw I **3** Zeit: 2–4 Min. Gruppengröße: 2–10 Kinder

**Übungsvorlage:**
Vers: Schwipp, schwapp, Schwanz,
hol' die Gans!

**Übungsablauf:**
Die Gruppe erlernt den Vers.

**Variationsmöglichkeit:**
Erfinde eine Geschichte vom „Schweinchen Schlau"!

schw I **4** Zeit: 5–10 Min. Gruppengröße: 2–6 Kinder

**Übungsvorlage:**
Vers: Das Kälbchen hat ein Schwänzchen,
didel dadel dänzchen.

**Übungsablauf:**
Die Gruppe spricht den Vers mehrfach. Wenn den Kindern der Reim vertraut ist, fassen sie sich an den Händen, bilden einen Kreis und sprechen (oder singen nach einer selbsterfundenen Melodie) den Vers, indem sie im Kreis herumhüpfen.

**Variationsmöglichkeit:**
Welche Tiere haben einen Schwanz?

schw I **5** Zeit: 2–3 Min. Gruppengröße: 2–10 Kinder

**Übungsvorlage:**
Geschichte: Hochsommer.
Es ist schrecklich heiß. Alle Leute stöhnen bei der Hitze. „Ich schwitze so!“ jammer Gaby.

**Übungsablauf:**
Alle Kinder „stöhnen“, weil es so heiß ist. „Ich schwitze!“ jammert jedes Kind der Gruppe.

**Variationsmöglichkeit:**
Vers: Wenn man schwitzt,
muß man schwimmen.
Wenn man schwimmt,
schwitzt man nicht.

schw I **6** Zeit: 2–3 Min. Gruppengröße: 2–10 Kinder

**Übungsvorlage:**
Geschichte: Onkel Erni.
Onkel Erni ist sehr lustig. Wenn Petra aufräumen muß, hilft er ihr. Er sagt: „Das geht schwuppdiwupp!“

**Übungsablauf:**
Die Kinder sprechen „wie Onkel Erni“.

**Variationsmöglichkeit:**
Der Zauberer Pimpernell läßt viele Sachen verschwinden. Er nimmt seinen Zauberstab, sagt: „Schwuppdiwupp!“ und alles ist verschwunden.

schw I **7** Zeit: 2–5 Min. Gruppengröße: 2–10 Kinder

**Übungsvorlage:**
Vers: Gretel Pastetel, was machen die Gäns’?
Sie sitzen im Wasser und waschen die Schwänz’.

**Übungsablauf:**
Die Kinder erlernen den Reim.

**Variationsmöglichkeit:**
Vers: Schwesterchen, Schwesterchen, dreh’ dich um,
Schwesterchen, Schwesterchen, sei nicht dumm,
Schwesterchen, Schwesterchen, zeig’ dein Hemd,
Schwesterchen, Schwesterchen, sei nicht fremd.

schw I **8** Zeit: 2–3 Min. Gruppengröße: 2–10 Kinder

**Übungsablauf:**
Übungsleiterin: „Wenn Jochen Hendrik mit Schmutz bewirft, wird Hendrik wütend. ‚Du Schwein!‘ ruft er dann manchmal.“ Die Kinder führen Bewegungen aus, als würden sie sich mit Dreck bewerfen und rufen sich dann wütend „Du Schwein!“ zu. Anschließend spricht die Kindergärtnerin mit der Gruppe über solche Schimpfwörter.

**Variationsmöglichkeit:**
Herbert hat endlich schwimmen gelernt. „Ich schwimme!“ ruft er ganz begeistert aus.

schw I **9** Zeit: 1–3 Min. Gruppengröße: 2–10 Kinder

**Übungsvorlage:**
Vers: Schwarzundweiß heißt meine Geiß.

**Übungsablauf:**
Die Kinder sprechen den Vers mehrfach.

**Variationsmöglichkeit:**
Spiel: Ist die schwarze Köchin da?

schw I **10** Zeit: 5–15 Min. Gruppengröße: 1–4 Kinder

**Übungsvorlage:**
Liedtext: Schwarzbraun ist mein Teddybär/
schwarzbraun bin auch ich/
schwarzbraun sollen alle sein/
gerade so wie ich.

**Übungsablauf:**
Das Lied wird von der Übungsleiterin (Melodie beliebig, z.B. Melodie von „Alle meine Entchen") vorgesungen und mit den Kindern durch Vor- und Nachsingen bzw. gemeinsames Singen eingeübt.

**Variationsmöglichkeit:**
Die Gruppe singt das Lied. Einzelne Kinder verstärken das Wort „schwarzbraun", indem sie dazu in die Hände klatschen, ein Instrument einsetzen oder dieses Wort verstärkend mitsingen.

schw II **11** Zeit: ca. 5–10 Min. Gruppengröße: 2–5 Kinder

**Benötigtes Material:**
Bild von einem Schwan.

**Übungsablauf:**
Übungsleiterin: „Wißt ihr, daß es schwarze Schwäne gibt?" Die Gruppe spricht über schwarze Schwäne.

**Variationsmöglichkeit:**
Vers: Schwarze Schwäne schwimmen im Wasser.

schw II **12** Zeit: 5–7 Min. Gruppengröße: 2–8 Kinder

**Übungsvorlage:**
Vers: Eien beien bisch bisch bisch,
morgen eß 'mer Fisch Fisch Fisch,
übermorgen Schweinebraten,
werden dich zu Gaste laden.

**Übungsablauf:**
Die Gruppe spricht den Vers mehrfach.

**Variationsmöglichkeit:**
Geschichte: Herr Heisel.
„Schwamm drüber!" sagt Herr Heisel immer, wenn er sich über etwas geärgert hat und es wieder vergessen möchte.

schw II **13** Zeit: ca. 10 Min. Gruppengröße: 2–4 Kinder

**Übungsvorlage:**
Liedtext: Schwarz, schwarz, schwarz sind alle meine Kleider.
Schwarz, schwarz, schwarz ist alles, was ich hab'.
Darum lieb' ich alles, was so schwarz ist,
weil mein Schatz ein Schornsteinfeger ist.

**Übungsablauf:**
Die Übungsleiterin übt das Lied mit der Gruppe ein bzw. wenn das Lied bereits bekannt ist, wird diese Strophe mehrfach gesungen.

**Variationsmöglichkeit:**
Das Wort „schwarz" wird jeweils ganz kräftig gesungen. Der übrige Liedtext soll dann so leise gesungen werden, wie es den Kindern möglich ist.

schw II **14** Zeit: 10–15 Min. Gruppengröße: 2–8 Kinder

**Übungsvorlage:**
Lied: Ist die schwarze Köchin da?
Ja, ja, ja!
Dreimal muß ich 'rummarschieren,
das vierte Mal den Kopf verlieren,
das fünfte Mal komm mit, Frau Schmidt!

**Übungsablauf:**
Es handelt sich hierbei um ein Singspiel. Falls es bekannt ist, soll es mit der Gruppe ausgeführt werden. Wenn das nicht der Fall ist, sollte der Text als Sprechvers geübt werden.

schw II **15** Zeit: ca. 5 Min. Gruppengröße: 2–5 Kinder

**Übungsvorlage:**
Vers: Mumm, Annelies', mumm, Annelies',
was machen eure Gäns'?
Sie sudelen, sie pudelen,
sie waschen sich die Schwänn, Schwänn, Schwänz.

**Übungsablauf:**
Die Gruppe spricht den Vers mehrfach. Dabei sollte auf betont rhythmisches Sprechen geachtet werden.

**Variationsmöglichkeit:**
Die Gruppe spricht über Schwäne.

schw II **16** Zeit: ca. 8–10 Min. Gruppengröße: 2–10 Kinder

**Übungsvorlage:**
Fortsetzungsgeschichte: Es war einmal ein schwarzer Mann, der hatte schwarze, kleine Hosen an. Er hatte schwarze, kleine Strümpfe an usw.

**Übungsablauf:**
Die Übungsleiterin beginnt mit der Fortsetzungsgeschichte. Die Kinder führen die Geschichte weiter.

**Variationsmöglichkeit:**
Fortsetzungsgeschichte: Es war einmal ein Schwein. Es war einmal ein armes Schwein. Es war einmal ein dickes, armes Schwein. Es war einmal ein dickes, armes, hungriges Schwein usw.

schw II **17** Zeit: 4–8 Min. Gruppengröße: 2–6 Kinder

**Übungsvorlage:**
Geschichte: Am Teich.
Onkel Peter geht mit Miriam spazieren. Sie kommen am Teich vorbei. „Schau mal, die vielen Schwäne!" ruft da Miriam ganz aufgeregt.

**Übungsablauf:**
Jeweils zwei Kinder spielen „Onkel Peter" und „Miriam" (der „Teich" wird durch Stühle usw. markiert). Nach einer Weile werden die Rollen getauscht.

**Variationsmöglichkeit:**
Oma ruft ihre Enkel: „Kommt, wir gehen die Schwäne füttern!"

schw II **18** Zeit: ca. 10 Min. Gruppengröße: 2–6 Kinder

**Übungsvorlage:**
Vers (Liedausschnitt): Tanz mit der Dorl',
walz mit der Dorl'
bis nach Schweinau
mit der Dorl',
tanz mit der Dorl',
walz mit der Dorl'
bis nach Schweinau.

**Übungsablauf:**
Die Gruppe spricht den Vers mehrfach. Es ist auch möglich, den Vers zu singen oder begleitend zum Vers zu klatschen.

**Variationsmöglichkeit:**
Lied: Schwarz, schwarz, schwarz sind alle meine Kleider …

schw II **19** Zeit: 10–15 Min. Gruppengröße: 2–4 Kinder

**Benötigtes Material:**
Bilder aus der Schweiz (Ferienkataloge, Reisebücher etc.), es können auch einige Reisefotos sein.

**Übungsablauf:**
Die Übungsleiterin erzählt von der Schweiz, dabei sollen besonders Begriffe wie die Schweizer, Schweizer Käse, Schweizer Berge usw. häufig erwähnt werden. Anschließend dürfen die Kinder gegenseitig Tonbandinterviews machen. Ein Kind spielt dabei den Urlauber, der in der Schweiz war. Das andere Kind stellt als Reporter Fragen an den Urlauber.

**Variationsmöglichkeit:**
Rollenspiel: Das Kind kommt vom Kindergarten nach Hause, und die Mutter fragt, was es erlebt habe. Das Kind erzählt der Mutter, was die Übungsleiterin von der Schweiz erzählt habe

schw II **20** Zeit: 5–7 Min. Gruppengröße: 3–6 Kinder

**Übungsvorlage:**
Das Spiel.
Wenn Marion, Andreas und Bernd das Kartenspiel „Schwarzer Peter“ zusammen spielen, streiten sie sich schon vorher. „Du wirst ‚Schwarzer Peter‘!“ sagt Marion. „Du wirst ‚Schwarzer Peter‘!“ sagt Andreas. „Nein, du wirst ‚Schwarzer Peter‘!“ sagt Bernd.

**Übungsablauf:**
Jeweils drei Kinder spielen die streitenden Freunde.

**Variationsmöglichkeit:**
Die Gruppe spielt „Schwarzer Peter“.

## 38. Übungen zur Lautverbindung schr

---

schr I **1** Zeit: 3–15 Min. Gruppengröße: 3–5 Kinder

---

**Übungsvorlage:**
Die Zwerge.
Kennt ihr schon die Geschichte von den beiden Zwergen Schrimm und Schrabb. Beide wohnen in einem Berg. Nachts, wenn beide schlafen, schnarchen sie um die Wette. Das hört sich dann so an: „Schrrr! Schrrr! Schrrr!“ Schnarcht alle mit!

**Übungsablauf:**
Die Gruppe schnarcht um die Wette.

**Variationsmöglichkeit:**
Spiel: Wer schnarcht denn da?
Ein Kind wird vor die Tür geschickt. Die übrigen Kinder vereinbaren, wer der „Schnarcher“ sein soll. Sie stellen sich alle mit dem Rücken zur Tür in eine Reihe. Der „Schnarcher“ schnarcht leise. Nun darf das Kind, das vor der Tür gewartet hat, hereinkommen. Es muß an der Tür stehen bleiben und versuchen zu erraten, wer der „Schnarcher“ ist. Errät es den „Schnarcher“, so muß dieser vor die Tür gehen. Wird der „Schnarcher“ nicht erraten, so bestimmt die Gruppe, welches Kind vor die Tür geschickt wird.

---

schr I **2** Zeit: 2–3 Min. Gruppengröße: 2–10 Kinder

---

**Übungsablauf:**
Übungsleiterin: „Wenn Marlies erschrickt, ruft sie immer: ‚Oh Schreck, laß nach!‘“ Alle Kinder rufen mehrfach wie Marlies.

**Variationsmöglichkeit:**
Mathias ruft immer: „Ach, du Schreck, das ist ja schrecklich!“

---

schr I **3** Zeit: 8 Min. Gruppengröße: 2–7 Kinder

---

**Übungsvorlage:**
Die kleine Margit.
Margit geht in den Kindergarten. Ihr großer Bruder Hein geht schon in die Schule. Mittags macht Hein immer Hausaufgaben. Dann steht Margit immer neben ihm und schmollt: „Ich möcht’ auch schreiben!“

**Übungsablauf:**
Jedes Kind darf einmal die schmollende Margit spielen und mehrfach „Ich möcht’ auch schreiben“ rufen.

**Variationsmöglichkeit:**
Peter bittet seine größere Schwester: „Schreib mir einen Brief an …!“

---

schr I **4** Zeit: 5–7 Min. Gruppengröße: 2–10 Kinder

---

**Übungsvorlage:**
In der Schule.
Der Lehrer kommt in die Klasse. Die Kinder sind sehr laut. „Schreit doch nicht so laut!“ schimpft der Lehrer.

**Übungsablauf:**
Ein Kind spielt den Lehrer. Die restlichen Gruppenmitglieder bilden die Schulklasse. Der jeweilige „Lehrer“ schimpft mit der „Klasse“.

**Variationsmöglichkeit:**
Die Geschwister streiten sich im Kinderzimmer. „Schreit nicht so!“ schimpft die Mutter.

schr I **5** Zeit: 3–5 Min. Gruppengröße: 2–10 Kinder

**Übungsvorlage:**
Geschichte: Kindergeburtstag.
Birgit hat ihren Geburtstag gefeiert. Sie hatte Kinder eingeladen. Jetzt sind alle wieder gegangen. Die Mutter schaut sich das Kinderzimmer an. „Ach, du Schreck!“ ruft sie und muß lachen, „das sieht ja hier schön aus!“

**Übungsablauf:**
Jedes Kind darf einmal die Mutter spielen, die laut „Ach, du Schreck!“ ausruft.

**Variationsmöglichkeit:**
Die Eltern haben verschlafen. „Ach, du Schreck!“ ruft Vater, als er auf den Wecker schaut.

---

schr I **6** Zeit: ca. 5 Min. Gruppengröße: 2–10 Kinder

**Übungsvorlage:**
Quatschvers: Schribb, schrabb, schrubb,
blibb, blabb, blubb,
blubber di schrubb.

**Übungsablauf:**
Die Gruppe spricht den Vers, so lange es ihr Spaß macht.

**Variationsmöglichkeit:**
Zwei Wassernixen unterhalten sich in der Wassernixensprache („Schribb-schrabb-schrubb“-Sprache).

---

schr I **7** Zeit: 5–8 Min. Gruppengröße: 2–4 Kinder

**Benötigte Materialien:**
Weiße Tücher.

**Übungsvorlage:**
Uwe und Dieter wollen Heinz überraschen. Sie hängen sich weiße Tücher um und rufen: „Huhu, wir sind Gespenster!“ Heinz ruft: „Hab’ ich einen Schreck bekommen!“

**Übungsablauf:**
Ein Kind geht vor die Tür. Die übrigen Kinder der Gruppe hängen sich weiße Tücher um. Nun dürfen alle „Gespenster“ den „Heinz“ erschrecken. „Heinz“ ruft: „Hab’ ich einen Schreck bekommen!“ (Es sollte möglichst jedes Kind den Heinz spielen dürfen.)

**Variationsmöglichkeit:**
Mutter ist der Reis angebrannt. „Ach du Schreck!“ ruft sie enttäuscht.

---

schr I **8** Zeit: 3–7 Min. Gruppengröße: 2–6 Kinder

**Übungsvorlage:**
Vers: Der Schreibtisch ist zum Schreiben da,
falleri und fallera,
aber auch zum Lesen ist er gut gewesen.

**Übungsablauf:**
Die Gruppe erlernt den Vers.

**Variationsmöglichkeit:**
Der Vers kann zu einem Lied ausgestaltet werden. Die Melodie kann vom Übungsleiter oder von der Gruppe selbst erfunden werden.

| schr I | 9 | Zeit: ca. 6 Min. | Gruppengröße: 2–6 Kinder |
|---|---|---|---|

**Übungsvorlage:**
Geschichte: Im Büro.
Herr Petermann ist der Chef im Büro. Er hat auch eine Sekretärin. Zu ihr sagt er oft: „Schreiben Sie bitte diesen Brief!"

**Übungsablauf:**
Jeweils zwei Kinder spielen „Chef und Sekretärin". Es ist wichtig, daß die Rollen häufig gewechselt werden.

**Variationsmöglichkeit:**
Geschichte: Gundulas Schrift!
Gundula geht zur Schule. Gundula kann schreiben. Aber der Lehrer ist nicht zufrieden mit ihrer Schrift. „Schöner schreiben!" sagt er immer wieder zu ihr.

| schr I | 10 | Zeit: 5–8 Min. | Gruppengröße: 2–10 Kinder |
|---|---|---|---|

**Übungsvorlage:**
Vers: Schrubber mit starken Borsten
schrubben besser
als Schrubber mit schwachen Borsten.

**Übungsablauf:**
Die Gruppe lernt den Vers auswendig.

**Variationsmöglichkeit:**
Vers: Schränke aus starkem Holz
halten besser
als Schränke aus schwachem Holz.

| schr II | 11 | Zeit: 10–15 Min. | Gruppengröße: 2–6 Kinder |
|---|---|---|---|

**Übungsvorlage:**
Lied: Heißa, Kathreinele, schnür' dir die Schuh',
schürz' dir dein Röckele, gönn' dir kei' Ruh'!
Didl, dudl, dadl, schrum, schrum, schrum,
geht schon der Hopsa 'rum,
heißa Kathreinele, frisch immerzu!

**Übungsablauf:**
Die Gruppe erlernt das Lied.

**Variationsmöglichkeit:**
Das Lied läßt sich gut zu einem Tanzspiel ausgestalten.

| schr II | 12 | Zeit: 3–5 Min. | Gruppengröße: 2–10 Kinder |
|---|---|---|---|

**Übungsvorlage:**
Vers: Frau Schröders Schrubber schrubbt gut,
gut schrubbt Frau Schröders Schrubber.

**Übungsablauf:**
Die Kinder üben den Vers ein. Wenn jedes Kind den Vers beherrscht, kann ein Schnellsprechspiel durchgeführt werden.

**Variationsmöglichkeit:**
Vers: Frau Schreiber schreit vor Schreck,
vor Schreck schreit Frau Schreiber.

schr II **13** Zeit: 2–3 Min. Gruppengröße: 2–10 Kinder

**Übungsvorlage:**
Geschichte: Peter zieht sich um.
Peter zieht sich schon allein an. Er sucht seine Kleider zusammen. „Wo sind meine Socken, Mutti?“ ruft er. „Im Schrank!“ antwortet die Mutter.

**Übungsablauf:**
Die Spielleiterin übernimmt die Rolle des Peters. Die Kinder der Gruppe spielen nacheinander die Mutter, die „im Schrank!“ ruft.

**Variationsmöglichkeit:**
Vater sucht den Aschenbecher. „Im Wohnzimmerschrank!“ ruft die Mutter.

---

schr II **14** Zeit: 5–7 Min. Gruppengröße: 2–6 Kinder

**Übungsvorlage:**
Vers: Schreit der Kuckuck, schreit der Kuckuck,
schreit im Märzenwald,
kommt der Frühling, der helle Frühling,
kommt der Frühling bald.

**Übungsablauf:**
Die Kinder sprechen den Vers so häufig, bis sie ihn beherrschen.

**Variationsmöglichkeiten:**
1. Falls die Melodie bekannt ist, kann der Vers (eigentlich ein Lied) auch gesungen werden.
2. Die Kinder erfinden selbst Reime. Die Übungsleiterin gibt selbst nur den Anfang „Schreit der Kuckuck, schreit der Kuckuck ...“

---

schr II **15** Zeit: 5–10 Min. Gruppengröße: 2–4 Kinder

**Übungsvorlage:**
Geschichte: Hausputz.
Siegfried hilft der Mutter beim Hausputz. „Darf ich den Boden schrubben?“ fragt Siegfried. „Ja, aber schrubb’ auch fest!“

**Übungsablauf:**
Die Geschichte wird von der Übungsleiterin erzählt und anschließend in ein Rollenspiel umgesetzt.

**Variationsmöglichkeit:**
Wenn Peter aufgeregt ist, wird seine Stimme immer lauter. „Schrei doch nicht so!“ sagen dann alle.

---

schr II **16** Zeit: 5–8 Min. Gruppengröße: 2–4 Kinder

**Übungsvorlage:**
Auf dem Eis.
Kurt und sein Vater sind zum kleinen See gelaufen. Auf dem See ist eine dicke Eisschicht. „Vater, laß uns auf’s Eis gehen!“ sagt Kurt. „Warum nicht?“ sagt Vater. Beide gehen aufs Eis. Plötzlich macht es laut: „Krach!“ Vater ist ins Eis eingebrochen. Er kann nicht mehr allein aus dem Wasser kommen. Auch Kurt kann ihm nicht helfen. „Lauf den Leuten entgegen und schrei laut“, sagt Vater, „schrei ganz laut! Schrei so laut du kannst!“

**Übungsablauf:**
Die Gruppe spielt die Szene, wie Vater Kurt bittet, um Hilfe zu schreien. Die Szene sollte häufig wiederholt werden. (Nach Möglichkeit sollte jedes Kind einmal den Vater spielen dürfen.)

**Variationsmöglichkeit:**
Jan und Ferdinand sind eingeschlossen worden. Jan sagt zu Ferdinand: „Schrei laut! Schrei!“

schr II **17** Zeit: 5 Min. Gruppengröße: 2–10 Kinder

**Übungsvorlage:**
Vers: Schribel, schrabel, schrupp, schrupp, schrupp,
im Schrank, da liegt die Pupp', Pupp', Pupp',
schribel, schrabel, schrupp!

**Übungsablauf:**
Die Gruppe spricht den Vers mehrfach.

**Variationsmöglichkeit:**
Die Gruppe zählt mit Hilfe des Verses aus.

schr II **18** Zeit: 6–8 Min. Gruppengröße: 2–6 Kinder

**Übungsvorlage:**
Hausputz.
Helen und Dietmar spielen „Hausputz". Sie kehren den Boden. Sie wischen Staub. „Jetzt mußt du noch den Boden schrubben!" sagt Helen zu Dietmar.

**Übungsablauf:**
Jeweils zwei Kinder spielen zusammen Hausputz. Nach ca. 3 Minuten werden die Rollen getauscht.

**Variationsmöglichkeit:**
Vater möchte im Kaufhaus einen Schrubber kaufen.

schr II **19** Zeit: ca. 10 Min. Gruppengröße: 2–5 Kinder

**Übungsvorlage:**
Beim Möbelhändler.
Familie Schreiber möchte einen neuen Schrank kaufen. Sie gehen ins Möbelgeschäft. Der Verkäufer kennt Herrn Schreiber: „Guten Tag, Herr Schreiber. Was darf es denn sein?" Herr Schreiber sagt: „Wir möchten einen Schrank kaufen." Der Möbelverkäufer zeigt seine Schränke: „Hier haben wir einen schönen Schrank. Hier ist ebenfalls ein schöner Schrank ..." usw. Am Schluß kauft Familie Schreiber einen großen weißen Schrank.

**Übungsablauf:**
Der Übungsleiter erzählt die kurze Geschichte. Anschließend gestaltet die Gruppe ein entsprechendes Rollenspiel.

**Variationsmöglichkeiten:**
1. Frau Schreck möchte einen Schreibtisch kaufen.
2. Sabine kauft einen Schreibblock.

schr II **20** Zeit: 10 Min. Gruppengröße: 2–3 Kinder

**Übungsvorlage:**
Fortsetzungsgeschichte: „Diese Monika", sagt der Bruder Tommy, „sie schreit und schreit und schreit. Man bekommt Kopfweh, weil sie schreit und schreit. Wenn sie Hunger hat, schreit sie; wenn sie satt ist, schreit sie; sie schreit und schreit."

**Übungsablauf:**
Übungsleiterin: Tommy hat eine kleine Schwester bekommen. Er hat sie sehr gern. Aber oft macht sie ihn auch wütend. Eines Tages murmelt er vor sich hin ... (siehe oben). Da ruft Mutter aus der Küche: „Was hast du gesagt, Tommy?" Da sagt Tommy (hier wird auf ein Kind gedeutet): „Diese Monika ..." Da kommt der Vater und fragt: „Was hast du eben gesagt, Tommy?" (Es wird auf ein anderes Kind gedeutet) usw.

**Variationsmöglichkeit:**
Die Geschichte läßt sich gut als Rollenspiel ausführen.

## 39. Übungen zur Lautgruppe 2

| 1 | Zeit: ca. 10 Min. | Gruppengröße: 2–10 Kinder |
|---|---|---|

**Übungsvorlage:**
Vers: Eine Kuh, die saß im Schwalbennest mit sieben jungen Ziegen,
sie feierten ihr Jubelfest und fingen an zu fliegen.
Der Esel zog Pantoffeln an, ist übers Haus geflogen,
und wenn das nicht die Wahrheit ist, so ist es doch gelogen.

**Übungsablauf:**
Die Kinder erlernen den Vers.

**Variationsmöglichkeit:**
Vers: Daumen buck dich, Zeiger streck dich,
Goldner lupf dich, Kleiner duck dich.

| 2 | Zeit: 5–7 Min. | Gruppengröße: 2–10 Kinder |
|---|---|---|

**Übungsvorlage:**
Vers: Bauer, bind' den Pudel an, daß er mich nicht beißen kann.
Beißt er mich, verklag' ich dich, hundert Taler kost' es dich.

**Übungsablauf:**
Die Kinder erlernen den Vers.

**Variationsmöglichkeit:**
Vers: Der ist in'n Busch gegangen,
der hat's Häschen gefangen,
der hat's heimgebracht,
der hat's gebraten,
der hat's verraten.

| 3 | Zeit: 5–10 Min. | Gruppengröße: 2–6 Kinder |
|---|---|---|

**Übungsvorlage:**
Rätsel: Ihr Leut', was das bedeut'!
Hat sieben Häut', beißt alle Leut'! (Zwiebel)

**Übungsablauf:**
Übungsleiterin: „Heute hab' ich ein Rätsel für euch. Ich bin gespannt, ob ihr erratet, was es ist!" Das Rätsel wird vorgetragen. Nachdem das Rätsel gelöst ist, sollen die Kinder es lernen, um andere Kinder oder die Eltern fragen zu können.

**Variationsmöglichkeit:**
Die Kinder denken sich selbst Rätsel aus, die die Spielleiterin lösen muß.

| 4 | Zeit: 7–10 Min. | Gruppengröße: 2–6 Kinder |
|---|---|---|

**Übungsvorlage:**
Gebet: So ein schöner Tag war heute, lieber Gott, und so viel Freude hat er wieder mir gebracht. Dankbar sag' ich: Gute Nacht.

**Übungsablauf:**
Die Gruppe erlernt das Gebet.

**Variationsmöglichkeit:**
Gebet: Speis', Gott, tränk', Gott, alle armen Kinder, die auf der Erde sind.

| 5 | Zeit: 2–4 Min. | Gruppengröße: 2–10 Kinder |
|---|---|---|

**Übungsvorlage:**
Vers: Es regnet, es regnet, die Erde wird naß.
Bunt werden die Blumen und grün wird das Gras.

**Übungsablauf:**
Die Kinder sprechen den Vers mehrfach.

**Variationsmöglichkeit:**
Vers: Weißt du was?
Wenn's regnet, wird's naß,
wenn's schneit, wird's weiß,
bist ein alter Naseweis.

| 6 | Zeit: 5–10 Min. | Gruppengröße: 2–10 Kinder |
|---|---|---|

**Übungsvorlage:**
Vers: Ringel, Ringel, Reihen, sind der Kinder dreien,
sitzen unterm Hollerbusch, machen alle husch, husch, husch!

**Übungsablauf:**
Die Kinder lernen den Reim. Anschließend bilden alle einen Kreis, fassen sich an den Händen und sprechen, während sie im Kreis laufen: „Ringel, Ringel, Reihen, sind der Kinder dreien." Dann hocken sich alle Kinder auf den Boden und sprechen: „Sitzen unterm Hollerbusch, machen alle husch, husch, husch.' Bei „husch, husch, husch", werfen alle Kinder die Hände in die Höhe und winken lebhaft.

**Variationsmöglichkeit:**
Ringel, Ringel, Rosen, schöne Aprikosen, Veilchen und Vergißmeinnicht, alle Kinder setzen sich.

| 7 | Zeit: 5–8 Min. | Gruppengröße: 2–8 Kinder |
|---|---|---|

**Übungsvorlage:**
Vers: Ene dene Tintenfaß, geh' zur Schul' und lern etwas.
Wenn du was gelernet hast, komm nach Haus und sag' mir das.

**Übungsablauf:**
Die Kinder erlernen den Vers.

**Variationsmöglichkeit:**
Vers: Pitsche, patsche, Küchelchen,
mir und dir ein Krügelchen,
mir und dir ein Tellerchen,
sind wir zwei Gesellerchen.

| 8 | Zeit: 5–10 Min. | Gruppengröße: 2–6 Kinder |
|---|---|---|

**Übungsvorlage:**
Vers: Schnick, schnack, Dudelsack
Peterchen will tanzen.
Spielt mir einen schönen Tanz, alle Kinder, Fritz und Franz
wollen lustig tanzen.

**Übungsablauf:**
Die Kinder fassen sich an den Händen, hüpfen im Kreis herum und sprechen den Vers dabei (so lange ihr Interesse anhält).

**Variationsmöglichkeit:**
Vers: Tanz, Bärbelchen, tanz!
Ach, Mutter, ich hab' keine Schuh!
Nur barfuß dran, nur barfuß dran,
wer will dir denn was tun.

| 9 | Zeit: 5–8 Min. | Gruppengröße: 2–5 Kinder |
|---|---|---|

**Übungsvorlage:**
Vers: Storch, Storch, Schnibel, Schnabel, mit der langen Heugabel, mit den langen Beinen. Wenn die Sonn' tut scheinen, stehst du auf dem Kirchendach, klapperst alle Leute wach.

**Übungsablauf:**
Die Gruppe lernt den Vers auswendig.

**Variationsmöglichkeit:**
Vers: Trommel auf dem Bauch, hast einen schweren Ranzen. Kannst du erst auf Stelzen geh'n, so kannst du auch bald tanzen.

| 10 | Zeit: ca. 10 Min. | Gruppengröße: 2–6 Kinder |
|---|---|---|

**Übungsvorlage:**
Vers: Wer will fleißige Handwerker seh'n, der muß zu uns Kindern geh'n, tauchet ein, tauchet ein, der Maler streicht die Wände fein. Zisch, zisch, zisch – zisch, zisch, zisch, der Tischler hobelt glatt den Tisch. Stich, stich, stich – stich, stich, stich, der Schneider näht ein Kleid für mich. Tripp, trapp, dreim – tripp, trapp, dreim, jetzt geh'n die fleißigen Leute heim.

**Übungsablauf:**
Die Gruppe spricht den Vers mehrfach. Es empfiehlt sich, den Versvortrag durch entsprechende Gesten zu unterstützen. Weiterhin ist es möglich, den Vers nach der Melodie des Liedes „Wer will fleißige Handwerker seh'n?" zu singen.

| 11 | Zeit: 5–10 Min. | Gruppengröße: 2–10 Kinder |
|---|---|---|

**Übungsvorlage:**
Rätsel: Ein Häuschen mit fünf Stübchen, drin wohnen braune Bübchen. Nicht Tür, noch Tor führt ein und aus, wer sie besucht, verzehrt das Haus. (Apfel)

**Übungsablauf:**
Die Kinder lösen das Rätsel. Dann erlernen sie den Rätselvers.

**Variationsmöglichkeit:**
Rätsel: Möcht' wohl wissen, wer das ist, der immer mit zwei Löffeln frißt? (Hase)

| 12 | Zeit: 7–12 Min. | Gruppengröße: 2–10 Kinder |
|---|---|---|

**Übungsvorlage:**
Rätsel: Erst weiß wie Schnee, dann grün wie Klee, dann rot wie Blut, schmeckt allen Kindern gut. (Kirsche)

**Übungsablauf:**
Zunächst versuchen die Kinder, das Rätsel zu lösen. Anschließend sprechen sie den Rätselvers mehrfach.

**Variationsmöglichkeit:**
Rätsel: Ich rede ohne Zunge, ich schreie ohne Lunge, ich hab' auch kein Herz, und nehm' doch teil an Freud und Schmerz. (Glocke)

| 13 | Zeit: 5–10 Min. | Gruppengröße: 2–8 Kinder |
|---|---|---|

**Übungsvorlage:**
Vers (Liedausschnitt): So geht es im Schnitzelputzhäusel, da singen und tanzen die Mäusel, da bellen die Schnecken im Häusel.

**Übungsablauf:**
Die Kinder erlernen den Vers. Es ist natürlich auch möglich, den Liedausschnitt zu singen.

**Variationsmöglichkeit:**
Lied: Ein Schneider fing 'ne Maus,
ein Schneider fing 'ne Maus,
ein Schneider fing 'ne Mia-Mia-Mause-Maus.

**14** Zeit: 7–10 Min. Gruppengröße: 2–6 Kinder

**Übungsvorlage:**
Vers: So geht es im Lande der Riesen,
da mähen die Schneider mit Spießen,
da stricken die Mädchen mit Stangen,
da füttert man Vögel mit Schlangen.
So geht es im Lande der Riesen.

**Übungsablauf:**
Die Kinder sprechen den Vers mehrfach.

**Variationsmöglichkeit:**
Vers: Bim bam beier,
die Katz' mag keine Eier.
Was mag sie dann?
Speck aus der Pfann',
Milch aus der Kann',
ei, wie lecker ist uns're Madam.

**15** Zeit: 5–8 Min. Gruppengröße: 2–8 Kinder

**Übungsvorlage:**
Vers: Ele mele Tintenfaß,
geh' zur Schul' und lerne was.
Ele mele Sandbüchs,
geh' nach Haus', du kannst nix.

**Übungsablauf:**
Die Gruppe spricht den Vers mehrfach.

**Variationsmöglichkeit:**
Vers: Entje, dentje, ditje, datje,
ebberde, bebberde, bantje, knatje,
ebberde, bebberde, bu, ab bist du.

**16** Zeit: 10–15 Min. Gruppengröße: 2–5 Kinder

**Übungsvorlage:**
Lied: Kuckuck, Kuckuck,
ruft's aus dem Wald.
Lasset uns singen, tanzen und springen,
Frühling, Frühling, wird es nun bald.

**Übungsablauf:**
Die Gruppe erlernt das Lied.

**Variationsmöglichkeit:**
Lied: Ri ra rutsch, wir fahren mit der Kutsch',
wir fahren mit der Schneckenpost,
die uns keinen Taler kost',
ri ra rutsch,
wir fahren mit der Kutsch'!

**17** Zeit: 5–8 Min. Gruppengröße: 2–6 Kinder

**Übungsvorlage:**
Vers: Die Kühe und die Ziegen, meck, mereck, meck, meck, meck,
die machen sich ein Vergnügen, meck, mereck, meck, meck,
in der Sonn' zu liegen.

**Übungsablauf:**
Die Gruppe erlernt den Vers.

**Variationsmöglichkeit:**
Endlosgeschichte: Es war einmal ein Mann, der hatte sieben Söhne, die sieben Söhne sprachen: „Vater, erzähl' uns eine Geschichte." Der Vater begann: „Es war einmal ein Mann, ...".

**18** Zeit: 5–10 Min. Gruppengröße: 2–10 Kinder

**Übungsvorlage:**
Rätsel: Männchen im Strauch hat ein schwarz' Käppchen auf,
ein rot' Mäntelchen um und Steinchen im Bauch.
Wie heißt's Männchen im Strauch? (Hagebutte)

**Übungsablauf:**
Die Kinder versuchen, das Rätsel zu lösen. Anschließend spricht die Gruppe den Rätselreim mehrfach.

**Variationsmöglichkeit:**
Rätsel: Sitzt einer auf dem Dach und raucht,
der weder Pfeif' noch Tabak braucht. (Schornstein)

**19** Zeit: 5–10 Min. Gruppengröße: 2–4 Kinder

**Übungsvorlage:**
Vers: Schneckenhaus, Schneckenhaus, strecke deine Hörner aus, wenn du sie nicht strecken willst, werf' ich dich in'n Graben, fressen dich die Raben. Kommt das Kalb, frißt dich halb, kommt das Schwein, frißt dein Bein.

**Übungsablauf:**
Die Gruppe erlernt den Vers. Es ist auch möglich, den Vers in Dialogform zu sprechen (z. B. 1. Kind: Schneckenhaus, Schneckenhaus, strecke deine Hörner aus. 2. Kind: Wenn du sie nicht strecken willst, werf' ich dich in'n Graben, fressen dich die Raben. 3. Kind: Kommt das Kalb, frißt dich halb. 4. Kind: Kommt das Schwein, frißt dein Bein).

**20** Zeit: 5–10 Min. Gruppengröße: 2–10 Kinder

**Übungsvorlage:**
Vers: Frau von Hagen, darf ich's wagen, Sie zu fragen, wieviel Kragen Sie getragen, als Sie lagen krank am Magen in dem Haus in Kopenhagen.

**Übungsablauf:**
Die Gruppe spricht den Vers mehrfach.

**Variationsmöglichkeit:**
Vers: Mit den Fingerchen tip, tip, tip,
mit dem Köpfchen nick, nick, nick,
mit den Füßchen trab, trab, trab,
mit den Händchen klapp, klapp, klapp.

**21** Zeit: 5 Min. Gruppengröße: 2–10 Kinder

**Übungsvorlage:**
Gebet: Wie fröhlich bin ich aufgewacht.
Wie hab' ich geschlafen so sanft die Nacht.
Hab' Dank, du Vater im Himmel mein,
daß du hast wollen bei mir sein.
Nun sieh auf mich auch diesen Tag,
daß mir kein Leid geschehen mag. Amen.

**Übungsablauf:**
Die Gruppe spricht das Gebet gemeinsam.

**Variationsmöglichkeit:**
Die Kinder sprechen auch andere, ihnen bereits vertraute Gebete.

**22** Zeit: 10–20 Min. Gruppengröße: 2–10 Kinder

**Übungsvorlage:**

Vers: Auf dem Türmchen saß ein Würmchen,
hat ein Schirmchen unterm Ärmchen.
Kam ein Stürmchen, warf das Würmchen
mit dem Schirmchen unterm Ärmchen
von dem Türmchen.

**Übungsablauf:**

Die Gruppe spricht den Vers mehrfach. Zusätzlich sollten die Kinder Illustrationen zu dem Vers malen.

**Variationsmöglichkeit:**

Vers: Was? Küberle, Züberle, Salzfaß,
Wenn's regnet, werden die Steine naß.

**23** Zeit: 15–20 Min. Gruppengröße: 2–5 Kinder

**Übungsvorlage:**

Lied: Jetzt fängt das schöne Frühjahr an
und alles fängt zu blühen an
auf grüner Heid' und überall.
Es blühen Blumen auf dem Feld,
sie blühen weiß, blau, rot und gelb,
es gibt nichts Schön'res auf der Welt.
Jetzt geh' ich über Berg und Tal,
da hört man schon die Nachtigall
auf grüner Heid' und überall.

**Übungsablauf:**

Die Gruppe erlernt das Lied.

**Variationsmöglichkeit:**

Lied: Ist ein Mann in'n Brunnen g'fallen
hab' ihn hören plumpsen,
wär er nicht hineingefall'n,
wär er nicht ertrunken.

**24** Zeit: 10–30 Min. Gruppengröße: 2–8 Kinder

**Übungsvorlage:**

Vers: Mich dünkt, wir geben einen Ball, sprach die Nachtigall.
So! sprach der Floh.
Was werden wir essen? sprachen die Wespen.
Nudeln! sprachen die Pudeln.
Was werden wir trinken? sprachen die Finken.
Bier! sprach der Stier.
Nein, Wein! sprach das Schwein.
Wo werden wir tanzen? sprachen die Wanzen.
Im Haus! sprach die Maus.

**Übungsablauf:**

Die Gruppe spricht den Vers sehr häufig. Es ist natürlich auch möglich, den Vers als kleines „Theaterstück“ einzuüben.

**25** Zeit: 2–4 Min. Gruppengröße: 2–10 Kinder

**Übungsvorlage:**
Vers: Zisch, zisch, zisch! Der Tischler hobelt den Tisch.
Zisch, zisch, zisch! Der Tischler hobelt den Tisch.
Lang, lang, lang! Der Tischler hobelt die Bank.
Lang, lang, lang! Der Tischler hobelt die Bank.

**Übungsablauf:**
Die Gruppe spricht den Vers mehrfach.

**Variationsmöglichkeit:**
Vers: Schnipp, schnapp, schorum, Rex Basilorum,
schnipp, schnapp, Schnupftabak, ich hab' kein Geld im Sack.

**26** Zeit: 5–8 Min. Gruppengröße: 2–6 Kinder

**Übungsvorlage:**
Vers: Der Schneider schneidet den Stoff mir ab, schnipp schnapp.
Stich, stich, schnipp, schnapp, stich, stich, die Hose ist für mich.

**Übungsablauf:**
Die Kinder erlernen den Vers.

**Variationsmöglichkeit:**
Vers: Eins, keins, Zuckerbrüh',
wenn der Baum blüht, hammer Brüh.
Wemmer backe, hammer Brot,
wemmer sterbe, simmer tot.

**27** Zeit: ca. 10 Min. Gruppengröße: 2–5 Kinder

**Übungsvorlage:**
Vers: Troß, troß, trüll, der Bauer hat ein Füll'.
Füll'n will nicht laufen, der Bauer will's verkaufen.
Troß, troß, trüll, der Bauer hat ein Füll'.

**Übungsablauf:**
Die Kinder erlernen den Vers.

**Variationsmöglichkeit:**
Vers: Trapp, trapp, trumm, jetzt zieh'n wir alle um.

**28** Zeit: 10–15 Min. Gruppengröße: 2–5 Kinder

**Übungsvorlage:**
Vers: Hammer, Hammer, klopf, klopf, klopf,
pocht den Nagel auf den Kopf.
Zange, Zange, zwick, zwick, zwick,
beißt den Nagel ins Genick.
Axt und Beil, diklipp, diklapp,
hau'n vom Brett die Stücke ab.

**Übungsablauf:**
Die Gruppe erlernt den Vers.

**Variationsmöglichkeit:**
Vers: Ene bene subtrahenne,
divi, davi, domino,
Eck, Speck, Dreck,
du bist weg!

| 29 | Zeit: 10–15 Min. | Gruppengröße: 2–6 Kinder |
|---|---|---|

**Übungsvorlage:**

Reim (Lied): Spannenlanger Hansel!
Nudeldicke Deern!
Geh'n wir in den Garten,
schütteln wir die Birn',
schütt'le ich die großen,
schüttelst du die kleinen,
wenn das Säckle voll ist,
geh'n wir wieder heim.
Lauf doch nicht so närrisch,
spannenlanger Hans!
Ich verlier' die Birnen
und den Sack noch ganz.
Trägst ja nur den kleinen,
nudeldicke Deern,
und ich schlepp' den großen
schweren Sack voll Birn'!

**Übungsablauf:**

Die Übungsleiterin hat den Reim auf Tonband gesprochen. Sie spielt den Reim nun häufiger vor. Die Kinder sprechen jeweils mit.

**Variationsmöglichkeit:**

Die Gruppe erlernt zusätzlich die Melodie des Liedes.

| 30 | Zeit: 10–15 Min. | Gruppengröße: 2–6 Kinder |
|---|---|---|

**Übungsvorlage:**

Vers: Wiehnachtsmann, kiek mi an,
lütt'n Knebel bün ik man,
veel to seg'n weet ik nich:
Wiehnachtsmann, vergeet mi nich!

**Übungsablauf:**

Die Übungsleiterin erzählt den Kindern, daß in verschiedenen landschaftlichen Regionen unterschiedlich gesprochen wird. Anschließend trägt sie den kleinen Vers vor und die Gruppe erlernt den Vers durch häufiges Nachsprechen.

**Variationsmöglichkeit:**

Vers (Lied): Wenn die Nachtigallen schlagen,
ei, wem soll es nicht behagen!
Tjo, tjo tjo, tjo, tü, tü, tü, zir, zir, zir, zir, zir!
Tjo, tjo, tjo, tjo, tjo, tjo, tjo, tjo, tjo, tjo,
ei, wem soll es nicht behagen.